クライン派の発展 The Kleinian Development

Donald Meltzer ドナルド・メルツァー
松木邦裕 監訳　世良 洋・黒河内美鈴 訳

Ψ金剛出版

凡例

原註は［1］［2］［3］、訳註は（1）（2）（3）と文中に表記し、それぞれ章末に記載する。

監訳者前書

英国クライン派精神分析家ドナルド・メルツァーを、ここに改めて紹介する必要はないであろう。彼は、ワン・アンド・オンリーであり、クライン派というよりメルツァー派と呼ぶことができるかもしれない分析家であることは、すでに広く知られている。また、本書『クライン派の発展』は、メルツァーが誰なのかをそのまま表わしているからである。

『クライン派の発展』は、メルツァーが誰から何を学び、そしてそれらを踏まえていかに彼があるかを如実に表わしている。精神分析の始祖ジークムント・フロイト、彼の訓練分析家であり、英国精神分析を主導し、今日も世界の精神分析をリードしているメラニー・クライン、そして彼の分析的兄であり、こころの宇宙を揺さぶりつづけるウィルフレッド・ビオンが、精神分析体験をどのように感知し概念化し発展させたのかを、批判的議論を含めて、連続講義という形式でメルツァーが提示しているのが本書である。

そこには、然るべくして、幾つかの意図が並走している。

第一は、クライン派精神分析の正統な系譜に基づいた系統的な精神分析的知識を紹介することである。

当然ながら、それはあくまで精神分析的臨床に根差したものである。たとえば、新たな概念の臨床的有用性とその結果の分析臨床の深化への言及といったように、それは知識のための知識では決してない。メルツァーに講義を求めたときの主宰者の意図はそこにあったと思えるし、彼はその役目を十全に果たしている。もちろん読者はフロイト、クライン、ビオンの著作を読み、彼らの理論や技法に関する知識を有していることが望まれるが、実際にはそれらの知識が足りずとも、本書を通して学べることは莫大にある。むしろ、本書を読んだ後に、彼ら先達の著作を読むことでより深い理解に至ることもひとつの道として成立している。

多くの読者にとって幸いなことは、本書が、いまだ精神分析の知識が十分ではない、精神分析的心理療法家の資格取得過程にある訓練生に向けて行なわれた講義に基づいていることである。そうした訓練生たちが、一通りの理解に到達できるように本書は意図されている。しかし、それは本書が上級者には価値の少ない書籍であることを決して意味してはいない。三人の先達を批判的に検討するメルツァーの独創的な視点と見解が、そこかしこに散りばめられているからである。とりわけ『児童分析の記録』のリチャード・ケースを取り上げたクラインの部では、クラインのプロセス・ノートに正面から取り組む精神分析家メルツァーという、その圧倒的なたたずまいを誇示する。

メルツァーが果たしたこの役割を担える分析家を他に挙げるとするなら、ハンナ・スィーガルが挙げられるだろう。『メラニー・クライン入門』(1964/1973) でクラインの精神分析を初めて系統立てて紹介したように、スィーガルはフロイト、クラインを伝えることはできた。しかし彼女にはビオンを系統的に語ることはできなかったであろう。それでは当時のベティ・ジョセフやロジャー・マネー-カイルにできたかというと、やはり困難なタスクであっただろう。メルツァーはそれをみごとにやってのけ、ビオンに至る現代のクライン派精神分析の貫流と到達点を精確に提示することに成功している。

すなわち、本書の意図のもうひとつは、ビオンの精神分析を系統立てて紹介し、ビオンこそがクラインの正統な学問的後継者であると明示することである。それは今日、何ら疑いもなく承認されていることであるが、それを初めて十分な説得力をもって浮き彫りにしたのが本書『クライン派の発展』である。

ビオンの業績紹介の端緒としては、すでにレオン・グリンバーグらによって『ビオン入門』（1977）が著わされていたが、ビオンの提示した諸概念の研究書のような性格が強く、いまだ未消化なままという印象は拭えず、系統的な紹介と言えるものではなかった。本書のビオンの部を一読されればおわかりいただけるが、メルツァーは、相当な困難さと文字通り格闘しながらも、彼の叡智の胃袋で十分消化して提示している。それ自体が大変貴重な業績であり、その今日的意義はまったく損なわれていない。

本書の三番目の意図として、精神分析技法における子どものプレイ・アナリシスの貢献を明瞭に提示していることが挙げられる。フロイトの精神分析はそもそも大人を対象とし、実際には転移状況における非言語的要因の重要性に着目しているとしても、自由連想と解釈という言語による二者間の交流がその手技であった。しかしながら、クラインが導入したプレイ・アナリシスの方法は、非言語性の交流を視界に収めた技法を著しく発展させた。それを、大人の分析において理論化と技法の両面で発展させたのがビオンと見ることができる。クライン派精神分析の技法上の特性を明晰に提示できるのは、子どもの精神分析を実践していたメルツァーだからこそその大きな寄与である。

四番目として、メルツァー自身がビオンを継ぐクライン派精神分析の正統的後継者であるという位置づけを示したことである。メルツァーはクラインの最後のアナライザンドの一人、すなわちクラインの末子だった。彼の卓越性は、「肛門マスターベーションと投影同一化」論文（1966）や『精神分析過程』（1967）の公表によって裏打ちされていく。しかしクライン亡き後、英国精神分析協会クライン・グループ内部の政治的難しさは並みのものではなかったと思われ、クライン派の旗手と目されていたビオンは、一九六八年、突如英国を離れる。残されたメルツァーは、スィーガル、ジョセフら主流派との軋轢を強めたのであろう。一九八五年に私は初めてジョセフと会ったが、そのときジョセフは「デヴィッド（・テイラー）やジョン（・スタイナー）は大変優れていますね。レインはクレイジーですが、メルツァーはパラノイアです」と話してくれた。その時期の英国精神分析協会でメルツァーに親しい分析家は、私の知るところ、アルベルト・ハーンとケネス・サンダースぐらいだったのではないだろうか。どちらも英国精神分析協会の訓練分析家ではない。本書でも英国精神分析協会を皮肉っているが、すでに関係は修復できないところに至っていたのだろう。本書出版の時期、一九七八年にはすでにメルツァーの教育対象が英国精神分析協会の分析家候補生ではなく、タヴィストック・クリニック子どもと家族部門の精神分析的心理療法家訓練生に移っていることは明白である。一方、海外でメルツァーは分析家たちに大いに歓迎されていた。

『クライン派の発展』は、精神分析のテキストとして最も成功しているメルツァーの著作であると私は考えている。つまり、精神分析を学ぶに絶好の著書なのである。

翻訳について触れておきたい。本書にはフロイト、クライン、ビオンの原著からの多くの引用がある。それらに関して、すでに邦訳があるものはできるだけそれらを引用するように努めたが、既成の訳文を部分的に訳し直したところがある。その意図は、誤訳の修正といったことよりも、本書各章での論述の文脈に置かれた引用文をわかりやすくすることである。とくにクラインの『児童分析の記録』には、クラインが数センテンスにわたって長く解釈を続けているところがある。しかし、英語と日本語では文章構成がまったく異なるため、英文をそのまま日本語に置き換えると、最初のセンテンスだけがクラインの解釈と読み取られ、後はすべて解説であるかのように読まれてしまうところが発生する。本書ではそうした誤読を避けられるように心がけているが、我が国での進展中にある精神分析を考慮したとき、こうした作業は不可避であると考えている。

本書翻訳の開始は二〇一〇年であったと思う。世良洋先生の提案で私たちは翻訳に取り組むことになった。翻訳者の世良洋先生とは三〇年の友誼を保つ。北海道の世良先生と九州の私との出会いは、ともに精神分析を学ぶために滞在したロンドンであった。帰国後ハーバート・ローゼンフェルドの『治療の行き詰まりと解釈』を二人で翻訳し、一九八八年には完成させたが、版権の関係で出版には至らなかった。その無念な想いをこころに秘め、それから四半世紀を経ての私たちの協働作業としての翻訳出版がここにある。

世良先生は現在小樽市でクリニックを開業され、精神科医としての臨床活動、精神分析的精神療法の実践、精神分析研究会の主宰など、大変多忙でいらっしゃるなか、この大著を翻訳されたその志と努力にはこころより敬意を抱かずにはいられない。本書の訳註は、すべて世良先生の執筆によるものである。その豊かな知識と細心の心遣いを読者は喜ばれるに違いない。我が国の精神分析文化が世良先生のような市井の誠実な臨床家による地道な努力に支えられていることを、私は誇りに思う。フロイトの部の翻訳について特筆すべきことがある。この部は、黒河内美鈴先生に大変献身的な協力をいただいて完成したものである。フロイトの部の読みやすさはすべて黒河内先生のお力である。ここに記して謝意を表したい。その翻訳の正確さを期す試行で、出渕幹郎先生（香川高等専門学校）にいただいた貴重なご助力に感謝申し上げる。

この大作の出版を、金剛出版・立石正信社長は寛大なこころで受け入れてくださった。また、メルツァーの著作では『精神分析過程』からお世話になっている編集部・藤井裕二さんには、今回も肌理の細かい校正と編集をしていただいた。精神分析文化を大事にしてくださるお二人にお礼を申し上げる。

最後になるが、メルツァーに導かれる精神分析の豊かな旅を、読者が楽しみつつ多く学ばれることを祈念する。

鴨川の流れを思い出に置きはじめた日々を過ごしながら

松木邦裕

クライン派の発展

目次

第2部

クラインの症例リチャード再考

『児童分析の記録』の批評とメラニー・クライン解説――217

第3部 ビオン
ビオンの業績の臨床的意義

第Ⅰ部

フロイトの臨床的発展

方法・資料・理論

序文

一九七二年と一九七三年に、ロンドンのタヴィストック・クリニックにおいて、子どもの心理療法コースの訓練生とゲスト参加者に向けてこの講義は行なわれました。およそ訓練生はそのコースの臨床前一年次に在籍していましたので、講義はその年度と次の年度に行なわれたリーディングセミナーでのフロイトの業績を心得ておく後ろ盾として役立ちました。講義の目的は、方法、資料、そして臨床上の定式化に関するフロイトの著作にしっかりと立脚することで、訓練生にメラニー・クラインの業績を系統的に学ぶ準備をさせることでしたが、フロイトのこころに関する理論についての系統的な関心は、幾分等閑に付されていました。つまり重視したのは、フロイトの臨床論文とフロイトの思考のなかでもクラインの業績へ発展したものでした。また、講義は、フロイトの業績を要約するというよりも、彼の業績の条理や意味、そして意義を探求しながら、かなり批判的に行なわれました。

そのため、これらの講義の理解に欠かせないのは、読者も訓練生のように、論義される論文や著書、特に以下の「必修」文献[1]の知識を少なくとも新たにしておくべきであるということです。

I

Studies on hysteria, SE II, pp.1-18, 21-47.

「ヒステリー研究」（懸田克躬＝訳）『フロイト著作集７』pp.9-22, 153-177

「ヒステリー研究」（芝伸太郎＝訳）『フロイト全集２』pp.6-23, 24-55

II

Studies on hysteria, SE II, pp.135-182.

「ヒステリー研究」（懸田克躬＝訳）『フロイト著作集７』pp.107-153

「ヒステリー研究」（芝伸太郎＝訳）『フロイト全集２』pp.172-233

Further remarks on the neuropsychoses of defense, SE III, pp.159-187.

（邦訳なし）

The interpretation of dreams : A specimen dream, SE IV, pp.106-121.

「夢判断――夢判断の方法／ある夢実例の分析」（高橋義孝＝訳）『フロイト著作集２』pp.83-104

「夢解釈Ｉ――夢解釈の方法／夢の標本とその分析」（新宮一成＝訳）『フロイト全集４』pp.131-164

III

Fragment of analysis of a case of hysteria, SE VII, pp.64-94.

「あるヒステリー患者の分析の断片」（細木照敏・飯田眞＝訳）『フロイト著作集５』pp.319-343

「あるヒステリー分析の断片［ドーラ］」（渡邉俊之・草野シュワルツ美穂子＝訳）フロイト全集6』pp.78-119

IV

Three essays on sexuality, SE VII, pp.173-206.

「性欲論三篇」（懸田克躬・吉村博次＝訳）『フロイト著作集5』pp.38-66

「性理論のための三篇」（渡邉俊之＝訳）『フロイト全集6』pp.221-265

V

Analysis of a phobia in a five-year-old boy, SE X, pp.22-100.

「ある五歳男児の恐怖症分析」（高橋義孝・野田倬＝訳）『フロイト著作集5』pp.184-244

「ある五歳男児の恐怖症の分析［ハンス］」（総田純次＝訳）『フロイト全集10』pp.22-129

VI

Notes upon a case of obsessional neurosis, SE X, pp.158-195.

「強迫神経症の一症例に関する考察」（小此木啓吾＝訳）『フロイト著作集9』pp.215-243

「強迫神経症の一例についての見解［鼠男］」（福田覚＝訳）『フロイト全集10』pp.182-221

Character and Anal Erotism, SE IX, pp.167-176.

「性格と肛門愛」（懸田克躬・吉村博次＝訳）『フロイト著作集５』pp.133-138
「性格と肛門性愛」（道籏泰三＝訳）『フロイト全集９』pp.279-286

VII

Leonardo da Vinci and a memory of his childhood, SE XI, pp.57-137, 12-58.
「レオナルド・ダ・ヴィンチの幼年期のある思い出」（高橋義孝＝訳）『フロイト著作集３』pp.90-147
「レオナルド・ダ・ヴィンチの幼年期の想い出」（甲田純生・高田珠樹＝訳）『フロイト全集11』pp.1-98

VIII

Psycho-analytic notes on a autobiographical account of a case of paranoia, SE XII, pp.59-82.
「自伝的に記述されたパラノイア（妄想性痴呆）の一症例に関する精神分析学的考察」（小此木啓吾＝訳）『フロイト著作集９』pp.326-347.
「自伝的に記述されたパラノイアの一症例に関する精神分析学的考察［シュレーバー］」（渡辺哲夫＝訳）『フロイト全集11』pp.160-187
Two principles of mental functioning, SE XII, pp.213-226.
「精神現象の二原則に関する定式」（井村恒郎＝訳）『フロイト著作集６』pp.36-41
「心的生起の二原則に関する定式」（高橋珠樹＝訳）『フロイト全集11』pp.259-267

IX

The disposition to obsessional neurosis, SE XII, pp.311-317.

「強迫神経症の素因——神経症選択の問題への寄与」（立木康介＝訳）『フロイト全集13』pp.191-202

On narcissism, SE XIV, pp.3-61.

「ナルシシズム入門」（懸田克躬・吉村博次＝訳）『フロイト著作集5』pp.109-132

「ナルシシズムの導入にむけて」（立木康介＝訳）『フロイト全集13』pp.115-151

Mourning and melancholia, SE XIV, pp.237-259.

「悲哀とメランコリー」（井村恒郎＝訳）『フロイト著作集6』pp.137-149

「喪とメランコリー」（伊藤正博＝訳）『フロイト全集16』pp.273-293

X

From the history of an infantile neurosis, SE XVII, pp.61-123（Brunswick, Int.J.Psa. 9；439, 1928）

「ある幼児神経症の病歴より」（小此木啓吾＝訳）『フロイト著作集9』pp.398-454

「ある幼児神経症の病歴より〔狼男〕」（須藤訓任＝訳）『フロイト全集14』pp.63-130

XI

"A child is being beaten": A contribution to the study of the origins of sexual perversions, SE XVII, pp.175-204.

「『子どもが叩かれる』——性的倒錯の成立に関する知識への貢献」（高橋淑＝訳）『フロイト著作集11』

pp.7-29
「『子どもがぶたれる』——性的倒錯の発生をめぐる知見への寄与」（三谷研爾＝訳）『フロイト全集16』pp.198-226

XII
Group psychology and the analysis of the ego, SE XVIII, pp.105-133.
「集団心理学と自我の分析」（小此木啓吾＝訳）『フロイト著作集6』pp.222-245
「集団心理学と自我分析」（藤野寛＝訳）『フロイト全集17』pp.173-210

XIII
The ego and id, SE XIX, pp.3-68.
「自我とエス」（小此木啓吾＝訳）『フロイト著作集6』pp.263-299
「自我とエス」（道籏泰三＝訳）『フロイト全集18』pp.1-62
The economic problem of masochism, SE XIX, pp.157-172.
「マゾヒズムの経済的問題」（青木宏之＝訳）『フロイト著作集6』pp.300-309
「マゾヒズムの経済論的問題」（本間直樹＝訳）『フロイト全集18』pp.287-300

XIV
Inhibitions, symptoms and anxiety, SE XX, pp.77-118.
「制止、症状、不安」(井村恒郎＝訳)『フロイト著作集6』pp.320-342
「制止、症状、不安」(大宮勘一郎・加藤敏＝訳)『フロイト全集19』pp.9-46

▼訳註

1——邦訳に関しては、スタンダード・エディションからの直接の邦訳ではなく、『フロイト著作集』(人文書院)と『フロイト全集』(岩波書店)に限定して挙げている。

謝辞

本編の編繁と校正に尽力いただいたマーサ・ハリス、マーガレット・ウィリアムス、キャサリン・マック・スミス、そしてエリック・ロードの諸先生に感謝します。

緒言

ブロイエルによるアンナ・Oの治療の開始を精神分析の時代の幕開けとするなら、一九八〇年はその一〇〇年目に当たります。この精神分析という科学が西洋の思想と文化に及ぼした影響は、肯定的なものであれ否定的なものであれ、疑う余地はないでしょう。パーソナリティの発達と機能に関する深層領域への臨床研究においては、たしかに精神分析は最も優れている方法です。精神分析は、多くの関連分野に方法論と発見の成果をもたらしました。しかしながら、そもそも精神分析は、統合されたひとつの学問体系ではありません。方法、現象学、理論においてさまざまな方向へと発展してきました。面接室で起こる言葉では言い表わせないことを文章にする難しさが、あたかも政治的な対立グループができるように、さまざまに発展した学派の間の溝を、一見広げてしまったかに見えます。しかし、お互いの考え方についての実際の差異はとてもわずかなのかもしれません。分析家たちが、熱心に学派の党派作りにこだわり、新興国の内紛と大差のない争いを繰り広げることは、精神分析的治療やそれにきわめて近い訓練分析に何も貢献をしません。

もちろん、本書にはこのような対立を深める意図はありません。それとは反対に、メラニー・クラインという名前から連想される精神分析の方法と理論の発展の流れを解明することが、この対立の緊張を軽減し、人々が精神分析という科学史の一潮流に知的関心をもったり、あるいは、もたなかったりすることを可能にすると願うのは、理にかなっていると思います。この実現には、フロイトの業績の発展をクラインの思考の出発点として同定するために精査すること、そして、次にビオンに関しても同じようにフロイトとクラインを前に置いて精査する必要があります。

ここまでの話では、これからの講義が、学問をすることのように聞こえますが、これら三部の講義はまったく学術的ではないことがわかるでしょう。講義は、これら三人の研究者による文献に厳しく制限されているとはいえ（一例を除いては私自身の臨床経験を紹介していません）、そのアプローチは学術的基準を満たすにはあまりにパーソナルなものなのです。そのことを説明するには、これらの講義を引き受けた歴史を少したどる必要があります。「人に教えを説くには自ら学ばんことを」というミルトンの格言に従うつもりで、しかし文献に学ぶのは渋々でしたが、私は怠惰な精神に鞭打ってさまざまな仕事をしました。精神分析協会で新しいカリキュラム（これは、古くさくて堅苦しい進め方に訓練生が満足できなかったので、後に放棄されましたが）を作成するため、六年間の研究と指導に当たり、その後、タヴィストック・クリニックで主に子どもの心理療法家の訓練のさまざまなクラスで、六年間指導しました。ですから、これらの講義は約一二年間の研究と指導の成果であり、人知れず考えていたのは、私自身の精神分析家としての成長における、一貫性と非一貫性という問題について私自身が抱えていた疑問に対する答えでした。

私の姉の友人であるナタニール・アブターに影響されて初めてフロイトを読んだ一六歳に始まり、ロレッタ・ベンダーが（不思議なことに）メラニー・クラインの業績を私に紹介してくれた二二歳、そして、ビオンのパーソナリティと思考が私に影響を及ぼしはじめた四〇歳へと、私の成長はこれら三人の傑出した人物への転移と同一化に今までずっと大きく影響されてきました。しかしクラインの逝去と、それに続くビオンのカリフォルニアへの出発という二つの出来事は、両方ともがクラインの後継者たちの幸福な家族という空想を粉砕し、さらに、私のこころのなかで、またどういうわけか私の仕事のなかでも、フロイト、クライン、ビオンの三人は互いが幸せな関係ではなかったことを私に気づかせました。

もちろん私は、フロイトからクラインへの、あるいはクラインからビオンといった彼らのパーソナルな、もしくは職業上の関係に関心があると言いたいのではありません。これは、私にとって純粋にパーソナルで内的なものであり、明らかに私自身の分析とさまざまなレベルでの私のエディプス葛藤などと関連しています。乳幼児のレベルは、講義をするうえで重要なポイントにはなりませんが、夢を分析するには重要なポイントであるかもしれません。研究と講義をすること（そして今は**出版＝大衆**－のものにすること（public-action））で、私の精神分析的な成長の連続性あるいは非連続性を、発見して定義しようとしました。その観点は、結合した精神分析的対象を創り出すことに成功したのか失敗したのかにあり、私はいつの日か「その対象の庇護の下」、創造的、かつ勇敢に分析作業できたらと願っています。

このようなわけで、三部の講義は、この三人の業績のごく私的な統合なのです。私のフロイト、私のクライン、私のビオンは、他の誰かのものとも正確には一致しないかもしれません。ただ、少なくとも、私の同僚のうちのかなりの人のこころのなかにある三人の人物像と一致しないなら、私は困ってしまいますが。けれども、このいささかうんざりする不服も、的外れというわけではありません。すなわち、これから本書で述べること、つまり私自身のあり方と私の講義は、権威的なものではないことを強調しています。

というのは、この講義は、私的なもの、つまり私独自のものであるのみならず、批判的で敬意を欠いた批評だからです。このことが意味するのはまた、これらの講義は本格的な研究の補助、いわば便覧としてでなければ、独自の価値がないばかりか無意味なのです。フロイト、クライン、そしてビオンの業績を充分に熟知していると思っている人たちにとって、もしこの講義の目論みが上手くいっているなら、それは驚きとなり、その人たちは原典に立ち返るはずです。初級者には、この講義は道連れや案内人として役立つはずです。講義は、リーディングセミナーを組織することを後押しし、論文を執筆するうえで参考文献にたどりつく手助けとなるよう意図しています。とりわけ、用語使用の重複が形成した概念上の混乱を正すことで、精神分析の発展におけるこのフロイト、クライン、ビオンという系譜についてひとつの縦断的展望らしきものを提示しようと試みました。

私のおしゃべりが負うべき責務は、用語が正された折に、これら三人の巨匠の業績に新しい何かを浮かび上がらせることであり、方法の解明は、現象に関する新しい領域の発見をもたらし、それが次にこころの新しいモデルを生み出し、さらに方法を修正するといったことです。明示されている（クラインの場合には暗黙の）こころのモデルを、私は神経生理学的、神話的（あるいは神学的）、そして哲学的と呼びました。それらは互いを排除するものではなく関連している、つまり面接室で根、幹、枝のようにつながり、やがて花開き結実するというのが、私のテーマであり、私の主張であり、おそらく信（faith）なのです。

第1章
何故に歴史か?

精神分析療法の習得に関心がある人々への、フロイトの研究にただ専念すべきだという助言は、一見したところ個人崇拝の臭いや福音の鐘の響きを感じさせ、ほかには学ぶに値するものはないと示唆しているかのようです。ややもすれば助言というものはこのように取り扱われ、たしかに訓練生のみならず精神分析に害を及ぼしもしてきたのですが、その一方でこの勧めには論理的根拠があります。そこには、科学の本質に関連した説得力のある根拠があります。すなわち、歴史においてはまことに道理にかなっているのです。これは、論理的必然性から形成されています。フロイトによる初期の論文からイメージを借りるなら、精神分析史上のあらゆる新事実や発見は、一連の論理上不可欠な命題を詳細に表現しており、花冠の花が針金に巻きついているようなものです。

たとえ誰かが〝精神分析の父〟あるいはその発展における最も偉大な人物、最高の権威などとたしかに呼ばれようとも、その発見を、研究者の個人史として教えられることは認められないと反対されそうです。これまでに言われてきたように、こうも言われるでしょう。ラヴォアジエは化学の父であったが、ラヴォアジエの人生から化学を教えはじめるのではないと。ましてや彼のプライベートな生活は言うまでもなく、たとえ彼の研究生活であってもです。化学の歴史が研究者たちの歴史でないのは真実です。その論理的必然性は、さまざまな条件下での粒子間の関係にあります。しかしながら化学者のトレーニング・カリキュラムを見ると、カリキュラムは、必然的に化学の歴史的発展と同じ順序になっています。

さらにまた、歴史に関心を寄せている芸術家でさえ、偉大な先達の業績や方法だけでなく、私生活を研究するのなら反対するでしょう。要するに学者と好事家だけが偉人の私的生活史を詮索するのです。おそらくそうでしょう。ここでの私の関心は、学究的解説をめざすものでもなければ、好事家となることでもありません。すなわち、フロイトの私的な生活についてではなく、彼の業績にあります。一四の章で、あの有名な歴史上のフロイトその人ではなく、ひとつのフロイト史を構築したいのです。つまり、現実のフロイトその人ではなく、学問の金字塔であるフロイトです。とりわけ本書の著者である——私ドナルド・メルツァーの——心像としてのフロイトです。しかし、ドナルド・メルツァーはフロイトに会ってもいないのですから、すぐに次のような軽はずみな思いつきが浮かびます。それは、ドナルド・メルツァーは私的に知っているメラニー・クラインや自分自身について書いたほうがよいのではないか、という問いかけです。まあ後者は適切ではないでしょう。というのは、メルツァーが精神分析史において、重要な人物であるとの論拠は認められないからです。それでは、メラニー・クラインはどうでしょうか？ やはり適切ではない、という妥当な理由があります。文献資料があまりないのです。少し考えてみましょう。たとえば一三世紀の荘園生活の歴史について書こうとする場合、どうされますか。その場合、荘園に関する公文書記録を研究するうえで、どの荘園が最も広大であるのか、最も強大であるのか、繁栄したのか、最も美しいのか、あるいは最も唯一無二であるのかを、必ずしも決める必要はないでしょう。最優先するのは、どの荘園の記録が最も完璧に保存されているのかであり、それによって荘園を選択するでしょう。もし、それが最も広大で裕福であったなどと判明しても、それはほんのわずか偶然が重なっただけです。同じように、フロイトの科学的発展に関する文献資料は、彼があらゆる点で秀でていた結果ではなく、彼が強迫的な文筆家であった結果なのです。考えてもみてください。一巻約四〇〇ページで二三巻にも及ぶフロイト全集のことを。四〇数年間で、なんと約九〇〇〇ページです。毎年二〇〇ページ以上の著述ですから、一〇ページ以上の論文を毎年二〇編です！ さらに自筆のフリース宛の手紙、『科学的心理学草稿』、アーブラハム宛の手紙、そのうえおそらくは多くの未発表論文、症例報告などのすべてはクルト・アイスラー(1)と呼ばれる嫉妬深いドラゴン(2)によって公文書館に秘蔵されています。それよりも、フロイト研究の最も説得力のある理由は、彼が自分の考えと経験に関する比類のない文献資料を私たちに遺してくれたことです。

それでは、私たちがある人物の人生や業績を研究していることを思い起こさずに、その人物の資料、情報、方法、着想に集中することは可能でしょうか？ もしニュートンであったらどうでしょうか？ 数学や光学などの彼の業績の発展を研究するとき、性生活にも、狂った神学上の戯言にも誰も関心を向けないでしょう。たしかにニュートンのそのような側面は意に介されないでしょう。彼の神学上の著作は、数学や物理学とはまったくかけ離れているのですから。しかしながらフロイトにおいては、一三世紀の荘園の記録と同じく、事実と想像、真実と歪曲、新しい経験と先入観、新発見と非難、そのすべてが混在しています。全集の第三、五、八巻は研究するつもりだが、第四、六、七巻は研究しない、などとは言えません。しかしながら、ある方法で取り組みに重点を絞ることは、可能であり試す価値があります。それは、臨床への言及が明らかな論文を選びしっかりと研究することです。それが私たちがこれから学ぼうとしているものです。すなわちケース・ヒストリー、夢解釈、技法論文です。そして主要な理論的業績に近づくのも、臨床的な業績の解明に役立つからこそなのです。私たちが利用できるもうひとつの別の選別方法があるのですが、慎重を期さなければなりません。私たちは一八九五年の『草稿』(3)を、自分の臨床データについてのフロイトの思考のなかに存在した前概念を同定するためのひな形として使用できます。

これは幾分デリケートな過程であり、理解するには多少の説明と歴史的背景が欠かせません。「自伝」、ジョーンズによる伝記、フリース書簡、『草稿』その他諸々の素材を通して振り返ってみるとき、若きフロイトと偉大な革命家フロイトの不一致にきっと唖然とするでしょう。たしかに私たちは、今日、精神分析における変革に慣れきっていて、その結果として、精神分析の陣容を整えた一八九〇年代のフロイトは、一八四八年の数々の革命(4)のように、ともすれば私たちにとって現実的ではなくなるのです。それはさておき、彼は反逆‐破壊的タイプというよりは、組織的‐建設的タイプの革命家でしたが、科学者としての初期の経歴にはその将来を暗示するものは何ら見当たりません。医学はその歴史的な絶頂期にあり、さまざまな理由から——冒険、刺激に満ちた非日常的体験、高い社会的地位、経済的な見通しを求めて——医学に集まった無数の若者の一人であったようです。若きユダヤ人には、なおさらこれらすべてが魅力的でした。そして彼の関心は広範囲で、コカインの実験、組織学、神経病理学、臨床神経学、そして後には精神医学にまでわたりました。多くの書簡が示唆しているのは、機を見て成り上がりたいというフロイトの焦りのような強い気持ちで前途有望な同世代人との同盟を希求し、実験室や病棟を東洋の君主が如く支配する偉大な専制君主たちに取り入り、通訳者として奉仕することも申し出て、日常の講義を請け負うフロイトです。もちろん、運動神経細胞の染色に始まり、小児麻痺を経てヒステリーの運動症状へと至るアリアドネの糸を編むことは魅惑的なことです。そして、実際にはそうはなっていないものの、ある意味では『草稿』自体がそのような「入り組んだ仕掛け」を提示しています。もしそうなら、人の成長と発達に関して精神分析が提案するものとは、まったく異なる概念が必要となるでしょう。適切な環境が与えられたなら、つぼみは最高に美しく完璧に開花する、というようにこころを見る概念です。葛藤や決断という考え方、失敗、悔恨、修復という理解はなくなってしまいます。

フロイトの偉大さは華麗には開花しませんでしたし、環境も快適なそれとは程遠いものでした。症候群を記述し分けるという臨床的方法や素因や特異的に助長する病因の調査研究が、疾病分類学を確立させつつあり、医学を、混沌やいんちき療法、害になるだけのおせっかいという混乱から救い出していました。とりわけ細菌学の分野で、治療や予防の業績により有名な人物が歴史上で認められはじめました。

この一世紀にも満たない素晴らしい伝統を受け継いで、精神医学は分類によりその体をなしましたが、たいがい今日ではクレペリンという名が思い浮かぶでしょう。これには、やがては病因が発見され、治療と予防が開発されるという含意がありました。あらゆる面で楽観主義的な時代だったのです！　巨大な精神病院は記述的科学の研究室であり、当時その研究室への出入りは、現代における物理学者がサイクロトロンや巨大コンピューターへ立ち入るのと同じく、重要なことでした。これら膨大な臨床素材の貯水池へ出入りせずには、何もなしえないと思われていたのです。同じく念頭に置かなければならないのは、当時はまったくのブルジョア社会であったことであり、フロイトの背後にはユダヤ的で商業主義的な伝統が横たわっていました。彼の目的は明白で、全体のなかのごく一部分の専門家かつ権威者として自身の名を挙げることにあり、そして自身の栄誉と領土、覇権を拡大することにありました。今日、彼の生誕から一世紀が過ぎ、社会の意識や社会的責務が明らかに前進しているにもかかわらず、医学生や若い科学者を取り巻く環境はそれほど変わったのでしょうか？

フロイトは時代の申し子であり、（陳腐な表現と規範的概念を使わねばならないなら）「普通の」「世慣れた」人物であり、ブルジョア社会で成功しようと挑戦しました。それは、コカイン、神経病理学、小児麻痺、失語症、そして最後にはヒステリーによってです。彼の性格における依存的な側面は、支持と激励を必要としていました。彼の支持者名簿はマイネルトとブロイエルに始まりましたが、なかでもフリースとの関係は非常に強固なものとなりました。そして、フロイトがおよそ五五歳のときのユングの離反までの一〇年間、その関係は本当には終わっていません。精神分析的方法の発展に対抗する堅牢な方陣に囲まれ、彼は方法論や社会秩序を通して攻撃されました。実際研究されるべき「こころ」はまだ存在していませんでした。今日、深層心理学は科学的探究として充分に確立された領域であり、精神分析がその主要な方法であると考えるのは間違いでしょう。おそらく、今日ではなおさらのこと、フロイトが亡くなった当時、「こころとは脳である」という概念が「現象としてのこころ」という概念に対して幅を利かせていました。フロイトが若い頃、「現象」はいまだに神学者、形而上学者、哲学的宇宙論者の領域だったのです。実用を重んじるブルジョア世界は、もうすでにそのような見解には背を向け、研究室のドアを閉ざしていました。この文脈において、『ヒステリー研究』の真価を認めた論評が文学史の教授からであり、そのタイトルは「魂の手術法」であったことが思い起こされるのは、なんと皮肉なことでしょう。このことにフロイトは嬉しさでわくわくするより、不安で身震いしたのではないでしょうか。

歴史家は預言者のはずであるという見解も、驚くには値しません。というのは、過去を現在の土台として認めることが、唯一「未来」という概念を理性に従わせる方法であると、精神分析は私たちに教えているからです。この連続性に従わなければ、「未来」という観念はその意味をなくし、単に「願望」や「意図」と同じになります。同じように、精神分析を学ぶすべての者は自己の個体発生のなかに、この自然科学の上で固有な人類の歴史を考察しなければなりません。私たち一人ひとりは、ある環境で育ってきましたが、精神分析的方法を習得し活用し、それを使ってさまざまな発見をするために、その環境での価値観や行動様式、願望から私たち自身を少しずつ解放させる必要があります。ある意味において、私たちは、フロイトの言う「名声を維持しようとする期待、富と完全な自立への確信」を捨てきることも必要です。ヒステリーに「特異な病因」とされた「誘惑説」が、患者と研究者がともに乳幼児期の性愛空想を記憶と混同していたという意外な新事実により粉砕されたときにフロイトがそうしたように、私たちもそれを捨て去る必要があります。

また、性に関する社会的そして個人的な態度においても、私たちは独善性を避けねばなりません。この一世紀で振り子の大きなひと揺れが生じ、その揺れの少なからぬ部分は、間違いなく、フロイトの業績が西洋文化に与えた衝撃に帰せられてきました。しかし、振り子は、ヴィクトリア朝のダブルスタンダードという見せかけから、デカダンスという見せかけへと揺れました。性的葛藤という領域での症状形成に目を向けていた社会的状況は、今や、性格における倒錯性の強化を好んでいます。フロイトが「非モラリスト」であるという嫌疑に立ち向かわなければならなかったように、今日、心的現実を信じる者は、内的にも外的にもフロイトよりずっと強い「モラリスト」の振りをしているという非難にも立ち向かわなければならないでしょう。フロイトが同僚たちに神経症者の性生活を探究する必要性を提案したときのおののきを、私たちが寛大に笑って見逃しても何の役にも立ちません。フロイトが直面した「おとぎ話」という冷淡な批判の決まり文句は今日も変わっていません。ただ、その批判は、外傷体験という過去の現実よりも、こころに今ある現実を探究することに直接向けられているだけです。

フロイトが、彼自身の論拠を社会の価値感より重要視したために、傲慢というそしりを相当に受けたことは疑う余地がありません。フロイトが、クラフト＝エビングやその他の人たちのように、病的行動は、それ自体に病因があるというより、背後にある疾患の症状であると論じていたなら、あるいは、成人の倒錯行為と子どものマスターベーションに論を限定していたなら、性に関することを自分が思うまま自由に論述できたでしょう。しかしながら、成人における欲求不満と性的欲望の重要性、さらに子ども時代の性的能力の実体を強調することで、社会の道徳観に挑戦することとなり、彼は時代の「科学者的」で「進歩的」な精神と対立しました。フリース書簡がそのことを物語っています。すなわち『草稿』(1895)で高揚が頂点に達した後、まもなく「誘惑」説(1897)の挫折という破局が生じ、それから自己分析へと向かい、その新たな産物は『夢解釈』でした。そしてフリースとのアンビヴァレンツな関係は解消し、その成果は『書簡』そのものに結実しています。「誘惑」説に有利な臨床的証拠がますます増え、フロイト自身の過去と現在の関係に侵入しはじめました。そして、その頃すべての親が、自分の子どもに近親姦を犯すことは統計的にありえると思いはじめていました。この混乱と不安は痛烈であり、父の死という激動も相まって体系的な自己分析を始める強力な要因であったに違いありません。しかしながらその不安は、フロイトを駆り立て、偉大さへと一歩踏み出させ、その方法を自分自身に試してみたものの、社会に対する不安の源となり、社会への敵意を生じさせることになっていたかもしれません。「誘惑」説を「子どもの作り話」として冷静に取り下げることができたので、その後は無意識の普遍性の認識へと大きく前進しました。すなわち『夢判断』(1900)、『日常生活の精神病理』(1901)、『機知――その無意識との関係』(1905)、そして『性欲論三篇』(1905)です。実に素晴らしい宣言ではありませんか！ そして彼は、この達成で、孤立、ののしり、侮蔑、そして逼迫する貧窮という犠牲をどれほど強いられたことでしょうか。

無論、奇人変人は皆、自分の直観の正当性を主張するがゆえにこのような代償を支払いますが、一方で、実際のところ、その直観のどれもが正しいと認められる可能性を残しています。フロイトは、他の独創的な天才と同じく、方法に常に忠実であるという代価を払いましたが、その方法のもとでの研究成果は間違いであることを避けられませんでした！ たとえば、フロイトが「ヒステリー」に関して語っていることすべてが、今では「間違い」だと考えられるのです。というのは、一九世紀末、パリのシャルコー、チューリッヒのベルンハイム、ウィーンのブロイエルによって論義された「ヒステリー」という意味では、もはや「ヒステリー」は存在しないのです。ウィーンの同僚たちがフロイトの研究に関心がもてなかったのは、ひとつにはヒステリーそのものへの関心のなさゆえだったことが、思い浮かぶかもしれません。彼らはヒステリーを「疾患」として真剣に受けとめず、詐病の複雑な形態であると考えていました。しかしその後、催眠による実験で、その臨床現象が再現されました。つまり、催眠が暗示の複雑な形態ではないと証明されたのです――そういうことなのです！

同様に、精神病理学のすべての考えは「間違い」であり、「体液」説が現代の病態生理学の教科課程から削除されたように、カリキュラムから除くべきであるという説得力のある論義が展開されるかもしれません。精神分析は「疾患」や「治療」という概念を捨ててしまったのでしょうか？ そして、「深層心理学」

という分野になってしまったのでしょうか？　そこで再び、この振り子の揺れが、現代の訓練生にフロイトが直面した文化圏における同じ問題を提示します。ただ逆さまになっているだけと言えるかもしれません。彼の論拠は既成の権力体制には一笑に付されました。その理由は、「病んだ」こころの研究から得たものであり、それゆえ「正常」とは関係ないというものでした。今日、心的現実、内的体験の外的体験への優位性、「健康さ」との関係、そして「よいもの（good）」に結びついた価値に関しての精神分析の論拠は、役に立たないという理由で同様に無視されています。すなわち、すべては相対的で、意味論的で測定不能であり、したがって想像にすぎない、と。

フロイトはゆっくりとですが（そして私たちが把握するには、さらにゆっくりとなるだろうとの見通しをもっておかなければなりません）、精神病理学の研究は、単なる外的記述を越えた方法が発見されたことではじめて、こころに入る手段になることを掴みました。おそらくこの理解は、外科医、内科医、病理学者よりも、神経病学者にとって有用でした。外科医、内科医、病理学者にとって最も差し迫った状況は、閉鎖システムへの異物としての化学物質、物体、バクテリア、原生動物などによる侵入でした。個体発生は、身体の成長と生殖器の成熟以外のところは、誕生のかなり前に完成するようです。神経発生でさえ、誕生直後に完成するようです。しかし臨床分野のなかで、唯一神経学者の検査方法と数字のうえでの局所診断では、正常な機能の中断が、異常機能や特異的病因についての追求よりも上位に置かれていました。さらに、小児期の神経病理学に関する研究では、病巣の臨床現象は患者の年齢によっていかに異なるかが示されていました。すなわち、それが、新しい機能の発達を妨げているのか、あるいはすでに確立された機能を破壊して、より原始的な機能を再現させているのか、ということです。

これら神経学的局在性の原理と、それらの原理と発達過程との関係が、次第にフロイトに口出しをして、彼の頭から『草稿』という神経生理学的前概念をもぎ取りました。この具象から離れ、そして性に対してきわめて偏見がなく、道徳的ではないアプローチによって、彼は一般社会と決別し、追放者となりました。彼は、こころの理論をひとつの発達現象として提起し、その単位はニューロンではなく思考であり、そのエネルギーは対象希求のための衝動であり、その混乱は不安を生み、その外傷は記述的にはわかりえず、束の間のこころの状態との関係においてのみわかりうるとしました。

再び私たちは現代社会に目を向け、精神病理学のこの発達概念が、当時と同様に現在も強い抵抗を受けていることを認識せねばなりません。つまり、再び振り子が揺れてしまったのです。こころか身体かという偽りの二分法と同じく、遺伝か環境かという偽りの二分法に、私たちは直面しています。その二分法に巻き込まれないのは困難です。聖人ぶった甘い声で、両親あるいは子どもに、社会、時代、運命、太陽の黒点、あるいは神（！）にさえ非難を向けてきます（あたかも精神分析がその非難の根拠であるかのように）。一八九七年にヒステリーの「誘惑」説の誤りを認識するとともに、フロイトは発達上の葛藤や抵抗や転移の認識へと飛躍しました。葛藤――そして抵抗――は、現代、そして私たちのなかにおけるものと、七〇年前のウィーン時代と同じなのです。ただ抵抗の形が変わっているだけです。

フロイトが、彼を取り巻く社会環境の思考形式に拘束され、自らを解放するためにいかに悪戦苦闘したのかを認識するのに有益な方法は、著作で使用した比喩的表現、モデル、アナロジーを研究することです。その実証として、一連の流れを時系列に沿って挙げてみましょう。

I「ヒステリー研究」（1893-1895）（SE II, p.264）

「すでに（ヒステリーの）症状が一旦突出した箇所は脆弱な部分を形成し、その部分から次のときも再び症状が突出する。一度分裂排除された心的集合は「誘発する」結晶の役割を果たし、さもなければ生じえなかった結晶化が、そこからきわめて容易に生じるようになる」。

II「防衛としての神経精神病」（1894）（SE III, p.60）

「心的機能において区別されるべきは——情動価や興奮総量——（測定する手段を持ち合わせていないが）量的特性を有するすべてであり、増加、減少、移動、放出が可能で、電荷が身体表面に広がるように観念の記憶痕跡の表面を広がる」。

III「ヒステリーの病因」（1896）（SE III, p.192）

「ヒステリーにおいても、症状からその原因を知ることへと到達しうる、同様の可能性がある。しかし、この目的のために用いなければならない方法と、病歴聴取という旧来の方法との関係を説明するために、実際には他の研究分野で成し遂げられた進歩からのアナロジーを提出したい」。

「ある探検家がほとんど知られていない地域に到着したと仮定してみよう。そこは城壁の残骸や円柱の断片、碑文が半ば消えかかり判読不能な額石がある広大な廃墟であって、彼は興味をかき立てられる。その探検家は、埋もれて表面だけ露呈しているものを視察するのに甘んじるかもしれない。周辺の住民——おそらく半野蛮人——に、彼らに伝承されている歴史とこれらの考古学的遺跡の意味を質問し、彼らが彼に語ることを書き留め――それからさらに旅を続けるかもしれない。しかしこの探検家は異なる行動を取るかもしれない。彼はつるはしやシャベル、そして鋤《すき》を持ってきているかもしれない。そして住民にこれらの用具一式で作業するようにさせるかもしれない。住民と一緒になって、廃墟に着手する。ごみを片づけ、目に見える残骸を手はじめに、埋まっている物を掘り起こす。作業が成功で報われれば、発掘品が自らをおのずと明らかにしてくれる……」。

――なんと楽観主義者でしょう！

これら三例は自己分析前の時期からの引用で、症状形成、心的エネルギー、方法論に関するアナロジーの例です。次のものと比較してみましょう。

Ⅳ「あるヒステリー患者の分析の断片」（1905）（一九〇一年執筆（SE VII））

A（p.55）「対立する思考は常に密接に結合しあっていて、しばしば一方の思考は過度に強烈に意識化され、他方でその反対部分は抑圧されて無意識にあるように組み合わされる。この二つの思考間の関係には、抑圧過程が影響している。というのは、抑圧はしばしば抑圧されるべき思考の反対思考が過度に強化されるという方法で、成し遂げられるからである。この過程を私は反動強化と呼び、意識内で過度に強烈な主張をし（偏見と同じように）、取り除けない思考を反動思考と呼ぶ。その際、二つの思考は互いに無定位検流針(5)の二本の針のように振る舞う。反動思考は余剰な力によって、不快な思考を抑圧下に留めるが、この理由により反動思考自体は『抑制をかけ』、思考の意識的努力に対抗する」。

Ｂ（p.87）「夢に必要な**原動力**は、願望によって与えられなければならない。つまり願望を夢の原動力としての役割を果たすように支配するのは、懸念の業務なのである」。

「この立場はひとつのアナロジーで説明されるかもしれない。日中の思考は、夢にとっての起業家としての役割をうまく演じているかもしれない。しかし起業家は、世間で言うようにアイデアがあり、それを実行に移す進取の気性をもっているが、資本がなければ何もできない。彼には出費をまかなえる資本家が必要である。その資本家とは、前日の思考がどのようなものであろうと、つねに確実に、夢に心的出費を調達する無意識の願望である」。

Ｃ（p.116）「転移とは何か？　それらは分析の進展中に生起し、意識化される衝動や空想の新版か複写である。しかしそれらには特徴として次のような特異性がある。つまりある過去の人物が、医師であるその人物によって取って替わられている。換言すると、一連のすべての心的経験が、過去に属したものとしてではなく、今現在において医師である人物に割り当てられて復習される。これら転移のある部分が代替えであるのを除けば、いかなる点でもそれらのモデルと異なる内容はない。つまりこれらは──同じメタファーに従うなら──単なる新版か再版である。他方、より独創的に構築されることがある。内容が変形力の影響を受け──これを**昇華**と呼んでいる。医師の人となりや暮らし向きの現実の特異さを巧みに利用し、これらに編入することで意識化さえする。そうなると、もはや新版ではなく改訂版となろう」。

さて、私たちはここでしばし留まらなくてはなりません。変化は明らかです。初期のモデルにあった厳密に逐語的、機械的な性質は、その後の著作では想像力に富み、ほとんど詩的で、生命にあふれたイメージやモデルになりました。たとえば「研究」を引用して、劇的な「考古学」モデルを検討してみましょう。フロイトが記述しているのは、古代文化における環境、家屋、寺院、市場、道具、公益施設、組織、科学技術の再構成です。これらは「みずからをおのずと明らかに」します。しかし人々の生活はそうではありません。これは、書かれた記録でしかわかりえないのです。記憶にあると思いますが、アーサー・エヴァンス卿がかつて――一八九八年頃――クノッソスとミケーネを発掘し、偉大な財宝と線文字Bを発見しています。けれども、この手書き文字を解読するのに、彼にロゼッタストーンを提供するナポレオンはいませんでした。人々の生活が明らかになるには、マイケル・ヴェントリスによって暗号解読と語源学の技術が独創的に結びつけられるまで、六〇年間待たねばなりませんでした（John Chadwick（1958）*The Decipherment of Linear B*. Cambridge）。フロイトは、夢は無意識のロゼッタストーンであり、自分はその解読者であるという着想をもっていたようです。いかに彼がその難解さを過小評価していたかが、はっきりとわかります。おそらく、夢は、無意識の線文字Bです。

この第1章では、一人の精神療法家としてのフロイトの業績を論じており、それは基本的な精神分析的方法の発展に先立つものです。フロイトは、臨床神経学の分野で訓練を受けて経験を積んだ神経学者であり、研究者であったのです。たとえば、失語や小児の麻痺、神経解剖学に関する研究があり、特に中枢神経経路を特殊な銀染色技法を使って研究していました。彼は、たやすく心理学者になったわけではなく、一九一〇年になり、ようやく自分自身をそう呼ぶようになったのです。パリのシャルコーやナンシーのリエボー、そしてチューリッヒのベルンハイムの業績に興味を抱いたのは、もともとこころの理解ではなく、脳の理解に関心が向けられていたからです。分裂している意識、遁走状態、催眠、暗示や夢の現象が彼の興味を惹いたのは、人生での情緒的で知的な経験の有為転変としてではなく、脳の複雑な活動やその機能障害の根拠としてでした。脳損傷の可能性、遺伝形質、変性疾患（そしてもちろんのこと、中枢神経梅毒についてのよくある疑い）は、こころの片隅でつねに気にかかっていました。彼のライフワークになった、ブロイエルとの共同研究や『ヒステリー研究』（1895）出版への初期のアプローチは、純粋に医学的なものであり、症状の除去を目指していました。ある意味では、症状の除去を目指すそのアプローチは、フロイトが愛して止まなかった神経生理学にコカイン実験があったのと同じ関係に置かれていました。後で述べますが、コカイン実験は多分に社会的地位を得るためであり、そして彼を蝕んでいました。『夢判断（*Traumdeutung*）』からの有名な「イルマの注射の夢」をいくらか詳細に調べるなら、いかにフロイトが判断を損ねる野望にとりつかれていたか、そして、自分に基本的統制を課すことができる方法を構築していくことで、いかにそれと闘ったかが、より明らかになるでしょう。当時、彼はもう若くなく、結婚し、子どももいて——四〇歳になろうとしていました。それまで彼は、オーストリアの医学界で、さまざまな方向での昇進をめざして努力をしてきました。大学病院で働き、研究を行ない、シャルコーの研究を翻訳し、講義をしました。しかしもちろんのこと、ユダヤ人であるために機会には恵まれませんでした。その経歴は、かなり日和見主義的な印象を与えます。彼は非常に野心のある男で、自分の全盛期が何も成さずに過ぎようとしていると感じていたのは、疑いようがありません。コカインによる逆境は、彼に重くのしかかり、コカインの合法的使用におけるパイオニアであると認められることはなく、みじめでした。

そのため、『研究』におけるフロイトの担当部分は、ブロイエルの謙虚な口調とは対照的です。ブロイエルは、その現象を畏怖し、彼の知的な患者アンナ・Oにどこか魅了されていました。そして彼に対するアンナのエロティックな愛着から受けたショックと、妻の激しい嫉妬によって悲劇に終った関係を、世間に公表するのはもともと気が進みませんでした。共著『予報』(1893)から、ブロイエルは、出版に加わるのはかなり不本意であって、底流にある意見の相違が関係を窮地に陥れたのは明らかです。フロイトは年下で無名であり、その意味ではブロイエルの名声に乗っていました。おそらくフロイトは、自覚していた以上にこの年長の男性に依存していました。『研究』が出版された後に関係が冷え込むと、フリースとの親密さが取って替わったようです。しかし、ここでフロイトは、自らの依存、そして、他者へのアンビヴァレンスや利己的利用、不誠実さと横暴さであることを認識しました。『研究』を読めば、私たちは至極平凡な人間フロイトと、かなり印象的な人間であるブロイエルに出会います。それから一〇年後、ドラの「断片」において、私たちは偉大な人間に出会うことになります。どのようにしてこの変化が生じたのでしょうか？　そしてこの変形に伴う、あるいはそれをもたらした科学的経験と達成とは何だったのでしょう？　それでは、まず『研究』において、ブロイエルや彼の患者と並んで見えるフロイトを検討しましょう。

▼訳註

1——クルト・R・アイスラー（Kurt Robert Eissler）（一九〇八-一九九九）／第二次大戦後ハルトマンなどとともに、フロイトの書簡や文献を保存することにし、一九五二年ジークムント・フロイト・アーカイヴズを創立した。アンナ・フロイトとの親交も深く、彼女の援助により散逸した数千の書簡や論文、そしてフロイトの患者の録音テープを収集した。そのなかには狼男のテープもある。しかし、守秘義務を理由に資料の閲覧を拒んだ。ピーター・ゲイによる『フロイト』の謝辞を参照。

2――"A.R.Orage"／嫉妬は楽園のドラゴンであり、天国における地獄であり、最も甘美で最も苦い情緒である。

3――『科学的心理学草稿』のこと。カテキシスという用語と同じく、このタイトルはストレイチーの発案物である。『草稿』は一八九五年に書かれたが、一九五〇年まで出版されなかった。こころの詳細な神経生理学的モデルからなっており、ニューロンシステムは興奮を放出しようとする傾向があるというニューロンの慣性原則を提示している。緊張の放出は快を、蓄積は不快を生じさせる。しかし、ある緊張はつねに系に留まり、低レベルを維持しようとしている。このように、こころのシステムは恒常原則に支配されている。そのほかに、知覚、意識、記憶を説明するための異なるシステムがある。フロイトはそれぞれのシステムの特異性を詳細に論じている。また、情動の性質、一次過程と二次過程の概念、夢形成、ヒステリーの精神病理についても説明している。広い展望と深さにもかかわらず、この著作は不完全である。というのは、すべての原稿は三冊のノートからなっているが、そのうちの二冊がもとになっており、三冊目の最後のノートは今日まで未発見のままだからである。フロイトのこの早期の業績の意義について物議をかもしている。奇抜で失敗した空論の一片であるとみなされる一方で、神経生理学的には先見の明がありパイオニア的な貢献であるとみなされている。Salman Akhtar (2009) *Comprehensive Dictionary of Psychoanalysis.* Karnac からの抜粋。

4――一八四八年は動乱の年とも呼ばれる。二月にフランスで勃発した二月革命は、翌月以降にはドイツ連邦、イタリア、イギリスに伝播し三月革命となった。ウィーンでの革命により宰相メッテルニヒはイギリスへ亡命し、ナポレオン戦争後の国際秩序であるウィーン体制の崩壊へ至った。またこの年マルクス、エンゲルスの『共産党宣言』が発せられた。

5――磁針が地磁気の作用を受けずにどの方向にも向き、任意の位置で停止するようにして、コイルに流れる微弱な電流を測定する検流計。磁気モーメントの等しい二本の磁針を反対向きに上下に並べ、水平につるして一方をコイル内に入れた構造をもつ。

第2章

方法と資料のらせん状進行

『ヒステリー研究』

独創的な科学者の宿命は、直観的な奇人と比べてみると、結論すべてが「誤り」となりうることだと第1章で示唆しました。フロイトは、このことを充分に心得ていて、だからこそ、その時点でのアイデアを公表するのも、後で真実により近いものを見つけたらそのアイデアを棄却するのも、決して躊躇しませんでした。精神分析の歴史を理論的観点から見定めようとするとき、私たちはアイデア、モデル、イメージが渦巻く大混乱のなかにいますし、そこから距離を取るには、唯一、フロイトが――たとえば『自我とエス』ではなく『精神分析入門』において――述べたことを気の向くままに把握するしかありません。さもなければ、むしろ最悪なのは、私たち自身のフロイトの読み方を、これこそが正しい、すなわち正統であると確立し権威づけすることです。

しかし科学（この点に関しは、芸術も）は、理論によってではなく、方法や技法の発展によって前進するのです。ジョークっぽく、精神分析の創案者は、「談話療法（talking cure）」と「煙突掃除（chimney sweeping)」をもたらしたアンナ・Oであったと言えるかもしれませんし、フロイトが一九一〇年のクラーク大学における講演で、ブロイエルこそが原点であると賞讃したのは心からのものであったと私は思うのです。

フロイトの単著は流暢で明晰なのに比べて、この有名なケースは決して読みやすい著作とは言えませんが、臨床作業や情報資料の収集が莫大な時間、興味、関心、創意工夫、忍耐、節度をもって行なわれていることに衝撃を受けます。おそらくこれが、年下のフロイトが、ブロイエルをこれほどまでに高く評価し、精神分析の歴史に正当な立場を与えた理由を理解する折に、私たちが手にしうる一番の証拠です。思い起こしてみてください。当時の治療方法論はまったく異なっていました。鎮静、温浴、麻痺には電気刺激、拘縮にはマッサージであり――患者のこころへと目を向けることはまったくありません。催眠師はヒステリー現象をこころのものとして扱っていたと言う人もいるかもしれませんが、単に「外傷」が欠損器官に侵襲しているという意味であって、繊細な人間のこころに影響を及ぼす体験としてではありません。ブロイエルによるアンナ・Oの性格や知性への賞讃、人間としての尊敬、そして治療への意気込みが、科学的好奇心へと彼を導き、おそらくは彼女の性愛転移が喚起するのではないかという不安にあまりにも敏感にさせたようです。しかしそれは、当時の「神経病質」や「変質」に向けられた軽蔑とはまったく対照的な態度でした。年長のブロイエルと比較すると、私たちは『研究』における年下のフロイトは、もっと熱心で野心的であり治療動機は自己中心的であるのが私たちに見えてきます。アルプスの小村出身の少女である「カタリーナ」でのこころに響く断片にだけ、後に「ドラ」や「少年ハンス」との関係に認められる深い優しさ、思いやりある関心が現われています。その折の優しさには、アンナ・Oがブロイエルを怯えさせたように、ドラがフロイトに痛みを与えるという彼の傷つきやすさが、同じように付随していたのは興味深いことではないでしょうか。しかし、ブロイエルは苦痛のあまりさらに究明することから離れていきましたが、偉大なフロイトは困難に立ち向かい、はじめて精神分析的方法における転移の決定的な意義をしっかりと掴みました。

それでは少しの間、アンナ・Oが精神分析の創始者であったというジョークに戻ってみましょう。私は個人的に、精神分析の歴史は患者と分析者による共同研究の歴史であるということをきわめて真剣に考えており、その方法の本質は、「患者」はつねに「研究者」であり、自己分析がこの過程の鍵であると、何んら躊躇なく言えます。明らかに「患者たち」のなかで最も素晴らしい人物は、フロイトが自分の自己分析において分析した人でしょう。この観点からすると、あらゆる私たちの論文は、そのそれぞれの著者による自己開示として読めるかもしれません。分析的な執筆をするうえでの多大な困難、湧き上がる大きな不安、必要な勇気について、おそらくこのことから手がかりが得られるのではないでしょうか。アンナ・Oの症例を読むことで、この若い女性の創造性について十分な根拠が得られますし、ブロイエルが「……長く続いた症状がこのやり方（すなわち談話療法）で取り除かれて、いたく驚かされた」「事例の全経過で、私はこの治療技法（すなわちカタルシス法）を発展させた」と述べるとき、ブロイエルは間違いなく真実を語っています。

では、アンナ・Oの方法とは何だったのでしょうか？　まず何より「自己催眠」の状態から成り立っており、その状態で、その日に経験した幻覚的で不安な空想を彼女はすべて「語り尽くす」のです。次いで、彼女は追想期を展開し、前年（一八八〇〜一八八一年）と同じ日の内的出来事を語り尽くしました。第三に、彼女は、父親の死後に田舎へ引っ越したまさにその日に終了すると宣言して、一年という時間制限をその過程に設けました（一〇年後、若いマティルデ・Hの病は、婚約が破談になったまさにその日に自然消滅するということが起きました。その際フロイトは、喪の過程との繋がりを認識し、さらに彼の催眠による治療への功績はまやかしであると認識しました――p.163）[1]。第四に、アンナ・Oは、連想で現在の症状を、その最初の出現へと遡らせました。第五に、症状と夢、とりわけ蛇が迫ってくる夢との繋がりを彼女は発見しました。最後に、「無意識」の実在性という問題、そして無意識と彼女自身におけるスプリッティングとの関係を、「意志」の問題に照らして探求しました。おそらくは彼女自身よりもブロイエルに、彼女の「下卑た行儀の悪さ」という病的状態は、それらの顕在化を制御する「意志」が欠けているというだけの意味でも彼女の制御を越えていることを確信させせました。

アンナ・Oの振る舞いはあまりに印象深く、現代ではヒステリーの診断に疑問がもたれるでしょう。彼女の病気は、妨げられた喪の悲哀に関連した神経症的抑うつ反応であると考えられそうです。その予後はおそらく良好で、自然に消滅していくと。というのも、喪の悲哀の過程はまさにその性格上、自己分析的なものではないのでしょうか？　フロイトはヒステリーの病因について、死にゆく人を看病する役まわりを議論するなかで、同じような示唆をしています（p.162）[2]。アンナ・Oの病を、少なくともブロイエルによって治療された局面だけでも思い出してください。一八八二年六月に終了し、そして『研究』は一八九五年に刊行されましたが、予報が書かれた二年後です。この方法が「孵化」された一三年間を、次の一〇年間――精神分析の偉大な発展のもととなった研究の達成、『夢判断』、『日常生活の精神病理』、『機知――その無意識との関係』、『あるヒステリー患者の分析の断片』、そして『性欲論三篇』――と比べてみましょう。決定的な年である一八九七年を忘れてはいないでしょう。「外傷」理論が崩壊し、フロイトの自己分析が始まりました。アンナ・Oとブロイエルによって推し進められたその成果を理解するために、症例自体に現われた展開を検討しましょう。エミー・フォン・N（一八八九年）、ルーシー・R（一八九二年）、ドラ（一九〇〇年）。これらはもちろん治療の日付であり、刊行の日付ではありません。

エミー・フォン・Nの主治医は、[3] 私たちにはなじみがなく、どうやらあまり好感のもてる人物ではありません。フロイトが言うように、彼はベルネームの方法である暗示にすっかり影響されていて、さらに自分の患者を好んでもいないようです。このことは驚くに値しないかもしれません。というのは、現代のヒステリーとは考えがたく、むしろ重篤な強迫性格で、ヒステリー症状とともに顕著な妄想傾向、広範な心気症、そして体感幻覚もありました。治療は間に一年間を挟んだ、七週間とおそらく九週間の短期のものが二回で、一年後に経過観察のための短い面接が行なわれ、また三年後に再発したことを示す注解があります。記述の色合いは、治療方法と一致して、不愉快なくらいに独断的、表面的で傲慢で、情報資料は退屈なものです。その治療方法は次のようなものでした。温水浴と冷水浴、日中は毎日「からだのあらゆるところ」をマッサージし、毎晩催眠を施します。そして催眠の間に時系列に沿って引き出されたいろいろなタイプの恐怖や症状が記述され、アンナ・Oの場合と同じく、逆の順序で報告されます。これらの症状消失は、その後、いわゆる「暗示」によって命じられました。フロイトは、彼女に「罪のない嘘」や教訓を話し、催眠と後催眠の仕掛けを用い、そして終いに（アルカリ水を飲むようにとの）最後通牒で威圧したようです。彼女が、自分の思い出に彼にもっと耳を傾けさせようとしても、よくて不機嫌に話を聞くのがせいぜいで、アンナ・Oの同じような要求に対するブロイエルの好意的な対応とは対照的です。

しかしながら面白いことに、脚注によればフロイトはこの時期、自分の夢を系統的に分析していたのですが、意識的に自己分析のために行なっていたのではなく、日中の残渣、誤った結びつき、連想への強迫など『夢解釈（*Interpretation of Dreams*）』の研究の一部としてでした。しかし、一九二四年のフロイト自身の惨めな脚注は、「憫笑（smile of pity）」を私たち自身の至らぬ努力のために取っておくことを気づかせてくれます。

ルーシー・Rの（九週間だけの）短期間の治療では、別の人が別の治療方法を用いています。彼は、冷淡な催眠師で、今は額に彼の手を押しつけて連想を「強いること」に期待をかけています。明らかに催眠状態というまやかしなしで済ませるのを喜んでおり、彼はこの患者との間で、より考え、話し、感じています。注目すべきは、たとえば、意識と忘却のスプリッティングを論義しているなかで、患者のこころにおける過程について理解したことを、自分のこころのなかの類似した出来事に結びつけているところです（p.117）。彼の直観は活発で、そのアプローチは、ルーシーに対して、あなたは雇用主に恋していると示唆したように、大胆で情愛のあるものです。この症例は、まったく「症例」と言えるようなものではなく、むしろ一過性のヒステリー症状であり、密かに恋している未婚の女性の軽い抑うつ期を伴うもので、彼女の亡き女主人の子どもと夫に愛情を抱いていました。しかし、この患者のこころの基本的な健康さが、抑圧されたものには簡単には接近できないことをフロイトに見誤らせました。というのは、この症例の検討で、「外傷的」出来事の無意識性という論点を避けているからです。これは、治療方法の向上に関して非常に重要ですが、その治療方法が症状の解消へとまだ過度に方向づけられているのは、理論的定式化の試金石としての治療的成功に縛られているからです。エミー・フォン・N、ルーシー・Rばかりでなくカタリーナも、アンナ・Oがブロイエルに与えたのと同様な創造するうえでの冷酷さを伴わせて、フロイトを夢や幼児期へ立ち戻らせていません。フロイトが『研究』について言ったことは、まったくその通りなのです。臨床素材は「短篇集」のように読め、すべては人間関係、感情、希望、空想に関するものです――そして論義は生理学実験の説明のように読めます。フロイトのなかにある臨床家と理論家との溝は明白です。彼は一八九五年の『草稿』で打ち上げた、ギリシャ文学を表記法にして神経生理学的に数量化できる項目へと心理学を還元するという希望とまだ戦いはじめていなかったのです。

フロイトの言う「最初の完全な分析」も短篇のように読めますが、エリザベート・フォン・Rに関して、重要な技法上の進展がすでに姿を現わしていますし、新たな素材がフロイトの考え方に影響していました。ここでも催眠の代わりに圧迫法が常用され、素材の「発掘」が「各層ごとに」綿密に推し進められました――それにより、彼は記憶の（連想ではないのに留意）いわゆる「因果連鎖」を追跡し、源となった外傷に遡ろうとし、それで外傷は充分に「除反応」されることになりました。フロイトはこの魅力的で、「生意気」で「自信過剰」な二四歳の娘が、亡き姉の夫への秘かな恋慕に直面することになったとき、グラスゴー出身の家庭教師ルーシー・Rよりもはるかに扱いづらいと思いました。しかし彼は、（「抵抗」とはじめて呼んだ）この嵐に勇敢に立ち向かい、この悩める若い女性を二つの方向で「慰めました」。すなわち、彼女は自分の感情に責任をもたなくてよいこと、彼女の病気は彼女が良い性格である証であることです。ビクトリア朝風のほほえましい慰めですが、それは、この「完全な分析」のひとつの重要な側面に焦点を当てています。フロイトはこの娘と深く同一化したようであり、それは症状の軽減をはるかに越えていたと考えられます。彼は、エリザベートが義兄と結婚できるよう積極的に母親と話し合い、その件については、この患者はおそらく決して彼を許しませんでした。彼女がフォローアップに彼の元に戻らなかったことを、「この種の治療において生ずるパーソナルな人間関係における特徴である」と悔悟の念で彼は語っています。これが、「転移」概念のひとつの前兆であり、逆転移の痛みを示すものです。

これらの現象から、フロイトは乳幼児性欲と近親姦願望に関するすべての問題を回避していると結びつけざるをえません。そのことは、カタリーナとロザーリエ・Hの双方で臨床素材が歪曲され、そこでは性的葛藤を父親から「叔父」に変更して言及していることで証明されています。ブロイエルがアンナ・Oにしたように患者についていくのではなく、患者を質問に誘導することで、貯留、多重外傷、象徴化などという理論を、彼はなんとか裏づけられたのですが、一方では、早期小児期へと連想を遡らせていく（ほとんどの患者が言及していた）患者の傾向を妨げていました。

そうです。アンナ・O自身が『研究』における主役であり、フロイトが後に見せる偉大さは、心理療法的方法に関する論義に垣間見られるだけであることを理解しなくてはなりません。そこに私たちが見て取れるのは、経験が彼を侵襲し、先入観を再考させていることです。以下の要素が際立って見えてきました。すなわち第一に、決定的な記憶が接近すると、患者の心的苦痛に対する感受性が増大し、それが調査への抵抗として出現してきます。第二に、その抵抗は転移によるものであり、ここにはじめて転移という概念が、精神分析という方法に必須な構成要素となりました。

ドラ症例に戻ると、『研究』の刊行から五年を経て、まずフロイトの変化に驚きます。そして、この間に出版された著作を見ても、治療方法と技術における変身ぶりをたどることができる根拠をほとんど見出せないのです。フリース書簡から、フロイトが理論家として成長する物語だけが伝わってきますが、私たちがより興味をもっている臨床家は見えません。一八九四年から一八九七年までのさまざまな論文より引用できる証拠から、私たちがすでに検討したいくつもの方法によって性愛の重要な役割を彼が発見していったことがわかります――患者の成人期における禁欲、充足の欠如、不倫、自慰、倒錯、そして、高い頻度での子ども時代にこうむった大人からの受身的な外傷的性体験の記憶、それに続いて、強迫症患者のケースにおける他の子どもとの能動的な体験がありました。一八九七年には「誘惑」説は崩壊してしまい、自己分析が始まっていました。そこでフロイトは、エディプス・コンプレックスや乳幼児性欲の普遍性を発見することになりました。しかしもちろん、臨床方法や資料は私たちには入手困難であり、度忘れや隠蔽記憶に関する論文や、『夢判断』、『機知』、『日常生活』というこの時期の著作から、テントの下の隙間から覗き込むように、ただ窺い知るだけです。

次章では、ドラとの臨床作業における偉大なフロイトに向き合い、いかに新しい方法が新しい素材をもたらし、ヒステリーの精神病理学を豊かにしたかを、もう一度見てみましょう。手短に振り返ってみます。この章では、アンナ・O、ブロイエル、フロイトというさまざまな人の貢献による分析の方法の進展をたどってみました。そこでは、変わりゆく素材が浮き彫りにされ、どのように精神病理という概念の真の内実を創りだしていくのかを示そうと試みました。理論は、現象に較べると重要なものではないため、わずかに触れただけです。というのは、私たちが主に取り扱っているのは、こころについての精神分析理論の進化ではなく、精神病理に関わるフロイトの見地だからです。

▼訳註

1――SE II. p.163 脚註／「ヒステリー研究」『フロイト著作集7』（人文書院）p.135

2――SE II. p.162 ／「ヒステリー研究」『フロイト著作集7』（人文書院）p.134

3――「この主治医」とは婉曲な表現だが、フロイトのこと。

第3章

夢分析法の結晶化

『ドラ』

実際のところ一八九七年の自己分析に端を発して、偉大なフロイト、そして精神分析の革新が始まりました。「特異的病因」としてのヒステリーの「誘惑」説の挫折後です。『夢判断』[1]（1900）、『機知』と『日常生活』の執筆は「カタルシス法」時代のものですが、この時代、フロイトはこころの作業に関心を抱いており、神経生理学者としての脳への関心から離れはじめていたと想定しても差し支えないでしょう。彼は新しいアイディアを使って研究していました。意識の分裂、情動の保持、受け入れがたい観念による心的苦痛、心的外傷などで、基本的には精神科医が入手可能な古い資料に適用されていました。孤立していましたが、彼の発見に公正に耳を傾け、科学的関心をもってくれるのを彼は未だに願っていました。『ドラ』の序文においてさえ、耳を傾けられることを嘆願しつつ、かつまた予測される批判に対しては自己防衛をしています。資料は、収集するのに労を惜しまない精神科医であれば誰もが手に入れられると彼は考えています。フロイトが、こつを書いた本である『夢判断』の指示に従えば、誰でも夢を分析できると示唆しているのは、単純で滑稽に思えます。そして実際に一九一〇年まで、自分自身の夢を分析すれば、誰でもこの新しい科学を実践できると彼が言っていたのを私たちは知っています。

一九〇〇年に行なわれたドラ症例で明らかとなった臨床作業は、フロイトは自分では気づいていませんが、彼の技法が卓越した域にまで達しているのを示していると推論せざるをえません。『研究』の刊行から五年という短期間で、さらには（このときに方法が改められたのですが）「誘惑」説の挫折から三年という短期間のうちに、いかにしてこのような事態が生じたのか、まったく想像さえできません。フロイトの天才がはじめてあふれ出し、一九〇〇年から一九〇五年にかけて信じがたいほどほとばしり出たのだと、私たちは単にそのまま受け取るしかありません。さらに信じがたいのは、後でわかるでしょうが、この氾濫は一九二〇年から二六年の期間──『快感原則の彼岸』から『制止、症状、不安』──にも繰り返されたという事実です。先の天才の開花は四五歳の頃──そして後の開花は六五歳の頃です。

フロイトは『ドラ』の著作を『研究』の続篇というより、『夢判断』の増補[2]（p.114）と考えていました。しかし、この著作こそが、病理を通してこころの深層を理解する方法をフロイトが創案し、その資料はこの方法を忠実に行なうことができ、また実際に行なう者だけが手に入れられるという真実を、彼に知らせたようです。「あとがき」に「この論文では、技法の説明をまったく無視した。技法はごく当たり前のこととしてあるのではなく、この技法を使ってのみ、患者の連想という生の素材から貴重な無意識の思考という純金を採集できる。技法の説明を無視したため、読者に私の治療手続きの正当性を吟味する機会を与えていないという欠点が認められる……」と記しているのを思い起こすでしょう。一九一〇年から一九一四年の期間における技法論文まで、彼は技法を記述しませんでしたが、『ドラ』から私たちは技法を引き出せます。フロイトが転移の方法論上の重要性を『ドラ』のなかではじめて認識しており、私たちは『ドラ』を精神分析的方法の発展における画期的な出来事として記憶しているため、特に転移解釈の証拠をそこに見つけようとするのですが――それは無駄に終わります。転移分析の失敗により三カ月後に治療が時期尚早な中断に到ったとフロイトが認める「あとがき」のなかにだけ、転移の証拠を引き出せたと彼が言いたかった例(3)（p.118）を私たちは見つけます。

転移の方法論的重要性の観点からするなら、『ドラ』は負の画期的な出来事です。しかし観点を変えるなら、技法上の実践の前進を認めます。見事に記述された研究論文の臨床資料では、序文に宣言されているように、フロイトは連想を「強いる」「圧迫」法を捨て、その代わりに（いわゆる）自由連想という新しい方法を取り、あるいは、誘導を止め患者に従うことに満足しています。その結果、単なる外傷的出来事でない、幼少期の発達に言及せざるをえず、それが前面に押し出されています。フロイトがドラの発達をたどるときの人間性は、ルーシー・Rやエリザベート・フォン・Rの愛情生活を調べた際のロマン主義とはまったく異なっています。道徳的判断を冷静に棚上げにし、彼は、彼女の正常、また倒錯的な性的関心を追跡しますが、それはたとえば、氷のように情緒を切り離してエリザベートとの同一視から自分自身を守ったのとは大きく変化しています。この症例を読むことで、『性欲論三篇』が神経症の治療での臨床経験に由来するものであり、素材に彼が押し付けた先入観とはみなせないと、たしかに私たちは思います。一八歳のドラにフェラチオの知識があるという情報を引き出し、それを幼少期に指をしゃぶったり、耳を引っ張ったりしたことと結びつけた、そのやり方を検討してみてください。彼女が一四歳のときにK氏に「キス」された後に生じた胸部圧迫感の症状を、K氏の勃起したペニスが押しつけられた感覚という置き換えであると、いかにして推測しているのでしょう。また、彼女の幼少時にあった失声の症状を、いかにして食の細さと結びつけているのでしょう。K夫妻に対する異性愛的、同性愛的側面を、いかにして幼少時の口唇的渇望の対象としての乳首からペニスへの容易な移行と関係づけているのでしょう。

柔軟な思考や名人芸的な関連づけを示すこれらすべての証拠に、『研究』での精神療法家とは異なる人間であるというまぎれもない根拠を見ます。また、注目してもらいたいのは、フロイトはドラに既存する性の知識の証拠を探究するうえでの配慮について述べている際、資料の信頼性が汚されるのを回避するために彼はそうしたのであって、無垢な少女を汚したとの責任を回避するためではなかったと、あえて明言しているところです。実にその世紀の変わり目に、この孤立した男のこの勇気にはいささか唖然とせざるをえません。この方法が彼を捕らえてしまい、彼は興奮して――否、無謀に――邁進していました。これは知識の探究にあるスリルということでしか説明できません。野心や早く成り上がりたいという思いは消えてしまいました。そして、それと同時に、理論的妥当性を治療を使って試すことも払拭されています――たとえばドラの神経性咳嗽を上手く取り除いたと主張するのを躊躇しています。そもそも、上手くいかなかった治療の「断片」を出版するとは、なんと大胆なのでしょう。明らかに、当該の人間に関する資料の内的妥当性が(4)、試みの立脚点になりました。それに合わせてフロイトは、究極の原因という考えを捨て去り、「重複決定」を症状を理解するための原理として受け入れました。「神経症とは倒錯の陰画である」というような基本原則ですら、機械論的意味においてではなく、むしろ神経症を神経症である人物の性生活そのものとして考える見地とともに提言されています。しかし、それらの数年間に生じた精神分析的革命に、当然付随する精神病理学の概念全体の性質の変化を再検討してから、すぐにこの点へと立ち返るようにしましょう。その調査に向かう前に、私たちは二つの夢と、その夢を明らかにした夢分析の方法に注目しなければなりません。そうすれば、分析方法の三本柱——夢分析、転移分析、抵抗分析——がすでに形成され、『断片』がその方法論の宣言であるのがわかります。

二つの夢の分析作業で産出された素材を選り分け照合する想像力においてよりも、（ドラがフロイトに——ひそかに——使用人にするように、二週間後の解約通告をしていたとの才気あふれる認識にあるように）自分自身の連想を引き出す技巧にこそ、実践中の名人を見てとれるのです。彼はすでに達人であり、両義性、曖昧性、素材にある不一致、「言葉の切り替え（switch-words）」、幼少期へのほのめかし（参照「その夜の不幸な出来事」＝夜尿）、言葉の連鎖、語呂合わせ、視覚的イメージ（深い森のニンフの絵は女性性器、陰毛に囲まれた小陰唇か前庭（nymphae）を象徴していると言及しているのは、素晴らしい理解です）に気づいています。

しかしながら、ブロイエルとアンナ・Oに対してと同じく、ドラの功績を私たちは称えねばなりません。それは彼女が、超一流の患者で、もう一人の下手な分析家に見えるからです。その結果、彼の転移を扱ううえでのまだ不充分な技法が、彼女の乳幼児期における父親との関係の「新版」もしくは「改訂版」とフロイトが呼んだものの**行動化**（後に転移に関する論文ではじめて概念化された用語）の衝迫を抑えさせられなかったと、フロイトと一緒になって私たちもつい後悔しがちです。もし、フロイトがエリザベート・フォン・Rに同一化し、かつ、少しでも恋をしていたとするならば、彼は今やたしかに、彼を前進させているこの方法と恋をしています。神経生理学者というより、詩人が私たちのこころに浮かびます。真珠が一粒の砂を中心に形成されるように、ある出来事の周りに紡がれた症状のイメージが創り上げられ、針金に巻きついた花冠の花のように、出来事の周りに思考が編み上げられます。

気づかなかったはずはないでしょうし、すでに苛立ちを引き起こしているのかもしれませんが、これまでの章で私は、さまざまな段階でのヒステリーの本質に関するフロイトの考えや精神病理論についてはほとんど触れていません。私がそうしなかったのは、まず第一に、ストレイチーが論文で見事に割り振って、素晴らしい注釈を施しているからです。第二に、私はそれらをさほど重要であるとはみなしていないからです。しかし精神病理一般に関する、特にヒステリーに関するフロイトの考えの進展を再検討するのに少し時間を割きたいと思っています。彼の思考様式、先入観、モデル構築に関する第一章での論義とはやや異なる仕方で再検討したいのです。

フロイトがブロイエルの援助を借りて踏み込んだ領域では、精神病理学は脳の損傷という仮説をもとにして、正常性とは別であるという概念に支配されていました。そこから生まれた用語には、「変質」、「遺伝的病害」の仮説、先天性ないしは後天性梅毒の疑い、詐病として関与せず、といったものがあります。『草稿』でのフロイトは、すでに六年間ブロイエルと作業していたにもかかわらず、別の見解を取ることができませんでした。これら「脳」についての考え方は、『草稿』においてすでに「特異的病因」としての地位を「素因」の一つに明け渡してしまっています。ブロイエルの「催眠状態」がヒステリー症状を形成する前提条件であるという考え方をフロイトは完全には受け入れておらず、そして最終的には「断片」において公然とそれを捨て去ったとはいえ、フリース宛の書簡によると、「ドラ」の症例記録を執筆する間際まで、未だに「器質的要因」の考え方を諦めていなかったのは明らかです。しかし、これらの考え方は、両性愛性の背後にあると仮説した生化学的過程に結びつけられていました（この時期には、まだホルモンは発見されていなかったのです)。一八九六年にヒステリーの「特異的病因」は幼少期の外傷的誘惑であると書いたときには、ここに後の人生においてヒステリーを出現させる器質的な性的素因の責任を押しつけるつもりでいました。フロイトは素因の神経生理学的観点や生化学的観点を本当に放棄したことはありませんでしたが、「心理学者」として自分の態度を明らかにする目的で、こころという概念のために脳という概念をはっきりと捨て去ったと言っても間違いではありません。四部構造からなる「メタ心理学」という用語は、一九一五年の「無意識について」(SE XIV) の出版でようやく世に出ました。しかし局所論、力動論、経済論、発生論から見た精神病理についてこれらの初期の著作を調べてみると、渦巻く混沌にもかかわらず――フロイトの理論的見解がすでにこの四つのカテゴリーのもとに整理されているのがわかります。

これまでのところでは、フロイト自身が気づき、臨床報告のもつ「短篇小説」の色彩として言及した臨床家と理論家の分裂は、「断片」が出版された頃には解決されていたということを伝えたかったのです。彼は明らかに、ドラの葛藤だけでなく、パーソナリティ、性格、気質、関心、空想、願望を考慮していました。私たちの前に彼女は、人を「意識の分裂」、「防衛」、「受け入れ難い観念」といった理論用語にしてしまうような人物として出現します。意識の階層という局所論は、すでに三冊の著作、『夢判断』、『機知』、『日常生活』において普遍的なものとして主張されていました。さらに「**無意識**」(フロイトは一方では「潜在意識」という代替用語を、彼の見解と催眠師のそれを区別するために捨てていましたし、「抑圧されたもの」という用語は狭すぎて捨てました) は、心的活動のひとつの領域として提言されていて、拒絶された観念や忘却された経験の地下貯蔵庫としてではありません。ブロイエルがアンナ・Oで注目したように(むしろ彼女が彼に注目させたのでしょうが)、多重人格構造体については、一九二〇年代にその構造論を着想する兆候すらうっすらと見せています。「少なくとも三つの異なる方法」での記憶の「層形成(stratification)」、「**記憶のファイル**」、そしてこころの構造的配置に関する他の諸概念を理論の部分に散りばめています。

　力動的概念には**防衛**、「**象徴形成**」と「**身体的愁訴**」**を介するこころと身体の関連**、「**ある関係を回避するために別な関係**」を使用すること、**観念の投影**、**過去と現在を結びつける夢**の機能、**経験を意識に保持する言葉**の機能、その他多くのものを含んでいます。**外傷**についての考え方は、**累積的体験**と**重複決定**の考え方へと広がっていました。こころの経済論はいまだに「備給」という考え方をする量的、流体静力学的、**エネルギー様式**で説明されていました。しかし**動機**、**理由**、**傾向**、**衝動**、**目標**、**対象選択**、**神経症の選択**、**前進と退行のバランス**と質の問題を定式化する他の方法を識別しようとする試みが、物理的モデルや神経生理学的モデルを背後に押しやりました。

　発生論的カテゴリーは『三篇』と『断片』でしっかりと確立されました。「完全な分析」という望みは、病理的な一連の出来事の究極の原因として、外傷の考え方に強く依存していたので、いまや放棄されました。「**証明**」は「**理解すること**」へと道を譲りつつあり、もはや分析の治癒力は分析家の患者への侵襲にあるとされず、患者が分析家を使用できるものだという気づきを患者が使えるようになるまで待たねばなりません。この最初の精神分析家にある謙虚さは、『研究』における精神療法家の尊大さや要求がましさとは大違いでした。

　フロイトの業績を語るときに、科学者としての機能における根本的な分裂を追跡する必要性を私が強調したことを思い出されるでしょう。その分裂は、臨床家と理論家を分離することで、かなり明瞭に輪郭づけられます。この点から私は皆さんとともに、彼の作業様式についてのこの考え方を夢解釈の進歩に応用したものを吟味したいと思います。フロイトの心理学者としての五〇年という長きにわたる研究を通じて、夢への態度は、理論的観点から見ると、『草稿』に表現されている早期の先入観、さらに『夢解釈』の有名な第七章に表現されている理論的考え方から転向したとはまったく思えません。この構想における中心的な考え方とは、夢はごく単純な目的をもったかなり単純なこころの機能であり、その目的とは夢見る人を眠らせたままでいることです。さらに夢に関する興味が何であれ、それが興味深いのは、心的生活における夢の意義が理由ではなく、夢が精神分析家にうっかり漏らすかもしれないものだからです。夢のこの本質的には取るに足らない機能は、幻覚に似た過程によって実行されると見られていました。そして、夢見る人を眠らせておく効果は、幻覚を通しての願望充足の過程に基づいていました。

フロイトが記述しているところでは、夢への興味は、実のところ初期のヒステリー患者との作業過程で喚起されたのであって、当時彼はまだブロイエルのカタルシス技法に従い、症状をその起源まで辿っていた頃でした。彼が発見したのは、重大な出来事、日ごろの出来事や思考の代わりに、浮んだ夢を患者が彼にしばしば告げたことでした。このことから、その夢をあたかも「他の思考と同じような思考」のように扱うのは技法上合理的だが、夢をあたかも連続する心的過程に秩序づけられていると理論的に扱ってはならないと考えました。むしろ、夢は、幻覚形式において願望が充足をえられる精巧な過程によって本質的に捏造されていると思いつきました。そして夢は、内的検閲の要求に見合うように、あるいは「利口に」この検閲を免れるように、しっかりと変装しているという但し書きを付けています。

こうしてフロイトは、夢の顕在内容はまったくナンセンスであり、一方では夢の潜在内容——もしくは夢思考とその意味は――「ジグソーパズル」法と彼が呼んだ――少しずつ断片的な仕方で読み取られなければならない、と考えるようになったのです。夢の各部分を順々に取り上げ、それからその連想を引き出し、その後その連想はまず分析家がこれまで行なわれた夢の作業を認知することで翻訳され、こうして分析家は組み立てられた各部分をその「もともとの形」、言わば検閲を懸命に回避した夢の作業以前へと翻訳できるのです。それで各部分は上手くはめ込まれ、「夢思考」が産み出され、その意味が解釈可能になります。夢解釈は、後の技法に関する論文[5]に述べられているように、二段階に分かれます。第一は、本質的に翻訳の段階、第二は解釈の段階です。彼は、それをリウィウス[6]の一節をドイツ語に翻訳するのに例えています。これは無論、フロイト自身が受けた学校教育でのやり方の解説で、翻訳は当然これら二つの段階になるべきだと仮定されています。第一に、ラテン語をドイツ語に逐語訳すること、ついで、陳述された意味を推定し、これを文語もしくは口語のドイツ語で表現することです。今日の言語教育は、古代の言語においてすら、この知性に訴える方法に対して反旗を翻しています。そのため、ここで私が考えているのは夢解釈へのアプローチです。

したがって、要約すれば、フロイトは夢を、夢見る人を眠らせておくという取るに足らない機能しかない、あたかも本質的には心的機能の無用な加工物として扱っていたと言えるかもしれません。一方、精神分析家は夢を使用し、心的生活で重要な位置に高めたというのも事実でした。これは彼の理論的な立場であり、もちろんこの理論という庇護の下で夢から刈り取った科学的資料という収穫はたしかに際立ったものでした。彼は、「願望」と感じたものを（私には、それは欲望に作用するどちらかと言えば万能的な手段と結びついた原初的衝動のようなものを意味していると思えます）、人々が己を欺くための心的メカニズムのようなものとみなしたのです。そしてこれは、言ってみれば、防衛メカニズム論へと次第に発展しました。たしかに彼は、こころの深層に隠れた情動や激情のようなものが、夢のなかで示唆され、時にはまったく開けっぴろげに認められると推論していました。しかし一方では、実践における方法は、そして、この方法を実践に応用して得られたこの収穫は、理論家としてのフロイトの目を通して見た収穫よりも、途方もなく大きなものでした。

実践においては、夢を生活上の出来事として彼は扱いました。たとえば有名な症例である狼男では、この男性の人生における最も決定的な出来事が、数頭のオオカミが木に座っているという、ほかでもないこの夢を見た四歳のときに起きたと、彼は明らかに示唆しました。さらにおそらく最も重要なのは、私たちはそれについてほとんど知らないのですが、フロイトはブロイエルとの関係が悪化し、そして一八九六年に彼が提示したヒステリーの「特異的病因」論が挫折した後、自己分析を行なうべく彼自身の夢を使ったことです。名声への希望が打ち砕かれ、父親の死があいともなって、このときおそらく彼はこころの健康を崩してしまいそうでした。そして、誰もが間違いなく外的世界へと飛び立って避難するであろうところを、フロイトは内的世界に目を向け、自分の方法を使って自己分析を行ないました。これは歴史上、最も成功した分析のひとつと思われます。

この自己分析が、『夢解釈』に多く垣間見られます。というのも、フロイトは論点を例証するために自分の夢をたくさん使ったからです。しかしながら、提示した連想素材の豊富さゆえに、最も明瞭で最も意義深いのは、あの有名な「イルマの注射の夢」です。おおよそこの夢では、フロイトはこの患者イルマに会っていますが、イルマが彼の治療は上手くいかなかったと訴えると、彼女が彼の解決策を受け付けなかったのだから彼女の責任であるとフロイトが返答する、というものです。それから、彼女とフロイトの友人であり、イルマを診察したオットーやレオポルドとの間でのさまざまなやりとりが続くのです。きわめて興味深いことに、この夢は、夢を解釈する方法の一例として提示されています。さらに、フロイトは、「評判の良い」方法をはっきりと捨て去るという前書きをそれに先行させています。その方法とは、インスピレーションか暗号解読の方法です。さて、これら二つの評判の良い方法で彼が意味するのは、連続体の両極のようなものです。一方の先端はインスピレーションであり、もう一方は暗号解読です。「インスピレーション」は、解釈する人がその夢について何ら考える必要がなく、その夢を見ている人や、その夢に付随する事情についてのいかなる情報も収集する必要なく、その夢の意味をただ「知る」という方法でしょう。一方、暗号解読法は『夢事典（*Dream-Book*）』タイプにある、固定した象徴の解釈という型にはまった機械的システムでした。それには、その夢の本質的に重要な意味を解釈するという要素がまったく含まれていません（同様に、インスピレーション法は、その夢の個々の細かな部分にはまったく注目しません）。フロイトは自分の方法を提示する折に、フロイトが勧めている方法がこれら両端の間のどこかに位置しているという印象を与えません。まったく異なる方法に従っているのだと主張しています。どちらかと言えば、自分の方法を暗号解読により近いものとみなしていたようで、彼曰く、「ひとまとめ」にではなく詳細に資料を調べているからだと。しかし、彼の主張はこうです。自由連想によって、夢の諸要素と、患者のこころにあるそれら諸要素の連想的繋がりをたどることで、手本となる夢事典の暗号解読式に頼るよりも、象徴の個々の意味を決定できる、と。ゆえに、これは彼がもともと控えていたインスピレーションの機能なのです。

それでは、フロイトの実践における夢にまつわる作業に関する二例に話題を向けましょう。それは、イルマの注射という夢の実例と、そして『ヒステリー症例の断片』における第一の夢、ドラの宝石箱の夢です。以下の三つの主張が妥当かどうかを検証しましょう。すなわち、夢見る人を眠ったままにさせておくだけの機能でしかない過程を研究しているという主張、インスピレーションを使うのを避けているという主張、むしろ情報の細目を収集するという純粋な帰納法に依拠していて、それらの情報から科学的に妥当な結論を引き出しているという主張です。私は、当時のフロイトは科学的体裁を非常に気にしていて、彼自身のためだけではなく、方法としての精神分析の地位も築こうとしていたと確信しています。私たちは、帰納法としての科学的な手順というコンセプトがドイツでは大勢であった時期のことを話しているのであり、おそらくはイマヌエル・カントの構想である、経験の外延としての**アプリオリ**な思考という概念を主な基盤にしていました。しかしその思考は、デヴィッド・ヒュームやポアンカレ、そして帰納という考え方は一つの自己理想化であるという見解を取る人たちの業績に従い、限られた経験を一般化する帰納法でたどりついた結論を立証しないかもしれない他の現象を、科学者が見るのを避けていることすら否認していると疑問視されはじめたばかりで、もっと厳密に言えば、科学界において深刻な混乱が生じはじめていました。[7] フロイトの思考における難点は、同じように依然として現在の精神分析にもあるのですが、その治療手続が、無生物の世界を扱う場合には科学的であると考えられるかもしれませんが、生きているものを扱うとなると、やや妄想的であるばかりではなく、心的過程が関与する場合は全くありえないのを認識していないことにあります。

「夢の実例」の分析を検討してみると、フロイトが約束した通りに行なっているのがわかります。誠実に夢を一片ずつ取り上げ、それぞれの部分を連想します。これが一〇ページにわたります。すると突然、「私はこれで、この夢の解釈を完了した」という発言が突きつけられます。これは驚くべきものです。しかし、彼が続けて言うのには、「私は夢分析を実行している間、夢の内容とその背後にある隠された考えを比較して、当然喚起された思考のすべてを寄せ付けないでおくのに難儀した。けれどもその間に、その夢の意味が私にははっきりと理解できた」。ここで私たちは、夢解釈は夢の意味を推論していくのとはどこか異なっていると理解すべきです。フロイトは夢の意味を次のように要約しています。

「その夢は前夜の出来事によって私のなかに生じたある願望を充足した。たとえばオットーが私に知らせたニュース、そして私が病歴を記録していることである。夢の結論は、いわばイルマの痛みに責任があるのは、私ではなく、オットーであったとのことだった」。

彼は次いで、これをさらに広げ、二ページでまったく異なる結論と思えるものへと到ります。

「その夢に関与していた一群の思考によって、私はこの束の間の印象を遡及して言葉に表わすことができた。あたかも彼（オットー）が私に言っているようだった。

すなわち、『お前はお前の医師としての責務を真剣に考えていない。お前は良心的でない。お前は請け負ったことを実行していない』と。そこですぐに、この一群の思考は私の自由裁量に委ねられたようで、いかに私が良心的であったか、また、いかに深く私が、私の親族や友人、そして患者の健康に心配りをしていたかという証拠を私は作り出せた」。

少しの間、フロイトの理論的結論から目を転じ、この夢の解読やフロイトがその夢で連想した素材の豊富さから、私たちが学んだと思われることを議論しましょう。私たちが取り組んでいる野心あふれる青年は、すでにコカインでかなり無謀な実験をしてしまい、その結果死者を出し、今もまた別の無謀な実験に従事し、それで友人に背を向けられるのではないかと悩んでいることを知っています。この背後で彼が女性患者たちに性的関心をもっていることに、友人男性の幾人かを、そして彼らの良い評価を、特に顕著にM医師を当てにしていることに、苦悩しているのを私たちは知っています。彼は結婚に安らぎを感じず、妻との性的関係に充たされておらず、妻の健康上の問題に罪悪感を感じていたという多くの示唆を私たちは与えられています。私たちはまた、彼自身が心気的であり、さらに自分はもうすぐ死んでしまうのではないかと悩んでいるのを知っています。さらに、私たちは心理学という曖昧な領域に生化学や解剖学にある十分な厳密さを彼が求めているとよくわかっています。それゆえ、豊富な連想が与えてくれたこの人間フロイトの内的生活についての幅広い展望は、この夢の顕在内容に認められる負けず嫌いな雰囲気の冷たい医学徒とはかなり異なった印象を与える、と言えるでしょう。さて、これはフロイトの自己分析の夢です。それゆえ、精神分析中の患者の夢では当然期待されるであろう、圧縮された転移的意味合いという構造は、この夢には含まれていないのに気づかなければいけないでしょう。その内容と連想は、当時のフロイトの心的生活を自由にさまよっています。オットーが彼について語った発言への不快感に対するかなり的を射た論及でさえ、単なる出発点であって、ちょうど面接室における分析家の不快な言及が患者にとって次の晩の夢の焦点となるのと同じで、この夢の真の焦点ではありません。

ですから、この夢の精査は、フロイトがそれに従っていると主張した方法をまったく実証していないと私は言いたいのです。そして、実践において彼が従っていた方法は、夢を人間の無意識の心的生活をあらわにする連想のいくつかの筋道への入り口として使うことだったと、私は言いたいのです。その結果生じるのは、（フロイト自身が病歴を記述していたように）むしろ短篇小説の構造を有し、数学や科学の解答といった構造ではありません。

これらの夢に関するフロイトの自己分析の経験と並んで、『あるヒステリー患者の夢の断片』にある「ドラ」の第一の夢へと目を転じると、フロイトがその夢に特別関心をもったのは、患者がその夢を何度も繰り返し見ていたためであったと気づき、とりわけ興味が湧きます。というのは、夢について、分析で目下生じている出来事に言及しているものとして関心をもったとは思えず、そうではなくて、患者の症状の起源を再構成するのに一助となるものとして関心をもったからです。これは当然でした。というのも、当時彼は転移の機能をすでに発見していたのですが、彼はそれを単なる邪魔物、もしくは妨害物と考え、抵抗であるとさえして、それを分析することを完全に放棄していました。「鼠男」の症例においても、フロイトは転移やその進展を、それ自体に興味があって分析しましたが、私たちが今日考えているように、それを精神分析での最重要な方法であるとは考えていません。この第一の夢は短いので、すべて提示します。


「家が燃えていました。父は私のベッドの脇に立っていて私を起こしました。私は急いで服を着ました。母はとどまって自分の宝石箱を持っていきたがっていました。けれど父はこう言ったのです。

『お前の宝石箱のために、私と二人の子どもが焼けるのは私はご免だ』。私たちは急いで下へ駆け降り、外に出てすぐに私は目を覚ましました」。

ドラの治療は『夢判断』が発刊されたのと同じ年、すなわち一九〇〇年に行なわれました。このケース・ヒストリーは、ヒステリーの精神療法に関するフロイトの見解を提示するためではなく、もともとこの夢の本の補遺として書かれました。ドラの短い治療が終了した後、瞬く間に執筆されたようです。そして最初は『夢とヒステリー』と題されました。しかし出版は、それから遅れること約四年で、その理由は不明です。しかしながら、ドラとの作業から明らかですが、その頃までにフロイトは、患者に指示して夢の顕在内容を注意深くたどらせ、それぞれの断片への連想をさせるのをやめてしまい、ドラには自分自身の思うところに沿うための十分な余地を残しました。彼女の連想と、フロイトが手伝ってこれらの連想を探索する方法によって、K氏、父親や母親、宝石、幼い頃の夜尿という問題との彼女の関係に関して、興味深い素材が豊富に産み出されています。実のところ、フロイトは純粋にインスピレーションにのっとって象徴の解釈をしています。彼は宝石箱をヴァギナと解釈し、涙のしずくのイヤリングを精液と解釈しています。この時点では、何らかの理由で夢解釈やその意味にフロイトはもはや言及していません。彼は分析と統合を、この過程における二つの相として言及しているようです。しかし、この統合の記述には約六ページも費やしています。分析には二五ページが費やされていました。まったく不思議なのですが、分析の八ページ目で「イルマ」の夢と同じく、驚くべき一文に出会います。

「さて、この夢解釈は、私にはこれで完了したように思える」。

さらに脚注で述べています。

「この夢の本質はおそらく、次のように言えるだろう――『誘惑はとても激しいのです。お父さん、私が子どもの頃あなたがよくそうしてくれたように、私を守って。そして私のベッドが濡れないようにして』」。

この平凡で取るに足らない一文と、この夢であらわになった人生での出来事、激しい気性、熱望、不安、（さらにフロイトとの関係）に関する豊富な情報や驚くべき新事実とを私たちは対照せねばなりません。フロイトは分析のこの時点で、この夢が繰り返されているのは、この夢が危機的状況の反復を表象していて、性的興奮や、彼女がK氏と経験したようなフロイトとの性的関係の危機を彼女が感じていると、確かに認識していました。この転移を扱えなかったことを、彼はたしかに後悔しています。それゆえ、ドラの第一夢の分析では、夢を使用する臨床家フロイトが例証され、夢の機能を語る理論家フロイトとはかなり異なっていると提案するのは妥当なように思えます。彼が夢をこの患者のこころの私的、史的、感情的な深奥に分け入る入場手段として使い、この素材から、転移における無意識の状況の切迫を推論しているのはまったく明白に思えます。理論において彼が行なっているのは、ドラのヒステリー症状を湖の畔でのキスへと遡り、そのようなヒステリーの症状形成の底にある心的機制の性質、否認、反転、願望と対抗願望を定義することです。

フロイトの業績の発展をここまでたどってきたところで、有名な『性欲論三篇』と少年ハンス症例の直前、一九〇四年に私たちは到りました。つまり、私たちは、防衛神経精神病についての初期の理論的力作である『ヒステリー研究』の時期と、フロイトの無意識の探索が、ジョークについての本である『日常生活の精神病理』とあの偉大な夢の本を産み出した時期を扱ったことになります。臨床上の証拠が、フロイトが実際に患者と**作業した**流儀を明らかにしていることを強調することで、臨床家と理論家の間にある大きな溝を示そうと私はずっと試みてきました。本書の本質といえるテーマは、『科学的心理学草稿』での決定論的神経生理学者から『終わりある分析と終わりなき分析』での現象学的心理学者へと、フロイトが年月をかけて徐々に変貌を遂げた道程をたどることにあるのです。

▼訳註

1——本書では Traumdeutung というドイツ語表記と Interpretation of Dream という英語表記がなされており、訳語としてドイツ語表記には「夢判断」を、英語表記には「夢解釈」を当てた。

2——SE VII. p.114（『フロイト著作集5』p.360）

3——SE VII. p.118（『フロイト著作集5』p.363）

4——ある特定の場面、特定集団に限定されて得られた妥当性を内的妥当性という。また、内的妥当性がどの程度異なる場面、集団に対しても適応可能であるかということを指して外的妥当性と呼ぶことがある。両者に相関があるとは限らない。

5——Remarks on the theory and practice of dream-interpretation, SE XIX, pp.107-121（「夢解釈の理論と実践へのいくつかの意見」

邦訳なし)。

6――ティトゥス・リウィウス(紀元前五九年)／古代ローマの歴史家。皇帝アウグストゥス側近の文人となり、さらに後の皇帝クラウディウスI世に歴史研究をすすめたと言われる。『ローマ建国史』を著した。フロイトは、おぼろげであったとしても、古典を勉強して覚えていたはずであったのだが、オットー・ランクからの引用というかたちで、はじめてタルクィニウス王家への神託の物語についてふれ、そこにリウィウスの『ローマ建国史』一巻五六節からの一文がある。

7――一八七〇年前後に主にドイツで相次いで発表されたこれらの業績が共通に指し示しているもうひとつの傾向は、当時の数学者ならびに自然科学者のあいだで支配的な哲学であったカント哲学との軋轢に、どう対処するかという問題が意識されていることである。このことが最も見やすいのは、非ユークリッド幾何学の存在が提起する問題に関してである。ヘルムホルツの一八七〇年の論文「幾何学の公理の起源と意味について」が良い例になっている。「ユークリッド幾何学の公理がア・プリオリな真理であると考えた点においてカントが間違っていたことを示すものであると、ヘルムホルツは論じている。[…]ポアンカレは、算術の真理がア・プリオリな総合的真理であると考えた点でカントは正しかったとするが、幾何学的真理の性格についてはカントに反対する。[…]論理実証主義者が自分たちの先駆者として位置づけたマッハが到達するにいたった哲学的見解は、カントのそれとはかけ離れたものである。そして、マッハが『力学の発達』で展開したようなニュートン力学の基本概念についての批判的検討は、アインシュタインの相対性理論を用意した重要な要素の一つであり、相対性理論の出現は非ユークリッド幾何学のそれよりも、さらに決定的にカント哲学からの脱却を多くの哲学者に決意させた」(飯田隆(2007)「総論――科学の世紀と哲学」『哲学の歴史11巻』中央公論新社より抜粋)。

エルンスト・マッハは科学論的・認識論的な枠組みを提示している。その枠組みはよく言われるようにデヴィッド・ヒュームの経験論に近い。マッハは少年時代にカントの『プロレゴーメナ』を読んで感銘を受けた。その後、二、三年してそのなかの「物自体」が不必要なことに気づいた、と彼は語っている。つまり認識論上、カントからヒュームに立ち戻ってゆくことになった、と言える。「ジークムント・フロイトは生涯のほとんどをウィーンで過ごし、まぎれもなく、ウィーン精神を代表する一人である。フロイトの哲学的傾向はマッハとは違っている。学生時代はブレンターノの講義を聴いて感銘を受けたフロイトもマッハとは無縁だったわけではなく、マッハのことを気にしていたことがあった。マッハが夢のことをかなりまともに取り上げていたからである」(今井道夫(2007)「自然科学の哲学――ドイツ語圏における展開」『哲学の歴史11巻』中央公論新社より抜粋)。

第4章

フロイトの性愛論

これから私たちは、フロイトのすべての業績に通底し、精神分析の方法とこころの精神分析的理解の中核にある主題、すなわち性愛の問題を検討してみなければなりません。アプローチに際しては、フロイトの業績の他の側面へのアプローチと同じく、関連資料を伴う方法と、先入観にしばしば強く影響されてしまう理論との違いをはっきりさせたいと思います。そして、私が話してきた、四〇年余にわたる彼の精神分析的作業の間に、フロイトが決定論的神経生理学者から現象学的心理学者へと変容した道程を思い起こしてもらいたいのです。おそらくフロイトは、性愛に対する革命的な見解で最もよく知られています。けれども、それらの見解を臨床実践の場で熟考していると、革命的な見解と考えるよりも現実の発見だと理解するようになると思うのです。このように区別するには、スタンダード・エディションで割付けされた『三篇』をかなり注意して読む必要があります。なぜなら、それには不誠実なところがあるからです。スタンダード・エディションのクロスリファレンスが年代順となっている全般的な体裁とは、その体裁が逆なのです。編者は理由があって『三篇』には異なる方針を立てています。読みはじめるにあたり、フロイトの発展について年代順に考えたいのなら、その読み方に注意を促しておきたいのです。

フロイトの生涯において出版された『三篇』には六版あり、一九〇五年に始まり一九二六年に終わっています。そのなかには見解の重要な変化が四つ含まれ、そのほとんどは増補ですが、いくつかの訂正も含まれます。スタンダード・エディションの編者は、何らかの理由で最終版（1926）を基本テキストとして選択し、脚注でその点を注解しています。その結果、年代を追って読むことがきわめて難しくなっています。というのも、本文の何かを読んだ後に、一九〇五年にフロイトが考えたことを理解しようとすると、脚注ですでに知った、フロイトの変化した部分を頭から取り除くのはとても困難だからです。訓練生が把握できるように正確な年代順の見方を提示したかったのであれば、編者は初版をもとにして後の版による加筆と削除を脚注として出版すべきでした。そこでまずはじめに、（いわば「削除」されるべき長い段落がある）一九〇五年初版に加えられた大幅な変更をかいつまんで示し、一九〇五年における性愛についてのフロイトの見解をより統合して説明したいと思います。これらの着想が少年ハンスとの作業で行動に移されているのが、第五章でわかるでしょう。削除されるべき主な部分は、（一九一五年になってようやく出現する）前性器体制に関する段落と、一九一〇年版で出現した子どもの性探究に関する節です。この後者には、リビドー説と対象選択に関する記述におけるさまざまな変更と倒錯の根拠が著されています。最後に、性愛に関する生理学的論拠についての見解（すなわちホルモン説）は、一九〇五年版では単なる推論であり、もちろん当然ながら、一九二〇年代までの科学的研究が論拠となっていたはずはありません。

これらの追記や他の些細な変更はありますが、フロイトの性愛の見解は、実質的には生涯変わらなかったと思います。一九〇五年までに発展してきた精神分析の関心や発見によって改められた、ある意味では制限された、開業医であれば誰でも利用できる情報をもっぱらもとにして『三篇』の大部分が発表されたことを鑑みるとき、とりわけ驚嘆せずにはいられません。後の版には、精神分析がその後に導入した修正と発見が加えられています。フロイトの性愛に関する見解を順序立てて提示するにあたって、フロイトが自分の見解を提示するとき、その提示は主として性的逸脱の説明と探求という精神分析の課題を中心に構成されていますが、そのときに使ったフォーマットとはまったく違ったフォーマットを私は使うつもりです。フロイトは、当然これら性愛での逸脱から始めて、それから乳幼児性愛と思春期での発達上の変化に関する記述や究明へと引き返していますが、私は、発達の順序に従い、乳幼児性愛から始めてフロイトの性の精神病理に関する見解を記述するつもりです。

最初は、フロイトのこころには、性行動に関する初歩的な場の理論とも言えそうな先入観があったようです[1]。それは、性行動の決定因を三つのカテゴリーへと区分することから成り立っています。すなわち、性衝動の源泉、性衝動の目標、性衝動の対象です。「源泉」の概念は、「本能」の概念と事実上は同一の広がりをもっていて、身体器官は解放を必要とする緊張を生じ、これらの緊張は「性感帯／性愛領域」とフロイトが呼ぶところの周辺に集まっているという見解を抱いていました。数年を経て、一九一〇年もしくは一九一五年にはこれを拡大し、身体表面のあらゆるところが性感を生み出しうるという見解を取りました。それでもまだ彼の見解では、主要な性感帯は性器、肛門、口でした。これに他の機能や性向を加えたものを、彼は「部分欲動（component instinct）」と呼びました。部分欲動が作動するのは、それらを突き動かされる体験に左右されるとしました。ですから、たとえば部分欲動は、基本的には窃視、露出、サディズム、マゾヒズムからなっています。彼の見解では、これらの部分欲動は、必然的でも生理に基づいた性向でもなく、潜在的な性向であり、もともとは誘惑や戒めを意味していると思われる幼児期の出来事によって作動します。こうして性本能は、本質的には意味をもたない身体機能とみなされていました。その意味は、ただ後に対象との関係を苦労してつくりあげることを通してのみ何とか見出されるのです。したがって彼の見解では、これらの緊張の解放は、対象希求が始まる時期までは意味がない自体愛的な活動でした。フロイト最初期の見解からすると、この対象希求の時期は、性器領域が性生活で優位となるおよそ三歳頃になってはじめて始まるように思われます。これが含意しているのは、口唇的渇望と肛門的緊張が占有しているもっと早い時期は、本質的に自体愛的であり意味がなく、記憶に残らないというものです。部分欲動は、葛藤に基づく制止を受けませんし、したがって不安の源泉とはなりません。それらは抑圧を受けず、よって症状形成を引き起こしません。彼の見解は、性器性優位と性器の緊張での対象希求が現われてはじめてエディプス・コンプレックスが生起し、子どもは性器的切望との関連での葛藤を負わされ、この葛藤が制止を生み出し、制止が性的リビドーの流れに対するダムとして機能し、性的エネルギーもしくはリビドーが堰止められると、その流れは口唇性と肛門性、部分本能に関連する前性器的衝動である「側副路」とフロイトが呼んだものを満たすというものでした。

したがって、この最も早い時期にフロイトは、口唇、肛門性の子どもの性愛は、自己保存のための本能の総貯水槽と切り離せないものであり、対象希求とエディプス・コンプレックスやそれからの葛藤が生じる三歳頃になって、ようやくそれらの本能は多少なりとも切り離され、独立した本能組織の様相を帯びると考えていました。こうなるともちろん、これを理論とかモデルとか思考様式と呼ぶかどうか判断しがたくなりそうです。私としては、おそらくフロイトにとっていちばん自然で、彼の時代にとっても自然な思考のモデルや様式であったと考えることが、おそらくより有益だと思います。それは、本能や精神機能の「流体静力学」モデルと呼ばれてきました。水圧や電気系統での電圧に相当する均質な興奮刺激が身体に存在するという考えに基づいています。それは、流れていて、方向性があり、適切なときに作動します。そして、この流れにあるさまざまな妨害物によって、さまざまな分枝へと分流します。対象希求が出現してはじめて、性愛に関連した活動に意味があるとわかり、その活動が意味をもつようになってはじめて、その活動は、加工と空想にさらされ、そして、本質的には心的なものと考えられる発達過程を開始することができるのです。この後者の発達においてのみ、情緒と情動が機能しているのが見られます。フロイトの考え方の大きな弱点は、情動が精神生活の質的要因であるという視野を欠いている点です。質的要因は必然的に興奮刺激量の変数という地位に下げられ、あたかも質的差異が存在するかのように理解されています。

自体愛期のこのモデルをもとに、能動的目標と受動的目標の間にある勾配や差異にフロイトは気づきました（あるいはおそらく、彼の考え方では、もともとこれは存在するはずであるとされていました）。フロイトは本能の能動的目標と受動的目標の間のこの差異を、後に男性性と女性性として明確に輪郭づけられる性向を確立するための基礎と捉えました。男性性とは本質的に能動的であり、女性性とは本質的に受動的であるとはっきり考えていたようです。けれども彼は、能動的、受動的目標を実現する活動様式について語っているのではないことを知っておくべきです（というのも、彼は、受動的目標が能動的に実行されることがあり、また能動的目標が受動的に実行されることもよく知っていました）。しかしそれにもかかわらず、性本能の目標という領域では、この区別は確かだと思っていました。つまり、男性性には能動的目標があり、女性性には受動的目標がある、と。私は、これを文化的な偏り、すなわち、彼の時代には人のこころにあまりに強く植えつけられていたため疑う余地すらない先入観だった、と考えなくてはならないと思うのです。たとえば、口唇性への彼の態度とは明らかに矛盾します。フロイトは、口唇性を必ずしも受動的とはみなしていませんでした。それはまた、幼い少女と少女自身の身体との関係についてのフロイトの見解に影響しました。というのは、（ある謎めいた否定的証拠に基づいて）幼い少女たちは、自分のヴァギナをまったく知らず、クリトリスと直腸についてだけは知っているということだったからです。そのため、彼の見解は、少女たちは性器領域に弱さや無力や劣等を感じて苦しみ、おそらく、あたかも少女らのペニスであるクリトリスが貧弱なのは、ある罪や過ちを犯したために罰せられた証拠である生来の罪悪感で苦しんでいる、というものでした。したがって、フロイトが「ペニス羨望」と呼んだものは、世界のなかでごく自然な現象であるとみなされ、その一方で、それに呼応する女性性への男性の羨望は考察されませんでした。というのは、女性器官の存在やそれに含まれる機能は、子どもの生活で役目を果たしていると見なされなかったらです。これは彼の業績を通じてほとんど変わらないままであったように思います。しかし後になり、フロイトは、少女の性発達ではそれに関連した独特な困難があると認識しました。何よりもまず母親への少女の原初的愛着の強さに関係する困難があり、そしてさらに、このことがエディプス葛藤において父親に向かわせることを困難にしたのです。

一九一五年までにはナルシシズムの現象がフロイトの視野に入り、彼のリビドー発達の考え方のなかで、それは自体愛と対象関係性の間に置かれました。しかし、ナルシシズムの現象は、一方で臨床現象の新たな領域へと視界を開いたものの、発達論のなかでは性愛についての基本概念にはほとんどインパクトを与えませんでした。それでも、フロイトの性に関する病理への見解は、一九〇五年版で言明ないし含意されたものからはたしかに変化しています。そこでは、子どもの性愛は「多形倒錯」として特徴づけられ、それによりフロイトは、子どもの性愛は、分散したさまざまな性感帯の支配下にあり、ほんのわずかにしか性器統制の下にはないことを説明しました。この論拠により、神経症は、倒錯の陰画であり、主に社会的環境、特に両親の態度から生じると考えられる制止する力によってもたらされる、と言うことができたのです。中核の不安状況である去勢不安は、マスターベーションに結びついた脅威（少年ハンス、鼠男）か、あるいは、両性の性器における解剖的違いの気づきに発端があったのかもしれないといったように、難問でした。後者では、少年も少女も同じく、切り取られると知覚するのはたしかだと見られていました。鼠男の分析でようやく、純粋に内的葛藤（愛と憎しみ）が、去勢不安の根源としてたしかに取って代わり、さらに狼男（女性性と男性性）においても同様でした。

倒錯と神経症の関係についてのこの単純な見解は、狼男が倒錯の複雑さをあらわに見せるまで、フロイト理論を特徴づけていました。すなわち、倒錯が、アンビヴァレンス、サドーマゾヒズム、フェティシズムの傾向や受動性からどのように構成されているのか、そして、そのすべてがリビドーを前性器期の固着点へと退行させていることを、狼男は示していたのです。一九〇五年における倒錯についてのフロイトの見解は、乳幼児の部分欲動を含む性衝動の単純で制止を受けない行為であるというものでした。一方で同性愛は、何よりも対象選択に関する事柄であり、発達上の経験に由来すると考えられていました。ナルシシズムの概念の出現と、発達における同一化の過程の複雑な役割の認識の始まりが、大きな変化をもたらしたのです。

しかし、おそらく決して変わらなかったのは、フロイトの性愛に対する本能に呪縛された意見でした。すなわち、その本来の機能は性的緊張の解放であり、そこに生物学的機能と意味のある対象関係が重ねられていたのかもしれません。この理由から、この生物学的な欲動は、精液の絶え間ない生産と結びつけられ、主に男性に存在するとみなされ、女性は比較すると性的欲動がないと考えられました。女性の生物学的欲動は子どもに向けられたものであり、女性の性愛は子どもにこそ与えられるべきものでした。どうしてこれが子どもの性器の未成熟と矛盾しないのでしょうか。一方では、それにもかかわらず子どもの性愛が強く主張されているのですから、少し不思議です。しかしながら、これが、おそらく臨床家と理論家の間にある分裂が見分けられる、もうひとつの領域なのです。少年ハンスの症例は、これらの基本概念を裏づけているようには思えませんし、どちらかというと幼い少年が愛と憎しみ、知識欲、サディズムの傾向、そして男性的エディプス葛藤だけでなく、明らかに女性的エディプス葛藤と悪戦苦闘していることを示しています。臨床家フロイトは、原光景への暴露がハンスの病気に何かの役割を担っているとさえ推察しています。この着想は、少年ハンスの症例を出版して一三年後にようやく彼の弟子たちを注目させたのですが、有名な狼男の夢にあり、フロイトは、その夢から一八カ月のときに両親の性交を目撃したという出来事を再構築しました。

この章を、(『夢判断』に対する『ドラ』と同じく)『三篇』への補遺として執筆された少年ハンスの症例への入門と位置づけて、スタンダード・エディションを読むときに読者に強いられる混乱した年代配列を修正するために、一九〇五年当時のフロイトの性愛に関する見解をまとめてみました。

▼訳註

1——場の理論（field theory）／重力は、たとえば太陽から距離を隔てて地球に直接及ぶように見える。これを「遠隔作用」という。それに対して音が聞こえるのは、音源に発する空気の圧力の振動が隣へ隣へと伝わって耳に達する。これは「近接作用」である。近接作用の立場をとるとき、空間の各点にある物理量の分布を「場」という。その分布は時間の経過につれて変動し、多くの場合に波動として伝播する（『岩波哲学・思想事典』より）。

第5章

少年ハンスの症例史

幼児神経症

少年ハンスの症例は一九〇九年に出版されましたが、それは鼠男の症例が出版されるわずか数カ月前のことでした。この出版の一年前にこの二人の患者との臨床作業は着手されており、そして、実際に鼠男の症例は、フロイトが少年ハンスの父親とその子どもの恐怖症を解消すべく作業を始めた数カ月前に開始されていました。この症例史と『性欲論三篇』の関係は、症例ドラと『夢判断（*Traumdeutung*）』の関係と同じです。すなわち、理論的な著作の臨床的補遺であり、精神分析的治療作業の過程において、理論が実動していることを例証するためでした。けれども、少年ハンスの臨床素材の出版は、フロイトにとって理論が実動している臨床例という以上の意味がありました。それは、乳幼児性愛に関する彼の理論と乳幼児神経症の存在の明らかな立証（ある意味では、その真実の証拠）の表明でもあったのです。フロイトは、父親の我が子への治療をスーパーヴァイズするというこの機会は特別なことで、滅多にないと見ていたようです。というのは、彼にはこの種の作業が子どもの親以外の誰かによって行なわれるとは考えられませんでした。振り返ってみると、これは、子どもの治療に熟練した人たちにはかなり奇妙に思えるかもしれません。事実、今日ではその正反対が正しいとされているようです。しかし、子どもたちが両親以外の人からの精神分析的治療に耐えうるのに私は常々驚いています。少年ハンスは、明らかに安心して彼の空想を打ち明け、敵意を行動化し、夢を詳しく語り、フロイトを、父親をスーパーヴァイズしている教授として見ています――たしかに安心しているのは、すべての過程が家庭生活に含まれていたからですが。きわめて感動的でありながら、論理の通ったものと思います。

この症例を手短におさらいします。これに先立つ数年前にフロイトは（少年ハンスの両親を含む）「忠実な信奉者」と彼が呼んだ人々に、子どもの性の探求を例証する観察記録を送ってくれる旨を依頼していました。（彼はそれに格別関心があったと私が考える）原光景の目撃が子どもたちに与えるインパクトの証拠に関して、ハンスの両親から何ら情報が得られなかったのにもかかわらず、この要因が作動していると彼は確固として推測しつづけました。結局のところ、少年ハンスは人生の最初の四年間を両親の寝室で過ごしたのですが、それには妹である赤ん坊のハンナが誕生した後の六カ月間も含まれていました。そして、母親がハンナを分娩できるように、その晩は寝室を出され、部屋に戻ってみるとまだ血に染まった水でいっぱいの洗面器があったなどの出来事は、彼に強烈な印象を与えてしまったようです。どちらにしても、ハンナ誕生に続く夏の間、家族がリゾート地グムンデンに滞在した折に、ハンスの性生活が開花したようで、他の子どもたちへの連想は「自分の子どもたち」と彼が呼ぶほどの色合いを帯びていました。

そのとき、フロイトはどうやらこのことを、ハンスの女性性や母親との同一化の証拠としてではなく、母親の注目を喪失したことへの埋め合わせ方とみなしていました。そして、フロイトの関与におけるこの傾向、つまりその少年の女性性の重要な意義を軽んじて、エディプス葛藤形成における彼の男性的去勢コンプレックスの役割を重んじることこそが、解釈作業での主要な弱点となっているようです。これは、フロイトの理論的先入観に起因するのかもしれませんし、あるいは、男児の同性愛と女性性の区別を欠いていることに起因するのかもしれません。というのは、フロイトはハンスの父親への愛着を同性愛の範疇として少し語ってはいるのですが、ハンスの性的傾向は当時なら「変質」と考えられていただろうという印象から、彼はなかなか離れたくないようなのです。

グムンデンの出来事に戻りましょう。それらには、馬が「指を噛む」といけないから、幼い少女に馬に近づかないように警告がなされたり、幼い少年が石を蹴って転び、足から出血するなどが含まれていて、ハンスにかなり去勢不安を高めさせていたようです。後の数カ月間でこれが次第に彼を圧倒し、性衝動の制止（あるいは、フロイトが呼ぶところの抑圧）を生じさせました。これらの衝動は、以前はまずマスターベーションとして表われていました（それで、彼はその頃には両親の寝室から出されてしまい、毎朝もしくは昼寝の間にマスターベーションをしていたようです）。そして次に、以前熱中していた窃視と露出の制止、（今や嫌悪を示すようになった）尿と便への関心の制止に表われていました。特に重要なのは、この記録には、父親がフロイトにハンスの神経症の発症前に送った性的発達に関する観察が含まれているので、この病気の発生様式を組み立てるうえで、かなり正確な情報が私たちに入手できることです。いずれにせよ、ハンスは外出恐怖を突如として発症し、それを彼は馬に噛まれる恐怖としてはっきりと語り、そして、この理由からフロイトはそれを恐怖症と考えたのでした。しかし、迅速に開始された治療の展開で明らかなのは、馬に噛まれる恐怖が、この病気の広場恐怖的側面に比べると表層的だったことです。つまり、彼が、馬、特に重荷を積んだ荷車を引いている馬と出くわさないようにするという外出恐怖は、その馬が転倒してしまい、脚をバタバタして騒ぎ立てるかもしれないからというものでした。この中核の恐怖は、ハンスが排便のためにトイレに行って便器に座るようにと言われたときの言動や、ハンスが脚をけがした出来事と結びついていて、フロイトは、原光景の目撃とまず間違いなく結びついていると考えていました。明らかになっていったのは、重荷を積んだ荷車は、とりわけ妊娠中の母親を表象していること、そして、広場恐怖と不安状態の背後にあるのは、ハンスの妊娠と出産への強い好奇心ですが、彼はそれについての正確な情報は与えられず、その代わりにコウノトリの話ではぐらかされたままだったことです。

フロイトの慎重なスーパーヴィジョンのもとで行なわれた父親によるハンスの治療の展開は、惚れ惚れするものであり、臨床作業の完璧な解説と呼んでもよいほどに提示されています。疑いなくすべての精神分析論文において、最も楽しい著述のひとつですし、読み返すたびに面白いのは、その都度そこに新たな発見があるからというだけではなく、子どもの分析の先駆けでもあるからです。見方によっては、フロイトはこの豊富な素材が実際に内包している重要なものをあまり引き出さなかったと思いたくもなります。しかし、このことは、臨床現象がもつ意味を知らなかったという理由ばかりではありません。フロイトには、乳幼児性愛や乳幼児神経症、それはやがて抑圧され忘却され、成人の生活で神経症の症状が再発する基盤を形成しますが、その存在を支持する根拠だけに言及したい意向があったせいでもありました。彼が、特に少年ハンスの素材を通してはっきり示したいのは、両性性の実在、子どもの性器期的そして前性器期的欲動と好奇心の実在、去勢コンプレックスとエディプス・コンプレックスの実在、去勢不安の始まりにある外傷的要因、例えばこの症例ではハンスがペニスをいじったら「オシッコするところ（widdler）」を切り取ってしまうという母親の脅しを支持する証拠です。そして何より重要に思えるのは、下のきょうだいの誕生が子どもの発達で果たす役割についての証拠を示しているところです。すなわち、下のきょうだいの誕生により彼の性的好奇心は刺激され、激しい嫉妬と羨望に苦しみます。この症例の場合には、赤ちゃんは自分とは反対の性なので、ハンス少年は性器の明らかな違いという事実に直面させられました。

ところで覚えておられるでしょうが、フロイトは、その当時、そして一九三一年の女性の性愛に関する論文(1)に至るまでの職業生活のほとんどの期間を通じて、男児も女児も同じように、総じて子どもは女性性器のことを切り取られたとみなしたという臨床上の証拠について彼独自の信念と解釈を固持しました。フロイトは、ハンスのハンナの性器に向けた態度が、このことを裏づける証拠だと説明しましたが、私はあまり説得力がないと思います。信憑性はあるものの、なぜかフロイトが上手くまとめられなかった部分は、出産後に母親の寝室で血に染まった水を見たことや、また（彼は「咳をしている」と言っていた）分娩中に母親がうめき声を上げているのを聞いたことから判断して、赤ん坊を出産するのは苦痛で危険だとハンスが推論している点です。これは、特にこの素材の二つの部分により裏づけられています。一つ目は、配管工が浴槽を運び去り、ドリルでハンスのお腹に穴をあける夢です（これは明らかに受胎の空想であり、父親と一緒にロープの下から立ち入り禁止の場所へ入ったり、客車の窓を割るというハンスの他の空想と連結しています）。そして二つ目は、ハンスの人形遊びに見てとれますが、人形は小さなキュッキュッと音を出す装置がおへそから外れてしまっていて、そこへ彼は母親の小型のポケットナイフを入れ、そして次に人形の両足を裂いて開け、ナイフを抜き取りました。このように彼は、苦痛を伴いながら母親の**中へ**と貫いた何か、そして、出血と苦痛を伴った母親から**外へ**と出てきた何らかの両者にまつわる空想を例証したのです。フロイトは、赤ん坊の創造についてのこのサディスティックな概念が、ハンスの母親へ向けた性愛的感情にある役割を果たしているという事実、特に御者が馬を打つように母親を打ちたいと彼自身が認めた欲望に表現されていたものに、間違いなく気づいていました。

この症例が、今日それを読む私たちをこれほどまでに魅了する側面は（私が前に示唆したように、フロイトが実証したかったことには即してないので、彼は特別な関心をもちませんでしたが）、子どもの治療における展開です。これは純粋に恐怖症の要素で始まっています。それは馬に噛まれる恐怖であり、ここから唐突に排便にまつわる素材、「うんこ」素材へと移り、そのあと、サディスティックな要素を経由して、コウノトリの箱とハンナの誕生にまつわる素材へとすぐに移っています。そこから、ハンナが産まれる以前、そして、はっきりとは言っていませんが、ハンスが産まれる以前にコウノトリの箱で一緒に暮らしていたときの、ハンスのハンナとの関係についての空想へと展開していきます。フロイトが、この素材を幾分取るに足らないものとして扱い、それをハンスが父親をからかったり、コウノトリについて嘘を教えられてきたことへの復讐を果たす手段とみなしていることにはおそらくがっかりするでしょう。フロイトが見落としたのは、それが母親の子宮についての空想を表象しているという事実ではなく、それこそがハンスにとっての難問であるという事実です。その難問とは、いわば受胎前の生命の存在です。そもそも自分が存在する前にも時間があったという苦痛な認識への対処にハンスは難儀していたのです。子どもというものは、もちろんこの認識を否認する傾向にあり、母親の内部にずっと存在していたという空想を好みます。そうなると、母親は、母親自身の母親の内部にずっと存在していたはずで、その母親も彼女の母親の内部に存在していなければならず、ロシア人形のマトリョーシカ風に時間の始まるところへと戻っていくはずで、これをさらに敷衍し、未来へと当てはめます。ハンスは、彼の内部に多くの赤ん坊を内包している赤ん坊たちを宿していて、その多くの赤ん坊はさらに多くの赤ん坊を内包していてと無限に続くのです。ハンスの内部への、つまり自分自身の内部と特に母親の内部への興味という側面は、この時点ではフロイトの関心をまったく引いていなかったようです。しかし、彼がハンスの女性性に関心を抱かなかったわけでは決してありません。彼は、ハンスの女性性に関する証拠に気づいてはいたのですが、それを論議し強調するのをためらったように私には思えるのです。そのため、彼はハンスの病気における女性性という要素についてほとんど述べていません。つまり、ハンスが、母親へ、さらには母親の子どもをもうける能力へ、そして父親の妻となりペニスを受け入れる能力（また、人形のなかへと差し込まれたポケットナイフや、ハンスのお腹にドリルを入れる配管工で表象された、母親がしているとハンスが想像した事柄すべて）へと向けた競争心と羨望に由来した女性性の構成要素です。

ひとまずこの症例素材やその長所と欠点から離れて、『性欲論三篇』とこの素材との関連性に戻るには、スタンダード・エディションではこの『三篇』がいくぶん読み取りにくく提示されていたのを覚えておくのが肝要です。[2] すなわち、ナルシシズム、幼児の性探究、マゾヒズムと倒錯については、フロイトが後年になって著作や思索で取り組んだ方法で書かれたものとして読んでみます。一九〇五年の時点では、神経症とは倒錯の裏返しであるという定式は、彼にとって非常に納得のいくものでした。当時フロイトは、神経症がいかに複雑であるのかを認識しつつあったのですが、倒錯はひどく単純に、乳幼児の「多形倒錯の素因」が作動することだと彼がまだ考えようとしていたのは少々奇妙に見えるでしょう。「多形倒錯」という用語で、フロイトは源泉、目標、対象という定式化に言及したことを思い出さなければなりません。

倒錯についての概念形成は、窃視、露出、サディズム、そしてマゾヒズムといった、彼が「部分欲動」と呼んだものを除いて、性感帯／性愛領域という概念とだけ結びついていました。当時、彼はこれらの部分欲動を性欲動生活に**必須の**構成要素ではなく、外部からの刺激や誘惑によって喚起されるであろう潜在的な構成要素とみなしていたのです。また、同性愛を、ただ対象選択の観点だけで考えていました。少年ハンスの論文において、ナルシシズムの段階へと関連づけた同性愛の後期の定式化に彼は接近しています。しかしここでは、フロイトはそれをナルシシズムとは呼んでいませんが、それは自体愛と対象関係との間のどこかに位置する発達上の何かと関係すると言っているのです。

倒錯のこの単純な定式化を念頭に置くことで、フロイトは倒錯を社会的偏見と考えたものから防衛し、本質的に倒錯は無害であると主張するのは正しいことだと思っていました。つまり倒錯がぶつかる難しさとは、まずは乳幼児衝動に抑圧を強いる社会的な困難であり（最初は家族の圧力、そして後に社会の圧力という影響の下）、この抑圧がリビドーを堰止め、その結果堰止められたリビドーが症状や不安へと転換されるというものでした。

『性欲論三篇』で幼児の性探究を扱った部分は、『少年ハンス』が出版されて数年後にはじめて追記されました。このハンス論文で、これら性探究を、幼児の世の中についての好奇心の原型、したがって（昇華されると）知識への渇望の基盤であるとフロイトがみなしていたことが、きわめて明確に示されています。ここに含蓄されるのは、知識への渇望は不安によって駆り立てられ、その知識は必然的に防衛過程のために使われるということです。これが、クラインが採った見解――おそらく先入観によってではなく幼児の話にしっかりと耳を傾けた経験からのもの――とかなり異なっていることは注目に値します。クラインは、幼児には「知識本能」と彼女が呼んだものが存在していると見ていました。すなわち、知識や理解への本能的渇望が存在し、その最初の対象は幼児の母親、母親の身体であり、とりわけ（子どもたちがクラインに話したように）母親の身体の内部であることを探し出したのです。この事実をフロイトが少年ハンスで経験したものとつないでみると、意義があるとフロイトが認識できなかったのはハンスの空想におけるまさにこの側面であり、この子が心的生活におけるこの領域を父親とともに探究する前に治療が終結してしまったのがわかります。この治療が終わったのは、ハンスの症状が取り除かれてしまったように見えたからで、これが結局のところ治療目標そのものでしたし、治療目標は性格の発達を補助することではありませんでした。そのため、少年ハンスの症例に子どもの分析の発展という意義を期待しても、ここでの少年ハンスとの作業と、一九二〇年代に始まったクラインの作業との違いにすぐに圧倒されます。少年ハンスとの作業は基本的には再構成であり、病理の理解を目指し、どちらかと言えばこの子の人生を振り返るものです。一方、クラインの作業は、その開始直後から発達を促し、子どもの発達に関係する要因を見出そうとするものです。そのオリエンテーションは精神病理には向かってはいません。

締めくくりに述べておいたほうがよいと思いますが、フロイトは要約で、精神分析的方法がもたらすものは子どもにとって危険ではないと懸命に弁護しています。つまり、子どもの性的好奇心を喚起し、情報を与え、抑圧を取り除き、性的な事柄への関心を呼び起こすことは危険ではない、と。これはたしかにこの症例について後に書かれた見解なのですが、そこでは、一四年後に（一九歳の）少年ハンスの訪問を受けたものの、その際に、少年は神経症であった時分の出来事をまったく記憶しておらず、そのときは、はつらつとした大柄な若者であったと報告しています。いささか悲しく感じてしまいそうですが、それはフロイトにとっては明らかに勇気づけられるもので、ハンスと行なった作業が当時の彼を援助したばかりではなく、彼の発達に悪影響を与えなかったという証拠としてたしかに受け取ったのです。この弁解はおそらく、今日の私たちがみな絶対的に是認するものではないでしょう。その理由は、一つには、私たちはさらに探索的でもっと深層へと向かう、長期にわたる治療過程を維持しているからであり、もう一つには、少年ハンスより**はるかに**重篤な子どもを治療しているからです。ハンスは結局のところ、基本的には病気の子どもではなく、逆に、彼は大いに健康だったようで、どんな子どもでも幼いときに一過性に起こす恐怖症を発症しただけでした。今日の子どもの分析家のほとんどは、子どもの心的生活を探索すること、流動している無意識の空想を露呈させること、親密な家族間に部外者が侵入することには多くの危険が伴うと感じていると私は思います。

要約しましょう。少年ハンスの症例は、『性欲論三篇』の乳幼児性愛を論じている部分に対する臨床的に有益な補遺です。この症例は、この時点でのフロイトの考えの質を饒舌に例証しており、ほとんど同時期に執筆していた著作の研究への優れた導入部でもあります。その著作とは鼠男の症例であり、そこでは、少年ハンスの症例では暗に仄めかされているものの明言されてはいない、いくつかの非常に重要な発見を彼がしていることがわかるでしょう。これらの発見とは、アンビヴァレンスの役割、内的葛藤を形成する愛と憎しみの相互作用です。このときまで、フロイトの著作での葛藤の概念は、主に本能と外的世界との葛藤と、快感原則の支配下で、これらの葛藤している利害を何とか折り合わせようとするものとしての自我の立場を、もっぱら包含するものと思われます。

▼訳註

1――メルツァーの原文では一九二八年となっているが、一九三一年の間違いと思われる。

2――本書第1部第4章の最初の段落。

第6章
鼠男
強迫神経症

症例鼠男の分析は一九〇七年には行なわれていたようであり、フロイトのスーパーヴィジョンのもとで少年ハンスが父親によって治療される以前に開始されていたことになります。鼠男は、体調がよくなり、試験に取り組め生活もうまくやっていけると思って自ら治療を中断するまでの約一一カ月間治療を受けていました。フロイトは後の脚注で、前途有望な多くの若者と同じく、第一次世界大戦で彼が没したと報告しています。この論文自体が大変興味深いばかりではなく、最初の四カ月間のフロイトの記録を入手するという大いなる幸運を私たちは手にしています。[1] 記録は日中の仕事を終えた後、夜に書きつけられていました。この記録は魅力あふれるものであり、私たちが得られる最も正確な、面接室で実際に働いているフロイト像をもたらしてくれます。だからこそ私たちは、フロイトの技法に関してこれらの記録からいくつかの推論を引き出し、それらとおよそ三、四年後に世に出はじめる技法論文との比較を試みられるのです。

この治療の始め方に私たちは衝撃を受けるでしょう。最初の数セッションでは、この患者に精神分析の方法やその治療原理を論理的に解説しているようなのです。特に際立っているのは，症例ドラとは対照的に，ここではフロイトは患者についていくことができており，彼自身の探究に突き進むために主導権を握ることを脇に置いていたのがわかります。これはおそらく，素材が鼠男からつねにあふれがちで，抵抗はかなり急速に転移抵抗となり，そのような情況のなかで，強いストレスや苦悩のもと，この患者は，フロイト，その娘，母親，そしてフロイトの家族全体へと向けたサディスティックで性愛的な性質を帯びた空想をフロイトに語っていた，という事実によるところがあるのかもしれません。

転移のこうした出現を扱ううえでのフロイトの落ち着きが注目されます。それはおそらく，転移の出現へのフロイトの理論的オリエンテーションによるものであり，フロイトが記述しているように，転移は過去の出来事や関係性の新版もしくは再版であり，基本的には彼個人とは関係がないとみなしているのです。これはたしかに転移を扱ううえで非常に有益な態度なのですが，フロイトがこの素材にはよそよそしく距離を取っていたと思われかねず，逆転移に巻き込まれるのを防いでいる一方で，この患者の素材や行動に対する感情的反応から自分自身を隔てていたのかもしれません。逆転移として正確に指摘できそうな事実はわずかで，ニシンの食事でフロイトが彼をもてなしたのは(2)，技法を破ってしまったことにはならないようです。というのは，当時フロイトは，患者たちにごく普通にそうしていたと思われるからです。私たちは，逆転移の概念がまだなかったことを思い起こさねばなりません。それは，後の一九一五年頃にフロイトが分析家の限界に気づいたと報告する際にようやく出現していて，分析家は自分自身のコンプレックスへの気づきや，その結果として生じる逆転移による限界があると報告しています。一方では，フロイトは技法上の誤りや役割上の失策と認識できる事柄に気づいて悩んでもいます。たとえば，想起した素材の断片が鼠男に属するのか、あるいは誰かほかの患者に由来するのか判然としなかったときのように。

フロイトの転移の活用法は、あまりはっきりとしておらず、実際その取り扱いからは、すでに述べた過去の経験の反復であるという以外に何ら転移についての考えを見つけられません。けれども、彼は転移からたしかに情報を得たようです。つまり、すでに患者の連想や想起のなかの日常的な素材から導き出した定式化を立証ないしは反論する情報を、転移から引き出しているのです。フロイトが、おそらくは再構成が裏づけられたという特別な想いを得ていることもうかがわれます。それはいわば少年ハンスの病気が乳幼児神経症の存在を彼に確証させたのと同じ意味合いであり、その理論は成人神経症患者の素材の再構成から導き出されたものでした。彼は転移を、それ自体の特異な過程をたどるものとはみなしていなかったようですし、転移そのものの追跡も試みていなかったようです。おそらく、転移を、もっぱら転移抵抗として扱っていました。そして転移はなるがままにしておきながら、同時にその内容をそれまでの素材とつなげていました。

同様に、鼠男が持ち込んできた過去と現在にまつわる多くの夢にほとんど手をつけていないのがわかると、私たちは失望するかもしれません。数年後の狼男の夢に対する、強迫的とも言える関心とは似ても似つきません。また、これらの夢への彼の分析的な注意は、彼自身が記述した系統的なジグソーパズル法とは何の類似点もないのです。両目に大便をつけているフロイトの娘に関する夢や日本刀の夢についてのコメントは、格別に想像的でもなく鋭いという印象も与えません。

治療方法の観点からすると、フロイトはまだ症状の由来とその無意識的意味の解明という路線をもっぱらたどっていたようです。彼は鼠刑にまつわる主な強迫を解消したと誇らしげに宣言しています。面接室

における フロイトの機能という観点からすると、彼がこころに置いておけたと思われる断片化した理解できない素材の膨大さに衝撃を受けるでしょう。もしこの論文を読む前にその記録を読んでいたなら（残念ながら滅多にそうはしないものですが）、疑いなくその素材に圧倒される混乱を経験し、フロイトがその素材を彼流の論文にすべてまとめた手法にすっかり驚嘆してしまうでしょう。私は敢えて言いますが、事柄の描写部分はともかく、後半の理論の部分において、その論文のなかで論じられていない記録はほとんどありません。私たちが手にしているこの記録が、この論文自体とほぼ同じ長さであるのを考えてみると、これはきわめて驚くべきことに思えます。これは、フロイトの天才である並外れた側面のひとつと考えざるをえません。彼は膨大なまったく異なる情報をこころに入り込ませ、それをゆっくりとゆっくりと系統立たせることができたのでした。それはおそらく、私たちが通常抱くフロイト像である、物事をこころのなかで高度に系統立て、つねに理論を確立しようとしていた姿とは随分異なります。おそらくこの症例史の最大の価値は、たいていの彼の著作では見出せないフロイトの一面を伝えていることにあります。すなわち、現象学者としてのフロイトです。性格や性格構造への詳細な観察の精密さには賞賛を禁じえないと思います。大多数の読者は、演習での眼鏡にまつわる事件についての（鼠男の）冗長な説明に幾分退屈するかもしれません。しかし、フロイトは身を入れてそのすべての詳細を正しく理解できたので、地図を描き、そして三・八クローネを返済するという、この途方もない出来事の経過を正確に把握することができました。

フロイトは、この種の生活史上の出来事ばかりではなく、面接室に現われた現象にも細心の注意を払っていることがわかります。すなわち、言葉の使われ方や患者の振る舞いです。たとえば、この患者が母親と同一化した状態にあることをすぐに認識でき、気分の変化や鼠男が気づいていなかった感情の徴候も認識できています。空想だけではなく女性たちとの関係に見られる、この青年の性愛と性行動へのフロイトの中立的態度は印象的です。フロイトの嫌悪感の幾分かは、たとえば実例をこの患者の素材からではなく、誰か別の患者から挙げているように、おそらく分裂排除されていると思いたくなるでしょう（この男性が友人の子どもをよく郊外へ連れ出しており、汽車で戻るには遅くなりすぎるとホテルに宿泊し、その娘たちにマスターベーションを行なっていたとフロイトは報告しています。フロイトが、その行為は危害を加えることになると思わなかったのかとこの男性に質問したところ、彼は激怒しました）。フロイトはこの男性の振舞いに明らかにショックを受けていましたし、男性が彼のもとを立ち去り戻ってこなかったことを残念がりませんでした。しかし、同様に、鼠男のお針子への行為に、なかでもおそらく前のお針子の自殺に関して、彼女とは近く性交渉をもちたいと思っていたにもかかわらず、何の感情も彼が抱かなかったことに、少しはショックを受けたかもしれませんが、フロイトは臨床的な距離を置くことで、この点に関した感情を遠ざけたままにしていたと思われます。(3)

概してフロイトは鼠男を非常に気に入っていたようです（私には特別好ましい人物としては伝わってこないのですが）。おそらく、フロイトがスプリッティングの概念を用いて、この男性は三つのパーソナリティで構成されているとみなすことで、そのひとつの最も存在感のあった人物、愛想が良いと彼が呼んだパーソナリティに、彼が好感をもつようになったのでしょう。パーソナリティのスプリッティングという概念を、ここでは精神病理の性質を説明する方法として用いていますが、さらに二五年を要して『防衛過程における自我の分裂』論文において、フロイトが、この作用をこころの健康の問題との関連で関心をもつにいたっているのは興味深いところです。これは、フロイトがどれほど精神病理学者であったかということと、こころの健康の神秘な過程に興味をもちはじめるのがその経歴においていかに遅かったのかを示す例です。レオナルド・ダ・ヴィンチ論文は、まとまりをもつ人物全体、さらには、ひとつにまとまった統合過程としての人生全体に、フロイトが興味を抱いていると言えるおそらく最初の論文です。ですが、そのなかでさえフロイトは、レオナルドの創造性を並外れて優れたこころの健康の証としてではなく、ある特異な精神病理が昇華して有用な社会的手段へと転換した現われとして興味をもっているのです。

鼠男の症例についてのフロイトの理論的要約は素晴らしく、見事に系統立てられています。最も意義深い歴史的業績は、アンビヴァレンスの概念を打ち立てたことです。ブロイラーから拝借したと彼が語っている用語です。鼠男において彼ははじめて、神経症で考慮に値する基盤として、愛と憎しみの葛藤を明確に認識するに至っています。これは、たとえば原病巣としての、外的世界との葛藤をつねに内包している受け入れ難い考えという理解の仕方とはまったく異なっています。少年ハンスで示されていたように、去勢不安ですら外的世界に依拠しています。たとえ親に切り取られるという現実の脅威にさらされていなくても、子どもの性的差異の知覚に依拠しているのです。つまり、妹には「オシッコするところ」がないというハンスの知覚によるものでした。したがってこの鼠男の論文は内的葛藤の存在を認める点で、かなり大きな前進を見せています。この葛藤が内的なのは、単に発達においてだけではなく、その起源においてもそうなのです。

第二の画期的発見は、おそらくフロイトのどの著作よりもここで明確に検討されている万能についての認識です。フロイトはそれを願望の万能として記述し、なぜ願望が夢において重要な要因であると彼が思ったのか、私たちに手がかりを与えてくれます。ここには言語の省略的な使われ方に関する素晴らしい記述があり、願望、とりわけ万能的願望は、その発端からその充足へと一足飛びに飛躍するよう作動している欲望であると彼が考えているのがわかってきます。ここでの彼のこの概念の用い方はいささか期待はずれのものであり、この患者が自分の万能を恐れている限りにおいてのみ重要と考えています。これは、もし患者が万能を恐れていなければ、それは患者の精神病理には何ら関わりがないと意味しているかのようです。一方では、万能と乳幼児発達とを結びつけ、さらには小児期における誇大妄想と彼が呼んでいるものと直接結びつけています。とはいえ、万能と誇大妄想との間にどのような違いを彼が引き出したかったのか、私にはまったくわからないと言わざるをえません。疑惑強迫の卓越した分析は、強迫性に関してこれまで書かれたもののなかでおそらく最も秀逸なものです。疑惑は、その根源が原初的アンビヴァレンスにあるというフロイトの認識、またおのれの愛に疑惑をもつ人は、必然的にどんな些細なことにも疑惑をもつにちがいないと演繹した定式化は、素晴らしいばかりではなく、詩的に表現されています。この論文において、強迫神経症はその根源が小児期の受動的ではなく能動的な性的経験にあるという定式化を、彼はまだ捨ててはいないようです。しかし、エロティズムを肛門エロティズムとして位置づけることで、この定式化が、かなり弱体化され、サディスティックで窃視的、露出的な衝動と結びつけられているのがわかります。

フロイトはこの時点において強迫神経症のみならず、精神生活全般についてもより複雑な見地に至ったと言えるかもしれません。これを踏まえると、鼠男の性格についての彼の精査は、非常に重要な進歩として、そして、肛門エロティズム、分析で遭遇した性格タイプ、狼男の性格探求の研究論文といった、後の著名な論文へと続く性格精査の前奏曲という印象を与えます。死、迷信、宗教に対する強迫神経症者の態度を彼はここで非常に面白く記述しています。ここで言い添えておくべきは、フロイトの臨床上の思考の発展という観点からすれば、この症例史の際立った進歩のひとつは、子どもという概念が、『性欲論三篇』で示されたむき出しの図解的骨格ではなく、「肉付け」されはじめているそのやり方です。フロイトの同一化過程の重要性への気づき、パーソナリティにおける分割の認識、愛と憎しみの葛藤や乳幼児の空想における万能の役割への気づき、これらの形跡すべてが、鼠男が受けた命令に関して、その思考が複雑で豊かなものへと進歩していることを浮き彫りにしています。これらの命令のいくつかは、たとえば自分の喉をかき切れという命令やその老女を殺せという命令のように、危険なまでに破壊的か自己破壊的です。（フロイトは明言してはいませんが）私の印象では、フロイトは、これらの命令は、鼠男のパーソナリティの深く無意識的で酷く残忍な部分から来ており、二つの前意識的パーソナリティのひとつ、すなわち乳幼児の多形倒錯的部分へと向けられていると考えています。後年の彼の発展した考えに照らせば、フロイトはおそらく、これらの命令は厳しい超自我に起因するとみなしたのだろうと思われます。そして、これが後の彼の考えにおける難題と思われるものであり、後継者たちを大いに鍛えました。自己愛的現象と超自我のサディズムや過酷さの間にある混乱は、今日でも解決されたとは決して言えない問題です。

最後に、この論文で述べられた神経症の発生におけるマスターベーションの役割に関するフロイトの見解に注目してみましょう。その見解は、防衛-神経精神病やヒステリーの病因についての初期の論文で述べられた見解とは異なっていると言えそうです。初期のフロイトは、比較的無害であるという見解をマスターベーションの役割に関して示していて、マスターベーションの欠如はリビドーをうっ滞させ、症状や不安へと転換させる重要事項であるとみなす傾向にあったという印象があります。しかしこの論文では、彼が、マスターベーションは鼠男の人生の過程においては有害な影響を及ぼしていると考えていることは、より明らかに思えますが、それがどのように作用しているかはまったく不明です。印象としては、マスターベーションは性交の代理としては不適切でどうにも充たされないということのようです。けれども、マスターベーションは、彼に父親の記憶との葛藤をもたらしていた証拠もあり、たとえば、鼠男は、父親が外にいてドアをノックしているという感じがして、[4]そこで父親のためにドアを開けてやった後で家のなかに戻り、鏡に映った自分の性器を見る――フロイトはマスターベーションの代理と受け取っています――という素材の断片に表象されています。そうであれば、マスターベーションは、子どもに内的権威（父親）との葛藤をもたらすという見解を取りはじめていて、この点で、それは去勢不安と神経症的葛藤を作動させる超自我の役割に関するフロイトの後の見解への前奏曲です。

要約しましょう。鼠男の症例はフロイトの研究が多方面へと大きく発展していることを表わしています。技法面では、患者との作業において、再構成という独特な謎を解き明かしたいという彼自身の興味を追求するよりも、素材にただひたすらついていったことがわかります。彼は転移現象をいくらか利用していたようですが、単に抵抗として扱っているのか、あるいは転移から重要な情報収集もしているかは不明です。これらの転移経験が治療過程で何らかの役割を担っていると彼がみなしているというのが、私の印象です。また現象学的観点からすると、フロイトの精神現象への目の向け方には大きな前進があり、『科学的心理学草稿』で述べられた類の先入観からはかなり自由であることがわかります。この論文ではただ一点において、彼は現象学的手続きから外れて大きな汎化をしはじめますが、それは人間の系統発生における嗅覚の役割や、神経症の発生における性愛の重要な役割に関する部分です。嗅覚についてのこのような理論化は、この当時（一九〇九年）には完全に終わっていましたが、フリースとの以前の関係につながりがあることに気づかされます。この論文の理論部分と呼ばれるものはたしかにきわめて現象学的であり、無意識の観点からその患者の症状や性格構造の意味や意義を明晰にたどっています。それゆえに、鼠男の症例は、他の症例史よりもはるかに研究的な論文であり、そこで（かえって）既存の理論を解説し実証するという性質を帯びているのです。

▼訳註

1――スタンダード・エディションには含まれていない。邦訳『フロイト「ねずみ男」精神分析の記録』（北山修＝編・監訳、高橋義人＝訳、人文書院）、「強迫神経症の一例（「鼠男」）のための原覚え書き」（総田純次・福田覚＝訳）『フロイト全集10』岩波書店）を参照。また、この原記録からメルツァー自身による肛門マスターベーションなど彼独自の考えへのヒントが読み取れる。

2――この件に関しては、原記録にしか記載はないようである。

3――原覚え書き一二月二三日のセッション参照。

4――SE X, p.302／さらに彼は当時、誰かが玄関ドアをノックしているとよく錯覚していた。彼はそれを父親がアパートへ入ろうとしていると考えた。

第7章

レオナルド論文

ナルシシズム

今や私たちは一九一〇年に至りました。そこで、この章を症例レオナルドに費やしたいと思います。実は、以前はずっと毛嫌いしていた論文なのですが、何度か読み返した後に考え直すに至りました。そもそも気乗りがしなかった理由は、この論文が精神分析の悪しき伝統の始まりであると思うからです。フロイトはそれを「精神病跡学」、つまり「偉人の精神病理」の研究と呼んでいますが、その点から見ると不快なものです。フロイトがレオナルド・ダ・ヴィンチに関して述べている事柄のほとんどは、おそらくまったく正しく、ある意味啓発的であると私は信じているのですが、そこへ至るのに精神分析的洞察を必要とするとは考えません。とりわけ精神分析的な見解は、赤ん坊のレオナルドの口に尻尾を入れている鳥、鳥の飛翔への没頭、空飛ぶ機械、「聖アンナと聖母子（The Virgin and Saint Anne）」における隠されているはずのハゲワシ、さらに類似する素材に関係しています。けれども、この論文は良くありませんし、私の考えではまったく面白くもありません。そこで、この論文の病跡学的な見解を脇に置いておきたいと思います。フロイトが著したその類の唯一のものですが、彼自身がさまざまに弁解し、最後には距離を置いています。しかし、歴史的に重要な論文であることを忘れてはなりません。つまり偉人の私生活を、転移という精神分析的設定から外れて、精神分析的と思われている方法によって詮索するという、精神分析的著作における実に良くない伝統の始まりなのです。それは退屈で、しかも、とりわけ精神分析と諸芸術の関係におそらく多大な害をなしています。というのも、そのような扱いを受けてきたのは、もっぱら芸術家や作家（さらにいくらかは、政治家や歴史上の人物）だからです。

ここで私は、フロイトとレオナルドの重要な関係と、この論文が自叙伝風であることを考察したいと思います。この論文は、本書のこれまでの章で当初より私が話してきた分裂（split）に関係があり、すなわちフロイトにおける理論家と臨床家との分裂に関係があるので自叙伝と言えるのです。これまで私が強調してきたように、臨床家フロイトは、本当のところは芸術家として仕事をしていて、人生のいくつかの時点で芸術的で詩的であり、「小説を書いている」などと自責しています。ほかならぬこの論文でも、レオナルドについて精神分析的小説を書いていると述べていて、おそらくそれは誤りではありません。しかしながら、フロイトの人生においてこの頃には、芸術性や想像性、直観への非難が、この仕事を始めた頃ほどには彼を苦しめていなかったと思います。この時点までに、たしかにかなり相異なる三人のフロイトがいました。一人目は芸術家－臨床家フロイト、二人目はかなり強迫的な理論家でおそらくは帰納論であろう思弁体系の構築者フロイトです。そして三人目は政治的指導者モーセ像フロイトで、精神分析運動を興したいと考え、それを医学と切り離しておきながら、同時に医学から絶大な信望と尊敬をかすめ取りたいと願っていました。精神分析がユダヤの学問にならないようにと願いながら、この論文や後の論文で見るように（すさまじいまでに）キリスト教への猛襲をかけています。彼は、党の方針を逸脱した者――アドラーやユング――を駆逐する類の政治的指導者であり、科学的観点ではまったく不必要であるにもかかわらず、幾度となく自分の著作のなかで彼らを厳しく批判しました。フロイトのまったく異なる三つのパーソナリティのなかで、私にとってまさに愛すべきは臨床家フロイトであり、その彼について私は論義しようと思います。

この論文を再読してみて、フロイトが終わりのほうで、レオナルドはモナ・リザを描いていたときが人生の「絶頂」であり、「再生した性欲動」とフロイトが呼ぶものを獲得していたと述べているのを見つけて、私は面白いと思ったのです。つまりレオナルドは五〇代前半で、それはフロイトがこの論文を書いた年齢（五四歳）でした。ナルシシズム概念の進展が最初に述べられたのはまさにこのレオナルド論文であり、フロイト自身における新しいうねりの始まりでした。それだけではなく、レオナルド論文は、精神分析を、まとまりをもつ人物全体、そして、その人の人生全体を研究するものとして受けとめるというフロイトの新たな態度の始まりと私は確信します。その観点からすると、病跡学――人物全体と人生全体を記述する試み――は、フロイトの側のきわめて重要な努力の成果なのです。それに従って、私はこの論文を症例史のひとつとみなしたいと思います。ただし、症例史というのは派生的なことで、それはこの論文が、たとえばシュレーバー症例と同じように、分析設定外の素材を使っているからです。この論文は、面接室内での臨床作業ではなく、臨床的な考え方であり、資料は著作物（主にレオナルドの手記と絵画から）から採られています。フロイトは（レオナルドの『生涯』についてのヴァザーリのように[1]）他の人物が彼の絵画について語ったことを考慮して、レオナルドの生涯を精査しています。それは、ある特定のタイプの資料への精神分析的思索の応用です。ひとつの分析でさえ、幾年にもわたる何千時間もの注意深い傾聴を要するのに、ある人の人生をこのような切れ端から書き表わそうとする試みは、野心的にすぎることに当然留意せねばなりません。それでも、人物全体やその全生涯を理解しようとする着想――（精神分析的病跡学という考えとは対照的な）精神分析的伝記という考えは、それ自体悪いものではありません。それは、精神分析的思索の新しい次元を提示してはいます。繰り返しますが、それでもなお、それが精神分析の学問に適用されることを私は好みません。それは間違いであり、精神分析的芸術批判を含めた悪しき伝統を創始してしまったと思います。芸術の内容にあまりに目を向けすぎて、より重要な形式的側面に充分には注意を払っておらず、そこに精神分析は実際にアプローチできる立場にありません。

　したがって、この論文を、精神分析を人物全体とその全生涯を理解するための科学として見るフロイトの試みであると考えてみれば、さらに、フロイトはレオナルドを選ぶにあたり、自分自身についてひどく悩んでいる者――すなわち探究者、あるいは「コンキスタドール」[2]と彼が呼ぶ者と、芸術家との間の分裂――の何かを見ているとわかれば、私たちはとても重要な方向へ進めましょう。つまり、この論文の二つの最も興味深い側面に出くわします。まず第一は、知識の探究と情動性（emotionality）の関係についての論議であり、これはクラインの研究を理解するうえで最も重要なところです。この点に備えて、私は好奇心と知識の探求についての問題点、すなわちそれと情動との関係、なかでもそれと愛と憎しみとの関係を精査することに時間を割きたいと思います。この章の終わりには、第二の興味深い特徴、すなわちこの論文で具体的に表現されている、フロイトにおけるナルシシズムの概念の初期の、ある意味では荒削りな公式化について少し述べるつもりです。

私には何の根拠もないと思えることに、フロイトは相当な注意を払っています。つまりレオナルドには性生活がなかったということにです。そのすべての根拠は彼が同性愛者であったと示唆しているだけのようですが、彼は告訴すらされ、その理由で審理されましたが、放免されています。そして生涯を通して、彼が明らかに愛していた美少年たちにいつも囲まれていました。彼の日記を読んでみれば、彼は少年たちを愛していただけではなく、信じ難いほど彼らに寛容だったのがわかります——この点にはフロイトも触れています。まだ一〇歳か一一歳ほどの一人のたちの悪い少年[3]がいて、レオナルドの工房にあるありとあらゆる物を、いつも手当り次第に盗んでいました。それでもレオナルドはつねに彼を面倒から救い出し、シャツや服地、ジャケットなどを買い与えていました。レオナルドは同時代の人たちからは、同性愛であるとおそらく決めつけられていたと思われます。当時、同性愛は法律上の犯罪でしたが、実際のところ社会的にはまったく犯罪ではありませんでした。たとえば、彼に続く高名な画家たちのなかの一人はソドーマ[4]というニックネームで呼ばれていましたが、それは彼が知られた男色者だったからです。

フロイトは、レオナルドの性生活が情動的に損なわれているのを、彼が科学者‐研究者であることに関連づけ、子どもの性的好奇心と性的探究につなげてみる仮説を確信をもって立てましたが、私の見解では論拠が薄弱です。レオナルド自身が、愛が知識に包括される必然性（この点はビオンも記しています[5]）について述べているのを、レオナルドは、愛は知識に包含される**べきであり**、対象を徹底的に理解するまでは対象を愛すべきではなく、だからこそ対象の「真正な」性質ゆえに愛することができると実は言いたいのだと、フロイトは思い込んでいるようです。知りうる限りでは、レオナルドが実際にこのように生きたとか、このフロイト理論にある窮屈な束縛のなかで生きることができたという見解を実証するいかなる証拠もありません。芸術家としての生涯を通して、確執や親密さがミケランジェロのそれと比べ、（ミケランジェロほどあからさまではないにしろ）激しくなかったと推定する根拠はありません。そしてたしかに、この二人が互いに抱いていた憎しみは、同時代の人々には疑う余地もありませんでしたが、ミケランジェロはあからさまで、レオナルドはそれに関して冷ややかで、超然としていました。

フロイトはここできわめて重大な手を打ちます。そこでは、対象の真の性質を本当に知ること（そして、これらの真の性質ゆえにその対象を愛すること）に起因する類の愛と、実際の人間関係に付随して起こる相反するさまざまな情動を識別しようと試みるのです。後者を同定するとき、本能と関連づけますが、このことから乳幼児性欲に関連した感情、言ってみれば愛と憎しみを彼が意味していると推測されます。まさにこのとき、彼が識別していないのは、好奇心と知識への渇望（つまり真実を知る欲望）です。そこで、この点からレオナルド研究を照合すると、レオナルドの万物への飽くなき好奇心は、彼の手記から明白な通り、錬金術、魔術、降霊術、さらにあらゆる種類の黒魔術（これらの事実についてフロイトはほとんど述べていません）を含んでいたのですが、その好奇心と知識へのこころからの渇望とを、フロイトはまったく識別していません。だとすれば、レオナルドは知識への渇望と子どもっぽい好奇心が分かちがたく混在していた人物だったことは明らかでしょう。それは、玩具やあらゆるいたずらに際限なく夢中になる子どもっぽさと関係があり、驚くべき花火製造術は、きわめて純粋な科学的発明や芸術作品と手をたずさえていました。

（つねに混在していた）レオナルドの子どもっぽい好奇心と、実に成熟した業績の偉大さを識別する必要性をフロイトが何ら感じなかった理由は、フロイト自身の考えのなかにこの識別が存在しなかったからです。その結果、子どもの性的好奇心に対する彼の姿勢は、敵意ある侵入に分類されるものと、もう一方の真実を知り理解したい欲望とを識別するものではまったくありません。子どもの性愛と子どもの性探究について『三篇』に補遺が加えられたのはこの時期でした。しかし、彼がそれらを「性探究」と呼んだという確かな事実は、それらに威厳をもたせますが、子どもの破壊的で侵入的な好奇心と、世界の本質を理解し知りたいという誠実で畏敬に満ちた欲望とを彼が識別しなかったことを示しています。これはひとつには、フロイトがこの好奇心は三歳頃に生じるとみなしていた事実によるものです。そのため、彼は、この好奇心を次の赤ん坊の誕生や妊娠と結びつけ、幼い男の子（幼い女の子は無視されている）では妹にペニスがないのを見て去勢不安が呼び醒まされるという理論へと関連づけがちでした。こうして幼い少年は、まず最初は内的世界の解明を試み、そして次に潜伏期の始まりにより、この領域への好奇心や知識欲が減じ、ついには解明を諦めることになると、フロイトは推察しました。しかしながら、フロイトがこのことに関して証拠を得ていたとは私には思えません。彼は、少年ハンスの症例へと引き返すきらいがありますが、どちらかと言えば、少年ハンスの場合に探究は、三歳よりずっと以前に始まっていた証拠があると私は思うのです。少年ハンスが、妹と一緒にいた四輪馬車やコウノトリの箱について語っていることすべてには、妹の誕生に先行する空想がおそらく含まれていて、ある程度は遡及的な空想です。それらの空想は、後の経験を基盤にして、人生のもっと早い時期に観察した事柄を説明しようとしています。

狼男の論文にたどりつきました。というのは、そこではフロイト自身が回想された好奇心というこの着想を唱えているのに出会うからです。狼男が一歳半のときに観察したことを、四歳になってようやく遡及的に理解しはじめたこと、そして、有名な「狼」の夢は、彼が一歳半のとき、ことによると六カ月のとき、さもなければ遅くとも二歳半のときに観察したことを理解しようとする試みであったことを、彼はその証拠に基づいて解釈しています。このようにフロイトは、子どもというものは、ごく幼い時期に観察したことがずっと謎でありつづけ、後に別の観察をすると、それをもとにして早期に生じた謎を遡って解決することを認めています。この時点（一九一〇年）でのフロイト理論に従うと、この好奇心は、赤ん坊はどこからやってくるのかに関してであり、それは実際には母親が次に妊娠するまで生じず（あるいは、妊娠しなくても、はっきりとはわからないある理由で、その子はそのうち赤ん坊が来ると予期していると思われますが）、それゆえ、子どもは何よりもまず嫉妬に駆り立てられると考えられます。フロイトによると、この次の赤ん坊の誕生への憤り（母親の占有からの排除）と、性差に関する発見（妹がいる幼い少年の場合には、妹の性器を見て結果的に憤りを伴った去勢不安が生じます）が好奇心をもたらします。言い換えるなら、好奇心は、不安と敵意によって、あるいは、嫉妬や憤り、そして去勢と新しく産まれた赤ん坊がかわいがられることによる排除という不安によってもたらされるのです。フロイトの着想では、この好奇心は、基本的には不安と憎しみに駆り立てられるもののようなので、この好奇心が真実の発見という方向へと子どもを駆り立てるものであると彼が考えると、とても混乱してしまいます。というのも、彼の抑圧理論そのものが、真実を知ることに**対して**それを防衛するニーズや欲望があるという仮説に拠っているからです（それは彼の夢形成理論についてもあてはまります）。そして、彼の不安に対する防衛理論は、防衛が真実の歪曲によってなされることを含意しています。抑圧理論は主に、真実の一連の歪曲という理論であり、そのために記憶は忘却されるか、さもなければ（もし記憶が抑圧を突破すると）歪曲された形で突き出てきます。したがって、転移とは次のようなものです。抑圧されたものへの真実ではない歪曲された形での回帰です。しかし、その転移が許されるのは、真実がある程度の歪曲を被っているからです。したがって、転移はその点では夢と同じです。夢は歪曲された真実というまさにその理由によって意識へ入り込めるのです。ほかにも同じことが言えるものがあるでしょう。子どもの好奇心が、真実の発見のための「探究」と呼ばれるべきというのはまったく不可解です。彼は同時に、子どもの好奇心は、不安や憤り、エディプス・コンプレックスにまつわるあらゆる憎しみ、新しい赤ん坊の誕生への恐れによって駆り立てられると示唆しているのですから。

クラインは一九二一年に最初の論文を著わしました[6]が、それは実際のところ分析的な論文ではなく、子どもの観察の論文でした。理由ははっきりしませんが、おそらくは哲学、そして、ことによるとフロイトの業績も知らなかったからでしょう。彼女はこれらの事柄についての先入観を抱くことなく臨床を開始し、そして、子どもは知識を渇望していて、まずは母親の身体についてすべてを知りたいという欲望があることを観察したのです。この知識への渇望は、元来は本能ですが、ほかの本能、何よりもまず子どものサディズム、そして後には修復の願望によって衝き動かされると彼女は考えました。これが、クラインとフロイトの研究における大きな相違のひとつです。もっと細かく言うと、クラインの研究の大部分は、情緒的かつ知的成長は、母親の身体や人となりへの愛と憎しみの葛藤が決定要因になるというこの観察に由来しています。成長や発達にはあるレベルの不安が必要なこと、しかし、不安は愛によって取り去られること、そして、これが彼女の概念である抑うつポジションの基礎であると、クラインは強調して言っています。対象への愛、そして、いたわり、役立ち、見習い、喜ばせたいという願望が、より原初的なレベルを越えてこころを発達させる重要な駆動力なのです。

現段階で皆さんの注意をクラインに向けるのは、フロイトの知識に関する理論のすべての著作のなかで、最も明確な言説と私が考えているものと比較するためです。フロイトの知識に関する理論は、幅広い哲学的な研究には則っていません。どう見ても、彼は好奇心や知識欲については過去の哲学的認識論からは書いていません。彼のものは純粋に精神分析的理論であり、私の考えではまずい理論で、精神機能に関する彼の考えの他の多くの面で矛盾しているのです。

この論文で、フロイトは、愛に関する自分の理論のためにレオナルドを取り上げています。つまり、対象の真の性質を充分に知り認識した後に、愛はあふれだすものであり、フロイトの理論はこの知識を基盤にしています。そして、フロイトはこれが実際に起きていないと主張しています。それどころか、愛と憎しみ双方ともに衝動とつながっていると言っているのです。フロイトは、著作のなかで、情動を精神機能の中心的現象として決して本格的には理論化せずに、衝動生活の単なる副産物とみなしていることは注目に値します。ここでは、彼は、愛と憎しみについて述べていて、鼠男の論文と同じように、こころの葛藤の中核として取り扱っています。しかし、彼はこの葛藤を、愛すること、憎むことが、本来は互いに葛藤しているとは実のところ考えていません。彼は本質的には衝動について考えており、情動はそれのただの雑音にすぎないと考えています。互いに葛藤しているのは衝動なのです。それでこの観点からすると、情動はこころの装置における異なるレベルでの興奮の単なる発露であると考える初期の傾向とは大きく隔たっておらず、それゆえに基本的に質的というよりも量的です。ただ、情動が異なる衝動と結びついていて、情動がいわば、これらの衝動の旗印であり、それぞれに異なる特色や傾向、異なる主張がある限りにおいては、情動間の質的相違を認めているという点では、以前の考えから少し変化が見られます。しかし、情動そのものにそれとしての地位をあてがってはいませんし、葛藤を本質的には感情的な葛藤であるとは考えていません。依然として衝動の葛藤であって、衝動生活と外界でのニーズとの葛藤です。フロイトの業績におけるこの側面をつねに忘れないでおくことが大切だと私は思います。すなわち、不安を情動のひとつとしては決してみなしませんでしたし、情動を、はじめのうちは衝動の変容として、後には信号として、したがって内的情報のひとつの様式であると理解しています。彼がこころの苦痛を大局的に考察するようになったときにも、カセクシス概念に則り、それを過剰な刺激の増大とつなげました。これはすべて、レオナルド論文の第一章にある短い節に関連しています。そこではフロイトは、レオナルドの情動の抑圧に言及し、それを研究行為における強迫性と冷血さにつなげています。たとえばレオナルドは、表情を研究するために、吊るされて拷問された人間を観察しによく出かけたものでした。さらに、その後モナ・リザや聖アンヌの表情について語るくだりになると、フロイトはレオナルドの感情がどれほど抑圧されていて、どれほど麻痺していたかを露わにする目的で議論しています。そして、彼の論旨の典拠を挙げていますが、全く説得力がありません。例を挙げると、レオナルドが日記に父親の死を書き留める折に「七時に」を何度も繰り返していることが感情抑圧の証拠であり、そのことをレオナルドが父親の死に感じた気持ちに触れていない根拠として利用するやり方です。私が思うに、それは精神分析的には貧弱な根拠であり、フロイトのなかの理論家が証拠や資料の尊重を妨げる様子が実証されていると、より正確に受け取れるでしょう。それにもかかわらず、論文のこの部分は再読に値します。というのは、フロイトの愛の考え方、そして、それが昇華に固執する着想と関連していることについて教えてくれるからです。昇華についての理論は、ほかのどこで書いたものより、この論文において明瞭で詳細に述べられています。

　ここで、論文のなかのレオナルドの同性愛の起源を扱っている一節に転じたいと思います。フロイトは、それを潜在的な同性愛、つまり同性愛的な関係性だが同性愛的な行動ではないとして扱っています。フロイトが意味しているのは、ご存知のように、「倒錯した（inverted）対象選択」です。そして『（性欲論）三篇』からわかるように、男性の女性性と男性の同性愛との間に何ら区別を設けていません。さらに、彼がレオナルドに関して生み出した概念は、レオナルドが、中性的な母親、あるいはどちらかと言えば両性具有的な母親と自己愛的に同一化しているというものです。(7)

　彼が唱える理論は次のように展開します。レオナルドは、貧しい小作農の娘の私生児として生まれ、人生の最初の五年間を母親に抱かれキスされて過ごしました。この点に関する証拠は何ひとつありません。私たちは同性愛のあるタイプの起源に関するフロイトの理論を取り上げているので、ここでは関係がないのですが、こころに留めおいてよいでしょう。おそらくまったく間違っているのですが、彼は、ふさわしい例であるかのようにレオナルドを選んでいます。ですから私たちは、レオナルドを例として当てはめようと本気で考えるべきではありません。フロイトが記述しているのは、父親のいない幼い少年、(8)あるいはいたとしても彼の人生では弱い父親で、一方ではその弱さゆえ、他方では母親の男女両性の特徴をそなえた力強さや能力ゆえに、ほとんど出る幕がありません。母親は幼子に全神経を集中し、その子を満たし、かつ性愛的に興奮させ、そして、強い相互理想化を喚起します。ある時点で、この幼い男の子は、母親に性的感情をもちはじめます。しかしこの時点では、彼にとっては母親にはペニスがないなどとは思いもよらないことです。彼は、母親には当然ペニスがあるものだと思っています。そしてこの憶測が、ともかく彼に、他の子どものエディプス・コンプレックスと同じ効果をもたらし、去勢不安と彼の性愛の抑圧をもたらします。そしてこの彼の性愛の抑圧は、彼が母親と同一化することによってもっぱら成し遂げられ、彼の性愛は、母親にとって彼がそうであったように、彼にとって理想的な幼い男の子となるであろう対象を希求するという形を取ります。私には申し分のない理論に思われます。つまり、それが、男性における非常に母性的な同性愛というあるタイプの起源について重大な役割を果たしていることはたしかです。

これは、ナルシシズムについての最初の言明であることを指摘したいと思います。つまり、この人は、自分自身を象徴する幼い少年を愛し、ゆえに、彼が性愛の対象として選んだ少年のなかにある自分自身を愛しているのです。しかし、これは同一化という仮定を内在しているナルシシズムの理論です。ですから、ナルシシズムの最初の理論は、自分が自分自身を愛するという理論ではありません。それは、母親と同一化し、母親がそうするように、自分自身を愛するという理論です。後で、フロイトによるナルシシズムの理論の展開に触れますが、それが変化しているのがわかるでしょう。けれども、これが最初の言明なのです。そして最初の言明がとりわけ重要なのは、後にはフロイトが無視する傾向にあったナルシシズムの一側面が明らかにされているからです。シュレーバー症例や狼男へと進むにつれて、ナルシシズム理論が現象学的に膨らみはじめるのですが、ナルシシズムに非常に中核的な同一化の概念がかなりなくなっていることに突き当たるでしょう。しかしながら、この時点では、ナルシシズムの最初の言明において、「自己愛的同一化」が中心的な役割を果たしていることは注目に値します。それから三六年後に、これがクラインの投影同一化という概念[9]へと発展し、自己愛的同一化を遂行するメカニズムに関する最初の論文となるのです。

ここでレオナルド論文の最終部分について少し述べておきたいことがあります。この論文の最終部分は非常にこころを打ちます。ここでフロイトは、どのように彼が精神分析的小説を著したかを述べ、彼がしてきたことを、つまり、成し遂げたことと成し遂げられなかったことについて、距離を置いて振り返ります。彼が言わねばならないことは、精神分析というものの性質に関する大変重要な認識を示していますが、私にはフロイトがこの時点ではじめて実感したものと思われます。フロイトは間違いなく、精神分析を説明科学として考える強い傾向がありました。そして彼の業績すべてを通じて、彼はあたかも精神分析は説明科学であるかのように話しています。説明科学は、予測の可能性と、精神分析的再構成は、つまるところ個人の生活史の必然性を示すという考え方を含んでいます。フロイトの著作群のなかで、ただこのレオナルド論文の最終部分においてだけは、精神分析は説明科学ではないと彼が特別に言っていると思います。偶然と運命について彼が話している箇所がほかに一、二箇所ありますが、レオナルド論文の最終部分が最もはっきりした実例であり、そこで彼は、運命と偶然が人生において圧倒的な役割を果たし、精神分析が描写するのは「何が起きているのか」であり、精神分析は「なぜ生じるか」を説明しないし、物事の原因に言及しないと述べています。ですから、境遇が違っていたら、体質が違っていたら、別の決定をしていたなら、別の要因が入り込んでいたなら、生活史すべては違っていたかもしれないのです。

▼訳註

1――ジョルジョ・ヴァザーリ（Giorgio Vasari〔一五一一‐一五七四〕）／イタリアの画家、建築家、美術史家。一五五〇年に出版された『画家・彫刻家・建築家列伝』は、一三世紀後半から一六世紀半ばまでのおよそ三〇〇年間、約二〇〇名に及ぶイタリアの芸術家の伝記を集大成した美術史書で、文学的にも高く評価されている（『ルネサンス画人伝』白水社）。

2――コロンブス以降の新大陸に一山当てようと渡ったスペインの探検家兼戦士の総称。インカ帝国やアステカ帝国を征服したピサロやエルナン・コルテスが代表。フロイトはフリース宛の手紙のなかで自嘲的に、自分は科学者というよりコンキスタドールであると述べている。

3――『レオナルド・ダ・ヴィンチの手記（下）』（岩波書店）p.319

4――ジョヴァンニ・アントニオ・バッズィ（Giovanni Antonio Bazzi）のこと。イタリアのマニエリスム期の画家。

5――『経験から学ぶこと』第16章のＬとＨはＫと関連があるかもしれないが、どちらもそれ自体Ｋに貢献はしないという一文を指していると考えられる。

6――Eine Kinderentwicklung. *Imago* 7 ; 251-309 ; The development of a child. *International Journal of Psychoanalysis* 4 ; 419-474.

7――原文では androgenous となっているが、androgynous の間違いと思われる。

8――原文では androgenous となっているが、androgynous の間違いと思われる。

9――Notes on some schizoid mechanisms. *International Journal of Psychoanalysis* 27 ; 99-110.

第8章　シュレーバー症例

内的世界

フロイトの臨床論文のひとつにシュレーバー症例を含めるには、当然ながら、条件がつきます。というのも、その内容が分析治療経過での経験に関係していないからです。シュレーバー博士という患者のプライバシーを利用し侵害するのを、フロイト自身は幾分不誠実な方法で正当化しています。けれども、科学者としての人生を通して、おそらくフロイトをひどく悩ませた問題、すなわち「神経症の選択」の問題との関連で、彼が『回想録』にかなり惹きつけられていたのがわかります。しかし、私がこの論文を精査したいと思うのはこの視点からではなく、むしろより現象学的な視点からです。たしかにフロイトは、この症例を解説のための素材として利用することにだけ専念したので、そのためにその豊かな内容については充分に探求していません。少なくとも、最初から最後まで通して探究をしていないのです。ナルシシズムの理論の先駆けとして、スプリッティング過程という概念へのアプローチという点で、シュレーバー症例は鼠男と立ち位置が似ています。また、精神生活という側面としての「世界」という概念にアプローチする点で、フロイトの論文のなかでは独自の地位を占めるものです。

シュレーバーの病気は、はじめに重症心気症として顕在化し、第二次病相期中にはパラノイアの荒廃へと変容していき、その主たる迫害者が以前の主治医でした。それから徐々に精巧な誇大妄想体系を構築しました。そこでは、神の像はきわめて曖昧な役を果たしていて、半分は迫害者、もう半分は愛人でした。いかにもフロイトらしい大胆さのために、これらのきわめて奇怪な現象に興味をもつことができました。しかしながら奇怪とはいえ、人のこころに共通する衝動からの派生物だと理解できるという仮定に基づいていました。それは大胆な見解ではありますが、もう一方では、時々顔を出す、フロイト自身でさえ恥ずかしくなるような凡庸な判断とのそしりを受けるかもしれないものです。たとえば、最後の分析でシュレーバーがその光を肉眼で見たと自慢する太陽は、父親の象徴であるという解釈を読者に謝罪しなければならないときのようにです。この還元主義は、もちろんフロイトにはよくあることで、彼の象徴理論が物事から生気を奪いがちであることの最も説得力のある例として、この症例が引き合いに出されるかもしれません。したがって、人間に共通した衝動の「派生物」として『回想録』を精査することへの支持は、正反対の可能性、すなわち心の健康という現象にはより歪みの少ない形でとても複雑な構造が根底にあるという可能性をないがしろにしてしまいます。たとえば、女性に変わっていくというシュレーバーの妄想を「脱男性化（emasculation）」の過程としてフロイトはしきりに言及しますが、自分の男性性の特質の除去は、自分に女性性が付与される複雑さに比較すると、単純な過程であるとシュレーバーが思っていたのは明らかです。これはつまり、去勢コンプレックス、子どもの性探求などのフロイトの性愛に関する見解すべてに行き渡って限界がありますが、それと同様にこの見解には限界があることを表わしています。それは、女性性が本質的には受動的で派生的であるという先入観に端を発していて、古代ギリシャ、ユダヤ、キリスト教の思考の歴史に沿った見解です。たとえば、興味深いことに、シュレーバーの宇宙論や解剖学は、プラトンが『ティマイオス』[1]で人間と神との一致を詳述したものと多くの面でとても似ています。主たる相違点は、おそらくシュレーバーは、神へのアンビヴァレントな想いのなかで、神は生きているものは理解せず死んだものしか理解しないという難がある、と考えている点です。「神の基本言語」は古いドイツ語であるという彼の仮説は、思い上がって塔を建てたバビロンの人々を神が言語を混乱させることで罰した以前は、世界共通語は古代ヘブライ語であるというユダヤ - キリスト教的なものと異なるところはありません。その後、キリストは、使徒たちのために天与の言語力（the gift of tongue）[2]でその混乱を正したとされています。現代の私たちにとってキリストの天与の言語力は、チョムスキーによる普遍生成文法[3]にあたるかもしれません。

このようにシュレーバーの神や太陽との関係は、子どもの父親との関係のつまらない加工としてではなく、激しいアンビヴァレンスで傷ついてはいるものの、複合的な分裂、さまざまな属性と派生物、多様な機能を併せ持つ精巧な無意識の空想を実に見事に記述したものとみなせそうです。そして、その無意識の空想は、意識的で単純化された概念の根底に横たわっています。正常な子どもの葛藤を、ただ反転してみて考えればいいだけで、そうすれば、神は子どもじみていて、シュレーバーは神との闘争を勝利で切り抜けるのです。しかし、この反転には混乱が伴い、フロイトは官能的快楽に関してはこの反転を正確に理解していません。というのは、シュレーバーが排便の官能的快楽と、性交における女性的な経験の官能的快楽を同等とみなしていることは明らかだからです。同様に、彼にとって神との性的な間柄は、フロイトが主張しているように、妻ではなく愛人とのものです。面白いことに、領域の混乱や機能の混乱という主題は、解釈の不毛さについてのジョーク「一人が雄ヤギの乳を搾り、もう一人がそれをザルで受ける」として書きとめられているだけです。シュレーバー症例において、フロイトは、女性への侮蔑（不思議な鳥たち、性器としてのお尻の強調、官能的快楽に没頭する性質）が本質であることは簡単に理解できていたのですが、その頃はまだ、女性性と同性愛を区別するための概念的枠組みを彼が持ち合わせていなかったことを考慮せねばなりません。この区別のなさが、フロイトが熱意をもって提示した重大な結論、すなわちパラノイアと受動的同性愛との関係について、その価値を台無しにしています。その結果、愛情を憎悪に転化させる「単純な定式」は、何かいかさまじみた特性を帯びています。「同性愛的リビドー」という概念は、それが引き起こす不安や強い嫌悪を説明するために、去勢不安やアドラーの「男性的抗議」と結びつけられねばなりません。このために、フロイトによるパラノイアと誇大妄想病を「一致」させる方法についての研究は、かなり説得力を失っています。

しかし、このことが、論文のなかで最も興味深く素晴らしい部分である「世界没落」妄想とフロイトによるその妄想の本質と因果関係についての研究へと連れていってくれるのです。フロイトは、二度の病相期におけるフレヒジッヒ博士と神との構造の類似性に気づき、パラノイアの発展は「分解」の過程と関連していたとし、より正確に言えば（私が思うには、その発展の過程において）「パラノイアは、無意識にもたらされた圧縮や同一化の産物を、再度その諸要素へと分解する」と結論づけました。この「分解」は、リビドーのナルシシズム段階への退行という視点から、自体愛と対象愛の発達的中間点として最初に研究されていますーーその視点は、すでに一九一〇年版の『性欲論三篇』で提案されていました。この退行に対する防衛過程は、新たな「社会的本能の性愛化」を目指しているように思えます。愛情を憎悪へと変化させる「単純な定式」はここで生み出され、後に『嫉妬、パラノイア、同性愛に関する二、三の神経症的機制について』（1922）という論文で詳述されています。パラノイアを充分説明するには、この定式に内的知覚の外在化である投影という概念を付け足すだけでよかったのでした。そしてここに、「抑圧されたものの回帰」である固着、抑圧、突出の関係について最も詳しい記述を見出します。この抑圧されたものの回帰に関連させて最後に、フロイトは「世界没落妄想」を論じています（ここで翻訳に重大な過りがあると私は考えます。六八ページには、「……そしてフレヒジッヒの病院での滞在が終わる頃、彼は『破局はすでに起こっていて、(4)彼は生き残った唯一の本当の人間である』と信じていた」と書いてあります。本来は「そして病気の極期に、滞在の終わり頃に破局は起っていたと彼は信じていた……」と読まれるべきではないでしょうか）。フロイトは「世界の終末は『彼の内的破局の投影』である」と記していますが、そのメカニズムについては口をにごしています。本文のなかで、フロイトはそれをシュレーバーの「主観的世界」からの「自分の愛の撤退」に起因すると述べていますが、脚注ではゲーテの『ファウスト』の詩を引用し、(5)「力強い握りこぶし」の仕業としています。この打ち砕かれた「主観的世界」の再建こそが、妄想形成の働きなのです。「パラノイア患者は再びそれを構築し、無論さらに壮麗にとはいかないが、しかし少なくともそうやって再びそのなかで生きることができる」と。

はじめのパラノイアから後には誇大妄想へと推移するメカニズムについてのこの才気あふれる分析は、私の考えでは、心的装置についてのフロイトの概念化における進歩の最先端であり、『悲哀とメランコリー』における循環気質についての研究を輪郭づけています。またその一方で、アブラハムの後期の研究とメラニー・クラインの展開に出発点をもたらしていると思います。発達の過程で「主観的世界」が構築される有り様についてフロイトがある理論をもっていたことを理解するためには、「無意識にもたらされた圧縮や同一化の産物を、パラノイアは再度その諸要素へと分解する」というフロイトの主張を思い起こさなければなりません。

このようにシュレーバー症例で表わされた、臨床的観点からの驚くべき前進とは、内的世界の概念化であることがわかります。すなわち、メカニズムとしての投影の定式化と、「圧縮と同一化」に関連させた新しい具体性のナルシシズム概念への導入です。とはいえ、リビドー理論に制限をかけられ、いくぶん弱いものになっています。一九二〇年の『快感原則の彼岸』で提案された新しい理論は、フロイトをこの制限から解き放ち、マゾヒズムの現象やその現象と破壊衝動との関係を通して、倒錯の理解に新しくより複雑なアプローチを可能にしました。このシュレーバー症例では、世界没落妄想が迫害妄想と誇大的体系との間に位置していたという事実を説明するのに四苦八苦しています。リビドーの部分的な分離という考えをよりどころにしたため、「自我-備給（ego-cathexes）」[6]と「自我による備給（cathexes of the ego）」に関しては、ちょっとした混乱に陥っています。パラノイアの猛威のなかで世界を粉々に打ち砕くその「握りこぶし」について言葉をにごしているところに、フロイトの主たる困難が見て取れますし、粉砕されるかもしれない具体的な内的世界もしくは「主観的」世界についての概念装置が欠如していることと、その困難が結びつけられるでしょう。フロイトは、これらの難題に動揺し、「神の光」と「リビドーの分配」を大きく強調する限りにおいては、シュレーバーの妄想とフロイトの理論の際立った類似性を皮肉っぽく注記して、定式化の試みをやめてしまいます。「私が認めるより以上に私の理論に妄想が含まれているかどうか、あるいは、他の人々が今のところは信じうるよりもシュレーバーの妄想により多くの真実があるのかどうかの裁定は、将来に持ち越されている」と。

▼訳註

1——ティマイオスは、プラトン晩年の対話篇『ティマイオス』に話者として登場し、宇宙の起源と体系を説明する。創造神デーミウールゴスと宇宙のイデアーに関してティマイオスが講義する独演の形式を取っており、別の対話篇『クリティアース』とともに、失われた大陸アトランティス伝説の資料となっていることで有名。

2——初期キリスト教徒に与えられた未知の外国語を話す能力（「使徒言行録」2; 1-13）。

3——アメリカの言語学者ノーム・チョムスキー（Noam Chomsky）（一九二八 - ）は、人間がどのようにして言語の知識や能力を獲得するのかという問いに答える重要な仮説を提唱した。この人間の言語獲得にまつわるチョムスキーの仮説が「生成文法理論（generative grammar theory）」であり、生成文法理論ではあらゆる言語の初期形態である「普遍文法（Universal Grammar）」が生物学的な言語能力の基盤として仮定されている。チョムスキーによれば、人間がどんな母語であっても数年という比較的短期間でその言語体系を習得できるのは、後天的経験（学習経験）に依拠しない「普遍文法」が生得的に備わっているからである。生成文法理論では、すべての自然言語の基盤に普遍文法があると仮定されているが、普遍文法とは簡単に言えば「生得的な言語にまつわる知識・規則」のことである。

4——SEではhe believed that that period had already elapsed. と書かれている。メルツァーはこの段落最初の「病気の極期」が、このストレイチー英訳のhe believed以下の文も支配していることを、『 』（〝 〟）に彼の意訳も入れて解説していると思われる。

5——SEでは本文にはドイツ語の詩のみが記され、脚注にBayard Taylorの訳が引用されている。

6——SE XII, p.74のストレイチーによる脚注1より引用。〝ichbesetzungen〟というドイツ語は、これ以降二回ほど出てくるが、なにぶん曖昧である。自我の備給（cathexes of the ego）かもしくは自我による備給（cathexes by the ego）を意味しているのかもしれない。英語の〝ego-cathexes〟は曖昧なままである。けれども、この文脈では可能な二つの意味の二番目“cathexes by the ego”を意図しているのは間違いない。この言葉は他所、すなわちナルシシズムについての論文SE XIV, 14, p.82で、“ichinteresse（ego-interest）”と呼ばれていたものに相当する。たしかにその次の文章で直接示されていて、上記七〇ページの脚注２でさらにはっきりと述べられている。フロイトは時折この言葉を他の可能性のある意味――自我の備給の意味で使っている。たとえばもう一度ナルシシズムについての論文（ibid., p.85）で、“die Ichbesetzung mit Libido”（“the cathexis of the ego with libido”）について話している。この曖昧さをこころに留めておかないと、深刻な混乱を起こしてしまう。

第9章

悲哀とメランコリー

同一化過程

これから第一次世界大戦初期の大変興味深い時期について論じましょう。当時フロイトにはほとんど患者がおらず、彼の訓練生はもっぱら外国から来ていたので、自分が父親として創り出した、あるいは母親として生み出した科学を考察し吟味する時間がありました。訓練、理論、技法の面で、また、世の中での位置づけや文化の一端としてどのような意味を担えるのかといった面でも、つまり、あらゆる面に多くの難題があることをフロイトは認識していました。アドラーやユングのいわゆる背信によって、以前からかなり感情的になっていましたし、一九一〇年ないし一九一一年以降、論文には彼らに対する激しい言葉遣いが時折見られます。この激しい言葉遣いが面白いのは、その内容の多くが、実際にはまさにフロイト自身を悩ませているにもかかわらず、自分で取り組んでこなかったいくつかの事柄についてのみ彼らを非難している姿を示唆しているからです。たとえば、ユングへの非難の多くは、実際は後にフロイトの本能論の改訂へと変わっていきます。とはいえ、もちろんユングの理論と決して同じではありません。ユングが、リビドー理論といった性愛の中心的役割を希釈し、一般受けする産物と思われるものを選んで、本来のものを捨ててしまったとフロイトは非難しています。一二年か一五年後、自らの手によってリビドー論は新しい本能論に改訂され、そこでは性愛は一義的な位置を与えられずに生の本能のなかに居場所を見つけねばならず、「死の本能」と彼が呼ぶものと対置させられます。同様に、男性的抗議や権力行使欲説でアドラーをもっぱら非難しているところに、最終的には死の本能の概念となった憎悪、邪悪、破壊性といった問題全体とフロイトが後に格闘する前兆があります。

そうしたわけで、論文を読みすすめるにつれ、彼が立ち止まってはこの仲間たちをけなしているのが折にふれ垣間見られ、いささか煩わしいのですが、苛立ちの内容には興味深いものがあり、それによってフロイトの性格が幾分明らかになります。彼が最も自信と威厳に満ちた——権威主義者でさえあった——ときに、彼はしばしば最大の疑念や危惧を抱き彼自身の考え方を改めるという問題にまさに打ち込もうとしていました。一九一一年から一九一三年の期間に相当な精神的打撃が続き、そこから一連の「再考」論文が始まります。再考し再定式化している論文に私は時間をあまり割きたくありませんし、技法に関する論文について論じるつもりもありませんが、これらが面白いのは、訓練生が分析を実践する際の困難を目の当たりにして、フロイトが自分自身の技法について本当に考えねばならなかったことがわかるからです。このことを通して、これまでの章で私が際立たせてきた問題、実際に行なったことと、言ったことや行なったと思っていたこととの分裂に彼は向かい合うことになりました。これらの技法論文において、彼はこの分裂をしっかりと解決します。それらは、転移性恋愛、そして、分析の開始、夢分析、「ワーキングスルー」という新しい概念についての論文です。これらの論文が重要なのは、（彼が言ったように）解決策を提示するだけでは分析家の仕事は終わらないという、彼の実感を表わしているからです。以前に、自分の解決策を受け入れなかったので、エリザベートとドラを彼が叱ったことを皆さんは思い出すでしょう（また、イルマの注射の夢はこの問題を中心に展開しています）。しかし、これらの知的な解決策だけでは分析手法は構築できず、（彼が当時そう考えていた）患者に無意識を意識化させるための洞察を受け入れさせ使用させるという心的経済全体に関わる作業も分析家の仕事であるという結論に至ります。ジグソーパズルが完成して楽しみ満足したからといって、分析家は患者を投げ出すわけにはいきません。だからこそ、これらの技法論文はとても興味深いのです。

それから、一連の「メタサイコロジー諸論文」があります。このときまで、フロイトはまったく新しい心理学の一分野を打ち立てていると考えていたわけではないのですが、それは他の心理学とは異なる類のデータや方法に基づいていたので区別される必要がありました。さらに、それには、こころの機能の四つの異なるカテゴリーに関与しているという特徴がありました。その当時、フロイトが、局所論（意識の異なるレベル）、力動論（こころの機能のメカニズム）、発生論もしくは発達論、経済論と呼んでいたものです。これらの論文群は、かなり理論的でしたが、技法的な関心も含み、特に抑圧に関する論文がそうです。そこで、この時期の理論に秘かに包含されていた世界観や人生観の変遷を抜粋してみようと思います。ナルシシズムに関する現象学の重要性を確信するに至ったため、フロイトはこころについてのこれまでの彼の概念を全面改訂する必要にちょうど迫られていました。いわゆる局所論的モデルから、自我、エス、超自我から成る構造論と今日呼んでいるものへの変化が生じつつありました。

フロイトが最も感銘を受け心を動かされたのはナルシシズムの現象学だったようで、ナルシシズム論文は、すでに四年、いやおそらく五年前から唱えていたことをまとめようとする試みです。その一部は、シュレーバーの回想録の分析において、さらにはレオナルド論文で述べられていましたが、この論文のなかでは、病を得ること、恋に落ちること、心気症についての論議のように、ナルシシズムと日常生活の諸現象のいくつかをつなげています。フロイトは、一次ナルシシズム（後の「自体愛」）の時期に始まる、対象を希求する本能の能力の発達という概念を、その日常生活の諸現象から抽象していますが、その時期の対象との同一化は、対象選択（まずは、その人そのものとしての身体）とほとんど区別がつきません。

この論文を読んでいくと、フロイトの世界観の変化のなかで大変興味深い側面がいくつか見えてきます。一八九七年の『草稿』にその試論の多くを著わしていた、これまでの野心的試みに、フロイトは落ち着かなさを感じています。（後の『悲哀とメランコリー』のように）彼は、依然として心的苦痛という問題全体と格闘しており、それをまだ不快とし、興奮の観点から考えようとしています。ある箇所では、それを「苦痛な不快」とさえ呼んでいて――その時点までは、心的苦痛は、本当に痛みもするし、心的過程で重要な役割を果たしていることを、ともかくも認めています。しかし、フロイトはその頃、同一化のややこしく難解な問題、つまり「いったい誰の苦痛なのか？」という問題に突き当たっているために、心的苦痛に関する何もかもが頭のなかで混乱しています。恋することや、とりわけ心気症の問題について論議しているのは同一化の観点からで、「誰が病んでいるのか？」や「誰が苦しんでいるのか？」という問題を含んでいるのを、フロイトは認識しつつ、鋭い知性で論じていると思います。心気症には、後に『悲哀とメランコリー』のなかで論じることになるのと同じ現象があります。彼は、躁病とメランコリーの関係のなかに、心的苦痛にかかわるある取り引きを見出しました。つまり、「快感を得ているのは誰なのか？」と

「苦痛は実際どうなるのか？」という疑問を必然とするというものです。苦痛は分配されうるもので、つまり、苦痛が発生した人はただそれから逃れられないのではなく、何らかの方法でそれを取り除けることにフロイトは気づきはじめています。そのおかげで、長年にわたって研究してきている神経症は、人が心的苦痛や受け入れがたい考え、不快な記憶に対して自分自身を防衛することで起こる問題というだけではなく、心的苦痛に関する問題が存在する限りはその苦痛の分配に関する問題もあることにもフロイトは気づいています。というのも、自分自身に生じている苦痛に気づかないままでいるという手段（主に抑圧のメカニズムによるもの）もありますが、それを外界のさまざまな対象のなかに追い払う手段もあるのです。つまり、単に心的苦痛を防衛するのではなく、その移動もあるのです。苦痛の所在は、その存在が否認されるよりも、その在り処が移動されうるのです。

鼠男とその臨床記録に戻ると、転移において移動が重要な役割を担っていたこと、つまり、転移には単に表象的な内容（すなわち、分析家へと転移された空想）があっただけではなく、心的苦痛の取り引きもあったと、フロイトがはっきり認識していたのがわかるでしょう。臨床記録では、患者である鼠男がフロイトに心痛を引き起こしていたことに気づいていたのは明らかです。強迫神経症の議論で「情緒の隔離」（情緒を空想や表象内容から切り離すこと）と呼んだものを記述する際、とりわけ情緒に痛みを伴うときには、これらの情緒はどこかへ行ってしまうということに、フロイトは充分気づいていました。患者である鼠男は、フロイトに酷く苦痛な情動を強いてきました。彼を辱め、彼の愛する対象である妻や娘たちをおとしめて、彼を激怒させたのです。彼が抱えている転移は、ただこの患者のエロティックな欲望や去勢不安の対象になっているというものではないことを、痛感していました。フロイトが見せている素晴らしい忍耐力と卓越したユーモアには敬服するばかりです。こうして、このときまでにフロイトは、分析作業にあたって取り組むべき仕事は、心的苦痛の経済についてであり、苦痛は単に快感の欠如や心的装置での刺激の過多や過少の結果ではないと、以前よりずっと深く認識していたと私には思えます。

特に症例シュレーバーにおいて、フロイトが、個人の世界を概念化する必要性をどのように認識していったのか、私はすでに示唆してきました。シュレーバーにとっては、どのように世界がばらばらになっていったのか、あるいは、打ち砕かれていったのかをフロイトが知ったために、この概念化が必要となったのです。ばらばらになってしまった「主観的」内的世界を奇怪なやり方で再建するそのことが、病気の派手な妄想部分を作り出してはいたものの、回復への試みでもあったという、フロイトの見事な理解があります。一人の人間の人生を、連続する一つのまとまりとして考えてみる必要性に彼はすでに気づいていたと、私は前のレオナルドに関する論文で示しました。つまり、彼が当初考えたように、出来事のわずかな記憶と些末な私見を探り出し、症状と関連づけることはできませんでしたし、そうすることは、精神分析的思考がもつ身の丈や、精神分析に魅了された人々の期待や希望にふさわしい作業ではありませんでした。精神分析は、引き出されたすべてのエビデンスについて理解し理論を築き上げる試みを引き受ける科学にならなければならなかったのです。その結果、フロイトは、症状のみならず性格にものめり込みます。『性格と肛門愛』という論文や、その数年後の『精神分析的研究から見た二、三の性格類型』と呼ばれる素晴らしい論文があります。そこでは、私たちがよく知っている性格類型をフロイトは円環を描くように記述していて、その三つの性格類型のどれかに私たちはその時々であてはまっています。一つ目は、自分は特別なので他の人に適用できることは自分にはあてはまらないと考える「例外人」であり、二つ目は「罪の意識から罪を行なう者」、そして、三つ目は「成功したときに破滅する人間」です。ここで記述された人々は、皆なじみあるものです。つまり、人々の性格のなかでは、この三つの類型が支配的で根強いので、人々の人生はこの三つの性格に彩られていると言えましょう。しかし、一方で、私たちはただ折りにふれてそれらの性格によって苦しむのです。

このようにフロイトの関心がこの時期には広がっていたのがわかります。性格だけではなく、人類学、比較宗教史学、芸術と創造性の問題、彼の時代である一九世紀楽観主義が衰退していく過程としての文明にまで及んでいます。彼の人生への関心と視野に入ってくるその時代のすべてのものに精神分析を適用しようとする意向は明らかです。さらに、一方では、シュレーバー症例と同性愛を理解しようとする試みのなかに、一方では、レオナルドの創造性を理解しようとするなかで、フロイトはすでにナルシシズムの現象学を経験してきており、恋に落ちること、心気症、身体を患ったときの人々の振る舞いといったものに関連してすでにナルシシズムの現象そのものにも出会っていたので、この二つの経験が相まってフロイトは、それまでよりずっと秩序立ててこころについて考えるようになっていたという印象を受けます。ようやく一九一五年頃には、今では聞き慣れた（乳幼児性愛における傾向があるだけでなく）組織化の進展期に発達していくリビドーについての見解が、彼の思索の一部となりました。こころを、単に操作的でなく組織的に考えはじめる段階で、局所論は意識レベルやその精神病理にあまりにとらわれすぎているという不満をフロイトは感じはじめました。局所論は構想があまりに偏狭すぎたのです。

それでは、これから、『悲哀とメランコリー』という非常に優れた論文に目を向け、この論文と『ナルシシズム入門』という論文の両方を通して、フロイトが格闘した三つの課題に焦点を合わせましょう。すでにふれたように、これらのなかで最も重要で、実際に臨床作業において彼を困らせたものは、同一化の問題です。次は、自我理想の概念が発展しはじめて、後に超自我の概念となることです。最後が、心的苦痛の問題をよりしっかりと理解する試みです。

注視され見張られているという人の感覚を説明する必要があると、フロイトはシュレーバー症例以前でさえ時々感じていたことは明白です。ある意味、良心というアイデアが最初の二〇年間彼の仕事のなかでまったくほのめかされもしなかったのは、驚くべきことです。一九一九年になってようやく、自分自身が妄想的に詮索され、監視され非難されていると感じている人にまつわる臨床現象の重圧の下で、フロイトはそれまでの彼の考えのなかでバラバラになっていた二つの概念をまとめる必要があると感じています。夢検閲の理論はすでに提起していました。次いで（空想での特定されないある人物像が動員されていた）去勢不安と呼ばれるものがありました。そして今や、彼は注視され詮索される感覚についての現象を選び出すのです。しかし、説明を必要とし、上述のものと密に関連させる必要があるもうひとつの現象、すなわち、励まされ支持される感覚という正反対の現象にも彼は気づいています。これにはじめて彼が取り組もうと試みたのは理想自我の概念についてです。これは、自我理想とはまったく異なります。理想自我とは、赤ん坊陛下がご機嫌をうかがわれ、いわばすべての赤ん坊に与えられた権利である誇大妄想、ナルシシズム、万能感を満喫していた時代という、過去の黄金期と結びついた概念です。この理想化された自己という概念と、至福や万人の賞賛の状態を取り戻したいという願望は、理想自我の概念として定式化されています。そして、これを立脚点にしてこのアイデアを反転させると、自我理想の概念にたどりつきます。それは、自我や自己の外側に立って、理想自我を指差しながら「あなたは昔はそんなふうにこの上なく幸福だったのだから、またそうなれます」と言うのです。このように、自我理想はとても優しく勇気づける表象であり、フロイトはナルシシズムの概念をどうやら巧みに操作して、自己と自我理想との関係は恋愛関係のようなものになりはじめます。事実、彼がレオナルドの少年たちとの関係について描写したものに大変よく似ていて、この芸術家は、幼い子どもの彼を慈しみ理想化している母親と同一化していると見られています。フロイトは、これがナルシシズムの領域のものであると考えはじめています。つまり、自我と自我理想は（ある程度、理想自我の概念を念頭において）、至福に満ちた愛情関係のようなものと関係しており、それは至福や高揚の状態を伴うので、ナルシシズムの現象学の一部なのです。そこから、おそらく彼は、これこそが幸福の核心あるいは本質ではないかと考えています。

これが、当時のフロイトの愛情に関する考え全般と、重要に関連します。というのも、彼の愛情の概念のどこを探しても、愛することは、この満足を追求することを超えて発展してはいないからです。そして、フロイトは、愛することを、リビドーの観点から、その対象は対象リビドーだけではなく自我リビドーも備給されていることと語っていますが、その結果、対象が重んじられて自我は枯渇し貧困化します。しかも、彼の考えでは、対象を取り戻すためにこの事態がつねに生じているのです。この動きは、利潤獲得のための資本投資のようなものです。愛することによって、慈善を施すより工場を建てるのであれば、篤志家ではないでしょう。リビドーの配分に基づくだけでものごとを説明しなければならないリビドー論に傾倒していたので、心的苦痛は根本的にはリビドーの不均衡配分と関連すること、そして、快感の欠如は、堰止められたリビドーか——もしくはこの段階で考えている——流れ出て枯渇したリビドーに由来するという考えに、フロイトは縛られています。そして、まさにこのエネルギー論に拘束されているため、この枠組みのなかでは明らかにされた利己心を超える愛の概念を構築できません。クラインが抑うつポジションを定式化するまで、精神分析はこの難しい事柄を持ち越したままなのです。

こうしてフロイトは、注視する審級という概念に留まっています。それはフロイトがまだ考えていた、自己の外側から批判したり、励ましたりしてくるものです。そして、それを同一化の過程と関連していると見ているのです。実際フロイトは、この段階までは、その同一化の過程を自己愛的同一化と呼び、『悲哀とメランコリー』論文で、こころのこれら四つの段階について素晴らしく詳細な解析に進みます。メランコリー状態、メランコリー状態と喪の悲哀の状態との関係、躁状態、躁状態と苦難を乗り越える至福や忘我や勝利との関係の四つです。彼がなしたと思える発見——そして私自身が最も惹き付けられているの——は以下のことです。メランコリーと喪の悲哀の状態にある人は、一見するととても似ていますが、注意深く調べると、まず第一に、苦痛の感じ方が同じではないのがわかります。メランコリーの苦痛は、自分自身の枯渇と関係している一方で、喪の悲哀にある人に苦痛が生じるのは、この世から愛する対象を喪失したために世界が空虚なってしまうからです。メランコリーは、はっきりと喪失したと経験されるのではなく、枯渇、侮辱、罵倒、非難されたと経験される対象と同一化し完全に混同してしまうことにより、自分自身を枯渇させているようです。

この区別を行なう時点で、フロイト自身も非常に混乱しはじめているようで、非難しているのは自我なのか、自我理想が自我に敵対しているのかあやふやなようです。しかし、重要なことは、「誰が苦しんでいるのか？」——苦しんでいるのは、自我なのか対象なのか、さらに「罵倒されているのは一体誰なのか？」——その人が本当に自分自身を罵倒しているのか、あるいは、別の水準でその人が本当に非難している対象と同一化している自己部分を罵倒しているのか、といった疑問に彼が気づいたことです。喪の悲哀の状態は、外的世界の愛する対象にまつわる記憶、希望、期待のすべてを断念するという、非常に痛みを伴う過程を通じて終わることができますが、一方、メランコリーでは、実際に対象が粉々になってしまい死んでいるか、自我が対象を打ち負かすほど対象が徹底的に傷つけられてはじめて終わることができると、フロイトは気づきます。メランコリーが躁病へと滑り込みやすいのは、まさにこの理由からです。もともと愛を思うがままにするほど優れていた対象が、やがて、ある点で失望的で傷つけるものになり、それが激しい怒りや憎悪を喚起する――躁病とは本質的に、そういう対象に対する勝利と、そういう対象からの解放です。そして、その対象を攻撃しながら同一化する過程を経て、破壊的過程は成就されるのです。それからわずか数年後に、アブラハムは、この過程の成就がこころの状態であるのと同じく身体的行為である様を記述できました。[1] つまり、今や糞便へと変えられてしまった対象を身体から排泄することは、こころからの排泄の象徴であり、まったくのクズへ格下げしてその対象に勝利することを表象していました。ここにアブラハムは、メランコリーを理解するうえでフロイトが気づけなかった次の一歩を発見できたのです。すなわち、この排泄された対象は強迫的に再取り込み（食糞空想）されるので、フロイトがメランコリーで記述した対象との同一化は繰り返され、躁病はメランコリーへと逆戻りするのです。これは、破壊された対象が体内へと戻り、それから再び同一化されるそのやり方に関わるもので、躁病をもう一度メランコリーにしてしまいます。ここに循環気質における循環過程の基礎を見るのです。

これらの発見の核心は、心的苦痛が中心的問題であり、リビドーの満足や不満足はさておき、自我とその対象の間にあるひとつの取り引き品目であるという認識です。この認識に立つと、苦痛の渦中にいると思われる人が、実際にその人自身が痛みを感じているとはもはやみなせません。そうではなくて、苦痛を抱える対象との同一化というこの神秘的な過程を表わしているのかもしれないと考えなければなりません。もちろんフロイトは、同一化がヒステリー現象においても一役買っている可能性があることを知っていました。ヒステリーは、外傷経験を始点とし症状を終点とした、パーソナリティを貫く小さな一筋の記憶にすぎないとフロイトが考えていたことを思い出されるでしょう。今やフロイトは、ヒステリーは生き方でありヒステリーという人のあり方であると考えねばならず、フロイトの構想すべてを改訂することを意味していました。興味深いのは、この時期、戦争や社会学的人類学的な考察を含んだ評論[2]といった著作で、フロイトがまったく悲惨で悲観的な世界観に滅入っているようなのです。これは、第一次世界大戦に対して誰もが抱く反応の一面として当然でしたが、フロイトが当時到達していた精神分析的視点からもっぱらそれをとらえているのを思い出さねばなりません。換言すると、性格の歪みがもつ問題点は、本能の抑圧と堰止められたリビドーに由来し、このことから――まだ抑圧の原因ではなく結果と考えられている――不安が生じるか、あるいは、本能が満たされず表出を奪われている限りにおいて、憎しみという形を取るひねくれた愛情が生じるとフロイトは考えていました。

性愛本能が、自体愛的、ナルシシズム的、対象関係的のどの水準であろうと、どの性感帯であろうと、この愛の概念は、これらの性愛本能を満足させたい欲望であり、満たされなければアンビヴァレンスを経て憎しみへと変質する欲望であることを、私は再度強調しておきます。にもかかわらず、すぐに出てくる推論は、無邪気で目下世間受けする理論で、世界中のやっかいごとのすべては、楽しい思いをしていない人々のせいであるというものです。つまり、我々を互いに残忍にするのは、世の中の邪悪さでも人間性に備わる悪意、暴力、破壊性でもなく、単になぜかわからないが至福が欠如しているためであるというものです。この考え方に内在する責任放棄が、当時の最新の戦争史と結びつくと、世の中は良くなっているようだというすべての可能性は当然消去されて、よって必然的に、悪化しているようにしか見えなくなります。たしかに、フロイトは、原始部族はこの抑制に苦しむことはなかったが、この抑制が抑圧を生み、次に、その抑圧が彼らの充足に制限を課すことになると――フロイトの食人理論とはまったく相入れませんが――論文に著し、私たちはこの悲観論が人類学用語で表わされているのを目の当たりにします。彼の「原始」という考え方は、彼は反宗教的であるにもかかわらず、「エデンの園」のように聞こえはじめます。あたかもアダムとイヴが楽園から追放されて以来、あるいは、最も原始的な部族でさえ文明化しはじめて子どもに生計を立てる必要性を課して以来、事態は悪化の一途をたどってきているかのように想像させられてしまいます。これらがフロイトの議論を正確に伝えていると言うつもりはありませんが、苦痛を軽視してしまったために、いかに彼が健康や幸福の可能性へのあらゆる希望を犠牲にしてしまったかを私は示したいのです。自分自身にとってより厳密に疑問を定式化し、パーソナリティ構造のとてつもない複雑さをもっと考慮に入れはじめた最晩年になって、ようやくこの悲観主義からフロイトは解放されました。というのは、フロイトがそのときに識別しはじめ、最終的に『自我とエス』のなかで記述しているあの三層構造は、外的世界に直面し折り合いをつけると同時に満たされなければならなかった本能を抱える自我というそれ以前のアイデアよりも、はるかに複雑だったからです。明らかにこの進展には、スプリッティングという過程の発見が不可欠であり、健康的なものと病的なものが併存して同じパーソナリティのなかに存在しうるという理解が、より楽観的な見方を可能にしています。けれども、真の楽観主義的概念は、愛とは明らかにされた利己心を超えたものと考えた概念であらねばならないと理解する必要があると私は思います。この愛の概念を超えるためにフロイトは、このエネルギー論や不快のアイデアを捨て去って、より純粋な心理学的理論に真剣に取り組まざるをえませんでした。その理論では「苦痛」は本当に苦痛が意味するものでした。すなわち、本当に痛むのであり、単に心地よいものが欠如しているのではないのです。

▼訳註

1——A short study of the development of the libido, viewed in the light of mental disorder（1924）*Selected Papers on Psycho-Analysis Karl Abraham.* M.D. Maresfield Reprints London.

2——『トーテムとタブー』『戦争と死に関する時評』など。

第10章 狼男

原光景

私の考えでは、精神分析のあらゆる文献のなかでも、フロイトの全業績のなかでも、狼男の症例は最も重要なケース・ヒストリーです。というのも、狼男が精神病理学の百科事典と呼べるかもしれないものだったからです。さらに、フロイトにとってこの症例は最も重要な臨床経験だったと確信しています。なぜなら、フロイトのこれ以降の業績すべてが狼男に深く影響を受けているように思われるからです。この症例が、フロイトに原光景という現象へ目を開かせました。原光景はかなり以前にフロイトが実際に概念化していたものでしたが——おそらくは特異的病因論という考え方に興味をなくしていったので——後に彼はその考えを脇に置いてしまいました。狼男と彼の驚くべき夢、そして、その夢が子どもの発達に衝撃を与える証拠にフロイトは直面することではじめて原光景を再び取り上げました。ある意味では、この理論こそが、性愛に関するフロイトの理論すべてに本来の精神分析的形式をもたらしています。というのも『性欲論三篇』で性愛理論は述べられていましたが、精神分析的データを礎にしておらず、通常の医学的データや精神医学的データに精神分析的思考様式をあてはめたものから築き上げられていたからです。

けれども、狼男の症例では、そのデータや再構成は純粋に精神分析的であり、まさにその理由によって、すでに精神分析に確信ある人にのみ説得力があるのです。別の言い方をすると、精神分析を外側から見ている人には、狼男は精神分析文献のなかでもとりわけ馬鹿げたエピソードとして存在します。子どものときから覚えていた夢を根拠に、一歳半の子どもが日中下着のままで両親が後背位による三度の性交に及んでいるのを目撃し、その子は排便してしまったという光景をフロイトは再構成します。馬鹿げていると思えるかもしれませんが、おそらくそれはまったく正しいものであり、ルース・マック・ブルンスウィック(1)が狼男を引き継いで治療し、一五年後に報告したその文脈でもこの夢はとてもたくさんのことを教えてくれています。というのは、この二度目の分析を通じて——わずか六カ月の期間ではありましたが——彼女が彼の回復に助力したパラノイア破綻のただ中で、狼男は一連の素晴らしい夢を生み出しました。これらの夢は、殆どが元々の狼の夢や人生におけるその夢の意義に関連しています。事実に関しては、この論文は、フロイトが書いたいかなるものよりもより「説得力のある」ものです。さらに、狼男に関しては、それに続いて多大な論文の集積がなされました。すなわち、ルース・マック・ブルンスウィックによる治療後の狼男の人生や第二次世界大戦下での彼の人生経験についてのミュリエル・ガーディナーによる報告であり、また、狼男自身によるフロイトとの分析についての著作は一九七三年に出版されました(2)。それは、非常に十分に記録された症例史であり、先ほど申し上げたように精神分析における最高の症例史です。

その当時フロイトの思考が急展開したのは、明らかにこの症例に影響を受けたためでした。それは一九一〇年に始まり一九一四年に終わりましたが、第一次世界大戦で狼男が母国ロシアに戻ったために中断しました。狼男は、一九一七年のロシア革命によって財産を失い、困窮し、調子をやや崩してウィーンに現われ、一九一八年もしくは一九一九年の数カ月間フロイトの下を訪れました。ウィーンにいた数年間、彼を財政的に援助するためフロイトが募金を集めたことは注目に値します。というのも、まさにこの募金集めこそが、狼男をフロイトや精神分析運動に寄生させ、一九二六年の精神破綻とそれに伴う性格特性を引き起こしたからです。[3]

このようにして、この症例は、フロイトの性格や患者たちとの関係を暴露しています。というのは、一方で、フロイトは、この男の症例史は精神分析に多大な貢献を果たし、精神分析運動から謝礼金のようなものを受けるだけの価値があると感じていたので、この慈善基金を設立したにちがいありません。そして、私の考えでは、この態度には精神分析は患者と分析家の両者による作業であるという暗黙の了解があり、それは基本的には正しいものです。しかし、もう一方では、彼を行動へと追い立てたと言われても仕方がないような操作的な技法を利用した結果、フロイトはこの患者に多少の後ろめたさを感じていたと私は確信しています。というのは、約三年半から四年にわたる漫然とした作業が続き、形式だけはきちんと守られているもののただ継続しているだけの協同作業で、転移関係での感情や巻き込みはまったくないと言うほかなく、フロイトはかなり落胆し、変更不可能な分析終結日を設定しました。すると、これに次ぐ六カ月ないし九カ月の間に、最も説得力のある再構成のための素材が収集されました。それは、フロイトが症例史の脚注で記したように、後で後悔することになった戦略でした。

しかしながら、技術的な方法への後悔に加えて、狼男の作業でフロイトが不安を抱いていた別な領域があったのではないか、そして、それについて狼男は不満の種を抱いており、それがルース・マック・ブルンスウィックとの作業のなかで非常に激しく出現することになったのではないか、と私は疑っています。というのは、心気症的な気質の破綻で彼の病気は遷延しはじめたのですが、その間、「狼」という名前をもっている、彼の歯科医や内科医といったさまざまな人々に対して、彼はひどく妄想的であり、実際フロイトに対しても極めて妄想的で、ある時期はフロイトにとっておそらくかなり危険でした。その時、フロイトは既に上顎癌に冒されていました。その事実は、自分が治療をすべきではないという決定に大いに影響したにちがいありませんし、フロイトが薄々感づいていたように狼男の心的破綻の心気症的側面に一役買っていました。けれども、狼男のフロイトに対する殺意は、単に転移の未解決な面に基づくものではありませんでした。フロイトが、この男に昇華の理論をかなり強く強要し、法律や法体系学を学ぶことで同性愛を昇華するように追い立てたと思われる仕方とも関係していたのです。これは、狼男の願望や関心にまったく反していて、彼はフロイトに無理強いされていると強く感じていたようです。実際、フロイトは、昇華した同性愛は最良の文化的業績の根源であるという彼の理論をまだ完全に確信していたので、狼男の同性愛の乳幼児期の基盤を充分に分析したと感じるやいなや、フロイトが昇華を強く求めたという見解にはおそらくかなりの信憑性があると私は思うのです。

私の考えでは、この領域にこそフロイトが用いた技法に例外があり、これ以外の彼の技法はこの時期には純粋に分析的でした。すなわち、昇華という領域では、この概念は、抑圧によって堰止められた均一の心的エネルギーが存在するという考えで、リビドー理論と結びつけられていました。このエネルギーは、乳幼児期の倒錯や多形態な性愛として出現するであろう自由な流れへと奔出するのを阻止され、社会的に有益な振る舞いとして出現する昇華に向けられるのが、せいぜいです。当時、フロイトは、リビドー理論に傾倒していたので、ほぼ完全にこれを確信していました。狼男とのこの臨床作業が継続している間――一九一〇年から一九一四年にかけて――フロイトはナルシシズムの分野やナルシシズムに関係する現象を理解しかけているところでした。そして本能論を修正していたのですが、性愛本能と生命保存本能を区別するよりも、対象リビドーと自己愛リビドーをさらに識別したというだけで、結局は考え方の重大な転換には至りませんでした。

原光景の問題に集中する前に、フロイトのこころのなかでのその位置づけを明らかにする、いくつかの別な側面について最後に述べておきたいと思います。最も重要な論点は夢の位置づけです。前に述べたように、フロイトは夢を見ることを人々の生活における些末なものと位置づけており、無意識の乳幼児期願望に幻覚的充足をもたらして、夢見る人を眠ったままにしておく手助けというあまり重要でない疑似‐生理学的な機能に帰していました。けれども、臨床作業でのフロイトは、この考えに従った態度を決して取りませんでした。たとえば、ドラの夢の反復性を強調し、鼠男の夢と転移の解明における夢の役割、そして、鼠男の夢に対する反応は彼にとっては重要な感情的現実であると受け取られている点にフロイトは注目しています。さらに本論文に至っては、四歳ほどの子どもの夢を扱っていますが、この夢にこの子の全発達における極めて重要な役割を与えています。

フロイトが狼男の夢を極めて重要な出来事だと考えていたことを思い起こすと、この夢がどのように機能していると彼が見ていたのか、実のところやや不可解です。当然ながら、フロイトは、最初は自分の考えに確信はなく、原光景の日付を推定する問題は棚上げにしておき、夢は原光景に言及しているようだとし、そこから原光景が再構成されます。フロイトは、それは一歳半のときだと考えていますが、六カ月だったかもしれないし、二歳半であったかもしれないとも考えています。それで、冗談半分だと思うのですが、n＋六カ月という定式を導いています。しかしながら、彼は重要な問題をはぐらかしているように私には思えます。すなわち、原光景そのものこそがその子に影響を与えたのか、そうではなくて、一歳半から三歳半の間に見た夢が原光景に遡及的な意味や影響を与えたのか、ということです。そして、光景と夢に関したこの優柔不断さのために、私たちが扱っているのは光景なのか空想なのかも未決定のままにならざるを得ません。このケースについて、自分が再構成したものは光景であると彼はかなり確信しているようですが、影響を与えた、すなわち回顧的に経験を組織化したのが、光景だったのか夢だったのかは、もちろん不問に付しています。したがって、——原初的な何かを位置づけることになる精神‐性愛的発達理論を展開させるという観点からすると——フロイトは、これから議論するのは原光景についてなのか、それとも原初的空想について話しているのかを、不問に付さざるをえません。たとえば、体質的で遺伝的なものや、人類の原始時代から受け継がれた先入観として、あるいは、あらゆる子どもの人生において何か不可避なものとして考えていけばいいのでしょうか。後者の立場を取れば、当然両親のいない子どもや、看護スタッフ等が変わり続ける養護施設で育った子どもに取り組まなければなりません。しかし、言うまでもなく、彼はこれらの境遇についてのデータをこの時点で何ら持ちあわせていないのです。

第一の観点には、ある証拠があります。アンナ・フロイトによる「ブルドッグバンク」研究での子どもたちを例に取ってみましょう。この子たちは、おそらく強制収容所で産まれ、あちこちたらい回しにされ、不思議議にも生きつづけ、実の親からの継続的な養育のようなものをまったく受けることなく育ち、そしてこのブルドッグバンクにある収容施設へと集められました。そこでわかったのは、最初の防衛的集団がちりぢりに別れると発達が始まり、通常のエディプスの兆候を示しはじめたことです。このような証拠は、エディプス・コンプレックスは私たちの体質性素因の一部であり誰にも例外なく存在しているというだけでなく、原光景の予期が心的生活の装置のなかにまったく無条件に組み込まれていて、原光景は普遍的空想であると考えざるをえないことを強く示唆しています。もっと言えば、二人の親から子どもが生まれれば、いかなる生活状況であれ、いずれはその子に原光景を生み出すのであり、たとえ見なくとも、聞いたり、臭いを感じたりなどという、つまりどこかで両親が性交を行なっているという雰囲気のなかに独りぼっちでいるという経験なのです。

フロイトは、性交中の両親を実際に目の当たりにする衝撃は、それを聞いたり、そのときそれが行なわれているとその子がみなす証拠となるどんな拠り所よりも、たぶん強烈でおそらく外傷的であり、この空想へとその子の素因を焚きつけると考えているようです。私自身の経験から言わせてもらうと、見ることこそが、たとえば、聞くことよりも重大だという有力な証拠はどこにも見当たりません。——それについては私達がよく対応する中流階級の人々に証拠を見出せます——今日わかっていることは、私たちの文化や私たちが普段関係している私たちの文化階級において、原光景の目撃にさらされている子どもの場合、その子は親の特異な精神病理にもさらされているということです。その親は自分たちの性交を子どもに見せたがり、特別無神経に振る舞っているのではなく、特異な性癖と傾向のため性交を見るように子どもを巻き込もうと振る舞うのです。つまり、私たちが治療する類の患者で、実際にそれを目撃したという形跡が見出される場合には、単なる偶然の出来事ではなく親に精神病理があるという証拠が見込まれます。もちろん、子どもが真夜中によちよち歩きで入ってきてそのままという場合などもありますが、そのようなことはもう今日の私たちの素材には登場しません。

しかし、フロイトの時代は、事態がまったく異なっていました。子どもは、おそらく生後数年間、あるいは次の赤ん坊が産まれるまでは両親の寝室で、また、裕福な家庭では使用人と同じ部屋でいつも寝ていて、彼らの性活動にさらされていました。ですから、フロイトが、臨床素材から原光景を日中に起きた視覚的経験として再構成することは、私たちの時代よりもずっとありうることであり、そして、両親の病理を暗示するものではありません。そして、この再構成はフロイトにとっては社会的現象としては驚くものではなかったのです。フロイトが驚いたのは、子どもへの計り知れない衝撃の痕跡でした。

当時、フロイトの発達に関する考え方は、複雑化し組織化してきていたことを理解しておくことが肝心です。つまり、口唇から、肛門、男根、性器へと性感帯が発達するという、彼が「本能の運命」と呼ぶ点から考えていただけではありません。子どもや個人の総体的な性格学的発達という点からも考えていたのです。数年後に、フロイトは子どもへの関心を失ったと言わざるをえませんが（端的に言えば、現象それ自体としての子どもの発達には興味をなくしましたが、一方で、成人患者の病理にある小児期の背景を再構成することにもっぱら関心がありました）、それにもかかわらず、その当時、子どもの発達をより統一性のある、非常に複雑なものとして捉えはじめていました。レオナルド論文においては、人間を一つのまとまりを持つ存在と理解されねばならぬ人生を歩んできたものとして概念化しようとし、症例シュレーバーにおいては、外的世界と、粉砕できもすれば少なくとも束ねている何かを引き抜けば粉々になってしまう「主観的」世界と、その両方で生きなければならない人間という概念に取り組もうとしていました。それに次いで、性格発達に関して、肛門性格についての論文が、それから数年後に、三つの興味深い性格類型についてのいくつかの論文ができあがりました。このように、フロイトの心的生活に関する考え方全体がまとまりはじめ、ある特定の環境で発達していく人間をより深く彼は受け止めはじめました。鼠男とドラの症例では、母親については、ほとんどあるいはまったく耳にしませんが、たとえば狼男の症例では、母親は成人となっても金銭管理人として身近な脅威であるばかりか（母親は彼にわずかな小遣いしか与えなかったので、不幸せな結婚をしたカップルのようにしょっちゅう口喧嘩する要因となり）、母親のパーソナリティが子どもの頃の彼に与えた衝撃をも耳にします。つまり、子どもの行儀の悪さに宗教画を見せに行くことで対処しようとしたやり方や、信仰をまんまと植え付けたやり方であり、それが彼の強迫的な時期に行なわれました。母親の月経過多や婦人科系疾患の影響、母親が医師に「このままじゃ生きていけないわ」と言っていること、夏から冬へと家族が次々に引っ越すこと、狼男と使用人との関係の複雑さ、姉の性格の影響、すなわち姉が巧妙に彼を性的に誘惑し虐げたやり口やその強引で病的な性格、後にその姉が自殺したときの彼の反応などが語られています――背景すべてが明るみに出されているのです。他者の人生に囲まれて過ごす個人の人生、ひとつのコミュニティ全体とそこで育っている人たちという、かなり完璧なトルストイ的描写に出会います。それは実に生き生きとしています。そしてフロイトが『ヒステリー研究』は短篇小説のように読めると語ったように、狼男も長篇小説のように読め、人生の一こまを垣間見ているのと同じ感覚が残ります。

フロイトは、自分自身の経験を統合しつつあり、人生やその過程について理論ではなく精神分析的見解ないしは観点を展開させ、このことがフロイトにこれまで使ってきた多くの定式が不適切であることにも気づかせたと言えるかもしれません。第一に、もう彼の夢に関する定式があまり的確ではないのをかなり認識していたと私は思います。というのも、狼男を治療していた期間に書かれたいくつかの論文で、夢分析や夢の臨床使用に関する提案をかなり加えているからです。第二に、狼男の治療経過中に本当の意味でナルシシズムの理論が生まれました。狼男の自己愛的な現象——とりわけ月経過多と「このままじゃ生きて行けないわ」と感じていた母親との自己愛的同一化と、みすぼらしい水運搬人と混同された父親、すなわち荒い息づかいとの自己愛的同一化——を目の当たりにしたためです。そこには、子どもだった狼男の倒錯傾向が存在しました。それは、叩かれたいという願望とペニスを叩かれる王子という空想であり、これが『子どもが叩かれる』という論文をもたらしました。狼男の論文より先に出版されていますが、書かれたのはそれより後になります。第三に、性愛論の問題がありました。それは、単純に本能の源泉、目標、対象の概念に基づいていたときには、著しく不充分なものでした。この早期の概念は、性愛の営みや人々の性的関係性を説明するのにはほど遠いものでした。それは、まるで人々が単にマスターベーションするために互いを利用していたかのように響き、互いに抱く感情の性質に関するいかなる説明も、快と苦痛についての問い全体と深く関わっている嫉妬やマゾヒズムの問題も、考慮に入れてなかったのです。

今やこの領域で、フロイトは原光景の記述へと大きく前進し、原光景を性愛発達での統合力をもつ普遍的な大空想として考えることを意図して、それを説明しています。ある意味、この論文のなかには、完全なエディプス・コンプレックスという概念の予告篇があり、それは後の一九二三年に『自我とエス』のなかで展開されました。「完全なエディプス・コンプレックス」は、両性性の実在に関する最初の言説であると言えるかもしれません。すなわち、男の子に受動性と同等とみなしうる性向があり、女の子に男性性と同等にみなしうる積極的参画への性向があるだけではなく、男性そして女性であろうとも具体的で両性的なものが実際に存在するのです。単なる能動的や受動的な傾向だけではなく、発達のまさに始まりから紛れもなく男であり女であるということで、両者ともにそれぞれを発展させ表現する方法を見つけ出さねばなりません。男の子であろうと女の子であろうと、完全なエディプス・コンプレックスでは一人一人に男性的そして女性的なエディプス・コンプレックスの両者を含んでいます。女性性が見え透いてはっきりしている狼男では、この概念の真実性はフロイトにははっきり見えていたのですが、それにもかかわらず、フロイトは狼男の女性性と同性愛を区別していないことを認識しておかなければなりません。その結果、たとえば、倒錯傾向（ペニスを叩かれたいという願望のような）やマゾヒズムの傾向は、女性性とは関係していないことを彼は認識していません。それが受動的であるがゆえに必然的に男の女性的部分であるかのように、フロイトはすべてのものをマゾヒスティックなものとして扱うことに固執しています。狼男が母親や彼女の出血に同一化しているのは、ペニスを叩かれたい欲求があることと同等にみなされました。

それにもかかわらず、大きな前進があったのは明らかで、フロイトは性的発達の基礎を具体的で視覚的な形で発展させました。基本的な状況は次のように構成されます。どこかで母親と父親が性交しています。そしてどこかで小さな女の子か小さな男の子がそれを見たり、聞いたり、それについて考えたり、興奮したり憤慨したりなどしています。これが、その光景なのです。そして、これは大きな前進なのです。というのは、以前は衝動、目標、対象について述べていて、情動性にフロイトが唯一近づけたのは、次のようなかなり単純な計算によってでした。つまり、愛情が憎しみへと変わり、ポジティヴからネガティヴへ、さまざまな性愛衝動が欲求不満から憎しみの衝動となるといったものです――つまり、このアプローチは情動の問題に殆ど入り込んでいません。けれども、ある場所で何かが起こり、他の場所では別な何かが起こっている、複数の登場人物が出てくる劇的な光景をフロイトがいったん描いてしまうと、すべてのものが感情で溢れかえり、生き生きとしてきます。彼は状況の情動性を精査する立場にいます。もちろん、その発見が難しいのは、光景と夢どちらとも言えない曖昧な表現のどこが情動への衝撃のもとになっているのかということに関して決断を回避しているところにあります。というのも、フロイトは、狼男では内的世界の概念化に極めて（症例シュレーバーよりもはるかに）近づいているのです。もしフロイトが、さらに一歩踏み出していたならば、子どもは母親の身体の内側と自分自身の身体の内側のことに没頭していて、それが本当の意味での場所、つまり生が営まれていた世界であったのをメラニー・クラインが発見するやいなや、クラインの作業が飛翔したように、フロイトも飛躍できていたことでしょう。もしフロイトが、この時点でその一歩を踏み出せていれば、スプリッティング過程の概念へとほとんどただちに至るとてつもないうねりが押し寄せていたことでしょう。けれども、彼がその概念にたどりつけたのはようやく一九三七年になってであり、そのときですら仮説としてのものでした。しかし、狼男の時点ではとにかくそのような概念には到達できなかったようです。つまり、原光景を取り上げ、それを内側に位置づけることで原光景のための場所を見つけることです。私が思うには、単にその種の考えが彼にはなかったというのが理由です。そして、まるでブダペストやウィーンといった地理上の確かな場所であるかのように、小さな子どもが母親の身体の内側について絶対的な確信をもって話しているのを傾聴できるクラインのような人が、内的世界は実際に存在すること、内的世界は単なる寓話やメタファーではなく、脳ではなくてこころの生活における具体的な存在であることを認識したのです。

フロイトの場合は、この曖昧な表現のままです。症例シュレーバーでは、世界の崩壊について曖昧な言葉で濁し、シュレーバーが世界を粉々に打ち砕いてしまったという結論に至れなかったのは、破壊されてしまったこの世界の居場所を見つけることができなかったからでした。その代わりに、彼はリビドーの撤退や関心の撤退について語らざるをえず、それによって劇的状況すべてが骨抜きになりました。この狼男の症例においても同様に、フロイトは原光景を内的状況として位置づけられず、その衝撃が持続的に続いているということを念頭に置けず、そこで（四歳のときに起きた）狼の夢と（二三歳で彼が分析を受け始めたときの）もうひとつの夢が、内側でずっと続いている同じ原光景であり、この患者にいまだに同じ衝撃を与えていると理解できないので、乳幼児期の感覚の生々しい現在性を展開させられないのではないかと私には思われます。彼は結果として夢や空想と外的世界における外傷的要素の間を曖昧にしたままでいるだけではなく、再構成として行なっている分析作業について考察する必要性も残しています。四年間にわたるこの患者の分析の大半がこの一つの夢を分析するのに費やされたという印象をもたれるように思いますが、その夢と関連しその解明を事細かに助けるたくさんの他の夢があったはずです。しかし、フロイトの取った方法はこの再構成の類いであって、ジグソーパズルを少しずつつなぎあわせ、そして、論文の最後で「解決」について語っているために、彼がこの素材を理解しすべてを使用するには限界がありました。

フロイトの行なっている作業が再構成に固執しているのを理解する最も妥当な見方は、生々しく繰り広げられている転移のなかにすべてのことが起こっていたその場所を見出せなかったことや、夢を自分の目の前でちょうど起こっていることと理解できなかったことだと私は考えます。実際に、考古学的モデルという遺物にこのように固執するのは、転移状況の荒々しさや激情を和らげる効果があったように私には思われます。転移についてフロイトは、精査されるべきというよりも、過去の回帰であり行動を起こさせるものとしてたしかに語っている一方で、多くの感情を伴って「かのように（as if）」戻ってくる遺物であるかのようだともいつも言っていました。彼は転移を「実体のないもの」として話していますが、その理由のひとつは、逆転移に対する彼の姿勢がとても否定的であったことだと考えます。彼は、逆転移を分析家の作業の妨害物と考えていて、道具とはあまり考えていませんでした。それは、はじめて転移に気づいたときに、厄介物にすぎないと捉えたのと同じでした。これらの事柄は、ともかく、フロイトの再構成的観点、転移は現在や目前の何かではなく回帰した過去だったという彼の着想と関係しています。というのも、転移がちょうどそのとき生じ、次にほとばしり出るその場所を思い描けなかったのです。したがって、転移と関連した情動は、ある意味「骨董品の」情動で、とても貴重で大変興味深いものですが、今有用なものではなく、その瞬間に現に在り、そして、生き生きとしているものではありませんでした。

このことは、もちろん、分析的方法とその治療効果の本質に関する彼の見解全体にも影響を与えました。前述したように、ジグソーパズルの謎を解き、そして解決法を提案することが分析家の作業だとフロイトは最初は考えていました。その後『想起、反復、徹底操作』論文のなかで、分析家の作業はそこで終わるのではなく、患者が解決法とそのワークスルーを受け入れる手助けもすべきであることがわかったとはっきりと述べています。「ワーキングスルー」が何を意味するのかは、はっきりとはわかりません。しかし、この時点——一九一二年あたり——では、精神病理は、異物のようにこころのなかに存在し、他の観念とは統合されないため消えることがない経験や考え方によるものだとしたフロイトの以前の考え方と同様の意義を、「ワーキングスルー」はもつものであるようです。このように「ワーキングスルー」は、不快な観念や記憶にせっせと働きかける（working-away）と言い換えられるかもしれません。

この時点では、その結果は、方法としての治療に対する態度は、患者に対してかなり押しを強くするというものです。そしてこの考え方は、フロイトの実践で行ないつづけられています――すなわち、注射の夢でフロイトがイルマに感じた暗黙の譴責を伴いながらも、この患者に解決法を与えそれを受け入れさせようとしていることで、大まかに説明できるかもしれません。患者への態度におけるこの種の冷淡さは、狼男に変更不能の終結日を与えたことに現われているようであり、これがおそらく後の狼男の発症に影響しました。そして一九一四年ないし一九一五年におけるこの押しの強い態度は、一九三六年（彼が『終わりある分析と終わりなき分析』を著した頃）までに、分析治療に対するひどく悲観的な態度に変わってしまいました。このなかで、フロイトは実際に分析家の立場についてかなり強い無力感を述べています。それは、どちらにしろ自分は実のところ患者に対してほとんど影響力をもっておらず、影響を与えるための手段や道具を患者に提供できるにすぎないというものです。これら二つの態度――強い押しと悲観――は、程度の差はあれ同じコインの裏表であり、その二つの態度は分析という方法が厳しく絶え間のない再構成であるとする視点から生じているように私には思えます。そういう見方をすれば、分析は再構成から成っていると考えられます。はじめは少しずつ、いずれは患者にすべてを提示し、そのなかに解決策を探します。以前述べたように、フロイトがこの視点に拘束されていたのは、より生々しい現在の内的情況、すなわち、こころの内側の場所を具体的に思いつくその一歩を踏み出せなかったからだと思います。これはおそらく、彼がそれに関するデータをもっていなかったからでしょう。

正直なところ、素材を与えられたとしても、フロイトはその一歩を踏み出せなかったと私は思います。それを想像力の成せる業とすることもできたのでしょうが、彼は証拠をとても重視する人物であり、経験できた証拠は持ちあわせていなかったのです。また振り返ってみても、具体的な内的世界を知ることはとても困難なことだったでしょう。シュレーバーでさえそれをほとんど提供していません。というのも、彼自身の心的現実の外在化が実に完璧だったので、自分が理論や解決策を彼に押し付けていると感じることなく、シュレーバーのなかに心的現実を戻すことは極めて困難であったことでしょう。少年ハンスの場合は多分少し違っていて、ハンスと妹が中に入って旅したコウノトリの箱の素材、父親とある場所に侵入していく空想、閉所恐怖の証拠などがたしかにそれを示唆しています。しかしながら、クラインが一九二〇年に分析を始めた、二歳と三歳の子どもたちから得た素材とはまるで違います。その子らはただそれをクラインに話しました。そしてどういうわけか――誰もがそうするわけではないのですが――彼女はそれを真剣に受け止めたのです。

▼訳註

1――Ruth Mack Brunswick（1928）A Supplement to Freud's "History of an Infantile Neurosis". *The International Journal of Psychoanalysis* 9 ; 439-476.

2――The Wolf-Man and Sigmund Freud Edited by Muriel Gardiner. London : The Hogarth Press and The Institute of Psycho-analysis ; *The Wolf-man* Edited by Muriel Gardiner（1971）Basic Books が先に出版されている。どちらも、アンナ・フロイトの序文、ガーディナーが翻訳した狼男自身による回想録とフロイトの追想、フロイトによる「ある幼児神経症の病歴より」、ブルンスウィックによる論文、ガーディナーによる晩年の狼男との面会の記録から構成されている。またいくつかの写真が掲載されているが、特に狼男七歳、姉アンナ九歳時の二人で手を取り合っている写真の、狼男の恍惚とした表たと狼男に告白している。

情と意地悪そうな姉の表情は印象深い。狼男自身による回想では、クレペリンが正直に失敗を認め、診断を間違え

3――ブルンスウィックの論文（A Supplement to Freud's "History of an Infantile Neurosis"）より抜粋――「一九二六年の夏には病状は極めて進行した。六月一六日にフロイトを訪ね募金一年分の総額を受け取った。無論、自分の症状については何も話さなかった。健康保険医を受診した二日前、夜遅くに動悸が激しくなり何度も受診していた。彼は鱈の肝油が心臓に問題を起こすという新聞記事を読んでいた。それまで理由はわからないが二年間鱈の肝油を飲んでいた。身体を害するのではないかと恐れていた。医師は心臓神経症と診断した。翌日の六月一七日のかつて慰安の言葉をかけてくれた皮膚科医のところへ行くことを決めた。すぐにこの決定を実行した。皮膚科医は感染した皮脂腺による瘢痕をまったく見つけられなかったが、電気分解治療（彼は透熱療法を薦めたが）で治療した部分が瘢痕化したのは明らかだと述べた。そんな瘢痕は時間とともに消えるはずだという患者の言葉に、皮膚科医は瘢痕が決して消えないし治療は難しいと答えた。なぜそんなものが電気分解治療で治療できたのだろうか？　患者は一人前の皮膚科医のところへ行ったのだろうか？　たしかに専門家の仕事ではないようであった。瘢痕は決して消えないと言う言葉は、この患者に酷い嫌悪感を生じた」。このように、狼男は次々と主治医を替えていて、今で言うドクターショッピングをしている。

第11章

子どもは叩かれる

倒錯

私の考えでは、この章が最も難解です。というのも、第一次世界大戦の終わりにフロイトの研究が真に重大な転機を迎えた時期と近接しており、その後一九二〇年代に構築され構造論となって現われることとなった発想の大変革が続くからです。最も難解な章というのは、ひどく複雑だからであり、根拠が理解しにくく、実際私もあまりよくわかっていませんし、他の人のためにわかりやすく解説できるとも思っていません。もう一度次のことを強調して始めたいと思います。つまり、本書におけるフロイトへのアプローチは、彼の臨床作業と臨床思考を通してのものであり、彼の理論は、説明のための理論として表現されてはいますが、本質的には説明する力を持ちあわせていないものとして扱っています。物事を説明しようとすることをもとにして、こころへアプローチがなされるのは、私は間違いであるように思います。この理由から、その理論を思考様式として私は受け止めていますが、それは面接室のなかで、さらには臨床経験を思考し記述し語る上において、役立つように意図されています。すなわち、面接室で人のこころを探索している間に遭遇するさまざまな現象の相互関係を収集し、分類し、論証しようと意図されている思考様式です。フロイトの思考様式について重大な転機となった時期を論議していく予定ですが、この時期の論文から思考様式を選び出すのはとても難しいことです。というのも、私たちは、『狼男』（臨床作業は一九一〇年から一九一四年の間に実施され、第一次世界大戦中に書き上げられました）と、新しい構造論の種が入っている一九二〇年の『快感原則の彼岸』との間の、どこかに事実上いるからです。

さて、『悲哀とメランコリー』と『ナルシシズム入門』論文の章で論証したように、理想自我の概念が自我理想の概念へと発展する過程において、この構造論はすでに形成されつつありましたが、まだそのようにではなく、こころにおける**審級**（*agency*）として扱われていました。構造と発達過程の正確な関係性をフロイトは少しも明らかにせず、それに関する考え方も容易には伝えません。その時期は戦時下で、彼は、外国とドイツの仲間（フェレンツィはブダペスト、アブラハムはベルリン）のどちらからもかなり孤立していました。患者は少数で、彼には思索と著述のために多くの時間がありました。もたらされた結果は、小編ながら非常に面白い論文の一群でした。というのは、彼は多くは書かなかったのですが、書き留めたものはとても思索に富んでいたからです。当時続いていた真の苦闘のこの証こそが、ここで私が光を当てたいものなのです。

『子どもは叩かれる』は、私見では、この道程における中心的な論文であり、この章の中核点をなします。しかし、この論文の意義を、マゾヒズム、ひいては倒錯の究明にまったく新しい道を開いた心理現象に関するものとしてだけではなく、フロイトの新しい思考様式を具体的に表現しているものとして充分に理解するためには、他の三つの論文も取り上げる必要があります。それらの論文は、より理論的で、臨床での現象にはあまり直接言及していません。一つは、すでに取り上げた『性格と肛門愛』(1908) であり、三つの性格傾向――倹約、頑固、几帳面――を抜き出し、はじめて性格構造とリビドー発達やリビドー固着との関係を記述しています。この論文でフロイトははじめて性格へと踏み込みました。一九一五年には『本能とその運命 (Instinct and Its Vicissitudes)』(モラリスト的表題)、一九一七年には『欲動転換、特に肛門愛の欲動転換について (Transformations of Instincts in Relation to Anal Erotism)』が続きます。これら二つの言葉――「運命 (Vicissitudes)」と「転換 (Transformations)」――は、正確に理解しようと私は今もって苦闘しているのですが、彼の思考様式の変化を解読する重要な鍵だと思います。そこで『子どもは叩かれる』に進む前に、これらの言葉を少し検討したいと思います。

しかし、まずこれまでの歴史の一部を要約してみます。『ヒステリー研究』において、フロイトは、(健忘、転換、不安のような) 単純な現象の研究に取りかかりましたが、そういった現象は、ある種の回想が抑圧された結果であるという単純な理解に基づいていました。この抑圧された回想は、次に、本能をある種のやり方で堰止め、それから、その本能は不安へと転換されました。続いて、その不安は、抑圧された回想とともに症状へと変えられました。この理論は、極めて単純なので、フロイトが研究領域を強迫神経症へと拡大しはじめるや否や、すぐに問題が生じました。というのも、強迫神経症は回想に基づくだけでは扱えないとわかったからです。どういうわけか、情動は回想から切り離され、その結果、回想は抑圧されずに情動が抑圧されました。つまり、回想は記憶の求めに応じましたが、情動は消失してしまっていたのです。もちろん、フロイトはそれをかなり不可解に思いました。臨床作業で乳幼児性欲にはかなりの確証を見出していたので、そのことは性愛が何か関係していること、発達における中心的な葛藤状況としてのエディプス・コンプレックスは普遍的であることを、彼は強く確信しました。さらに、すべては発達的であり［…］、後の人生からではなく、乳幼児期に始まっていると確信しました。そこで、少年ハンスの症例に行き当たったのです。この症例から、エディプス・コンプレックスや子どもの乳幼児神経症が現実のものだというられしい確証が与えられました。鼠男の症例は、そこに葛藤が含まれており、その葛藤は強迫神経症に存在する愛と憎しみの葛藤であり、観念と世間や社会基準からは受け入れられない欲望との葛藤だけではないことも、フロイトに理解させてくれました。次いで、症例レオナルドとの関連で述べたように、フロイトの精神分析についての考えは拡大し、人生を、その始まりから終わりまで連続していて研究可能な一つのまとまりをもつものであり、進歩と退行や他の過程すべてが一つに統合された歴史のなかで役割をもち、つながりあっている持続的発達として、その概念に含み込もうとしていたのがわかります。症例シュレーバーでは、人生というものだけではなく世界というものがあり、誰もが自分の世界で自分の人生を生きており、自分の世界とは部分的に自分自身の概念でもあれば、自分自身の独自なこころという世界であり、ばらばらになったり、引き裂かれ、打ち砕かれたりもするのをフロイトは発見したようでした。また、自分の世界をこのように解体させてしまうと、その人物に恐ろしいことが生じるのも発見したようでした。

そこで次第に、関心のすべては、パーソナリティやパーソナリティの発達に関する統合された心理学領域として考えられるものに当然なっていきました。歴史的には時を同じくして、もちろん心理学の他の学派が成長しており、同じあるいは異なる現象を研究していました。ゲシュタルト学派は、全く異なる観点から心理学を研究し、まさに現象学的ではありましたが、発達とはまったく関係せず、根本的にパーソナリティとも関係がありませんでした。他の学派の志向は、はるかに社会学的あるいは人類学的でした。しかし、フロイトは、彼自身の研究を次の四つのカテゴリーからなる心理学の堅固なネットワークにまとめました。すなわち、発達過程とその発生の研究、発達過程の局所論の研究（つまり、意識レベルとこれに関連した問題。当時彼は、精神病理に関係した極めて重大な問題と考えていました）、力動の問題（すなわち、心的エネルギーを操作するこころのメカニズム）、経済的側面（つまり、その量的側面を定義する試み）でした。当時、「量的」でフロイトが意味していたのは、「心的エネルギー」であって、あたかも電流や流体静力学的エネルギーや熱のようにまったく具体的なものを考えていました。ですから、フロイトの思考様式の性質の本質は、つまるところこの流体静力学的エネルギーモデルに由来していたのです。それゆえ、情動に関する彼の概念もほとんど純粋に量的なものであり、こころの興奮量の観点で考えられていました。彼や他の人達が研究しはじめた現象学が強迫神経症を越えて拡大し、自己愛的現象のすべての領域が、躁うつ状態や統合失調症、心気症といったもっと重篤な疾患との関係で現われはじめるにつれ、彼の思考様式は本当に辻褄が合っておらず、臨床での現象を理解する役には立たないことがますます明らかになりました。この頃には、面接室における転移はもはや単に抵抗として扱われるのではなく、それ自体が重要なものとして考えられていました。そのことは、症例鼠男である程度明らかですが、狼男ではもっと明白で、転移はそれ自体の特異なレベルで効力を発揮するコミュニケーションとして見られていました。そして、未だに転移は主に再構成のために使われていましたが、その再構成はもはや早期に生じた外傷的体験や抑圧された出来事へと遡る精神的に重要な一連の出来事を単純に時系列的に描写するだけのものではなく、（症例レオナルドや狼男に見られるように）その人物のパーソナリティ、関心、関係性といった、人生や人の発達全体を再構成する試みとなっていました。

さて、一九一五年までに、フロイトは症例狼男を終えてしまっていたのですが、それでも、この症例は彼のその後の展開において決定的に重要でありつづけたと思います。フロイトはこの症例を書き上げて考察するのに余念がなかったのですが、当時はまだリビドー論に強く縛られていました。論文『本能とその運命（Instinct and their Vicissitudes）』（1915）にこのことが明白に表われています。「運命（Vicissitudes）」という用語で当時フロイトが意味していたのは、一人の人間の発達全体というコンテクストに関連していたと思われます。つまり性格や症状、その人にまつわる病的なものだけではなく健康なものも含んでいました。「本能の運命」は、発達のさまざまな段階と特異な関係にあるものを意味していると思われます。アブラハムと協力しながら、彼は一連の組織化という観点からパーソナリティの発達を考えていました。そして、これらの組織化は、このときには前性器期ならびに性器期のものとして考えられていました。前性器期体制には、異なる段階があるとすでに検討されていて、つまり、口唇愛期と肛門愛期、そして、口唇サディズム期と同じく（アブラハムがすでに考えていたように）肛門サディズム期です。しかし、重要な時期は、前性器期と性器期の間にありました。前性器期はナルシシズムの「典型的な」領域であると考えられてもいました。このナルシシズムは、現在は概してこれらリビドーの用語を使って考えられています。つまり、ナルシシズムとは、リビドー備給が自体愛から対象関係へと展開する発達段階であり、そこではその人の自分の身体がリビドー衝動の対象とされ、次いで、他者の身体がリビドー（すなわち第一義的には性愛的）衝動の対象として選択される対象関係へと進むのです。そうである以上、「運命（vicissitudes）」という用語は「性器体制へと発達が進むと、前性器体制には何が生じるのか」という問いにその意味の由来があるようです。前性器期体制はどこへ向かうのでしょうか？　明らかに性感帯は未だそこにあり、刺激もそこにあるので、前性器期体制に関連した空想と欲望は未だこころのどこかにあるにちがいありません。つまり、前性器体制には何が生じるのでしょうか？　このことへの答えは、リビドーが操作される方法という点から与えられそうです。そして、フロイトはこれらの操作を、後の精神分析の歴史に登場する「防衛機制」とほぼ同じように当時は考えていました。彼は、この論文でこれら四つの操作を名づけています。すなわち、対立物への逆転、自己自身への向け換え、抑圧、昇華です。最後の二つは以前に多くを語っているので論議されていませんが、主に最初の二つが論議されています。そして、彼はここでは「自己（self）」を専門用語として使っていません。（「自己」の意味をもち、自我とエスの両方の要素が機能的に統合されて含まれるパーソナリティの一部を意味するという）今日私たちが使うようには用いておらず、この用語を純粋に記述的に使っています。本能はこれら四つに変化するという考え方を理解するためには、本能には対を成して表れるという性質があるとフロイトは考えていたことを理解しておく必要があります。そこでの主な対は、愛と憎しみにまつわる本能でした（つまり、本能と結びついた愛と憎しみの情動を有していること）。そして、サディズムとマゾヒズムの対、能動性と受動性の対でした。男性性と女性性の対もありますが、フロイトは、これを性器期統制のために未だ使わずに残していて、前性器期の男性性や女性性は考えず、能動性と受動性だけを考えています。ですから、本能をその対立物へと「反転させる（inverting）」という用語でフロイトが意味したのは、たとえば、愛という情動を含んでいる本能は、憎しみという情動を含んでいる本能へと転換されうるし、同様に、サディスティックな衝動や本能はマゾヒスティックなものへと反転されうるということでした。彼は、いかにしてそれが起こるのかは説明せずに、これは起こりうることだと言っただけでした。したがって、自己への向け換えは、ナルシシズムへの回帰と同じことです。つまり、リビドーの転換が自己へと逆戻りしてなされ、自己愛リビドーになるのです。当時「本能の運命」でフロイトが意味しているのはこのことです。彼は、相変わらずリビドー理論や、人間の行動や感情を説明しようとすれば（まだ事柄を説明しようとしているので）、それは本能の配置と展開に見出せるはずだという考え方に縛られています。本能の配置と展開はこれらの機制や運命によって制御されているのです。

二年後にフロイトは『欲動転換（On Transformation of Instincts）』という論文を書くことになりました。これらのタイトルだけからなら、「運命（vicissitudes）」と「転換（transformations）」は記述用語として相互交換できるかもしれないなどという人がいても、おかしくないと思います。実際のところは、まったく異なる思考様式が彼の頭のなかでとても微妙に動きはじめていました。そして、この論文で彼が主に記述しているは肛門性の本能についてです。肛門性本能は肛門性感帯に関連しており、ゆえに本質的には肛門、直腸と糞塊との関係、糞塊の意味や重要性、空想が暗示するものと関わっています。それは、この肛門衝動それ自体が糞塊と関係する多様な方法、互いに明確に区別できないが異なる意味をもつ多様な方法に関係しています。そして、これらの意味は、本質的には次のように列挙されます（「混乱の系列（confusional series）」と呼べるかもしれません）。つまり、糞塊－ペニス－赤ん坊－金銭や贈与物です。ただ、なぜこれが本能の転換（transformation）と呼ばれているのか、まったく明らかではありません。というのも、肛門性本能は、本能とはまったく関係がなさそうです。ただ、本能をどう考えるかや、本能活動に帰せられるその意味に関係があるようです。つまり、肛門衝動や肛門性の興奮や空想が、ペニスや赤ん坊や大便の意味をもつ糞塊に関連して経験されているかどうかということなのです。

私の考えでは、これが自我心理学の始まりであり、リビドー理論の死の弔鐘です。賛同されない方が多いのはわかっています。ですが私は、この頃にリビドー論は死んで、自我心理学と対象関係心理学に取って代わられていると思います――この二つはあたかも不倶載天の敵のように語られますが、実際は同じものです。このように（この場合はきっぱりと）一つの思考様式から離れ、フロイトはさまざまな現象を連結し、現象の互いの関連を――説明できるのではなく――理解できるようにするうえで、より強力に統制する力をもつであろうもう一つの思考様式へと移りました。彼は、充足を求める単なる身体の緊張として本能を考えること（幸福とは心地良い昏睡状態に相当するものであるという含みがあり、涅槃原則として知られていきます）から、意味の操作にもっぱら関わる機能としてこころを考察するところへと移行しました。エネルギー原理を脱して、意味を操作する手段としてこころを研究することへのこの展開は――前述したように――自我心理学と対象関係心理学の始まりであると私には思えます。これこそを今日私たちは実践しているのです。

このことに関連して、熱力学の第一法則をモデルとした「エネルギー」という言葉が熱力学の第二法則をモデルとした「エントロピー」という言葉に取って代わられている唯一の箇所が（私の考えでは）、症例狼男が終わりに向かうところに現われるのはとても興味深いものです。このときにフロイトは、エントロピーをリビドーの粘着性と呼べそうなものに適用しています。つまり、人がカセクシスや愛着、興味の方向を変更することや、人生において価値があり重要なことを改めることにおける困難さです。したがって、彼はエントロピーを、本質的には慣性と等価なものとして語っています。けれども、これは、彼の考え方における非常に重要な一歩であると私は考えます。というのは、情報理論と言語哲学を助けに、エントロピー概念を私たちが使うよう発展させたからです。熱力学第二の法則で述べられているように、エネルギーが減衰し無効になると記述できるエントロピー概念は、もはや物理学に特有ではなく、組織体全般やカオスから秩序への推移を含むまでに拡大されていました。これがこのとき以降のフロイトの考え方に浸透し、それを大きく変えたと私には思われます。リビドー理論に捕えられたままであり、カセクシス、エネルギーの変容、過剰備給などの言葉もまだ維持されていますが、基底にある思考様式には劇的な転回が生じたように思えます。用語は、もはやエネルギーやその配置と展開ではなく、意味であり、カオス的思考様式から系統立てられた調和のある思考様式への意味の組織体なのです。この方向にこそ、精神分析は、それ以来その注意と発展を注いできたのです。

一方、小論文『欲動転換（On Transformation of Instincts）』（1917）は、上述したように、前性器期体制と、特に、大便の（ペニス、赤ん坊としての）意味や意義のある肛門期体制での配置と展開や組織化が分化されていないことへの鋭い臨床的観察を基盤にしており、本来は理論論文です。この新しい思考様式が臨床で使われるのをはじめて見られるのが、『子どもは叩かれる』と題された、この素晴らしい小論文においてです。その論文についての私の論考を、これまで「子どもが叩かれている」と私に言った患者はおらず、このように言ったことのある患者を受け持った人も知らないことを述べることから始めるべきでしょう。とはいうものの、フロイトの患者の多くが、この空想があると彼に告げたようなのです。これは一九世紀の現象であったにちがいありません。面白いことに、フロイト自身は、子どもが叩かれるのは、そのような時代だったからとか、ドイツやウィーンで、中流階級もしくはユダヤ人の間でよく叩かれたというような、特別な要因にまでたどれる現象ではなさそうだと指摘しています。実のところ、この空想を抱いた人は概して叩かれてはおらず、穏やかに養育された中流階級でした。

この頃、私たちは実践でそのような現象に出会うことはあまりありませんが、もちろんたくさんの叩く空想、殴る倒錯、そしてむち打ちフェティシズムと本当に出会います。「子どもが叩かれている」という空想は——基本的には殴殺されることを意味していて——性倒錯のルーツのどこかに存在しているという論拠にはかなり説得力があると私は思います。フロイト自身もこの結論に至っています。つまり、マゾヒズムには、どこかに「子どもが叩かれている」空想があるのです。このマゾヒズムへのアプローチは、以前に一九一五年の論文『本能の運命』で表わされていたのとはまったく異なっています。当時は、マゾヒズムをサディズム衝動の自己への向け換えとして語っていました。

しかし、この時点で彼は、「子どもが叩かれている」空想の変形を探索しています。つまり「叩かれている子ども」は、その子自身が対象なのか、他の子どもなのか、男の子なのか女の子なのか、叩かれているのは父親にか母親にか、子どもは愛されているのか憎まれているのか？　手短に言うと、この空想の意義は何なのでしょうか。三つの異なる段階をたどって、この空想をもっていた男性患者との経験と女性患者との経験をフロイトは比較しています。ある意味、彼はそこでひどく戸惑っています。それは非常に面白いのですが極めてわかりにくいのです。しかし、最終的に浮かび上がってくる——そしてフロイトが明確に指摘している——のは、最も重要なことは、この空想とマゾヒズムの関係だということです。つまり「叩かれるその子」は、この空想の変形におけるある段階では、その患者自身、彼か彼女なのです。次いでフロイトは、その空想を王子がペニスをぶたれる狼男の空想や、狼男が腸洗浄を求めていたことなどに表わされているようなマゾヒスティックな肛門傾向に立ち返って関連づけています。彼は、ある程度それを狼恐怖に関連づけ――以前彼がそうしたように――、狼恐怖は父親に性交されたい欲望や去勢され女性に変えられる欲望に関連していたという事実にたどりついています。

『子どもは叩かれる』に照らし、また本能の「運命」から「転換」への推移に照らして、狼男論文に立ち返ってみると、そこに二つの極めて有意義な発言があることを発見します。私の考えでは、その発言はフロイトの性愛と性倒錯の再考についてのすべての進展を予示しています。つまり、エネルギー論やリビドー配分から、自我機能や思考すること、夢みることへの大きな移行です。ある意味で、真に現代的なこの二つの発言は、第一に、狼男の性的奇癖と、性交において人は父親に性交されている母親の内部にいる人物と同一化しているかもしれないということに関連させて空想を定義づけています。つまり、彼にとって性交は、彼が性交されているお腹の赤ん坊であるという意味をもつかもしれないということです。第二に、男性は、母親のなかに入り込んでいる赤ん坊としての自分のペニスと同一化しているかもしれないというものです。もちろん、私たちは今日でも、そしてこの二〇年間ずっと、このような事柄を詳細に研究してきています。つまり、乳幼児の空想が母親の身体内部とどのような関係をもっているかについてです。前述のように、この二つの発言は私の考えでは、フロイトが闇のなかで大いなる飛躍をとげる前触れとして極めて意義深いものです。つまり、倒錯を非常に複雑な構造として扱い、性生活をただ本能の緊張に対して充足を得る過程にふけっているものでなく、意味に満ちているものとして扱うことであり、記述的には普通の性交と呼ばれるであろうものの基底にあるかもしれない空想の複雑さを想像することです。さらに、この二つの発言をまとめてみます。すると、その人は、その父親に性交されている女性の体内にいる赤ん坊に同一化しています。そして、母親の身体内や子宮へと回帰している赤ん坊としての自分自身のペニスに同一化しています。また、連結したこれらは、フロイトがある性的活動を考えたときのひとつの空想とみなせるかもしれません。その空想のなかでは、ペニスが膣へ入ることは子どもが母の体内へ侵入するということであり、その次に、そこで子どもは父親のペニスで性交されるということなのです。

さて、フロイトは、論文『子どもは叩かれる』ではこのことに特別には言及していません。それで、彼が一九二四年の『マゾヒズムの経済的問題』でマゾヒズムの問題に立ち戻るまでの数年を待たなければならないのです。けれども、このように「狼男」で、すでにこれらの空想を記述していたこと、また、本能の運命やその配置と展開というエネルギー論を語ることから、本能の変形や行為、行動、関係性の意味の変形を語ることへの移行をすでに成し遂げていたことに留意すべきです。性愛へのアプローチで大きな前進を遂げていたことがわかるでしょう。(すでに述べたように)以前はいつも不満を感じずにいられなかったのは、彼の説明では性愛が本質的に意味のない行為であり、身体を満足させる他の行為――身体を掻いたりスモモを食べたりといった――と何ら変わらず、性愛は他のどの行為よりも簡便である――マスターベーションよりは手軽である――と考えていることでした。換言すると、性愛の理論では、それを営んでいた二人の関係に何ら意味を持ち込んでいませんでした。しかしここで、フロイトは、性愛の全領域に意味を精査する豊かな可能性を導入したのです。

さて、これこそ彼が最初から行なってきていることだと異議を唱えられそうですし、たしかに、それは彼が最初からずっと行なってきていることです。症例ドラや『ヒステリー研究』へ戻ってみると、フロイトが言っているように、なるほどそれらは短篇小説のようで、彼はその意味をずっと精査してきたことがわかります。しかしながら、何かを精査してその現象を記述することと、それらの現象を組織化する概念ツールをもち，それによって現象が一連の知識からなる意義を獲得し，その知識を誰か他の人に伝えてその人が面接室で使えるようにすることとは，まったく異なるものなのです。この時期は，なんと刺激的で重要な時期でしょうか！　彼を悩ませていた問題を考えるために多くの時間が余っていたからこそ可能だったのです。そして，当時彼を最も悩ませていた問題は，マゾヒズムのパラドクスにあったようです。それがフロイトにとってパラドクスであったのは，苦痛に関する彼の中核的な経済的概念とどうしても一致しなかったからでした。というのは，リビドー論全体は，実のところ過剰な刺激は，内的であれ外的であれ，不快や苦痛として経験され，他方，緊張の解放は快あるいは不快の軽減と経験されるという考え方に基づいていたからです。そのような定式化に留まる限り，マゾヒズムはまったく説明できませんでした。つまり，他者からのサディスティックで苦痛を引き起こす行動の対象になることのなかにある快のことです。さて，『子どもは叩かれる』においてさえ，マゾヒズムの問題自体にはあまり進展がありませんでした。たしかに，彼はそれを，「子どもが叩かれている」から「私が憎んでいる子どもが叩かれている」へと，さらに「私が私の父親に叩かれている」に至る一連の空想の変形において正確に指摘しています。そして，この変形のどこかで，「父親は他の子どもを叩いているから，私は父親に愛されている」という空想が，どういうわけか「父親は私を叩いているから，私は父親に愛されている」へと変わります。しかし，そこでもフロイトは同一化過程と関係する何かを認識しかけているにすぎません。

レオナルドの同性愛が母親との同一化に基づいており，母親が彼を愛してくれたように若い男を愛していると語りはじめて以降，そして，シュレーバーが妻と同一化し性交されている女であることはどれほど素敵にちがいないことや，彼の女性としての神との関係を語りはじめて以降，フロイトはずっと同一化過程のような何かを認識する寸前にいました。また、狼男では、母親の月経過多との狼男の同一化、プーシキンの墓前で涙した出来事での姉との同一化を語るなかで、その症例全体を通して、彼は同一化過程のような何かを認識しかけていました。もちろん、『悲哀とメランコリー』においても、自我が自我理想を叱責しているのか、それとも自我理想が自我を叱責しているのか、という誰が実際に苦痛なのかという疑問が浮かぶなかで、フロイトはずっと同一化過程のような何かを今にも認識しそうです。そして彼は、心的苦痛に関するこのマゾヒズムのパラドクスを精査しようとする試みのなかで、この論文では同一化過程のような何かをほぼまとめかけています。これが説明理論としてのリビドー理論が彼を満足させない主な足枷のひとつであったと私には思われます。というのは、極めて明らかなことですが、マゾヒズムはリビドー理論では説明されえなかったからです。

論文『本能の運命』で使われた、自己への本能の向け換えという以前の定式は単なるトリックであって、どのような要求も満たしません。というのも、その過程が何ら記述されておらず、ただ言葉にしているだけだからです。マゾヒズムを「サディズムの自己自身への向け換え」と定義するのは簡単ですが、それでは実際のところ何も言っていません。『子どもは叩かれる』でフロイトは、「私は、私の父親に叩かれている子どもに同一化している。なぜなら父親は私を愛していて、他の子どもを憎んでいるから」という、中核的なマゾヒスティックな空想をもう少しで認識するまでになっています。同一化が言外に含まれているのです。このことと、母親の体内にいる子どもとの性交についての狼男からの二つの発言を合わせると、フロイトがほとんど把握しかかっていた過程が垣間見えるのです。ですから、「私の父親はその子と性交している」を「私の父親はその子を叩いている」に代えるなら、「私はその子で、私は父親に愛されているからこそ、父親から叩かれる苦痛なやり方で性交されている」と理解できるでしょう。そこにマゾヒズムがあるのです。

第12章

快感原則の彼岸と集団心理学

自我–理想

この章では、『自我とエス』と構造論のすぐそばまで行くことになります。それらは、臨床現象の理解や体系化に精神分析家が取り組む際の概念ツールにおけるとても大きな変化を象徴しています。この変化の重大さを理解するには、臨床上と概念上の両方でフロイトがどのような点に苦労していたのか、またその解決の糸口を見つけようとどのように悪戦苦闘していたのかを知ることが肝心です。『快感原則の彼岸』と『集団心理学』は、それぞれ独自の方法で、この問題の解決に挑んでいます。フロイトは、自分でも言っているように、つねにこの城塞を急襲して占拠しようと試みています。すなわち、この論文それぞれで、一度に何もかもやってしまおうとしているのです。最初の『快感原則の彼岸』は、リビドー理論を取り上げ、いわばそれに注目を集めることで、この問題を解決しようとしています。あたかも、本能の二元性という性質が（異なる名前や異なる意義を与えることで）ただ変化し、すべてが解決するかのようです。二番目の『快感原則の彼岸』は、自我理想という概念を確立させることに解決を求めています。それは、後に言うまでもなく『自我とエス』において超自我概念へと変わります。そして両者ともに、フロイトが用いた概念ツールをいくらか豊かにしているのですが、それをここで説明したいと思います。

それにはまず、彼の抱える困難の性質と、彼の理論的ツールが理解や体系化にまったく役立たなかった臨床現象を認識しなければなりません。主要な問題は心的苦痛の問題であり、彼には概念上満足のいくように論じるすべがありませんでした。というのは、何よりも心的苦痛を、質より量の問題として、疑似-物理学的意義を有する何かであるが意味をもたないものとして捉える神経生理学的概念につなぎとめられていたからでした。『草稿』以来、フロイトは、つねに心的苦痛を不快と考えており、フェヒナーの「恒常原則」の（後に涅槃原則と呼ばれた）ような概念や、精神生活の目標を半昏睡と等価なものに還元し、ある種の昏睡的安らぎのなかで精神的緊張を最小限まで減らすことに向かう他の疑似神経生理学的概念に論拠を求めていました。無論フロイトはこれが間違いだとわかっていましたが、科学的心理学を確立しようとした際の若い頃からの所産であった概念全体を放棄しないことには、何も方法を見出せなかったのでした。ドイツ的枠組みにおける「科学的」とは、物事を説明することであり、そして物事を説明することとは因果関係を論証することであり、そしてそれには定量的表現法が要求されました。定量的でない（詩的、芸術的といった）他のあらゆる表現方法は架空のものであり、それゆえに科学的ではありませんでした。『快感原則の彼岸』のような論文は、フロイトにおける、こころの現象とその意味に悪戦苦闘している臨床家と、すべてを説明する科学的理論を提案しようと試みている科学的理論家との間の分裂を、見事に例証しています。

これが一つ目の彼の困難です。つまり、心的苦痛の問題と情動（affects）や感情（feelings）や情緒（emotions）

に関する疑問は、彼の理論には入る余地がありませんでした。というのは、それらは本質的に無意味で、精神過程における副産物ないしは風化物として扱われていたからでした。これと相まった困難がありました。なぜなら、彼にとって重要な経済原則は快感原則であり、快感原則では多かれ少なかれ快感は緊張の減衰から成り立っていて、不快は緊張の増大、もしくは、おそらく（時に彼が考えた）緊張の増大の度合いや加速度から成り立っていると明言していたからです。しかしながら、多くの現象が彼に明らかにしたのは、快感の獲得と苦痛の回避は経済原則では事足りず、この原則は（夢理論におけるように）願望充足というカテゴリーに包含できる現象しか説明できていないということでした。そして、こころで進行している多くの事柄は、その方法ではまったく包括されえなかったのでした。『快感原則の彼岸』では、彼はこれらの難解な現象をまとめようとしています。

私たちはすでにマゾヒズムについては聞き及んでいます。フロイトは、（メランコリーという難題と同じく）マゾヒズムという難題には「それは誰の痛みなのか?」という問いが含まれていて、同一化の過程が何らかの形で関わっているという認識を通じて、すでにその本質をつかむ方向へと前進していました。しかし、その疑問を立てることは、他のいくつかの現象を対処することには向かわなかったのですが、戦争中の当時、多くの「戦争神経症（shell-shock）」や外傷性神経症などの症例があり、前面に登場したのは外傷的な夢という現象でした。これは、いわゆる現実原則で修正したとしても、快感原則を鼻で嘲笑う究極の実例のようでした。

外傷性神経症は、次のような現象を呈していました。その人は、戦闘中もしくは戦闘を控えたなかで、爆裂が間近で起きようとそうでなかろうと、彼に精神破綻を引き起こした戦慄の状況を幾度となく繰り返し夢に見たのです。明らかに絶え間なくこれらの夢が反復し、患者が怯えて目を覚ますことは、願望充足に関する夢理論のもとにも、不安夢の理論のもとにも容易に包含できませんでした。後者の理論では、願望充足的な幻覚を作り出すメカニズムはあてはまらず、不安が突出しました。これらの夢はそのカテゴリーには収まらなかったのです。というのも、夢の構造とはまったく類似点がないもののようであり、その内容は破綻を引き起こした実際の経験や予期される経験の単に事実に基づいた反復にすぎないようだったためです。ですから、それらの夢は、彼の夢理論で対応を試みてきたどのようなものともまったく異なる現象を表わしているようでした。

フロイトはこの頃には、これらの反復される特別な夢とともに、もうひとつの現象があることに気づいていました。すなわち、子どもの遊びにおける反復性です。同じ話や同じゲームを反復することを際限なく要求し、こと細かに細部にわたり変更のない同じ経験を求めます。この論文で彼は、より原初的な経済原則（快感原則の「彼岸」が意味していたこと、つまり、快感原則の成立の彼方の、ある原初的精神過程まで遡ること）があるかもしれないと示唆しました。つまり快感原則のむこうにある原則のことで、それをフロイトは反復強迫と呼んだのです。この反復への強迫は、転移との関連で「反復の無理強い（compulsion to repeat）」と彼がすでに呼んでいた他の現象とつなげられました。つまり、分析的設定における現象である転移は、小児期の出来事、特に固着が生じたり外傷体験となった出来事を反復する内在的な強迫を、顕在化させているようでした。「反復の無理強い」から「反復強迫（repetition compulsion）」へは、ただ語順転倒だけが必要でした。そして、この論文の冒頭で、この考え、本能の最も原初的な段階では、その本能は本質的にはマインドレス（mindless）[1]状態での反復の強迫である経済原則を表わしており、つまりある意味「快感原則の彼岸」を反復することであり、快や苦痛という問題とは無関係に、子どものこころや関係性という原初的組織において本能が顕在化した体験を際限なく反復する傾向にすぎないことを定式化するために、フロイトは、これら三つの現象をまとめたのです。

この点までは、『快感原則の彼岸』はまったく臨床的な論文であり、フロイトは、これら三つの臨床現象を一つにまとめようと取り組んでいました。すなわち転移、外傷性神経症の夢、そして、子どもの遊びです。この論文のこの箇所には、子どもの糸巻き遊びについての有名なくだりがあります。そして、この論文は、臨床現象を扱い、他の経済原則――快感原則や外的現実を考慮してそれを修正した現実原則――では接近できない精神現象を理解しようとするうえで有用かもしれない経済原則を明確に述べている論文でありつづけています。この論文の精神分析的部分は、ここで終わっていると言えるかもしれません。そこからは、一八九七年の草稿へと揺り戻しが起こります。残りの部分は、生命の起源や性愛の起源、そして、この反復を強制する過程、それは実際には無機状態の再現の強制であり、したがって死の本能なのですが、それらに関する極めて入念に考えられた仮説です（フロイトは高度に思弁的であるのを認めていて、これをきまりが悪いとさえ感じているようです）。換言すると、彼が生命保存本能とこれまで呼んできた本能とは、実際には（相当に回りくどい類語反復的議論を介して）途中で他者により抹殺されることで阻止されるというよりも、**自らが**死へと向かう本能なのです。こうして議論は次のようにまとめられます。（保護という要素を伴う）いわゆる生命保存本能は、今や死の本能と呼ぶべきである、と。ある意味、その意義は変わってはいませんが、ただ、それはこうなると原初的破壊衝動とみなされ、その目標は有機体の細胞要素をつなぎあわせている結合すべてを破壊して、無機状態――一種の死の定義――へと至らせることなのです。これに対して，性愛本能は，今やエロスもしくは生の本能と呼ばれることになり，生命単位を寄せ集めてより大きく複雑な構造をつくりあげ，より複合した機能を担える建設的な要因とみなされることになります。どこにも愛や憎といった情緒，エロスと（後にフロイトがそう呼んでいる）タナトスに付随している情緒は述べられていません。またもや情緒は理論から除外され，もし意味と意義とに違いがあるとすれば，意味も排除されています。フロイトは，より大きな単位を形成する建設的な生の本能や，単位を破壊し生命を無機的な状態へと至らせる死の本能に関する意義を明快に述べていますが，そのことはもちろん，精神生活にこれらの過程が現われるときにもつ意味に関しては何も説明していません。ゆえに死の本能を，生物学や原生動物の行動に結びつけることもできるでしょう（実際，そうしています）。また，興奮の分配や緊張を最小まで減らすことに関連する『草稿』の図式や，恒常原則や涅槃原則に結びつけることもできます。この論文はこれらすべてを暗に関連させたひとつの理論で終わります。そして『快感原則の彼岸』の終わりでは，この定式の使い方――反復への強迫の使い方や生と死の本能の使い方がわからないままで，生や死の本能は，生物学的な基盤をより多く与えられている以外は，生命保存本能や性愛本能とはあまり意味に変わりはないとされているのです。

しかしながらある意味，『快感原則の彼岸』は偉大な勝利です。すなわち，フロイトは，暴力や破壊性や残虐さを，サディズムと呼ばれる部分欲動――欲求不満や剥奪，誘惑への反応を除いては人間生活には不必要な要素――として，性愛の内にしまい込まれた立場から救出する方向へと進んだのです。それは偉大な前進です。本能的な力としての原初的破壊性の意味に居場所を与える概念容器（conceptual vessel）を，その残虐さ，暴力，サド－マゾヒズム，倒錯が本能の範疇に包含される可能性に織り込んでいるのです。その概念容器に、困った事態には発言権があるが、国の統治には決定権はないという（英国上院のような）地位を与えています。そこで性愛本能であるエロスは、原初的破壊性に対抗する立場に置かれ、老化が始まるまで優勢であることが含意されています。これが、多かれ少なかれこれら二つの本能に対するフロイトの態度から受ける全体像です。つまり、死の本能は存在し、その目標は有機体をその生涯を通じて自然死へと導くことです。しかし、この論文には、生と死、愛と憎しみ、創造性と破壊性との間にある持続的な葛藤というイメージはありません。というのは、すべての関心は、拘束された備給と漂う備給という文脈と、破壊本能がどのように原初的マゾヒズム、原初的自己破壊に背を向け外へと向かい投影されるのかということに置かれているからです。そのために葛藤は霧散しています。ですから、フロイトが後の論文で機能的に使い始める概念的枠組みを創案した以外には、この論文は大きな変化をもたらしませんでした。しかしながら、ある意味、彼はそれを重大視していませんでしたし、私の考えでは、精神機能についての彼の観点の大きな修正としてそれを真剣に考えてはいませんでした。生と死の本能についてのフロイトの見解は、その適用範囲がより広がったおかげで、それらの本能は、性愛本能と生命保存的本能に関してより整った包括的な語り口を用意したということだと、私には思われます。このようにして、この反復現象に関する新しい経済原則は、マゾヒズムの現象や転移や外傷性神経症をその下にすべて寄せ集められるであろう天蓋を用意しました。

しかし、自分自身を一九二〇年当時の分析家だと想像してみたとき、議論のためにこの原則という少しは整然とした枠組みをもつこと以外に、この原則をどう扱っていいものか、誰にもわからなかったでしょう。そして実際のところ、生命保存本能と性愛本能については、すなわち、いかにして生命保存本能が自己愛的になりうるのか、いかにして性愛本能がナルシシズムとして自己へと向け変えられるのか、誰もがひどく混乱しました。さらに、両者は連動しているようなのです。また、暴力やアンビヴァレンスや破壊性といったその他の現象が一体どこにあてはまるのか、実を言うと誰も知りませんでした。しかし、この分裂についての魅惑的な説明にこそ、私は関心を抱いてきました。ただ、この段階までに分裂はかなり小さくなっているようですし、彼の情熱にはフリース宛の手紙にある少年のような情熱を彷彿とさせるものがあるのですが、彼もまた、その分裂にまごつき悩み、「さて、これは推論であって……おそらく週明けには生物学者がすべては無意味であると示す何かをもって現われるかもしれない」、しかし「どちらにしても我々はしっかりと想いを巡らせねばならない、そして拘束されてはならない……」と実際に言っています。このように『草稿』とはかなり異なり、素晴らしく面白い読み物になっています。生と死の本能の問題に関して、ガリバー旅行記の小人のリリパット国民のように小さな取るに足らないたくさんの論争が激しく続いていた以外は、精神分析には何ら害はなかったようです。つまり、このちっぽけな領域で多くの精神分析的政略が展開されました。

次の論文『集団心理学』はまったく別物です。というのは、フロイトが同一化の問題に実際に取り組もうとした最初の論文だからです。これまで述べてきたように、彼の著作ではずっと、それは何度も言及されてきました。それにもかかわらず、一巻一巻に目を通しても、索引にも、同一化は『悲哀とメランコリー』に関連する以外は事実上記されていないのです。母親との同一化が絶対欠くことのできないレオナルド論文でさえ索引にはなく、『狼男』にもありません。この省略はまったく正当で、彼はその用語を記述的に用いていたのであって、概念的にはまだ使っていなかったからです。この時点に至るまで、実際に同一化は概念ではありませんでした。つまり、この論文になってようやくスペースが与えられ詳述されるのです。この興味深い論文で、フロイトは、教会から軍隊、ほれこみ、催眠、エントロピー、集団形成の問題、指導者の問題、同一化過程の問題に至るまで、ありとあらゆる事柄に取り組んでいます。彼が実際に邁進していたのは、自我理想の概念を明確に表現することであり、『ナルシシズム入門』、次いで『悲哀とメランコリー』論文に遡って定式化しはじめました。自我理想をもたらすものが何であるのか、彼はあまりわかっていなかったので、それを定式化する確実な方法をもっていないことを認識していました。すでに、彼は、自我や取り入れ過程の結果として自我の一部が隔てられることについては語っていました。このことが、結果として、自分の父親を食べること（すなわち食人）に類似した過程による同一化となったのです――ただし、父親が食べられたのは死ぬ前か後なのかは不明でした。フロイトは生起したことをうまく定式化できませんでした。ある人物が自我のなかへと取り入れられたことになるとみなされ、次いで、ともかくこの取り入れられた自我部分は隔てられ、残りの自我にとって理想的な対象もしくは愛すべき対象として機能したのです。その背後には、ある種の空間的な概念がありました。フロイトは、これまでのどの著作よりもこの集団心理学の論文で、もう少しで内的世界を記述するところまで来ています。対象の自我のなかへのこの取り入れを詳しく述べるために、フロイトは、取り入れを外的世界の対象との関係を放棄することと結びつけますが、ついには対象関係におけるすべての活動がこの新しい舞台である内的世界へと移行されるまでになり、その舞台上ですべてのドラマが再演されます。すなわち、自我は、自我理想にとって愛する対象として現われ、自我理想のようになりたいと切望するのです。その背景にはつねに「メランコリー」での教訓があります。つまり、過程のすべてがうまくいかなくなるかもしれず、そうなれば、自我と自我理想は互いに罵り合い憎しみ合い始めます。あるいは、自我は叱責されることに反抗し、自我理想を排斥するかもしれません。そして、排斥して手に入れた新しい自由のなかで自我理想への勝利感に酔いしれ、非常に躁的になるかもしれません。アブラハムは、すでにこの頃までには、躁状態はある種の肛門からの排泄と関連していると考えはじめていました。つまり、この取り入れられた対象すなわち自我理想を取り除き、それに勝利し、大便のように扱っているのです。フロイトは、この着想にいたく惹き付けられ、それがある場所で活発に進行していると認識しはじめましたが、まだ、それが実際の「場所」であることをきちんと定式化できませんでした。そのかわり、「元型」に等しいものを意味していると思われる「イマーゴ」について語り、具体性の問題を再び回避しています。しかし、ここでは、後に具体的な意味で「内的世界」と呼ばれることになるものの記述に最も接近していて、そこでは、外的対象がパーソナリティや自己に関連して置かれているように、内的対象や取り入れられた対象は自我に関連して置かれ生命を備えています。

この論文の内容は、集団心理学の理解に関するものです。ここでフロイトは、原始群族と父親殺しや父親を食べること、それから女性を性的に占有するための男性間の競争について語ります。そして、『トーテムとタブー』の補遺として宗教の起源に関する彼の理論を据えています。これが論文の主要な目的なのですが、それにもかかわらず、これまでの精神分析史で最も興味深いものは、自我理想に関するはじめての組織立った記述であり、同一化についての論義なのです。ところで、同一化については大きく前進しているようには思えません。すでに彼は、自己愛的同一化や取り入れ同一化については述べていました。また、（彼がそう呼んでもいた）退行的同一化と前進的同一化との間の区別はなぜかここではなくなり、「原初的」或いは「一次的」同一化が好まれて、そこでは、同一化は、同一化と対象関係が区別されない人生最早期に自然に生じる極めて原初的過程とみなされています。フロイトは、それがどのように生じるのか全く説明しようとしていませんが、再びほのめかしている（と私は思うのですが）のは、それは生得的な能力であり、ナルシシズムより早期の、いわば「ナルシシズムの彼岸」であり、そこでは、対象は自己と同一化されるか、あるいは自己と区別されません。これが「一次ナルシシズム」が意味するものかもしれませんが、まったく曖昧です。

次いで、外的世界における対象の放棄と、この対象の自我への取り入れ、そして、この対象を含む自我の一部の分離にとりわけ関連している、同一化の後の形態があります。この分離された自我部分は、自我理想の機能を引き受けるか、もしくは自我理想となります。この時点で、フロイトは、もっぱら父についてだけ、実際には、男の子の父親との関係、父親の取り入れ、父親との同一化についてのみ論じています。フロイトは明言しているのですが、自我理想と呼ばれる分離された自我部分を形成する取り入れによるこの同一化は、同一化の原初的な形態とは質的にまったく異なる同一化であり、原初的な形態では、対象は分離されているとはまったく認識されず、その対象との同一化とその対象に同一性を経験するのは、時間を移さない即座の経験であるとしています。一方、取り入れ同一化は、見習って成長したいという向上心や願望を喚起する、敬意を抱く対象と対峙する経験であるということを彼は明らかにしています。このことは大変重要です。この論文では、フロイトは、これらのいくつかのタイプの同一化の性質をそれほど深くは理解していませんが、（彼は一次的同一化にさほど興味をもっていません）、たしかにそれらの区別はついています。

この論文のいくつかの別な側面も注目に値します。催眠について論じていますし、ほれこみについては『三篇』以降のどの時期よりも明確に論じています。重要なのは、彼の性的充足に関する概念とは、性的充足は対象関係のつながりを緩めることであり、他方、性目標の断念や禁止された性愛は永続的で豊かな関係性を生み出すということなのです。これには幾分シニカルな響きがあります。ですが、フロイトは皮肉を込めていないと思うのです。彼は例のエネルギー的観点で性愛を考えていました。そして、当時はまだエネルギー理論に縛られていたので、（観察の問題としてではなく、リビドー理論に含意される理論上の連続として）一旦リビドーが放出されるとすっきりし、緊張が再び高まるまで誰ともさらなる関係を必要としない「ということになりました」。性的充足は、自我の活力や緊張を枯渇させるとみなされ、それによってその緊張を解放し対象希求を減弱させるように、ほれこみは、自我の自己愛的備給を枯渇させるものとして記述され、そこですべての備給のための（すなわち、関係性と関心のための――しばしば関心として明示される）能力は、外界へと向けられます。フロイトは、ほれこみは、愛する対象の過大評価や理想化を絶対に必要としており、夢中になる状態やこころの重篤な病気の状態に等しいと断言しますが、その際に催眠や集団におけるメンバーのリーダーとの関係と等置しています。そして、彼が言っていることは皮肉っぽくかなり不快に聞こえますが、この理論的文脈において、フロイトは、生についてではなく備給とリビドーについて、つまり異なる問題をひっくるめて論じているのを思い起こさねばなりません。

これが一九二〇年あるいは一九二一年における立場でした。この時点までは、本能論における変化は、事実上何ものにも新しい意味を与えていません。本能の概念を包含するための新しい容器をただ提供するだけで、その容器の臨床での有用性をほとんど付け加えていません。フロイトは『集団心理学』の論文で、同一化と自我理想の概念をある程度明確化し、自我からある特異な構成要素を分離しました。しかし、その定義を鮮明にはしていません。というのも、彼は、対象を自我のなかへと同化（assimilation）するという中心的問題について基本的に確信がなく、どうやら不成功に終わっているようです。彼はその問題を正確に位置づけできていません。彼は「舞台」については言及しているかもしれませんが、それを現実の役者が上がっている現実の舞台であると、心底から受け入れられずにいます。したがって、外界での対象との関係から（類似してはいますが）独立したものとして、そこに内的世界を真に位置づける具体性をまだ与えきれていないのです。

▼訳註

1――mindlessという用語は、精神分析の文献では、一九一〇年のシャーンドル・フェレンツィのフロイト宛の書簡に認められ、また、その後一九五九年のビオンの「連結への攻撃」においても認められる。そして、メルツァーは、中核的な自閉症のこころの次元性は一次元であり、マインドレスであると言っている。

第13章
自我とエス
構造論の到来

フロイトの考え方の当時の立ち位置を検討するとき、それを彼が格闘していた臨床データと並べてみると、根本的な二つの要素が自ずと浮んできます。一つは『草稿』の残渣であり、新しい臨床現象に基づく再論述を求めています。そして、もう一方の端には、「狼男」やシュレーバーの尋常でない日記において彼が経験した膨大なこの二つの臨床データが彼の考えに影響を及ぼした痕跡があります。一方には、「要塞を急襲して占領する」という彼の傾向があり、これは自然の謎を学問的に理解し服従させることによって行なわれますが、そのもう一方には、精神分析的方法により照らし出された、きらめく銀河のような臨床現象への彼の敬意があり、そのような横暴を拒絶しているのがわかります。

これらの現象とはどういうものだったのでしょうか？　シュレーバーの心気症と迫害妄想は、ナルシシズムの世界をすでにあらわにしていました。フロイトは、それを主として自らの身体を性的対象とみなす自我という点から見ていたのです。外的対象から脱備給し自我に向けることによって、早期のタイプの同一化過程が対象関係に先立って発動されました。これは後に固着点として退行しうるものでした（乳児の発達では、ナルシシズムの段階は自体愛に続きます）。こうして、シュレーバーの「世界没落」空想が明らかにした事実とは、こころでは発達を通して「主観的世界」が自我の「昇華と同一化」によって構築されるというものでした。フロイトは、この世界の崩壊を、比較的ゆっくりとした非暴力的な過程であり、外界対象からのリビドーの撤退の結果であると考えました。一体なぜ、これが痴呆（dementia）[1]や統合失調症には破局をもたらし、メランコリーにはもたらさないのか、彼にはわかりませんでした。というのは、どちらの状況においても、リビドーの撤退が主要な作用だと考えていたからです。どちらにせよ、フロイトは、こころという世界のこの崩壊は、痴呆における混沌とした混乱の底流にある出来事であり、その断片から「以前より輝かしくはないものの、少なくとも彼が暮らせる」妄想世界を構築することで、そこからの回復のひとつの型がもたらされると考えました。

この確信のなさ、性格の基盤としての「昇華」と「同一化」の間をこのように彷徨っていることが、フロイトの「狼男」の資料の扱い方にさらに例証されており、そして、リビドー理論を諦めて、こころところの出来事のより構造的な概念を選ぶ折にも彼のこのためらいが具体的に表われています。「自我内の特異な勾配」、つまり、最初は「理想自我」、後には「自我理想」と呼ばれたこころの特化された部分が彼の考え方に芽生え、自我機能の構造化へと傾いていきました。最初フロイトは、検閲、抱負（aspirations）の設定、現実検討、自己観察といったさまざまな機能を、こころのその特化された部分に属するとし、メランコリーにおける同一化と何らかのつながりがあると考えました。しかし、その変化は自我そのもののなかで起こったことなのか、すなわち――メランコリーにおける「対象の影」や躁病における「対象の輝き」のように――放棄された対象備給が取り入れとして自我そのものに引き継がれたのか、あるいは、自我とはまったく分離したものを形成するのかどうかを、彼は判断できなかったのです。自我理想が、アンビヴァレントなままの対象と同一化した自我を叱責したのでしょうか、それとも、自我が、外界では放棄してしまった対象をこころの内側に置き、それを罵ったのでしょうか？

　フロイトの生と死の本能という新しい理論は、新しい種類の葛藤、すなわち快感原則への執着と現実からの要求との間での葛藤というより、生と死という二つの本能のとそれらの派生物の間での葛藤であるということを彼に気づかせました。そのため、彼は、自分の中心的な関心事である意識のさまざまなレベルは、もはや謎でも重大でもないとわかったのです。さらに、この局所論は、意味の本質という窮境にすでに陥っていましたし、フロイトは、『自我とエス』でその立て直しに苦労しました。「無意識」という用語には、少なくとも三つの使われ方があります。つまり、こころの現象学に関する純粋に記述的なもの、抑圧理論に関連した力動的なもの（これは既に防衛機制の理論へと拡大され、そこでの抑圧はおそらく最初に考えられていたほど重要ではありませんでした）、三番目は体系としての使われ方です。この最後の部分は、こころのモデルを構造化する方向へと進み、それに加えて、フロイトとアブラハムが苦心して練り上げつつあったリビドーの**組織化**の段階という概念も手に入れました。しかし、局所論的体系と発達論的組織化を混ぜ合わせても、一つの理論にはまとまりませんでした。特に、フロイトは、**無意識**と**抑圧されたもの**は等価ではないとそのとき痛感していたからです。この問題点を避けるための遠回りの妙策は、[2]症例「狼男」において四歳時の狼の夢は、一歳半のときの原光景という事物‐表象に、言語‐表象を再備給したと示唆することで、こうして、原光景を思考や不安を扱うのに使用できるようにしましたが、この問題を実際には封印できなかったのです。抑圧されていないにもかかわらず想起できない長い期間が、小児期早期には歴然として存在しました。そして、明らかに、「心的性質を知覚するための器官」[3]、すなわち意識がまったく**注意**を払っていない、膨大な精神活動がつねに働いていました。

無意識は、抑圧されたものという脆弱な概念に包含するには、あまりに膨大で多面的な精神活動の領域であると考えざるをえなくなりました。また、『夢判断』第七章での早期の非難に対して、さらに後の『精神現象の二原則に関する定式』における、無意識の諸過程は下位系列であるという定式化に対して、疑問が差し挟まれました。すなわち、何よりも、無時間的で、非論理的で、圧縮や置き換えに左右され、負の考え（negative ideas）を欠いているので、夢や睡眠は思慮深く問題解決的であるかもしれないという認識などからすると、無意識の諸過程は、あらゆる点で不確かであると位置づけられました。フロイトは、睡眠中に数学の問題が解ける夢を例に挙げています。問題の一端は、夢そのものに対する彼の態度にあって、生活における夢の機能を偏狭で防衛的なもの――睡眠の守護神――と考えていました。（マゾヒズムの現象と一緒に）外傷夢の問題は、すでに心的生活の経済的もしくは量的側面についての基本的な考え方の修正が必要であることの一因となっていました。それにより、『快感原則の彼岸』では、快感原則よりも原初的な経済原則として反復強迫を定式化するに至ったのです。けれども、その影響という点については何とも言えませんでした。『自我とエス』ではこの問題を避けて、新しい考え方を優先したように見えます。それは、二つの本能の融合と脱融合という考えで、本能生活における逆説的側面を説明するのを目的としていたのですが、この一手は全体的に見ると成功していません。大まかに言うと、反復強迫は、快感原則に優先して、苦痛な立場に堪え忍ぶ自我という現象を生み出すほど非常に強力になりうるという考え方は、愛と憎しみの融合――これにより後者はその激しさが中和されるのですが――が破綻し、（メランコリーにおけるように）「死の本能の純粋な文化」を解放するという考え方よりも、説得力をもつ説明のように思えます。

おそらく、定式化するうえでの問題の多くは、たとえフロイトの臨床素材が、面接室における患者との情緒的関係性を深くかつ繊細に彼が取り扱っている動かぬ証拠を提供していても、フロイトには依然として情動理論が欠けていたという事実にあります。おそらく、彼の患者との情緒的関係性は最も重要な――最も明白とはとても言えない――流儀なのですが、フロイトが『草稿』における心的生活の神経生理学や流体静力学的観点にしがみついていたので、転移過程での極めて複雑な現象を記述したり、部分的に説明するための満足のいく理論の定式化を阻んでいました。快と不快の基盤としての「興奮量」という概念では、心的苦痛に関する領域全体は定式化されないままだったのです。そして、その概念は、強硬に生命というのは本質的に意味が剥奪されている、もっと正確に言えば意義を欠いているという見解へと向かいました。したがって、去勢不安が中核の苦痛であるという考え方にフロイトが回帰しているのがわかります。そのため、外的な脅威が明示できない場合には、彼は窮地に陥り、曖昧な系統発生的説明に頼らざるをえなくなるのです。そのうえ、当然ですが、女性の性愛を理解する彼の取り組みは、控えめに言っても説得力をもたないままであり、彼のすべての定式化に男性の傲慢さという印象が持ち込まれ、女性の性は二流、「しかたがなくあるもの（faute de mieux）」という意義を帯びます。

それから、この弱点は、『自我とエス』でフロイトが精神装置の構造仮説を明確に分類するにあたって、その機能をエス、自我、超自我（または／かつ自我理想）に区分する際の特異な表現に見て取れます。人それぞれが男性的葛藤と女性的葛藤の両方をもっているとして、フロイトはエディプス・コンプレックスを「完全な」形で記述する決定的な一歩を踏み出せますが、一方で、「陽性」と「陰性」、「直接」と「反転した」といった用語に価値判断の陰影を未だ帯びさせたままです。その結果、彼は至るところで、同性愛は(「無意識」に関するフロイトの定義が混乱しているのと同様に)複雑で多面性をもつ用語であると言っているにもかかわらず、症例狼男や『女性同性愛の一事例』、さらに、シュレーバーやレオナルドにおいてそうであるように、男性の女性性と女性の男性性は「同性愛」という用語とずっと関係したままなのです。その用語は、明確にするよりも混乱を生じさせがちです。さらには、超自我を「これら二つの同一化よりなる、自我のなかに形成された沈殿物」に由来していると、完成された形で記述しようと試みています。つまり、母親と父親の両者との同一化です。それにもかかわらず、彼の自我に対する超自我の働きに関する考えは、中核像としての、そして「汝がなすべき」という「至上命令」と「汝するなかれ」という禁止作用の両方の源泉としての、父親像へと回帰しつづけているのです。

エスや超自我や外的現実への「自我の依存的関係性」に関する魅力的な節で、フロイトは彼の理論の意義をその広範な要点において吟味するに至ります。そして、そこで彼は自分が極端に悲観的な精神生活像を提案していると正直に認めざるをえなくなります。これが後に、『ある幻想の未来』や『文化への不満』、そして『終わりある分析と終わりなき分析』ではっきりと著わされることになります。しかし、一九二三年にはすでにこのことが仄めかされているのはまぎれもなく、それは三〇年前にフロイトがこの領域に入り込んだ際に携えていたヴィクトリア期の楽観主義とはまったく異なるものです。エスとの関係は、馬に対する騎手として関連づけられてきたにもかかわらず、ここでは、自我は、「三人の主人に仕える」まったくみすぼらしい奴隷と見なされています。たしかに馬というのは時折暴れるもので、時には馬が好むほうへと進ませなければなりませんし、その強靱さは尊重され、その危険性も認めなければなりません。けれども、全体として見れば、馬が御主人様であるとはとても言えたものではないのです。同じように、フロイトは、自我は思考を試験的活動として使い、運動装置への唯一のアクセスとなることで――限界は無論ありますが――外的現実を自我に適するように変容させうることを明らかにしました。そして最終的に、フロイトは、ちょうど自我がその特異な知覚能力を作動させてエスから生じたように、超自我は両親像の取り入れを介して自我の特殊機能から進化してきたと記述しています。それゆえ、超自我は進化論的な意味で「より高度」であり、両親像からの派生物ですが、優れた知識と力強さでその両親像は子どもの無力さの助けになるという示唆が、逆説を生じさせるのです。一体全体、どうして、もともとより高度で養育的な超自我が、実際には独裁者的な御主人様となりうるのでしょうか。ここで再び、フロイトの業績における理論領域では、先入観が経験から学ぶことの障害になっていると思います。というのも、彼は、潜伏期の始まりと時を同じくする「(性器期) エディプス・コンプレックスの消滅」に、良心は由来しているという定式化にしがみついているのです。それだけではなく、幼い少女には事実上、性器期エディプス・コンプレックスがないので、外的対象に縛られたままで、幼い少年のような去勢不安よりも、器官劣等感ゆえに愛を喪失することの恐怖により多く影響されると考えられています。

それでは、この悲観論をどのように理解すべきなのでしょうか？　ここでの私たちの関心は、フロイトのパーソナリティやその苦闘、人間関係という文脈からこの悲観論がどう見えるのだろうかということにはありません。そうではなく、私が意味するのは、一九二三年までに到達した立場を把握するには、彼の考え方の進化をどのように理解するとよいのか、ということなのです。なぜ、自我をそれほどまでに弱々しいと見る気持ちになり、そして政治家のようにあらゆる種類のごまかしを余儀なくされるのでしょうか？　三〇年にわたる研究が、どのようにして「神経症の選択」という問題へのフロイトのたゆまざる関心に取って代わって、「いかにして人は健康でいられるのか？」という問いを、事実上はじめて精神分析的考察にもたらすのでしょうか？

彼はこの問いを発するや否や、驚異的才能のひらめきで次世代の分析家達を導いてきた解決策をたちまち発見します。ただし、彼は一四年後[4]にはじめて解決策を明確に定式化しました（そして、二三年後にようやく、メラニー・クラインが応用しました）。『自我とエス』が出版されてわずか数カ月後に、彼は論文『神経症と精神病』[5]を書き、自我が病気に陥るのを予防するために切り抜けなければならない葛藤状況に言及しています（p.152）。

> まず第一に、そのような状況すべての結果は疑いもなく経済的な理由、つまり互いに競合する動きの相対的な規模の大きさによるでしょう。第二に、自我は自らを変形させ、それ自体の統一性が侵略されるのを甘受し、さらにおそらくは自らに分裂や分割をもたらすことで、いかなるふうにでも断裂を避けることが可能となるでしょう。このようにして人間の矛盾や奇異さ、愚行は、抑圧を回避することにおいては、性倒錯と同じ立場にあるようです。

当時のフロイトの理論構造に内在する悲観論の源に関する問いへの別の回答は、彼が軽く触れたことはあってもまだ活用したことがない二つの概念に見出せそうです。このうちの一つは、万能感の性質であり、フロイトは鼠男や狼男やシュレーバーの臨床現象でそれをはっきりと認識していました。二つ目は、「内的世界」や「空想の世界」の定式化です。これはシュレーバーの「世界没落空想」を理解するうえで、大きな役割を果していました。そして、そこでフロイトは、対象からのリビドー撤退により崩壊しはじめる「世界」は、性格の基盤を作り上げる「昇華と同一化の総和」から構成されていたと考えてもよいと理解したのでした。けれども、彼はこころの構造論のなかに、それに相当する実体のある場所を見つけられませんでした。というのも、世界というものに構造的な意義があるとは思えなかったからです。一九二四年に論文『神経症および精神病における現実の喪失』に著わしています（p.187）。

> けれども、神経症と精神病との際立った違いは、神経症においても不愉快な現実をより主体の願望に沿ったもので置き換えようとする企てがないわけではないという状況証拠により目立たなくなります。これは**空想の世界**、つまり現実原則が導入されるときに現実の外的活動から分離される領域の存在によって可能となります。この領域は一種の「貯水池」のように、生活に不可欠なものからの要請とはずっと無縁なままなのです。

この頃には、（以前は自我理想のものとされていた）現実検討の機能を、自我の役割と能力の一覧のなかに戻してしまいました。

『自我とエス』についての考察を終え、フロイトが面接室での現象を記述する（そしていくらかは説明する）ための概念装置を定式化しようとして到達した立ち位置を吟味するにあたり、私は、今後の考察に際しては彼の研究方法の欠陥をこころに留めておくべきであることを示唆しておきます。第一に、情動に関する妥当な理論がなく、まだ興奮量を検討していました。第二に、葛藤の所在地が依然として特定されないままでしたが、この領域における一元的仮説に彼がまだ固執していたのがその理由のひとつです。第三に、証拠を充分に見つけていた万能感という特質を使用できずにいました。第四に、夢は睡眠の守護神という取るに足らない機能にまだ固執していました。そして最後に、「空想の世界」に、外的世界がリアリティをもって把握されることに匹敵する、こころの「世界」それ自体のリアリティがあるという重要な側面を見ようとはしませんでした。

▼訳註

1――早発性痴呆と訳されるべきなのかもしれないが、メルツァーはdementia praecoxとは記述していない。フロイトの防衛・神経精神病のような単一精神病観に依拠して老年性痴呆などを含めた痴呆を視野に入れているのか不明である。

2――『無意識について』より。

3――「無意識と意識」『夢判断』より。

4――「防衛過程における自我の分裂」と考えられる。ドイツ語では一九四〇年、英語では一九四一年に出版されている。ただ、Ernest Jones（1957）*Sigmund Freud Life And Work, Volume Three : The Last Phase 1919-1939*. London : The Hogarth Pressによると、すでに一九三七年に執筆されている。以下抜粋する――「フロイトの没年後に出版されたもう一つの論文に、「防衛過程における自我の分裂」があり、一九三七年のクリスマスに書き上げられていた。それは短いが重要であった。フロイトは自我を一つの統合体として捉えるのは間違えであると主張していた。幼児期では現実への態度に関して自我の分裂はたくさん生じうる。そして、年月が経つにつれこの分裂は深まる。彼はあるケースの断片をこれが如何にして生じうるのかに関連させた。フロイトがなぜこの小論を完結させなかったのかわからないが、推測するに、このケースの詳細が公によく知られた人物である、この患者の素性を明らかにしてしまうからだったのかもしれない」。

5――邦訳は『フロイト著作集』と『フロイト全集』に掲載されている。

第14章

晩年

不安とこころの経済学

幾分もの悲しいフロイトの晩年にいよいよ到達します。それは、『制止、症状、不安』の執筆から死に至るまでの最後の一二年間です。彼は、病んでいたものの、精力的に執筆を続けていたようで、幾度もの手術の合間に三巻に及ぶ論文を書き上げました。彼の関心は、明らかに人類学や社会学や政治学といった他の分野への精神分析の発見が及ぼす影響を振り返ることに強く向けられ、『ある幻想の未来』、『文化への不満』、『人間モーセと一神教』といった著作を生み出しましたが、私個人としてはあまり興味を引かれるものではありません。彼の文体には変化が生じています。さまざまな箇所でとても冗長で散漫になっているのですが、私が思うには、おそらく執筆こそが彼の人生に不可欠な一部分となっており、信奉者たちはもちろん彼によって書かれたものには何にでも関心をもったのです。

しかしながら、私はこれらの著作について論じようとは思いません。それよりも、精神分析での彼の臨床的着想やツールや装置を一度整理してそれらを関連づける検討を提案します。つまり、女性の性愛の問題、倒錯についてのより明確な視点、さらに自我のスプリッティングという概念と精神病理の機制に関するより明快な全体像といった、技法の進展よりも捉え方の進展に関わる検討です。これらすべての論文が一流の著作ではおそらくないにしろ、重要な価値があります。たとえば、一九二〇年から一九二六年にかけての驚異的な六年間で、理論すべてが改訂されて構造論となり、構造論を用いたこころのモデルが面接室で使われるということが起こりました。『不安の問題』と時として呼ばれる『制止、症状、不安』は、不安についてのフロイトの以前の立場をたしかに覆しました。はじめの頃、彼は、不安を性衝動のうっ滞や性衝動が心的苦痛へと変容した結果生じたこころのなかの雑音の一種であると考えがちでした。しかし、ここで、実は不安こそが問題の核心であると結論を下し、不安という用語を（かつてのように）単なる記述的な用語としてだけではなく、こころのなかに迫りくる混乱のシグナルとしての機能を果たす、心的苦痛の一般用語としても使っています。この不安の信号論こそ私達が実際に取り組んでいるものですが、不安の理論はクラインの手によって大きな変貌を遂げ、（フロイトのシグナルに相当する）迫害不安と抑うつ不安に区分されました。後者は、心的苦痛の概念により合致します。

このようにして、フロイトは、精神分析が関わった問題は、情動にまつわる概念とより密接に関連づけられた用語で語られることが最適だと、次第に考えるようになりました。情動、特に苦痛な情動こそが問題の核心であり、快感原則は単に不快を回避することではなく、本当は種々の心的苦痛に対処することだったという観点にたどりついたようでした。この観点は、実践に使えるこころのモデルに必要な究極の一片として正しい場所にうまく収まりましたし、私たちが精神分析で用いるモデルでありつづけていると思います。こころの構造——自我、超自我、エス——は、自我やエスよりも「自己」という考え方に向かうことで、ほんのわずかに修正されました。すなわち、自己は自我とエスから成り立っていて、さまざまにスプリッティングされるという考え方です。基本的には、私たちは、今でも自己の起源は自我とエスですが、「自己」が操作していると捉えています。萌芽的パーソナリティや萌芽的なこころは、もともとすべてエスであり、経験という衝撃によりエスからこころの分離した組織――自我――が進化し、そこから、さらに取り入れやその他の過程の結果として超自我に進化するというフロイトの着想には、崇高な美があります。こころの発達は人類においてこころの進化を繰り返すというそのあり方の進化論的な視点は、多くの分析家にとって実用的というよりも関心を呼び起こす鮮やかなモデルとなってきました。

このモデルを樹立してからの数年間、フロイトの病状は深刻だったのですが、精神分析的思考の応用にも没頭し、精神分析運動が世界に何を示したかを理解しようとしていました。それでもなお、臨床活動や実に途方もない数の同僚たちへのスーパーヴィジョンを続けていました。その頃までには、分析家の作業の限界は、自分自身の無意識の「コンプレックス」（彼はまだそう呼んでいました）にどの程度接してきたか、つまり自分自身の無意識の葛藤に主に課されていることをかなり確信していました。しかし、分析家の作業は、自分の仕事や日常生活のなかで自己分析の過程を継続することに左右されていることも、鋭く認識していました。彼はまた、ほとんどの職業や仕事と同様に、分析も職務上の危険を伴うと、さまざまな悲劇から気づかざるをえませんでした。つまり、分析作業は、分析家の精神的健康を危険にさらすと考えたのです。そして、このとき、分析家たちに五年ごとに分析に戻るように助言しました。しかし、当時の訓練分析は本当におざなりなもので、（一九三五年頃の）フロイトはわずか数カ月だけで事足りるものと考えており、分析家が、分析方法が実際に使われているのを直に体験することや、夢分析や内省の基礎を学ぶことに主として費やされました。そういう訓練分析は、フェレンツィを連れて公園を散歩するよりはましでしたが、治療的観点がなく、彼の死後数年を経て、第三世代の分析家が訓練を受けることになった頃、ようやくあるべき姿になりました。フロイトは、特に論文『終わりある分析と終わりなき分析』[1]のなかで、完璧な分析など存在しないとはっきりと言い切りました。すなわち、どんな分析でもせいぜい自己探索と発達を継続するための準備にすぎず、人々に人生で葛藤をもたせないようにするつもりはなく、それらに直面するよう備えさせるにすぎないのです。分析はその過程の始まりであって、終わりではないのです。

精神病理学への彼の関心は、この時期の間にかなり減衰したと私には思えます。一方、健康な発達についての関心は二つの方向に強まりました。そのひとつは、女性の性愛に関する視点の変化において明らかです。女性の分析家たちが、女性の性愛について異なる見解を得られたのは、単に女性であることや直接の体験によって知っているだけではなく、患者たちからより豊富な母親転移を引き出せるからだという理解が彼のなかで育っていきました。その当時、男性の分析家はどのように上手く母親転移の現象を取り扱ってよいのかわからず、主に父親転移を見定めることで、所謂「父親コンプレックス」に働きかける傾向が実際にあったのです。フロイトは、その時代の女性分析家に恩恵をこうむったことを認めていましたが、彼の女性の性愛についての視点の転換はとても有益であったと私は思います。彼は、男性性と女性性に対応するかのように能動的と受動的を区別することを部分的に放棄し、男性性と同様に女性性のなかにも強い能動的傾向が存在することを認識しました。このことは、より深い病理現象として受動性を理解する方向へとわずかながら前進し、受動性を依存や受容から区別することになりました。幼い女の子は自分のヴァギナについて何も知らず、ヴァギナの感覚もないという見解にかなり固執していましたが、それにもかかわらず、女性はあれやこれやについてもっと知っているかもしれないし、自分が間違っているかもしれない、ということも認めているのです。女性の根本的困難はペニス羨望に起因するという彼の見解は誇張されたものであり、（ヘレーネ・ドイチュやその他の人々が主張したように）彼女たちのペニス羨望はたしかに二次的なもので、女性性発現の一次的な表出ではまったくないかもしれないとも、彼は認めていました。最も重要なことですが、幼い女の子はエディプス・コンプレックス――すなわち女性的エディプス・コンプレックス――を形成するという、とても困難な課題を自分の責任として抱えていることに彼は気づきました。女の子が一次的な前性器的（彼は「前エディプス的」と呼ぶことを未だ主張していましたが）愛着から変わることの困難さが非常に際立っていたので、父親への強いエディプス的愛着を形成することは、幼い男の子が母親との一次的関係性を男性的エディプス・コンプレックスによって性愛化するよりも、もっと難事業でした。彼は、幼い女の子がこれをどのようになんとか成し遂げるかを大いに考え、それから、女の子をこの方向へと駆り立てるかもしれない動機を列挙する際に、この動機は主に母親に対する恨みだとしています。つまり、母親が自分にペニスを与えてくれなかったこと、母親がおむつを替える際に性的な刺激を与えたのに十分な満足感は与えてくれなかったこと、母親への羨望、去勢不安と母親の手によって去勢されたという信念、母親に貪り喰われてしまうという不安であり、これらすべてが注意深い臨床観察に基づいています。しかし、これらすべてが、一方では恨みによって、他方では不安によって駆り立てられるという、どちらかと言えば負の動機であり、概して女性性像をむしろ不健全なものとして助長しています。この晩年における理論的観点であまねく欠落し見落としていることは、まさに同一化概念の使用です。つまり、幼い女の子が陽性の動機で母親と同一化し、それによって母親の父親への愛を経由して、愛情をもって父親に向き合うかもしれないことを充分に念頭に入れていなかったのです。したがって、彼は、幼い女の子が父親から赤ん坊を授かりたいと切望するその激しさを考慮できず、一方では性的満足への渇望を、他方では失望して母親に復讐するさまざまな動機をひたすら考えています。女性の性愛に関する視点は、その複雑さと能動性の役割を認識し、幼い女の子の困難な課題に敬意を払うところまでは大きく前進しますが、その女の子のなかにある陽性の愛情からの動機はほとんど把握されていません。それどころか、彼女は、主として恨みがましい負の動機によって、性欲の対象としての父親やペニスに惹きつけられていると、フロイトは仄めかしています。幼い女の子の自分の人形への愛着について彼は語っていますが、これを母親との競争の類であるという観点だけから見る傾向にあり、母親への賞賛や、幼い女の子がエディプス・コンプレックスを形成するうえで役割を果たす同一化の陽性的側面を考慮していません。

おそらく、フロイトは、超自我の自我理想的側面、つまり超自我が自我に取り続ける励ましや、栄養を与えて育てるといった側面を途中で忘れてしまっていたのでしょう。超自我の過酷さについての見解が、この時期に強固になったのは疑いようがないと思えますし、それは分析における治療的課題についての考え方に影響し、治療的課題のある部分は超自我の支配から自我を解放することだとはっきり述べるほどです。後の精神分析家たちの論文では、(2)これは修正され、フロイトの「エディプス・コンプレックスの解消」という寸言は「超自我の解消」に変わります。これは、超自我はパーソナリティのアルコール可溶成分である、というひとつのジョークを想起させますが、実に皮肉なジョークではあります。

このことが、精神分析を文化的適応に奉仕する価値体系を普及させるという立場にだけ置いてしまい、人それぞれの成長や個性や価値観での特異性、その人の文化からの独立性や健全な反抗が入り込む余地をまったくなくしてしまったのでしょう。主にこのような観点から、精神分析的方法やその効果に対するフロイトの晩年の意見が悲観的であったのです。その悲観論が最も明白に浮き彫りになっているのが、あの有名な『終わりある分析と終わりなき分析』論文においてです。この考え方が、自我に、超自我との自我理想的関係をまったく託さず、超自我に、理想や価値を高める機能を何も割り当てなかったので、理想や価値の内的源泉が欠乏し、それらを外の文化から吸収せねばならなくなったのでしょう。これは、文化への適応は不可欠であり、内的自由を犠牲にして成し遂げられるという趣旨の『文化への不満』の全体の傾向と関係しています。彼は、自由の可能性や悪しき文化への健全な不適応を思いついていません。

『終わりある分析と終わりなき分析』を通して染み出ている分析への悲観論は、ある種独特なものであることを言っておきます。それは（理論という点ではフロイトはきっぱりと否定するでしょうが）、分析の方法や理論は完全であるかのように、その方法はそのとき完成されてしまったかのように、さらには、その方法の有効性がほぼ最終的には評価されうるかのようにフロイトが考えたことによる産物だと私には思われます。「量的」要因や「経済的」要因のために、精神分析ができないことの面に重圧がすごく襲いかかるのです。これら経済的要素は、死の本能や破壊性（一次サディズム、一次マゾヒズム、二次サディズムとマゾヒズム）に関係していると感じられていました。そして、これらの衝動の強さは、分析で陰性治療反応を引き起こすと思われていました。それは、転移での「無力（inertia）」[3]や「粘着性（stickiness）」と彼が呼ぶものとして現われ、治癒への敵対や罪悪感へのしがみつきを生み出したのです。これら三つは、つまり、転移に現われている粘着性やリビドーの無力、洞察へと至るいかなる前進に対しても陰性治療反応を生じる傾向、自分自身の罪の経験を反復することにかなりマゾヒスティックにしがみつく要素ですが、互いにつながっています。

フロイトは、真に満足のいく治療成果が達成されたそのかなり前に、分析が軋みをあげ、ゆっくり停止する経験を自らがすでに経験してきたし、同僚たちが繰り返し経験しているのを目にしたという印象を免れえません。これらの要因は、フロイトが決定的に重大と考えた五歳までの経験によって当然ながら修正されるのですが、彼は主に生来のものであると考えました。この最初の五年間を過ぎると、パーソナリティの構造に影響があったとしてもそれはごくわずかなものと思われました。潜伏期が確立されるまでには、パーソナリティ構造や性格の基盤も同じように確立されたのです。

この論文が含意するものは、分析の発展にかなり悪影響を与えました。まず第一に性格分析への意欲を削ぎ、第二に症状を治すことに対して分析家たちを制限させがちで、第三に論文の論調から、技法上の革新や実験のやる気をなくさせがちでした。フロイトはすでに、フェレンツィが晩年により能動的な技法で行なった実験や、分析過程を短縮するための新たな試みや、解釈以外の抵抗を扱う技法について、かなり厳しく諌言していました。フロイトの子どもの分析に対する態度は（二つの脚注において、その開発者たちの功績は認めていますが）、社会的観点からも科学的観点からも、子どもの分析に将来の精神分析における重大な役割は与えないというものでした。このことはおそらく、彼が少年ハンスから引き出した収穫がかなりわずかであったことに関連していると私は考えます。つまり、成人の分析からすでに引き出されていた、乳幼児神経症の存在とエディプス・コンプレックスが実在する証拠を裏づけるためだけに、この症例がもつ豊かさすべてが結局は使われたのでした。

多くの点でフロイトは正しかったのですが、それは根拠が正しかったからではありません。彼が正しかったのは、子どもの分析はとても難しく、首尾よく分析をできる人はわずかであり、さらに首尾よくできる人でも長年にわたりできる人はわずかであり、親は子どもたちの十分な分析に必要な犠牲を払うのを望んでいないことが判明したからです。たしかに、その傾向としては、子どもの分析は、子どもガイダンス・クリニックへと流れ、研究業績をあげるにはあまりにも科学的立場の低い若輩者の手にゆだねられています。子どもの精神分析が成人患者の精神分析に技法面で革新をもたらすとは、フロイトには思いも寄らなかったのだと私は思います。

最後に、『終わりある分析と終わりなき分析』の悲観論の一因と考えられそうな別の理由があるのですが、たぶんそれはフロイトにとってより私的なものです。おそらく彼は、精神分析的作業に惹き付けられた人々の質に失望したのです。ところが、初期には、彼の楽観主義と情熱は、彼の周りに集まってきた人々を理想化する傾向がありました。やがて彼は、当然のこととして精神分析に惹き付けられた人々は概して精神分析的治療が必要な人々であるということを知って、幻滅しました。精神分析はなおその初期段階にあり、その治療効果にも限界があったので、精神分析学徒たちに一流の精神分析的作業を行なったり、職務上の危険に耐えうる程度まで期待するには無理がありました。この悲観論は、分析の方法や技法が、科学としては萌芽的で、その乳幼児期にあるというよりも、むしろはるかに先を行っていると考えているフロイトの傾向からすれば当然の成り行きでした。たとえば、彼は、精神病とパーソナリティの精神病的側面は、精神分析的治療効果の可能性の外にあり、つまり、そのような患者たちは転移神経症を形成できないだろうとずっと考えていました。狼男が一九二六年に患ったときの転移精神病は、彼の観点を変化させなかったようです。

フロイトは、精神病の起源を個人史における早期の前言語期に置いていたため、想起の可能性の見込みはないとしたので、乳幼児期健忘からの回復に匹敵する治療過程を定式化できませんでした。このことから、『終わりある分析と終わりなき分析』と大変密接に結びついているもうひとつの論文『分析技法における構成の仕事』という短い論文が私たちの目に留まります。その論文の表題で彼が言わんとしていたことは、私たちが後に「分析における再構成」と呼ぶようになったものでした。分析的方法への彼の観点は、依然としてそれをジグソーパズルのようなものとして扱っていたことがそこでは明白です。たしかに、解釈は、浮かび上がるままの素材の小片を扱う分析家のその瞬時瞬時の活動として捉えられているものの、分析家の重要で統合的な作業は、乳幼児神経症の歴史を再構成する創作であると考えられており、ついで分析家はそれを患者が受け入れ、かつ影響を受けられるようにゆっくりと「ワークスルー」しなければなりません。治療的作業は、分析家のこの知的活動とそれを患者が知的に受け入れるかどうかに大きく左右されるとフロイトは考えました。というのも、この再構成は、乳幼児期健忘を取り去り、乳幼児神経症の間の十分な記憶を取り戻すことを支援し、患者にとって説得力があると考えられていたからです。

人生の最早期、つまり、言語化能力が発達する前の最初の一八カ月間では、事物‐表象は、意識に到達することが可能である言語‐表象にはならないことになっていました。このように、フロイトは、こころの働き方に関する自分自身の理論によって足を引っ張られ、分析中にこころが動いているときに、まさに転移体験として、思い出しこころに浮かぶことがあるという可能性に思い至ることができませんでした。これはひとつに、彼にとっての真実とは、ずっと外的現実を知ることを指していたからであり、そして、そのことはまた、「イマーゴ」というよりもむしろ、連続存在（continuous existence）(4) である人の姿が棲むこころの空間を、（「内的世界」という言葉を使っているにもかかわらず）充分に概念化できなかった結果だと考えることができるかもしれません。そして、彼の内的世界の考え方はこれを越えられなかったので、意識を「心的性質を知覚する器官」と呼んでいたにもかかわらず、彼の真実の概念は心的現実を知ることにはなりえなかったのです。彼にとっては、現実感を確立してこころの健康を達成することは、乳幼児転移の歪みを起こしやすいという傾向、すなわち、過去が現在の外的世界についての知覚や体験を歪める傾向を取り去ることを特に意味していました。このことは、こころの健康の本質についての彼の考え方に、とても大きな制限を課したように私には思われます。

その一方で、彼はこの数年の間に大きく前進し、こころの健康を、単に精神病理がないとか精神病理の陰画としてではなく、精神分析が、それをそれ自体として研究すべき問題であると考えるに至りました。『呪物崇拝』と『防衛過程における自我の分裂』という二つの論文において、人はいかに健康でいることができるのだろうという問題提起をするやいなや、彼は見事にその問いに答えます。自分の自我をスプリッティングすることと、自我の不健康な部分を抑圧へと、あるいは、ある方法での防衛によるカプセル化へと追いやることで、人は健康でいることを成し遂げ、そして自我の健康な部分を外的世界へと向ける、と彼は提言します。フロイトは、フェティシズムとの関連で、この自我のスプリッティングという概念に到達すると、それを、人はどのようにして健康でありつづけるのかという問いにあてはめ、とても有益な答えを用意したのです。しかし、「分裂（splitting）過程」という用語の使い方を、メラニー・クラインが一九四六年の論文で用いた使い方と同じとみなすのは間違いでしょう。その論文のなかで、彼女は分裂過程を「分裂（schizoid）機制」として記述しており、フロイトとはまったく違うものを意味しています。フロイトは、主に注意のスプリッティングに言及していて、それが自我のなかにある種の分割を引き起こし、外部世界への注意は自我の健康な部分によって遂行され、症状や超自我への注意はパーソナリティの精神病的な構成物によって苦しめられている部分によって遂行されました。以前の彼はフェティシズムを再定式化することを考えはじめるまで、すべての証拠が反駁しているにもかかわらず（たとえばシュレーバーでのように）、自我はこころのたったひとつの統合器官であると仮定しており、体系的にこれを疑問に付すことは一度もありませんでした。

さて、それでは臨床精神分析という観点から、これら晩年の進歩について要約したいと思います。この数年の間彼をいささか苦しめた悲観論を理解することは重要です。というのも、それは精神分析的思考の発展にさまざまな方面で計り知れない影響を与えたからです。この影響は、もっぱら正統性を強化し、技法上の革新を抑制したところにあり、それによってリビドー理論のエネルギー概念をある程度温存し、その概念を少しこころの構造論へと吹き込みました。なぜならば、フロイト自身はこのようにして、物事の量的な側面についての自分自身の先入観をもちつづけていたからです。このメタ心理学というカテゴリー（経済的カテゴリー、つまり量的関係への固執）は、理論上は疑う余地なく正しいものですが、実践にはまったく役立たないものであり、そして分析家にとっては避難口や分析的失敗を捨てられそうなゴミ箱の機能として役立ちやすいものでしょう。それは、分析的失敗とさらに戦っていこうとする態度をくじき、分析家に自分自身の失敗への全責任を負うことを思いとどまらせ、患者を責めて分析の失敗は患者の側にあり分析家の側にはないと決めてかかる方向を助長します。好ましくない徴候のひとつは、政治的信念のようなもの、つまり精神分析的流刑地への追放である「分析不能（unanalyzable）」という用語の出現です。これは、論文『終わりある分析と終わりなき分析』と直接関係して生じてきたと思われ、私たちがフロイトから受け継いだ遺産のなかで最も不幸な部分であると思えるのです。他の面は、なんとも輝かしいものであるとしても。

▼訳註

1——フェレンツィは気乗りしなかったフロイトから分析を受ける約束をどうにか取り付け、一九一四年九月二六日から始まった。分析は三期に分けられ一九一四年に一回、そして第一次世界大戦をはさんで一九一六年に二回行なわれた。どれも三週間という短いものであったが、日に二回と濃度の高いものであった。その分析の詳細については、フロイト－フェレンツィの往復書簡でも明らかではないが、田園を散歩しながら行なわれ、日に一度は食事をともにしたと言われている。

2——たとえば、Joseph Sandler (1989) *Guilt and Internal Object Relationships*. Bulletin of the Anna Freud Centre がある。

3——『フロイト著作集』や『フロイト全集』においても「怠惰」と訳されているが、「無力」ないしは「無気力症」の訳のほうが適切ではないかと考える。

4——メルツァーはこの言葉をデヴィッド・ヒュームの哲学から引用しているようである。ビオンも constant conjunction といったヒューム哲学の概念を使用している。次に『岩波哲学・思想事典』からの引用を記す。「現実には断絶する知覚対象の連続的存在および心を離れた対象の外的実在性は想像の虚構の産物であり、また、対象の同一性も変化と多様の中に単一を求める、同様の虚構の所産にほかならない。［…］「自我」も「知覚の束」、いくつかの知覚が登場しては消え、再登場する、いわば「劇場」にほかならない」。

第2部

クラインの症例リチャード再考

『児童分析の記録』の批評とメラニー・クライン解説

謝辞

本書の編纂と校正にご尽力いただいたエリック・ロード、キャサリン・マック・スミス、マーガレット・ウィリアムスの諸先生に感謝申し上げます。

序文

メラニー・クラインの業績をどのように系統的に教えようとしても、すぐに困難に陥ります。その困難は、フロイトを教えるときに直面する問題とは全く逆のものです。フロイトでは理論と臨床が主客転倒していますが、クラインでは理論的なものがほとんど存在しないからです。このことがすぐにそれとわからないのは、彼女の初期の業績のすべては、リビドー理論や局所論の用語に始まり、新しい構造理論の用語へ推移するフロイトやアブラハムの理論言語で表現されているからです（躁うつ状態に関する論文までがそうですが、実際には一九四六年の分裂的機制についての論文でようやくきっぱりと決別する方針を取ります）。

利口なこの女性が信じやすいとは全く思えませんから、彼女は科学の考え方に本当に興味がなかったと考えざるを得ません。エヴィデンスの法則である、記述・モデル・理論・表記法の区分、定義的言説の層の違い、これらのどれにも彼女は関心がありませんでした。その理由のひとつに彼女の謙虚さがあります。彼女は自分の業績をフロイトのものに単に加筆し明確化しただけと考え、方法やこころのモデルで大きな飛躍を遂げたとは全く認識していませんでした。フロイトが初期に彼の孤立感に感じていたのと同じく、彼女は自分に向けられた敵意に傷つき打ちのめされやすく、それらの着想への単なる敵愾心と考えやすかったのでした。たしかにこの対立の多くは、コミュニケーションの貧困さや言葉のとげとげしさ、さらに彼女の（そして同僚たちの）筆致にある独断的な態度が引き起こしたものでした。これらは、フロイト、アブラハム、そして後のクラインの「継承（mantle）」をめぐる派閥闘争の前提条件です。クライン派神話の解体（dis-mantling）を語るのは下手なだじゃれですが、これはたしかにこれからの講義の主な目的のひとつなのです。

これを行なうために私は、クライン自らの果敢な試みが具現化された、ユニークだが滅多に読まれない傑作（ヘンリー・リード曰く、自分の書棚の『戦争と平和』の横に置かれている）『児童分析の記録』を、もう一度強要することを選びました。講義‐セミナー形式の試みはおおむね成功しました。これが印刷物の形で役目を果たせるのかどうか確信がもてないのには、二つの理由があります。一つは、本書の原本が丹念に学習されたか、もしくは少なくともごく最近に読まれていなければ、講義はほとんど理解できないものになることです。二つ目の理由はさらに複雑です。講義は(たとえ入念に準備されていたとしても)即興であり、それが記録され編集されることになりました。結果は、文章として見ればかなり不満の残るものでしたが、私のクラインとの（内的な）関係という個人的味わいゆえに損なわれていません。こうすることで、崇拝や偶像破壊といった雰囲気をつくらずに、賞賛や尊敬とともに批判的態度が維持できることを願っています。この臨床作業についての私の論議には、一九六二年から一九六四年にかけて、エスター・ビック、マーサ・ハリス、ドゥリーン・ウェデル、クロードとエリナー・ウェデルスたちのグループが徹底的に行なった本編の検討と、エリナー・ウェデルス博士が残していてくれたその間の記録が背景にあるのです。けれども、クラインの業績への批判と賞賛はすべて私自身に責任があります。

一連の講義の第一の目的は、この重要な著作を訓練生が読み下し、願わくば学ぶことを援助することでした。第二の目的は、この臨床作業とクラインの覚え書きを、彼女の方法と着想の半ば系統的なレビューの土台として使うことでした。この検討は、臨床素材に現われる問題によってその順序がある程度は決められてしまうので、歴史的（ないしは時系列的）意味においても、また系統的意味においても、順序立っていません。しかしながら、クラインの重要な着想の多くが再検討され、フロイトのものと対比され、その結果両者においてな何らかの明確化がもたらされたと私は思っています。

第１章

第１週［セッション１〜６］

分析状況を確立すること、妄想－分裂ポジションと抑うつポジション概念の進展

この著作『児童分析の記録』は、一九五七年に出版された『羨望と感謝』の後、一九五八年から一九六〇年にかけて書かれたようです。臨床作業は一九四一年になされ、まず「早期不安に照らしてみたエディプス・コンプレックス」（『国際精神分析誌』（1945））としてまとめられ、その後一九四六年にすべてが改変されて、「分裂的機制についての覚書」（『国際精神分析誌』（1946））という論文として出版されました。

分析最初の第一週は、チェーホフの戯曲のように幕が開きます。すべての登場人物がすぐに紹介され、すべてのテーマとわき筋が暗示されます。一〇歳の子どもの分析の最初の一週目としてはあり得ないものです。これは、クラインにすでにいくつかのアイデアが念頭にあったからであり、おそらくはリチャード

の母親からかなり生活歴を訊いていたのでしょう。その結果クラインは、急ぐあまりに無理強いという過ちを犯し、技法や解釈の誤りを犯し、後にそれらを埋め合わせざるをえませんでした。『児童の精神分析』(1)に記述されているように、クラインの技法は特に幼い子どもにおいて発展し、潜伏期、思春期、青春期の子どもにおける技法は、実際これを拠り所にした修正でした。技法の基盤は、**分析状況の確立**を目指し、それはある種の転移を作動させることを意味していました。クラインの転移の作動方法とは、解釈を通して最も深い不安を軽減し緩和することで、子どもの無意識のために骨を折ることでした。

さて、リチャードは潜伏期の子どもの年齢であり、クラインを訪れたときには、彼の表立った不安は最も軽い状態であったのがわかると思いますが、一方でクラインが幼い子どもにおいてつねに経験していたのは、母親から離れプレイルームに来るときには、子どもはほとんどいつも些細な素材を精査しても激しい迫害不安を経験していたことでした。しかしことリチャードに関しては全く異なっていました。つまり表立った不安はほとんどありません。クラインは医師でもなければ、男性でもありません。リチャードはよく女性を喜ばせ味方に引き入れていたので、明らかにクラインと会うのを楽しみにしていました。第一週で生じたことは意図的であろうとなかろうと、クラインは不安を軽減するのではなく作動させたのです。そしてリチャードの不安を作動するために用いたクラインの技法は、軽減させるためのものと全く同じで、すなわち深層へまっすぐ入っていこうとするものです。

第一回目のセッションでこのことを、浮浪者に母親が襲われる恐怖に関する素材に対して、彼女は熟練の腕でやってのけました。すぐにその舞台は登場人物であふれます。すなわち原光景が導入され、そしてその後三回のセッションで配役が確立されます。ママ、パパ、兄のポール、リチャード、そして犬のボビーがいて、あるところでは「料理人」、分析のライバルであるジョニー・ウィルソンがいて、またあるところではリチャードは死んだのを承知しているにもかかわらず実際には死んではいないクラインの夫がいて、さらにクラインの息子がいます。舞台設定の背景には、戦況を反映した壁に貼られた地図とガールスカウト部屋の道具一切があります。その意味では、分析を実践するのにはごく稀な設定ですが、ほとんどロールシャッハのように、扱うのに充分な素材が壁一面に散乱しています。リチャードが何を選ぼうとも、彼には連想な意義があるものとみなされるでしょう。というのも、それは壁の多種多様な写真や絵葉書から選ばれていたからです。

まさに第一回目のセッションから、クラインが分析状況を強引に押し進めているのがわかります。たとえば、いつもならクライン自身が技法的な誤りであろうと考えた方法を強要しているのです。つまり、生活歴からの知識を使って、リチャードが母親を心配しているのではないかという特別な素材[2]を探しています。そこから浮浪者に関する素材がすぐに出現しました。クラインはリチャードの不誠実さ、狡猾さ、裏切りといった明白な性格面——開始早々から明らかなテーマです——を顧慮しながらも、非常に優しく接していきます。クラインは、感情や衝動の悪い側面にリチャードを直面させる際には、必ずや即座にもう一方の側面である、保存し保護したいという欲望を認識させてバランスを取っています。

この第一週では、この子の人生すべての場面を創り出し呼び起こすことに加えて、クラインは自身の理論的装置の膨大な全容をリチャードに知らせます。すなわち、良い対象と悪い対象のスプリッティング、愛と憎しみの葛藤、迫害感と抑うつ感の葛藤です。彼女は心的現実の否認といった心的機制や、願望すること、思考すること、行動することの違いをほのめかしています。さらに、リチャードが自身の部分を犬にスプリッティングしていることを彼女は示唆し、彼の内部でのスプリッティングや、たとえば自己の悪い部分を猿に担わせること、また原光景とそれに彼自身が関与する空想（二匹の犬の間にいる仔犬に関する素材）に言及しています。クラインは口唇、肛門、性器の性愛領域に関する理論を、犬のボビーが石炭を食べることや、リチャードが自分の「ウンコ」と遊びたがっていることに関連させて展開しています。そしてしまいには、万能感の概念も彼に伝えています。

さて、クラインはこれらの概念を、多くの点で素材にやや先行する仕方で性急に持ち込んでいるようです。これは、小道具の猿に万能感の概念が導入され、そして現実の悲劇はリチャードが風邪をひいたことであっても、破壊衝動が御しがたいほど強力であると認識したことであっても、悲劇の概念が導入されたことが顕著に見てとれます。しかし私が思うに、クラインは記述こそしていませんが、極めて評価できる仕方で作業をしています。つまり彼女は、（性交についての名称を彼に与えただけでなく）リチャードとのコミュニケーションにおいて、多くの点で分析に特異的で、その意味でこの分析用の語彙とシステムを構築し確立することに取りかかります。それは、これまでリチャードが話しかけられてきたものとは全く異なるものでした。彼女の技法のこの側面は、分析状況というある種の一時的隔離を確立するものです。リチャードの不安を動員させ、これらの不安を伝える手段があり、（リチャードはそんな恐ろしいことは聞きたくないと言っていますが）クラインがこれらの不安や苦痛を扱う技量を持ち合わせていることを示すことで、彼女は迅速かつ巧妙に状況を構成しています。一週間のうちに分析が、とても濃密な分析が、進行しているのが見てとれます。週末には（母親が彼を連れて来なければなりません）、彼は週末の休みを予期し、子どもへの恐怖がひどく悪化しています（これは極めて稀なことです。一般的に子どもというのは、最初の週末のインパクトを予期しないものです）。クラインがすでにしばしの安堵をリチャードにもたらしているのが、六回目のセッションでリチャードが砂場で一人の子どもと遊び、こてをなくしたと報告したことに示されています。彼の主要な困難のひとつは、他の子どもと全く親しくできないことでした。

このように非常にダイナミックな第一週であり、分析は迅速に展開していますが、それはまず第一にリチャードが夜を恐れている（浮浪者の話題）のを呼び起こすことを通して、不安を特異な仕方で動員させたことに基づいています。第二には、たとえば性交（両親の間での実際の出来事としては、実はこれまで誰も彼と話し合っていません。しかし母親は何度か「人生の真実」についての「情報」を与えています）に関する交流手段を確立しながら解釈しています。第三にクラインはその次に、空想とそれらの意味を極めて迅速に探求し、転移へと引き込んでいます。リチャードが当然の帰結としてクラインへの疑念（地中海の戦艦のように封じ込められる怖れ、クレタ島の兵士のように見捨てられるのではないかという恐れ）を抱いているにもかかわらず、彼女は状況を前進させています。これらすべての不安が動員され、彼を襲ったにもかかわらず、クラインはリチャードに一時の安堵をもたらし、それを彼は現実の外的状況において経験できたのでした。クラインはまた、転移において彼女への好奇心と興味を喚起させました（オーストリア人であることへの疑念、どの国に行ったことがあるのか、といったクラインへの質問がそのことを示しています）。彼が連想をやめて置時計で遊び、クラインの手提げ袋へと向かったのは、このような落ち着いた子どもの場合、明らかに乳幼児転移を示しています。

これらすべてが大変印象的です。また、これはセッションごとの後記とは幾分異なっています。これらの後記は彼女が用いた技法に関する記述であり、その技法の弁明でした（たとえば、自身に関するあまりに多くの情報をリチャードに与えましたが、後に悔やんでいると言っています)。リチャードに対して性急であったと、おそらく暗に謝罪もしているのでしょう。彼女が犯したと考えられる唯一の重大な誤りは、第一のものと同じ種類のものであり、母親への心配に関するもの、つまり割礼に関する素材を持ち込んだことです。これには実際には逆の影響が現われ、転移がすでに進行していたこの週の終わりになって生じています。最初の質問で、夜間の恐怖と母親や母親の保護についての心配という全領域が露わになり、リチャードはクラインに、母親を守ることができると思っているという解釈をもたらしましたが、こうして父親の存在と両親の性交は否認されました。クラインがもう一度この誤りを犯した際には、正反対の影響が生じ、彼の不誠実さ、暴力的性質、辛辣さ、肛門的固執、ヒットラー－パパとの同一化、性交に関与したい願望、性交を何か悪いものにしたいという願望についてクラインが情報を手に入れているとリチャードが思いはじめていた状況から、彼を解放したように思えます。リチャードはクラインが、彼女や他の誰とも同盟を結ぶ信頼に値しないと自分のことを思いはじめていると感じていました。そこでどういうわけか(というのは、クラインは去勢不安に少しでも接近することに関心があったと私には思えるのですが)、割礼に関するこの問題を持ち出して彼を解放したのです。彼はクラインに手術の跡を見せはじめ、セッションでの緊張がなくなります。週末に向けての心構えは揺らぎます。抑うつ感や不安感が動員され、それによりセッションへ来られなくなっていたのですが、それらは消えてしまったようです。これら非常にダイナミックでかつ安心をもたらす五回半のセッションは、この時点で消滅してしまいます。友好的ながら、むしろかなり低調な後記で終わっています。

出版に遡るほぼ一七年前に行なわれたこの膨大な臨床データを理解するためには、この著作の執筆時とは対照的に、この臨床作業を行なっていた時点でクラインが思考や経験において発展途上にあったのをこころに留めておかなければなりません。作業と執筆との間の一七年間に、画期的な「分裂的機制についての覚書」や「孤独」についての論文、そして重要な業績である『羨望と感謝』が世に出ています。この間に、スプリッティング過程、すなわち自己のスプリッティング（スプリットされる構造として、「自我」よりも「自己」という用語を常用しはじめたのは、ようやく一九四六年以降です）について彼女自身のより明確なアイデアを練り上げるうちに、概念はいくらか熟成され変更されました。「自己」と「自我」の概念上の違いを明確に定式化していませんが、自己ということで彼女が意味しているのは構造としてのものであって、ジェイコブソンの言う「自己表象」としてでないのはかなりはっきりしています。

一九四一年までと、その後の妄想－分裂ポジションや抑うつポジション概念の発展を整理したいと思います。最初期の著作ではすべて、迫害不安（妄想不安とも彼女は呼んでいます）を強く強調して、子どもの発達に焦点が当てられていました。クラインは、人生最初の二年間における前性器的発達に、躁うつ病と統合失調症の固着点が存在することを繰り返し例証しました。また、正常な発達過程にある子どもは、これらの精神疾患に特徴的な不安や空想を通過すると主張しました。後に多くの点で考えを変更しましたが、一九四一年における立場によれば、空想と不安は同じで、これらの疾患は子どもの正常な発達経験からはみ出し装飾されたものにすぎないというものでした。これが暗示しているのは、固着とはフロイトが述べたリビドーの固着ではなく、自我機能や超自我の布置、リビドーやエスの固着を含むパーソナリティ全体の固着だということです。しかし当時は、これらの疾患に特有の構造があるとクラインは考えておらず、発達段階とみなしていました。これを根拠にクラインは、赤ん坊は精神病だと言っていると烈しく攻撃されました。クラインはそういう意味ではないと述べましたが、赤ん坊は統合失調症や躁うつ病と同じように本質的には精神病であると確かに言っていました。

クラインは、幼い子どもの精神分析的証拠に基づいて再構成することで、授乳最早期に始まった諸機能を研究していました。当初クラインは、部分対象関係から全体対象関係への決定的な発達は（アブラハムにならい）約六カ月目にあるとしましたが、その後三カ月目へと遡らせて抑うつポジションの始まりを位置づけました。彼女の考えによれば、内的世界が構築されるために自己と対象が充分に峻別されるや否や、人生のまさに始まりから取り入れと投影の過程が始まります。これはいろいろな意味で最も語られていない、おそらく彼女の最大の精神分析への貢献――内的世界についてのとても具体的な概念の発展――です。彼女の業績におけるこの見解が、精神分析における彼女の後継者とそうでない人たちを分けたのでした。彼女の考えはその端緒から、充足、剥奪、失望の経験によって対象が良い対象と悪い対象へスプリットされ、両者とも取り入れられるというものでした。一九四六年には、自己も良い自己と悪い自己へスプリットされることを付け加えました。つまり自己の悪い部分と対象の悪い部分はすぐに融合し、パーソナリティの主な迫害者となります。それで、自己や対象の良い部分、あるいは理想化された部分から分離され隔離されなければなりません。そして次には一緒になってパーソナリティの核を形成するのです。

このように初期の業績は、過酷な迫害や妄想の不安とそれらの不安が具現化された空想、そしてそれらの不安に関連して乳幼児や幼い子どもが使う防衛の類いをもっぱら記述していました。すでにフェアバーンが使っていた用語である「ポジション」に言及しはじめたのは、一九三五年の論文「躁うつ状態の心因論に関する寄与」においてであり、フェアバーンからその用語を引用したものと思われます。フェアバーンは「分裂ポジション」をすでに唱えていて、クラインは「妄想ポジション」を唱えました。彼女は後に二つを融合させ、「妄想－分裂ポジション」としました。フェアバーンの見解と類似していると思っていましたが、その一方では違いもあるとクラインは考えていました。ポジションを唱えはじめたときには、「妄想ポジション」だけでなく「強迫ポジション」「抑うつポジション」「躁的ポジション」にも言及していて、「ポジション」が不安と防衛の連合を意味していたのはまずもって明白です。このように当初の「ポジション」についての彼女の考え方には発達的意義は含まれず、病理的意義が含まれていました。それは本来、決して発達段階でも、精神疾患でもありません。不安と防衛とそれらに関した衝動の連合もしくは布置でした。手始めに、少なくとも四つのポジションを彼女は述べました。一九四〇年に「喪とその躁うつ状態との関係」論文を執筆した頃には、「妄想－分裂ポジション」と「抑うつポジション」にまとめたのですが、対象への決定的に重大な態度の表われと考えていたのであって、防衛と不安の布置としては考えていませんでした。妄想－分裂的態度から抑うつ的態度へのこの変化は、部分－対象関係から全体－対象関係――つまり、対象をひとつにまとまった、唯一無二で代え難く、もはや他の部分－対象では代替不可能として見はじめること――への移行と特異的に深く結びついていると考えられていました。

この全体－対象経験からこそ、思いやりや、当時彼女が対象への「思慕（pinning）」と呼んだものが発達すると感じられていました。生後一年目の終わり頃に出現する、特にまずは乳房の去就、ついで乳房－母親としての母親の去就と関連して出現すると考えていました。それで当時は、妄想－分裂ポジションと抑うつポジションを発達段階であり、各々統合失調症と躁うつ病の固着点であると語っているのです。しかしそれらのポジションを、リビドー発達段階や性愛領域の進行と関連づけるのはいささか困難でした。そこでクラインは抑うつポジションへの「参入」を語るのではなく、抑うつポジションの「克服（overcoming）」を語っています。抑うつポジションを克服するということで彼女が意味するのは、内的対象の安全が保障されるなかで発達する、より大きな自信に基づいて、良い対象の破壊に対する抑うつ不安への耐性を習得し、外的な良い対象からの分離に耐えうることである、と私は理解しています。この時点では発達における達成として強調されていますが、それは決して完遂されることなく、確立への苦闘を幾度となく人生を通じて繰り返されねばならないとも、クラインは何度も言っています。この節目の達成が、子どもに内的安心感を確立させるのです。そして、知的機能、象徴形成、社会化、母親以外の人と関係する能力、陽性であれ陰性であれエディプス・コンプレックスや父親との関係を発達させること、家庭内の他の子どもに関心をもつことなど、すべてはこの内的安心感によっているのです。そして（未だ彼女はそう言っている）昇華もまた、抑うつポジションの「克服」が必要でした。そのため、当時クラインが抑うつポジションの「克服」ということで意味していたのは、実はこの思慕ゆえの不安の漸増です。というのも、外界の一次的母性対象と分離するたびに、内的対象が安全を保障されて確立されていないゆえに、子どもも赤ん坊も迫害者からの攻撃に依然として脆弱だからでした。これが、この概念の発達の第二段階であると思われます。

（リチャードとの作業を終えて）後にこの概念が発展するにつれ、それは全く変わりました。というのは、もはやクラインは抑うつポジションを「克服する」とはあまり言わなくなり、それを「達成すること（attaining）」「成就すること（achieving）」「浸透すること（penetrating）」と言っていました。彼女は、抑うつポジションを完遂されるべきものというより、熟練しながら苦労して進むべき何かとみなしはじめていたからです。それは、人生のひとつの領域のようなものとなっていて、妄想－分裂的対象関係の世界と抑うつ的対象関係の世界は、二つの異なる世界であり、内にも外にもある特定の関係を取っていますが、入れ替わりうるものでした。というのは、ごく初期に、外的対象が迫害的になれば「内的対象へ逃げる」、内的対象が迫害的であれば心的現実を躁的に否認し「外的対象へ逃げる」とクラインは語っているからです。後にそれらが発展するにつれて、妄想－分裂ポジションと抑うつポジションは、発達段階としても精神病理学的布置としても特別な意義はなく、異なる価値体系が支配する対象関係の領域となります。これらの意義はむしろ経済原理の意義であり、クラインはこの点に明瞭には全く触れていませんが、ある意味ではフロイトの、現実原則に修正された快感原則という記述を越えています。理論的観点からすると、リチャードとの作業について言えば、これは重要な点としてこころに留めておくべきことです。つまり、メラニー・クラインはこの分析作業を行なったとき、一方では抑うつポジションを克服されなければならないものであり、その主要特性は分離不安、つまり良い対象への思慕と考えていたのでした。抑うつ不安における罪悪感、後悔、孤独感に関した要素は、分離における思慕を中心としたそれを取り巻く衛星であり、内的対象への万能的（たいていはマスターベーション的）攻撃の結果でした。

▼訳註

1――『メラニー・クライン著作集6――児童分析の記録Ⅰ』。山上千鶴子の訳では〝latency period〟が「潜在期」と訳されているが、「潜伏期」が定訳のため、以後これを訳語とする。

2――原文は〝materials〟、邦訳では「資料」。

第2章

第2週［セッション7〜12］

知識欲（Thirst for knowledge）の発達的役割

この第二週は驚嘆すべき分析の週です。前にも話しましたが、第一週はすべての配役と舞台設定が揃ったチェーホフの戯曲のオープニングのようであり、クラインは彼女の概念と言語を導入し、そしてリチャードはかわいらしく怯えています。クラインは焦っていてこの設定に慣れてなく、どう取り扱っていいのかわかっていません。けれども、第二週は全く違っていて、彼女はほとんどミスを犯しておらず、事態は極めて目覚ましく進んでいます。第一週が舞台の設定であるとすれば、第二週はドラマの始まりであり、初めて実際の定式化が提案されています。私はそれを、現象学用語で記述してみたいと思います。

リチャードの表現様式が明らかとなります。たとえば地理です。(1) 概してプレイルームのなかはまさに「母の体内」状況であり、リチャードは丘陵を眺めに外へ脱出する傾向があることが明確になっています。例外は彼が窓の外を見るときで、たいていは外にいてのぞき込んでいるのを意味しているようで、そのときは子どもたちや馬などを見ています。これは幼い子どもにはよくある現象です。あなたが眼鏡をかけていたとしましょう。すると子どもはあなたのもとへとやってきて、同じようにのぞき込むでしょう。このようにリチャードの空想の地理、対象の内側と外側が明らかになりはじめています。(2) 週最後のセッションでは、意識と無意識に密接に関連している他のタイプの地理が示唆されています。それは、戦艦が上にあり、ヒトデや潜水艦などがその下にある海の描画で表現されています。クラインはリチャードに、この描画がこれら二つのレベルに分裂させたという彼の欲望を表現していると示唆しています。対象に関連した内側と外側という地理上の区分けは、このようにリチャード自身に関連した内的世界と外的世界の地理に対応しています。同じように自己のスプリッティングが明らかとなりはじめました。彼のパーソナリティには少なくとも三つの区分がかなり鮮明です。第一は、かなり嫌なファシストで原初的口唇サディズム部分であり、この部分は古い校舎やXにあるクリーニング屋によくいたネズミと同一化し、憧れの海軍大佐に思いを巡らせているとき帽子を咬んだり、クラインのこころのなかへ潜り込みたいと願ったりしています。その部分はまた、肛門サディズムの性質も帯びており、爆撃したり「ウンコ」へ没頭したり、置き時計の背面を笑ったり、地図を逆さまに見て笑ったり、絵が褐色なので嫌悪したりすることなどと関連しています。第二は、情愛深く優しい部分です。置き時計に唇を押し当てたり、丘陵の美しさを讃美したり、風景画を好んだり、塔とその上に太陽が輝いているのを賞賛したりする部分です。深い感性があるのは明らかですが、この感性を躁的に使っていることに、クラインはここで気づいています。彼の美しさとの繋がりは、破壊感情と彼が加えるかもしれない損傷への抑うつ不安を否認するために、躁的に使用されているので、ぼんやりとしています。最後にクラインは、彼の悪賢く、欺き、誘惑する部分を明らかにしています。その部分はたやすく行き来して変化でき、線を二本加筆するだけで鉤十字がユニオンジャックへと変わり得ることをクラインに示しています。さらに、兄、犬のボビー、ジョン・ウィルソンとの同盟を求める傾向も出現しています。味方として妹や他の同胞を欲しがっているのも、両親が悪いときに対抗し、自己の破壊的側面がやや明るみに出た場合に対抗するためです。

他のカテゴリーは母親の身体内部や、そこの住人の周りに集積しはじめた現象、つまりリチャードが点けたり消したりする電気ストーブの真空管によって表現される父親のペニス、路上のうす汚れた子どもたち、出っ歯の少女、赤毛の少女、彼に意地悪をする嫌な少年、彼が執拗に埃を払い叩く小さな台、描画ではクラインが初めのうち彼の赤ん坊の部分と解釈しているヒトデなどです。

リチャードは穴に潜る動物で、クラインとの親密さを侵入的窃視の観点から経験する傾向があることがかなり明確になってきていますが、理論的分野については後回しにします。リチャードがこれまでよく喜ばせてきた女性たちほど、クラインは誘惑されないという事実が、彼の口も重くさせ、それで抑うつ的となり、彼女に対する制止が起こっています。この週の最後のセッションで、クラインが再び描画の用具を持ち込んでいるのには少し驚きます。彼女は次の週までそのままにしておくつもりだったのかもしれませんが、リチャードが無口になっているのを感じ取り、そして週末をどう過ごすのだろうかと少し心配になって、急いだのもあったのでしょう。

リチャードの好奇心には、クラインに潜り込みたいという意味があるようです。部屋のなかはクラインの身体内部としての大きな意義をもつようになり、一方で前面と背面のある置き時計は、母親の身体の内側もまた前面と背面という外見、つまり良い清潔な場所と悪い汚い場所に対応した構造があることを示唆しています。(3) 彼が嫉妬する対象（パパのペニス、赤ん坊、小さな足載せ台、同じ部屋を使う他の子どもたち、クラインの他の患者）によって母親の身体内部が占拠されている限り、リチャードは良いものと悪いものが混乱し、その結果食べ物も良いものなのか、どこか腐っているのではないかと、ひどく不安になっています。

クラインはこの混乱を、週初めの三回のセッションで起きたもうひとつの現象、つまりリチャードがオシッコをしに行ったことと結びつけていません。それを、オーブンが汚れて見えたり、インクの臭いがひどかったり、足載せ台が汚れていてきれいにするために叩かなければならなかった様子と結びつけていないのは驚くべきことです。しかし彼女が確かに取り上げ見事に定式化したのは、リチャードは母親に危害を加えずに、母親内部にあるパパのペニスや赤ん坊を彼の敵として攻撃できなかったことです。これはフランス内部のヒットラーを攻撃する素材に現われています。

割礼や母親の病気について質問して、リチャードを誘導するような第一週目の過ちは繰り返されていません。父親が禿げているのかどうかという質問は全く異なる範疇のものです。素材からヒントが得られるとき、素材の意義を裏づけたり反証したりする子どもの生活状況についての情報を自由な感覚で探しています。クラインは鍵に関してはナンセンスなことをしていますが、面接室に慣れてきたようです。彼女がこの設定でリラックスしはじめ、そしてリチャードはどのような類いの人間なのか、つまり彼はひどく臆病で狡猾で悪賢く、そして分裂していて彼自身の異なる諸部分は互いに知らないままでいるのを把握しはじめていることを感じるにつれて、彼女の技法は安定してきます。しかし、クラインが子どものときに大変な思いをしなかったのかと彼が尋ねたように、彼が切に援助を求めているのも、彼女はわかっています。クラインはリチャードがつねに警戒しているのを知っており、彼はみじめであり、さらに言えば、彼は自分がみじめなのを知っているのが明らかになっています。ある意味でクラインは、彼の精神病質的な誘惑性を潰すことで、そのみじめさをもっと意識化するよう促しています。リチャードは素敵な時間を過ごし、足を痛めたのが災難だったと主張していますが、おそらく最初の週末という衝撃が、もはや転移を深めてしまっていました。その後で、次のセッションの前にまた足を怪我しました。クラインは前の週にならって去勢不安のテーマを取り上げただけですが、実際に多くの連結を行なっています。

クラインが極めて堂々と、絶えず自分の解釈を修正しているのが見てとれます。自分の解釈が無用とわかれば、その解釈を退け、取り替え、組み立て直し、再編します。彼女は絶えず素材を収集し、馬の頭と地図上のトルコ、小さな台とストーブのように、繋がる現象のリストを作成しています。今や、彼女は断片を寄せ集めて多くを連結しはじめており、仕事をしているクラインに対して、そして第二週では彼女がなんと勤勉な分析家であるのか、いかに子どもたちのために懸命に作業しているのか、そして彼女の豊かな想像力や素材を使って思考実験する能力が実際に見えはじめています。彼女は、考えがより適しているかどうかを確かめるため、考えを棄却し新たな考えを試すことができました。

この第二週では彼女が作業する際にリラックスしている様子を伝えていますが、第一週では緊張し焦っていました。ある意味で、慰め、そしてリチャードの良い感情を強調しすぎていました。わずか一二セッションで本当の分析が進行しており、そして抑うつ的な葛藤に関して最初の主要な定式化がなされました。つまり母親自身を傷つけずに、ライバルや敵を含む母親の内部を攻撃することはできないということです。彼女は死んだ赤ん坊を表わすたくさんのナンバープレート（古びたナンバープレートであったはずで、「死んだ」ナンバープレート）を付けた黒っぽい車と、スイッチを点けると電気ストーブのなかで何かが動き、スイッチを切ると動きが停止し、暗くなり、死んだように見えるのを観察しながら、リチャードが電気ストーブで遊ぶ様子との関連を取り上げています。これは結果として、全四カ月間にわたる作業の中心テーマとなるのです。

攻撃し、かつすべてが安全かを調べるために母親のなかへと潜り込みたいというリチャードの衝動は、メラニー・クラインの業績における鍵概念を例証しています。汚いものを探し、おかしな尻を笑い、赤ん坊を叩きたがり、内側のペニスにかみつきたがるのは、侵入的窃視なのです。しかしこれは、母親が攻撃を受けても大丈夫かどうかという真実を知りたい不安や心配からの侵入性でもあります。この鑑別に関してクラインは著作のどこにも明記していませんが、彼女の臨床素材に確実に内在していると私は思います。「自我の発達における象徴形成の重要性」(1929)という論文で、彼女は自閉症に非常に近いと思われるディック(4)という名の少年に関して記述しました。彼女はいかに治療を軌道に乗せたのかを見事に記述したのですが、より興味深いのは、象徴形成に関して、それが知識欲や認識論的本能とどのように関連しているのかというクラインによる問いの提起なのです。それは、いつ始まり、発達の早期段階とどのように関連するのでしょうか。

フロイトの好奇心に関する考えには、好奇心と知識欲の違いはどこにも見られません。彼は好奇心を「子どもの性探求」と自ら呼ぶものに結びつけ、エディプス・コンプレックスが始動しはじめる三歳半から四歳あたりに生じると考えていました。彼の理論では、知り理解したいという欲望は、その基盤が両親の性交について知りたいという欲望であり、後期の著作(狼男の症例)では原光景に結びつけています。性交を知りたいという欲望は、去勢不安を追い払うのに役立っています。他のすべての知識欲は、この探究の昇華という性質を帯びているので、そこでフロイトは、強い知識欲をもった人は、エディプス・コンプレックスを解消していないし、性的に制止されていると考えるようになりました。これはフロイトの昇華に関する考えすべてと一致しています。レオナルド論文では、天才と同性愛の昇華は絶対的に結びついていると考えています。

クラインは、業績のほぼ最初期から、子どもの発達観察に関する最初の論文において、認識論的本能は母親身体の内側という概念と関連し、人生のかなり早期に生じると結論するに至っています。それを知りたいという子どもの欲望は、母親が未だに「世界」であるときに最高潮に達します。母親の身体への好奇心は、自然と子ども自身の身体への好奇心へと発展し、それから内的世界を形成し創造する役割を果たします。それはまた、象徴形成を通して自然、人、人の身体やこころ、さらに世界全体へと拡がります。それには昇華の過程は必要なく、ただ象徴形成を通じての拡張を必要とするのみであり、意味の探究でした。一方で昇華は、不安に対する防衛として役立つリビドー衝動を操作するひとつの手段です。

クラインの精神生活に関する考えとフロイトのそれとは、大きな哲学的相違があります。フロイトが精神病理というレンズを通して過去に遡って見る傾向があったのに対して、クラインは子どもの発達というレンズで将来へ向かって見ています。クラインがディックの論文を書いた一九二〇年代後半に、好奇心はまず第一に、口唇サディズムの噴出により誘発されると考えていました。これは貪欲さと結びついて、(当時はまだ結合した対象とは呼んでいないのですが）母親内部の父親のペニスである結合した対象という概念と結びつきました。このエディプス的布置こそが、赤ん坊の貪欲さやサディズム、そして母親身体の内容物への探究願望を刺激して呼び起こしたのでした。

それが彼女の最初の定式化でしたが、動機について考えられる違いを区別していません。つまり、破壊的動機のための侵入である原初的満足としての知る願望と、抑うつ不安や迫害不安に駆られた知る願望とを区別していないのです。もちろん、当時は抑うつポジションを定式化していなかったのですが、リチャードとの作業をしていた頃には定式化していました。第二週の素材とこの最初の重要な定式化に見られることは、たしかに好奇心への二重の動機です。つまり、一つの側面は鼠のように、潜り込み盗みたい欲求、損ないたい欲求、噛みたい欲求であり、もう一つは入り込みたい欲求、すべてが安全かどうか確認したい欲求です。写真の詰まった封筒を見つけると、リチャードは数えます。つまり、これは車のナンバープレートや七つの小さな台への関心と明らかに結びついています。認識論的本能と彼女は呼んだものの、それを本能としてではなく防衛反応として扱ったということが、実際には定式化の欠陥なのです。それはフロイトの観点にあるような衝動とは全く異なるものですが、それにもかかわらず不安によって駆り立てられるに違いなく、それゆえに不安との関係から意味を生じているのです。知識への渇望が、こころの機能や発達に本当に中心的な役割を見出されるには、ビオンの業績を待たなければなりません。

▼訳註

1 ――メルツァーはこころの地理学における五つの潜在的空間を挙げている。（1）内的対象内部の空間、（2）内的現実の空間、（3）外的世界、（4）外的対象内部の空間（その存在の説得力ある証拠を見たことはないが、おそらく外的対象の内的対象内部の空間、マトリョーシカやマザーグースの歌であるハエを飲み込んだおばあさんの歌詞にある）、（5）乳房とそのシステムにおける情動的な重力という境界を超えた統合失調症の世界（*Positive and Negative Forms in Sincerity : Collected Papers*, Karnac Books, pp.177-184）。

2――メルツァーはポスト自閉症（自閉症傾向）の子どもにおいて、内部と外部が不明瞭で、閉ざされうる空間を概念化もしくは経験するうえでの問題を抱えていることを記述している。遊戯室の内部と外部との彼らの関係は特徴的であり、内部にいるのか外部にいるのかを本当には区別していないようである。ある幼い少年では、プレイルームに入ってくる際にそれは典型的であり、まずは庭に小鳥がいるかどうかを見に窓へ直行し、小鳥を見たらこの上なく得意げになった。これは彼が内部にいて小鳥は外部にいることを意味していると仮定した。だが、次に一瞬のうちに変化した。そして彼はひどく迫害的となって小鳥に向かって拳を振りはじめた。そして分析家のもとへ駆け寄って、分析家の口を覗き込んだり耳を覗き込んだりしたものであった。反転が生じたのは明白であった。彼が内部にいて小鳥が外部にいることから、突然反転して、彼が外部にいて小鳥が内部に、つまり分析家の内部、建物の内部にいるのかが彼には区別されなかった（Adhesive Identification, *Contemporary Psychoanalysis* 11（1975）; 289-310）。

3――原著は〝little stools〟（小さな腰掛け）だが、メルツァーは〝little foot stools〟と明記しているため、「足載せ台」と訳す。

4――ディックはリチャードの五歳年上のいとこである（Phyllis Grosskurth（1985）*Melanie Klein : Her World and Her Work*. Hodder & Stoughton）。

第3章

第3週［セッション13～18］

メラニー・クラインの理論的業績の主要部を組織化する補記としての『羨望と感謝』

この週はとりわけ驚異的なもので、リチャードの母親が、まずはサーモンを食べて、後には咽頭痛で実際に病気であるということが契機となって、かなり急速に前進しました。母親が彼に付き添ってXへ来てくれず訪ねてもくれなかったのでリチャードを落胆させたという事実が、この週の緊張を高めたままにし、早すぎる仕方で抑うつ的側面を素材の前面に押し出しています。その意味で幾分誤解を招きやすい週であり、抑うつ感に耐える能力を過大評価するという誤解にクラインも誘導されています。

このことと、リチャードがヒトデや潜水艦の描画を始めた前の週の素材が偶然に一致したのは、はっきりしていると思えるのですが、このように対象への内的な攻撃が顕在化したことと、母親が病気になり、そしてカナリヤがはげかかっているという外的状況が偶然に一致したことで、まさにリチャードは自らを絶望へと陥らせたある種の感情的な悪癖にとりつかれたようです。これは軽度のうつ病とみなすこともでき、クラインは解釈作業によって彼をそこから解放し、それに代わって抑うつ不安を感じられるようにしました。下着にウンコを漏らしたという秘密にまつわる状況と、それを爆撃や魚雷で破壊することの関連のさせ方が彼を圧倒しました。この週の少なくとも三回のセッションにおいて、その間の少なくとも一時は、まさにうつ病であり、全くつまらなさそうで興味をもてず、話したり遊んだり描いたりしたがらず……つまり、何もしたがっていないのが目につきます。そこからクラインは首尾よく、リチャードを抜け出させています。

リチャードの嫉妬を中心に置いた定式化は、彼が母親内部の父親のペニスを、あたかも悪いペニスであるかのように攻撃したときに、彼は良い対象である母親を危険にさらしており、母親を浮浪者ペニスから保護しているという見せかけを、ぬぐい去ったということです。この嫉妬は、母親を破壊してしまうのではないか、あるいは母親への愛はドイツへと向けられたような憎しみに変わってしまうのではないか、そしてその憎しみにより母親はヒットラー－父親と同盟を結び、結果として母親を敵に回してしまうのではないか、という彼の恐れを増強しました。その定式化は、素材を進展させるという観点からのみならず、リチャードの知的情緒的関与を進展させるという観点からも分析を始動させ、分析に衝撃を加え、現在進行中の関心事へと駆り立てています。進展は幾分妨害されていますが、それはリチャードを抑うつ感と絶望へと駆り立てる外的要因が、彼の妄想反応を強めがちだからです。たとえば、リチャードは家では何が起こっていると思うかと料理人に尋ね、料理人が家族は楽しい時を過ごしていると答えたため、リチャードはそのことを考え、内心怒りが爆発しました。

このことは、クラインが前の週に彼の嫉妬に関して案出した定式化とはかなり異なる構図を導いています。この時点での中心課題は、明らかに羨望です。クラインは定式化でリチャードの嫉妬について語ったり羨望について語ったりと、その間を逡巡していて、羨望にそれほど集中しているわけでありません。おそらくそれをかなり躊躇していたからでしょう。彼との時間がごく短期間であったことが、判断に影響しているのかもしれません。彼女は一九四一年になっても、羨望を統合するという課題がわずか四カ月で大きく進展することはないと考えていたのかもしれません。

大事なのはこの週の素材の進展を理解することです、とにかく興味深いものですから。彼女は前の土曜日には描画するように急かし、リチャードはどちらかと言えばそれに飛びつき、それからクラインが彼の描画を分析できると知って少し戸惑っていました。同じことがこの週の第二セッションでも起きています。彼はクラインに玩具を持ってくるように求めますが、玩具での遊びもクラインは分析できるのだとわかります。彼女には秘密にしておけないのです！　挙げ句の果てに彼は、秘密はあるが明かせないと伝えています。まさに彼がウンコをこらえておけると思ったが失敗したと話したように、秘密が明かされます。この週の最後に夢を持ち込んで……結局降伏します！　彼女には何も隠せません。彼は遊び……描き……夢とその連想を語り……すべてにおいて協調し、あまつさえ母親が彼は頭痛の種だと時々責めることを打ち明けています。この週は彼の狡猾さや偽装はあまり見受けられず、飛行機の描画に関して話し合っているときでさえもそうなのです。彼は「うん……こうかもしれないし、それでこれは……」と言い、そこでクラインは「ああ、そうなの。でもこうかも」と答え、そして彼は「そう……でも、これはどうなの」と応じています。クラインは、おそらく正しく、別な定式化としてこれを取り上げていますが、これらすべてにそれなりの妥当性があります。そう、彼が唯一生き残り、いや、良い家族が生き残り、それから全員殺されます。クラインはこれらすべてを、次々と生起し互いに不安定な関係にある交替するこころの状態の根底にある空想とみなしています。

前の週と全く違ってクラインが木曜日のセッションを少し早めに終えなければならないときに、ちょっとした疑念から、リチャードはクラインにジョンといつもより少し早めに面接をする予定なのかと訊いています。それ以外は、リチャードはクラインとずっと深い信頼関係と依存関係にあります。ひとつには、彼が家族に対する感情に苦しんでいて、特に母親に対してそうであり、母親の病気への不安も深刻だったからです。そのため、彼がクラインを大好きで彼女がとても優しいと言うと、たとえそれがクラインに対する不安感や迫害感、もしくは彼を見捨てるかもしれないという思いへの防衛手段であるとわかっていても、それ以上の誠意からと思えるのです。

おわかりと思いますが、描画には四カ月間に通じる形式がすでに整っています。帝国の描画(1)は、大きなヒトデ（図9）の最初の描画に起源があり、すべてのマスは異なる色で埋められ、そして一本の線で囲まれ、赤で埋められています。クラインはこの描画を、さかのぼって二日前の魚の描画と結びつけ、そのときには赤ん坊ヒトデを飲み込んでしまったマザーフィッシュを彼は描き、その赤ん坊ヒトデはマザーフィッシュの内側を切り削って穴を開けることで血を流させていました。帝国の描画、海中の描画、飛行機の描画、そして後のいくつかの列車の描画は細やかに変化し、多少なりともこの主要テーマを含んでいます。

彼が玩具で遊びはじめるやいなや、すぐに遊びの主要テーマが出現します。すなわち、両親の性交とそれを見ている子どもが幾度も出現しているのですが、たとえば駅へ突進し建物を破壊する列車にはより部分対象的な関係が表現されています。そして、これは子どもの両親との競争というテーマ（小さな女の子たちと犬、ドーバーへ向かう子どもたちなど）なのです。そして言うまでもなく、リチャードには防ぎえない破局というテーマです。クラインは子どもが遊ぶ用具には細心の注意を払っていて、与えた二台のトラックのひとつは石炭運搬用、もうひとつは材木運搬用と、働きがむしろあまりに限定されていることをリチャードに謝罪しています。彼女はまた、玩具をうまく扱えない子どもたちの感情にも敏感に注意を払っていて、子どもたちが絵をうまく描けなくてどれほど失望しているか、また、子どもたちがどうしても乱雑にしてしまうことにこころを痛めている様子に言及しています。クラインがリチャードに与えた玩具が倒れやすいのは一片の真実であり、女の人はブランコから落ち、建物は倒れ、牧師とピンク服の女性は屋根から転げ落ちています。彼が自分の意図のもとに玩具をうまく扱えないのは、ひとつには玩具自体がひどく不安定であり、もうひとつには彼が不器用だからなのです。クラインはこのことが子どもを動揺させ圧制的な影響を与え、そしておそらくは遊びの妨げになりうる面も充分承知しています。リチャードが玩具で遊ぶ連続したそれぞれのセッションで、惨事が生じ、遊びは中断しています。そんなとき彼は描画を始めるか無気力になって脱線します。遊びの中断は、玩具自体の性質によるにせよ、玩具が彼自身のなかの制御不能性に触れさせる仕方と関係があり、特に彼は自身の破壊衝動をコントロールできないとクラインは認識しています。他方では、列車が暴徒と化し、すべてを吹き飛ばしていることは、牧師とピンク服の女性が屋根から転げ落ちた事故によって主に引き起こされています。

玩具は、年少の子どもたちに会話や描画、さらには夢の報告よりも情緒を生き生きと経験させるというのは、クラインの彼らとの作業に基づいた偏見のようです。前の週に彼女がリチャードに対して与えた定式化の修正が、ここで生じています。彼女はこの組み合わせ（玩具での遊び、描画、クラインとの関係、母親の病気という文脈におけるすべて）に羨望の明瞭な兆候を見て取り、それは、父、母、ポール、犬から構成された幸福な家族を部外者としてのぞき込んでいる彼の感情に関連させています。この感情は、タコの描画について話しているような「烈火のごとき怒り」に、また後の描画にあるヒトデで説明しているような「野蛮」に彼を陥らせています。リチャードは、他人の幸せや幸せな関係への羨望に、ひどく悩んでいる一人の子どもなのです。そして彼は、最も近しいと感じるものを、誘惑性、万能感、躁的傾向、性的興奮ですぐに台無しにしてしまうのです。まさに玩具遊びが惨事で終わってしまうように、彼の関係性は悲惨に終わります。

クラインはこうしてこの週、良い性交をしている父と母、良い関係にある母親内部の良い赤ん坊たち、乳房へ向かう良い赤ん坊たち、子どもたちを自慢する両親などで構成されている良いもの同士の幸せな関係を見ることが、リチャードには本当に耐えられないのだと定式化しはじめます。リチャードには良さそのものを台無しにしたい羨望があります。それを所有したいのではなく台無しにしたいのです。この週に、彼女がリチャードの病気の重要な特徴であるとみなしはじめていることは、この台無しにするということなのです。

技法に関しては、この週はほぼ完璧です。何度か焦点から外れた質問をしているようです（「どこから高射砲を手に入れたの？　それは誰の大砲なの？」）。これは、リチャードに関してはあまり良い技法ではありません。なぜなら、このような誘導はかなり妥当性の低い素材を速やかに産み出してしまうからです。

また、彼にいくつか長い解釈をしています。「はじめに」において彼女が述べている内容にもかかわらず、すべて合わせると四分の三ページになってしまうこれらの解釈は、素材が産み出されるに伴い、少しずつ散りばめられたものであったのは間違いないでしょう。しかし必ずしもそうではないのは、セッション終了時に解釈をしている際、彼がどのように振る舞ったかコメントしているからです。印象としては、彼女が解釈しはじめると、彼はある程度行動を見合わせていたようです。聴いていようと聴かないでいようとも、他の行動はしていなかったのです。

おそらくこの週にいくつかの非常に長い解釈をしたときには、リチャードはとてもこころを痛めていたので、彼女は彼を援助するべきだというかなりの重圧下にありました。彼は母親の病気のことで絶望した状態にあり、内心穏やかでないのを彼女は認識していました。明らかに彼は母親に何かとんでもないことが生じていると感じていて、こころのなかでは潜水艦やエムデンの沈没、そして内部に恐ろしいヒトデの赤ん坊がいる魚が穴を削られて出血している描画などすべてがすっかり混ざり合っていました。クラインは彼を安心させなければとひどく焦った状態にあったのですが、おかしなことに、母親に生じていることを転移に持ち込まずに定式化し、それについての洞察を彼に与えることで安心させているのです。うつ病や抑うつ不安に触れることによる絶望によって、また自分自身や自分の衝動を制御するのに問題があると恥や当惑を感じることによって、少なくとも凍てついてしまった感情から彼を抜け出させています。この支援の見地からは、これで彼は確実に安心しています。

おおむね、クラインの作業方法が明確に浮かび上がっています。彼女は、実際には素材を巡り、進行するにつれて、徐々にですが、何かが明らかになるまで素材の断片を定式化します。そこから、より断定的に進め、葛藤やその根底をなす構造を定式化しはじめます。彼女がリチャードに話す多くの事柄は互いに無関係で対立し、あるいは互いに相容れないように見えます。状況が見えないなか、堂々と近似的推量を継続しながら作業したというのがどうやら真実のようです。

リチャードとの臨床作業では羨望と嫉妬はまだ明確には区分されていませんが、最終的に著作として結実した『羨望と感謝』[2]の萌芽が見てとれます。

この著作の骨組みとなった論文は一九五七年の国際学会で発表され、その冬に出版されました。この論文は彼女の業績を連結させるものであり、ひとつにまとまった構成にし、フロイトのそれとは異なる方向を提起させました。この論文でクラインは、羨望と嫉妬を明確に区分し、スプリッティング過程、治療過程、陰性治療反応、また来たるべき精神分析の未来との関連において、羨望に正当な地位を与えたのでした。この著作はフロイトの『終わりある分析と終わりなき分析』と興味深い対比をなしています。後者は精神分析に関しては妥当なものですが、悲観的なドキュメントです。それと同じくらいに、この著作は、私にとって信じがたいほど希望に充ちたものです。双方とも陰性治療反応に焦点を当てています。フロイトの悲観論はリビドー理論への忠誠心から生じていて、思うに最終結論はすべてがこころの経済の問題であり、互いに均衡し合いつつ自我に侵襲している力、つまるところ生と死の本能の問題です。一方クラインは、羨望に関しては体質的素因を認め、羨望は死の本能が自我に作用している主要な徴候のひとつであると考えているのは確かです。けれど彼女が強調しているのは構造的観点であり、つまりパーソナリティにおける羨望の役割は、その悪性度や量的な強さよりも、位置と分布によっているということです。この著作でクラインはスプリッティングの過程について、一方では過度で不適切なスプリッティングとの違いを、もう一方では不適切なスプリッティング－と－理想化のことを述べています。原初的なスプリッティング－と－理想化は、自己と対象の善さと悪さが互いに適度に離れ、接触不能になるまで大きく離れ過ぎていないような丁度良い頃合いでなければなりません。良い自己と理想化された対象は、それらの連携の内に悪さを少しは受け入れられるほど充分に強化されるまで、互いに居心地の良い時間を必要としています。発達過程やスプリッティング－と－理想化の役割、それに続く破壊的羨望の統合というモデルによって、羨望がコントロールされるだけでなく、その悪性が改善されうることが想像できます。

スプリッティング機制の概念や自己愛的同一化の性質についてクラインが成し遂げた進展は、フロイトの構造概念に新たな実体を与え、それらを面接室へと持ち込んだのです。分析家は今や自我、エス、超自我という観点だけでなく、パーソナリティの諸断片とパーソナリティに繋がる対象群の諸断片という観点からも研究を進められるようになりました。投影同一化の概念は、リチャードに関してここで私たちが捉えはじめていることを研究できるようにしてくれました。すなわち、彼自身の内部が彼自身の外部へと投影されているということです。羨望の概念の導入と、羨望と嫉妬の区別により、ちょうど先にこころの痛みに迫害と抑うつという異なる性質を区別しはじめたように、感情を区分けするための言葉の発見という、精神分析における重要な進展をクラインは始めたのです。

▼訳註

1――「帝国」という表現はセッション23で初めて使われていて、リチャードの家族が一連の大きなヒトデで描画されている。

2――クラインは「羨望と感謝」を一九五五年ジュネーブでの国際学会で発表した後、そのロング・バージョンを作成し、「羨望と感謝の研究（A study of envy and gratitude）」と題して、一九五六年二月、英国精神分析協会に提出した（この論文は、Juliet Michell（Ed.）（1986）*The Selected Melanie Klein.* Peregrine Books に収録されている）。クラインはさらにその論文を拡張し、別のもうひとつの論文（全集の〝The psycho-analytic play technique : Its history and significance〟論文の早期版）とあわせて、小さな著書として *Envy and Gratitude : A Study of Unconscious Sources* という題の下、一九五七年にTavistock Publication より出版している（この本は、松本善男＝訳（1975）『羨望と感謝』（みすず書房）として出版されている。この訳が後に『メラニー・クライン著作集』に採録された）。

第4章

第4週［セッション19〜24］

防衛機制としての無意識の空想、特に強迫機制に関連させて

この四週目の分析も素晴らしいもので、強迫に関する興味深い理論上の問題を提起しています。強迫機制の問題は、クラインの業績においてわかりにくく難しいものです。というのも、どこにも特別な説明がないからです。またこの週も、設定が混乱して中断されています。第三週では母親の病気が邪魔をしました。この週の二回目のセッションでは、クラインはリチャードを自分の仮住まいへ連れて行かねばならず、このことも何らかの妨げとなっているのですが、どのような理由があったのかは不明であり、クラインはそのことをほとんど取り上げていません。

分析はすでにとても円滑に進行しています。クラインは自信をもってリチャードとの作業を進めていて、考えを整理しては不要な考えを捨て、そこに新しい理解が出現しています。定式化の変化は、素材の意味に関する彼女の理解や考え方の変化ですが、その多くは、家庭におけるリチャードの両親、兄、ボビーと

の関係とより明確に識別されるように、転移関係を深めることに起因しているはずです。これは、クラインのリチャードへの解釈の仕方に反映されています。素材の表現様式も変化しつづけていて、彼は艦隊を持参し、それから絵を描きます。玩具で遊び、サッカーボールを押しつぶします。そして部屋をうろつきます。その間にクラインに話しかけ、ジョンが言った些細なこと（「クラインは死んでしまえばいい」）を打ち明け、四回目のセッションでは夢を報告し、クラインに抱いた妄想じみた猜疑心についても打ち明けます。この猜疑心が今やさらに激しくなってきているのは、本当の陽性転移の高まりと並行しているからです。いまだにリチャードは、時として不誠実であると思われます。主に描画にはそれがよく表われていて、なぜそれはこの二つなのか、あの三つなのか、あるいは別の一つと話しはじめるときです。誠実さは確かなものではないのですが、たいていの時間はクラインと密接に作業しています。面接室の外における彼の生活からエピソード的な素材が加わりはじめます。彼が夜に映画館にいられたのだろうかとか、唱歌会が耳障りで気分が悪くなり逃げてしまったのだろうか、といった事柄です。要するに素材に関しては、よどみがないのです。たとえリチャードのこころのなかに起こっていることをクラインがどうやって知っているのかと疑心暗鬼になって質問していても、彼はつねにクラインの言葉に注目しているように見えます。クラインは、どのように作業し素材を吟味するのか、素材が彼の無意識に何を意味しているのかなどを説明しています。たとえひどい疑心暗鬼にさいなまれていても、彼はクラインと真に作業をしています。この種のことがわかってくるのは、不快感にほんのわずかしか耐えられそうもない幼い少年からすれば、むしろ楽しみなのです。しかもこころの痛みに関していえば、彼にはさして深刻ではありません。おそらく最初の二週間から予想されていたよりも、彼は負けずにともかく頑張っています。

艦隊の素材は特別興味深いものです。ひとつには彼自らが持ち込んでいて、クラインの玩具で遊ぶのとは別のものを、この大事な船によって確かに表わしているからです。小艦隊での遊びは暴力や混沌状況が突出しないように、家族のまとまりや家族を仲睦まじく結束させる試みと深く関係していますが、その一方で玩具と列車での遊びでは、揺れる動作や尾を振っている犬でマスターベーションが表わされるや否や、大混乱に陥ります。艦隊の遊びでリチャードは、バランスが取れて平等な家族が成立しうるという考えをなんとか構築しようと試みています。他の人より自分が大切だとは誰も言うべきではありません。ママがリチャードと一緒にいて、泣き叫んでいるからといって、ポールが料理人とベッシーに抑え込まれる必要もありませんし、ママとパパが一緒なのに子どもたちが激怒しているからといって、同性愛的行為を行なうこともありません。

これらの家族の平和を乱すさまざまな状況すべては、艦隊遊びに見事に表わされていて、潜水艦や魚やヒトデの描画よりも説得力をもって行なわれています。魚雷が艦に命中するものなのかどうかというちょっとした口論があるように、これはそのような描画のもつ曖昧さによるのかもしれません。なぜか彼は艦隊に関しては抑えが効いており、艦隊の関係を巧みに操り、より正確に表現しています。クラインは強迫機制として現われているものを記述しています。リチャードは艦隊遊びを通して、調和が支配してすべての敵を家族の外に追いやって、家族のメンバーそれぞれの特権、苦痛と喜びを慎重に均衡させる方策を見つけ出そうと試みています。これが強迫機制の非常に重要な点で、均衡を取って安定を達成しようとする試みなのです。しかしこの均衡をもたらすには、万能的支配や分離といった他の技法も必要なのは明らかです。彼がロドニーとネルソンを操り、パパがママをとても優しく（全く接触せずに）誘っているの[1]

を表現しているところに、とりわけ明らかになります。これら二つの機制、均衡の取れた状況を成立させる試み、対象の万能的支配と分離を介して効果を上げようとする企てを、クラインはこの週の後記に記述しています。それはおそらく強迫機制に関する彼女の最先端の主張です。この強迫機制という用語をクラインは著作のなかで、幾度となくさまざまに使用しています。

強迫機制が上手くいけば、リチャードは普通の意味で潜伏期を達成できるでしょう。けれども彼が安定化できないでいるのも明らかです。ひとつにはクラインの解釈が妨げているのですが、この強迫機制の類では、彼の衝動にある暴力性を本当には対処できないということも感じられます。その代わりに、分析素材が、最初の三週間でクラインが気づいたのとはかなり異なる定式化を必要とする、いっそう精神病の水準と言えるまでに深くなりはじめているということです。彼女は結局、まずはエディプス・コンプレックスとの関連で去勢不安をなんとか解釈し、その後に、強迫的な独裁や羨望や嫉妬を伴う愛と憎しみの葛藤にもっと関連したものを解釈しています。ただしそれは総じて全体対象のレベルであって、投影同一化や部分対象関係とはほとんど関連させていません。

この種の定式化は他の子どもたちへの恐怖が、もっぱら兄ポールへの嫉妬に結びつけられているという、通常の神経症的問題をほのめかしているものです。最初の三週間には、閉所恐怖的不安と投影同一化に関連した空想についての豊富な証拠がありました。穴を開け出血させるヒトデが内部にいる魚の描画、船が閉じ込められた地中海、クレタ島で捕われた中隊、プレイルームから彼が抜け出すことに関したこれらの素材、つまり閉所恐怖的不安の証拠となるこれらすべての断片は、最前線に位置づけられているわけではありません。しかしこの第四週目では、クラインはリチャードが万能的支配や分離、均衡によって彼自身の内的状況に休止状態を仕立て上げようとしていると解釈した結果、彼はいわばこの偽りの休止状態を達成できず、素材は深まります。

まず第一に明快な素材が、ペニスを吸うことに没頭していることやボビーとベッドで遊ぶことに関連した口唇レベルの同性愛が出現しているのを明らかにしています。それから、魚に関する素晴らしい夢があります。どうやらクラインは本来の彼女とは違って、その夢を重要視していないようなやり方なのです。というのは彼女がその夢を、ヒトデが怒り狂い、隠れて海草を食べているタコを引きずり出している描画と結びつけていないからなのです。ママの内なる父親のペニスを表わしているタコが、ママのすべてを我が物にしたい貪欲な赤ん坊たちに攻撃されているのをクラインは認識しています。しかし何らかの理由によって、夕食にリチャードを招待した魚たちや、特に魚の総領の媚びへつらい方を、ボビーが、そしてリチャードがポールのベッドで寝たことに関する前回出現したばかりの同性愛の素材と結びつけるような解釈を、彼女は何らかの理由によってしていないのです。魚たちは母親の内なる父親のペニスを一緒にむさぼり喰らおうとリチャードを招き入れたのでしょうか？　それともリチャードが父親のペニスと投影同一化しているので、魚はリチャードをむさぼり喰らおうとしているのでしょうか？　以前のクラインが、彼女自身や部屋に関連する、あるいは食器棚から取り出したかったボールのような閉所恐怖の証拠を解釈していたように、クラインは閉所恐怖性の不安、つまり閉じ込められる恐怖の角度からそれを解釈しています。この夢に関してのクラインの作業は、この夢を同性愛の素材や、両親や彼らの異性愛に対抗してポールやボビーと共謀しているという証拠に結びつけて、彼女ならしてもよかった解釈に較べて、力強さに欠けています。そうすれば、リチャードが男の子に「あっちに行け」と言って、ヒットラー式の敬礼[2]をし、その後で足を踏みならしてグースステップであちこち歩くという素材にあるヒトラーとの同一化と関連させやすくなったでしょう。遊び仲間というものは、父親のペニスをたいらげてしまい、そのペニスのパワーを吸収して世界を支配するのでしょう。しかし、クラインが強調しているのは、彼が家族を置き去りにして火事から逃げた裏切りのテーマです。リチャードはこの解釈で落ち着きをなくし、夢に作話を付け加え、彼は消火して焼けこげた大地に肥沃さを回復させます。

　分析の一番の焦点となるテーマが、帝国の描画によってこの週に現われはじめます。これらの描画はヒトデの描画を練り上げたもので、特に赤い円のなかの多色のものがそうです（図９）。それはまた、ヒトデを内包する魚の絵（図７）とも関連し、理論上非常に重要な問題に触れています。この問題は、治療当時のクラインを悩ませていたにちがいありません。つまり投影と取り入れの相互作用と、それらによる同一化過程の相互作用です。彼女はこの本と後記を書いていた頃まで、構造の問題に強い関心を寄せていました。つまり、自己のある部分が対象のなかへと侵入させられるのならば、それは自我なのか自己なのか？　それは自身の中に内的対象を有しているのか？　これらの対象は他の諸部分の内的対象と同じなのか？　もしこれが内的対象との投影同一化ならば、内的対象をどのように所有しえたのか？　彼女は、ある種のこころのマトリョーシカモデルを練り上げていたのでした。

　ここで発現しはじめたもうひとつの素材は、サッカーボールを押しつぶすことであり、雄鶏－と－雌鶏の叫び声や空想を伴って、さまざまな段階を経ています。帝国の描画は、外的母親に対する競争心の過程とより関連があるように、サッカーボールの素材と後に「赤ちゃん－タンク」[3] として練り上げられた素材は、リチャードの内的対象に関する経験との関連が強く、彼の心気症と結びついています。たとえば、雌鶏が首をねじ曲げて卵を産み落としたという空想は、出産への不安と関連し、母親が彼に話していたように、出産は女性にとって危険で苦痛を伴う可能性があることをリチャードは知っています。しかし彼の空想では、それはサディスティックなペニスという概念と結びついていて、ママのなかへ入り込み、ママの内部に損傷を加えるのです。その一方で、母親とそのペニスは合わさり、「性悪な畜生」(4)対象となりうるのです。

転移状況を明確化し母親との関係から区別すると、リチャードのクラインへのアンビヴァレンス、もっと厳密に言えば、クラインへのスプリットした関係性がわかります。つまり、彼が明らかにいくばくかの愛を感じはじめている「優しい」クラインと、死んだ夫のペニスを体内に持っていてひどく疑惑に満ちたオーストリア人のクラインです。リチャードは、第一次世界大戦で彼らが敵側であったのかを知りたがり、クラインに「オーストリア語」を読んでほしいと頼んでいます。リチャードは「ドイツ語」とは呼びたくないのです。転移の明確化と区別により、加えて強迫機制で均衡を保つ試みをクラインが阻止したため、素材は深まり、閉所恐怖の素材が前景化しはじめます。閉所恐怖は、魚と夕食を共にするよう海底へ招かれた夢が際だたせていますし、そこにいる男の子が襲ってくるのではないかと怖くて映画館にはいられないことで、現実になっています。これは、もし彼が寄宿学校へ行ったなら大きな男の子たちがいじめるのではないかとクラインに訊いたことで、さらに増幅されています。(5)

母親の身体内部への没頭、その身体のなかへ貫通したい欲望、その身体が内包していると思われるものを求める貪欲さ、父親のペニスが所有者なので何とかそれを取り除かなくてはという気持ちを伴いながら、素材は深まっていますが、クラインが最初の三週間に扱っていたものに比べて、すべてがより重い精神病レベルでの不安や没入から構成されています。

この週クラインが自分の部屋でリチャードと面接したことの影響について、一言あってしかるべきでしょう。もちろんリチャードは最初とても興奮し、あたかも会員制クラブに入会を許可されたかのような思いに彼を仕向けたようです。今や彼は、彼女の部屋に来る選ばれし人の一人であり、そこでは彼女の男たちの一人なのです。彼女は彼と性交をもたないので、おそらく彼女は誰とも性交をもたない、それゆえに皆等しく、幸福な分析上の家族なのです。その一方で落胆もしていて、水曜日のセッションの終わりに、前回に窓を開け放したままであったので彼はクラインに少し怒っています。リチャードは彼女の部屋の居心地のよさを認めていたので、これがある角度からすると強迫機制を刺激しています。けれども、それがまた、謀られ、誘惑され、そそのかされたというパラノイド感情も昂進させているのです。そうしたところで魚の夢に関係していて、むさぼり喰らわれ、また良い対象に対抗する悪い同盟に引き込まれるように招待を受けていたという思いと関連しています。

この週の素材に関しては、これで終わりとします。強迫性の理論に関しては、フロイトの使い方とは大きな概念の違いがあることに注目しなければなりません。文献上ではどこにも明記されていませんが、強迫性がひどい混乱と論議を至るところで引き起こしているのは明らかです。フロイトの防衛概念は二つの点から始まっています。すなわちひとつは、抑圧を認識したことであり、ヒステリー、健忘、言い間違い、失錯行為、普通に見られる早期小児期の健忘において作動しています。しかし機制の概念は夢作業の定式化に別の起源をもっています。すなわち夢作業とは、検閲を避けるために潜在内容を顕在内容へと変化させる、夢みる人によって行なわれる作業なのです。潜在内容は圧縮、置き換え、逆転といった論理的もしくは言語的技法によって歪曲されてしまいます。このように夢作業とは、それが防衛機制と同義語である限り、潜在夢の意味内容を操作することにあります。しかしながら、抑圧に始まるフロイトによる防衛機制の論議は、後に投影、取り入れ、リビドー撤収、リビドーの内向、昇華などの機制を付け加えています。そうなると彼は、機制を操作としてよりも現象から論議していることになります。これらすべての現象を抑圧という表題のもとに集結させ、それらの現象はある神経生理学的メカニズムにより生じているにちがいないと考えていますが、その作動は彼にはわかっていません。「抑圧」はその意味で、まさに機械的です。クラインが投影同一化やスプリッティングについて語る意味は、純粋に操作的な意味での機制であり、ゆえにフロイトの夢作業の記述のような、無意識の空想の記述にすぎません。フロイトがこの用語を使用した理由は、リビドー理論や興奮量の操縦という概念に専心していたからです。クラインの研究は、当初より無意識の空想とその内容に結びついていました。それゆえ彼女の研究では、無意識の空想とは不安に対する防衛のことなのです。

クラインの初期研究では「強迫機制」という用語が、フロイトが用いていたように現象学的に使用される傾向がありました。フロイトは強迫現象あるところ必ず強迫機制が作動していると述べていましたが、たとえば鼠男症例がそうです。クラインは『児童の精神分析』という早い時期において、強迫性は他者支配や対象支配と関係があることに気づいていました。素晴らしい脚注(7)で強迫性とカタトニーを関連づけており、おそらくは強迫的防衛のサディスティックな行使の最たるものです。

クラインの「防衛機制」という用語の使い方とフロイトのそれとのもうひとつの大きな違いは、特定の防衛機制が「神経症選択」とフロイトが呼ぶ問題と全く特異的に関連しているという主張にあります。ここではクラインはそのようには考えていなかったようですし、ある意味でフロイトの業績におけるこの側面を無視してしまっているようです。その理由のひとつには、エディプス・コンプレックス全体を部分対象に関連させて小児期早期へ回帰させていることにありますし、理由のもうひとつは、精神病理的観点よりも発達的観点が優勢だからです。クラインは、防衛機制は、異なる発達的問題との関連で発達上の異なる段階でも行使されうるし、それゆえ防衛機制が配備される葛藤の種類によって、生じる結果が異なるであろうとクラインは考えました。また、あるひとつの機制でも、最もサディスティックな使い方から最も危害を抑え、修復的でさえある使い方まで、さまざまなスペクトラム上で配置されうるだろうと考えていました。適用の縦断性やサディズムのさまざまなスペクトラムという意味では、強迫機制概念を臨床現象に対応させて柔軟かつ効果的に発展させたのです。

ここでリチャードの小艦隊の素材へと立ち返ってみてわかるのは、クラインはリチャードが強迫機制を行使していると考え、その機制は万能的支配と分離を介して行なわれるある種の均衡を成立させるための試みであると明快に定義し、リチャードはその機制を穏やかに優しく行使していると考えていることです。それは、ある種の超大国支配による安定（Pax Romana）、無為の状態を成立させる企てであり、そこでは彼の慈悲深い専制独裁のもと、誰もが平等で幸せなのです。そしてそれは、機制の大変慈悲深い使い方であり、強迫機制の躁的な償いを目的とした使い方の一歩手前であり、子どもが多少なりとも健康な潜伏期を確立するうえで一般的に行使する方法の典型でしょう。しかしクラインは、リチャードが同じ機制をもっとずっとサディスティックに行使しがちであることも知っていて、少し前にすべてを静止させておこうとしたときがそうでした。これは、もちろんよりサディスティックで、究極的な敷衍で、それは、カタトニーにおいて対象に強いられた生気の抑止という無動になります。それは「黒い島」のドラマ（セッション85）が終わる頃に再来します。クラインの強迫機制に関する最も包括的な記述は、論文「喪とその躁うつ状態との関連」に見出されますが、実に混乱させられる論文でもあるのです。

▼訳註

1——山上千鶴子＝訳（『メラニー・クライン著作集』）では〝court〟が「労っている」と訳されているが、性愛的意味を含む「誘っている」と訳した。
2——セッション19。
3——「赤ちゃん－タンク（baby-tank）」のテーマはセッション63から出現している。
4——セッション23。
5——『児童分析の記録』では、ただ学校（school）とだけで寄宿学校（boarding school）という記載はない。寄宿学校という記載は、『児童の精神分析』の潜伏期ならびに思春期における分析の技法に認められる。リチャードの所属する英国中流階級の教育文化の伝統から、メルツァーは当然のこととして私立寄宿学校と考えたのであろう。
6——メルツァーは本文で水曜日と記述しているが、『児童分析の記録』では金曜日とされており、誤りであると考えられる。
7——セッション19の脚注。

第5章

第5週［セッション25〜29］

妄想−分裂ポジションの不安

妄想性不安、迫害不安、迫害性抑うつ

『児童分析の記録』のこの週は重要であり、いくつかのとても興味深い問題を提起する一方で、妄想−分裂ポジションの歴史を精査する機会が与えられています。この週には、またしても外的な妨害が入りました。リチャードの母親が再び病気になり、そしてポールを訪ねるため家に帰りますが、その間は保母がリチャードの面倒を見にきます。そのことに彼はひどく腹を立てます。そして週末には、彼自身も病気になってしまい、土曜日のセッションと翌週の木曜日までの三セッションを休んでしまいます。この週は、彼の誘惑や機嫌取りや狡猾さは明らかに一時休止しています。その代わりに現われているのは、この少年にある強い妄想的なものです。クラインとのとても素晴らしい共同作業のなかで、クラインにだけではなく母親にも全く知られなかったにちがいない絶対の秘密のもの、つまり彼が料理人やベッシーに毒殺されるという妄想的恐怖をクラインとの間で認めました。

素材は、前週の分析作業のすぐあとを受け、リチャードを夕食に招待する魚たちについてのとても貴重な夢を展開させます。どういうわけか、帝国の絵を描いた先週末にかけて、緊張感が少し失われていました。クラインの技法は、もっと没頭することを考慮に入れていないのにもかかわらず、この週のリチャードは戻ってくると、より深く転移に関与しています。彼女はいまだにリチャードの素材を、母親や父親やポールと結びつける傾向があり、その素材が彼女自身に集束しているとは考えようとはしなかったようです。このような集束と増大には、彼女が計画し、脅しとして一連のセッションを覆っていたロンドン訪問に、一部影響していました。対照的に、リチャードが三度にわたり喉に手術を受けるという短い夢があったにもかかわらず、母親の病気は素材にほとんど影響を与えていないようなのです。

母親の病気と、さらに彼女がポールに会いに家に戻ったことでこうむった衝撃は、クラインへの没入、クラインが爆撃されるという危険、ジョンや彼女の息子、そして亡くなっていることにされているものの実は生きているクライン氏と彼女の関係などへと、すぐに切り替わります。リチャードは次に、彼女が夕食を共にするかもしれない同じ下宿に住んでいる誰か、つまり「気難しい老人」(1)もいることを発見します。嫉妬の強烈さはまさに転移に集束され、素材はより部分対象関係でより原初的な情緒性へと突き進みます。これはリチャードの振る舞いに強烈に現われていて、歯ぎしりし、クラインにとても反抗的な態度を取り、彼女にブツブツと不満を言ったり、水を掛けたり、彼女に向けて鉛筆の削りかす(2)を投げつけたり、この部屋から出たいときには出て行くつもりだと言ったりしています。リチャードの憤りが表出したのは、以前ほどそれらの感情が万能感に支配されなくなり、転移のなかに直接出現できるからでもあるのです。その結果リチャードは、クラインをより信頼できるようになってもいます。彼が毒を盛られる恐れを彼女に打ち明けたのはこの文脈においてであり、第五部隊員とその追従者に関する出来事での彼女への不信感を、つまり分析の信頼性の問題を、彼女が鋭く取り上げた後でした。

リチャード自身もこの症状をかなり気違いじみていると経験しているようです。しかし、ベッシーと料理人はスパイだという妄想があったこと、彼らをひそかに監視したこと、ドイツ語を話すかどうかを確認するために聞き耳を立てたこと、毒のような匂いがしないかを確かめるため調味料の瓶の匂いを嗅いだことを、クラインに打ち明けています。これは、扁桃腺摘出の手術をするために母親が彼に持たせた香水のエーテルの臭い(3)についての疑問とも関連しているにちがいありません。彼の嗅覚への原初的な依存は、パラノイアや社会的な判断を下すために、非社会的な手がかりを使っていることと密接な関連性があるのは確実です。パラノイアはその特徴として、他の人であれば証拠だとは決して考えない事物を証拠として使います。つまり、社会的な手がかりを見つけるために、かなり独自で全知的に感覚を使うのです。

これが、この時点でリチャードがクラインに認めていると思われることであり、リチャードは料理人やベッシーがスパイかどうかを、次には、彼らが彼に毒を盛ろうと躍起になっているかどうかを断定しようとして、耳や目や鼻を妄想的に使っていたのでした。この週の最初のセッションで、電車やバスのなかで母親の気分を悪くさせた三人の子どもについて彼が言及すると、クラインはこれを、母親の具合を悪くさせたしつこくうるさい奴で質問癖の厄介ものであるリチャードが、クラインにも同じことをしているかもしれないと彼が思っていることに結びつけました。この時点で素材のいくつかの脈絡はしっかりと撚り合わさり、パラノイアの背景を形成します。まずはじめに、三人の男たち、つまりパパとポールとリチャードが最高の領地すべてを奪い、母親にはほとんど領地がない帝国の描画とともに、すでに述べた嫉妬の素材があります。次に、有害で侵入的な厄介ものの素材があり、ママやクラインが彼から解放されたがっていることを暗示しています。最後に、濁った水に関する汚染の素材があります。つまり、水がどのようにして濁るのか、その汚れた水がどのように流し台から出て、パイプから外へ流出するのかということです。これこそが、彼がひどい厄介者なので、ドイツのスパイの一味である料理人とベッシーが、彼を毒殺しておさらばするために使うであろう毒入りビンのなかへと分裂排除されて投影されていると思われることなのです。

事実上それは、リチャードに対抗して性交で結合している両親についてクラインが行なった先の定式化の変形です。彼のしつこいうるささ、彼の尿、彼のウンコ、彼の絶え間ない質問、彼の探ってくる窃視などで有害な赤ん坊であることへの気づきという文脈において、料理人やベッシーで表象される母親、実際には乳房へとこの有害な性質を投影することが、乳房へのパラノイアと毒を盛られる恐怖を生み出しています。また次にはこの素材に、死んでいる赤ん坊に関するテーマも現われてきています。それは、軍艦フッドの撃沈に関する素材に出現していて、リチャードが「リチャード……リチャード……リチャード……」、次いで「パパ……パパ……パパ……」と声をひそめて囁くと、クラインは、これは助けを求めて叫んでいる溺れる水兵たちだと直観的に彼に対して解釈しています。次のセッションでリチャードは、水兵たち全員を、もしくはそのうちの何人かを救えたであろうか、あるいは彼自身が救われる必要があって、そして他の人と一緒になってパパに助けを求めただろうかと、真剣に考えることができました。この死んだ赤ん坊と溺れかけている赤ん坊についての素材を考え合わせれば、リチャードには幽霊や夜の不安といった不合理な恐怖があることもわかります。それについてリチャードは、彼が真夜中に泣き出すと、保母や乳母は夜通し彼とつきあわねばならなかったと報告しています。

ある意味でクラインは、これら二つの主要な不安を関連させようとしていました。つまり、夜中にリチャードに襲いかかってくる幽霊へと変わる死んだ赤ん坊に関連する迫害不安と、有毒になってしまい悪いペニスと同盟を結んで彼に敵対することになり、彼を毒殺しようとしていた乳房についての妄想性の不安です。分析のこの時点では、彼女はこれらの不安を、リチャード自らが有害な尿やウンコや陰険さ、狡猾さで乳房を毒してしまうかもしれない不安といった三つ目の状況から分けることはできませんでした。クラインは三つの異なる定式を立てはじめていましたが、互いの関係は明らかではありません。明らかになっていない理由のひとつは、クラインがそれらを区別する明確な理論的基盤をもっていなかったからです。一番目は、死んだ対象や幽霊についてのこの耐え難い不安で、おそらく迫害不安のなかで最も重篤なものです。二番目は中程度の迫害不安で、対象の良さへの信頼が一時停止になっているような性質を帯びています。乳房へのサディスティックな攻撃があったとき、とりわけこの攻撃が乳房への所有欲と他者が乳房を楽しめないようにそれを駄目にして毒したいという願望によって作られていると、主体は自分のための乳房も毒してしまったという不安が、それに続いて逆流してくることになります。これら二つの迫害不安は識別できますが、それらの間のどこかに、その二つに似ているが現段階では全く明らかになっていないという意味では異なってもいる別の不安、つまり妄想性不安があります。

妄想性不安は、対象の良さへの信頼を一時停止しているだけではありません。その中核は、パラノイア患者における、感じることと考えることの間のとても深刻な混乱です。感情では、彼は対象の魅力に惹きつけられています。しかし思考では、対象の邪悪な核心部分を恐れています。そして、このことこそが料理人とベッシーに認められる状況なのです。明らかに、二人ともが部分対象を表わしています。ここでクラインは部分対象レベルでの結合した対象、つまり、乳房のなかのペニスの性質に関して、彼女の業績のどこよりも最も明確な定式化を行なっています。この結合した乳房と乳首は、良さと悪さとの間の混乱を生み出します。乳房に惹きつけられる感情と乳首は信用すべきではないという思考との分割が、妄想性不安の雰囲気を作ります。木曜日[4]は、とても反抗的なセッションとして始まり、景色を賞賛してとても優しい気持ちで終了している一方で、プレイルームがひどく不快で汚れた場所だと感じ、このときは耐えられずに外に出ています。リチャードは丘を誉め、クラインと一緒に登ることを話します。リチャードが地面に棒切れを突き刺していることを、クラインがある種の償いの性交であると解釈したときに、彼をほんの少し楽にさせていると私は考えます。木曜日のセッションまでに、すでに彼は病気に少し罹っていたにちがいありません。彼は金曜日[5]のセッションを休み、次の週の木曜日まで家に帰りました。

クラインは初期の業績において、妄想的（paranoid）と迫害的（persecutory）という言葉を同義語として用いていました。ここでリチャードについて語る際には、彼女はその二つの用語をはっきりとは区別していませんが、本書の後でそれを明確にします。さて、論点はこうです。彼女の最初期の業績で、赤ん坊が乳房へと向かう、本質的には生物学的に決定されたサディスティックな衝動の開花期を記述しました。それは現実と空想のなかで乳房を攻撃しますが、おそらく少しは羨望からでもありますが、主には貪欲さによります。攻撃の方法は本質的には噛み付き（biting）、えぐり取り（scooping）であり、部分対象としての乳房からは食物を奪い、やがて全体対象としての母親へと拡大されると、母親の美しさ、食物、赤ん坊、内側のペニスを奪うことが意図されていました。しかし、最早期では乳房との部分対象関係であり、食物を手に入れ、いつでも乳房にアクセスしようとする貪欲さから乳房をえぐっています。このことが生み出した不安は、同害報復の法則に従います。つまり、乳房に対して行なったことを、乳房もやり返してくるということです。これはひとつの論理操作であり、どのようにして愛が憎しみに変わるのかについてのフロイトの見解と全く一致しています。

この当時クラインは、主に論理操作の点からも考えていました。しかし、彼女の研究が発展するにしたがって、子どもは損傷を受けた対象から迫害されているということが明らかになりました。それは一九二〇年代初頭の期間であり、一九五七年に[6]、損傷された対象は他の対象や自己の無傷な状態を羨望していると感じられることを発見するまで、なぜ損傷された対象が迫害者なのかという問題の解決策を見つけられませんでした。これまでサディスティック、噛む、切る、裂くなどと前に記述された攻撃のほとんどは、後に投影同一化による攻撃とみなすことができました。これによって、彼女の見解に大きな変化が生じました。つまり、「もし、あなたが私に意地悪するなら、私もあなたに意地悪します」という単純なものではありません。攻撃が具象的な形式である場合には、こころの操作は遙かに複雑であって、噛み付き、引っ掻き、つば吐き、放尿は投影同一化というこころのメカニズムをただ実行していただけでした。対象が本来傷つけられるのは、苦痛を感じていて悪意や破壊の衝動を含む自己の一部分を対象のなかへと押し込むことによってなのでした。この投影によって、対象は悪性の特徴を引き受けることになります。

その結果、クラインは内的迫害を心気症と同等なものであると強く考えるようになり、迫害的心気症と抑うつ的心気症を語るようになりました。ある意味、これは心気症についての単純な見解なのですが、それでもなおフロイトの業績からの前進でした。フロイトの最も進んだ考え方は、心気症は自己愛障害であり、転換ヒステリーの不安ヒステリー[7]に対する関係と同じような妄想との特定の関係にあるというものでした。

これは、迫害不安や妄想性不安に関するクラインの基本的な立場であり、一九四六年のスプリッティング機制や投影同一化に関する論文まではそうでした。しかしその論文で、この究明に複雑性に関する全く新しい次元を加えたのでした。彼女の早期の理論には、対象を良い対象と悪い対象にスプリッティングさせることが含まれていましたが、それと並行して自己を良いと悪いにスプリッティングさせることは含まれていませんでした。悪い対象はどういうわけか恐れられますが、臨床記述に従えば、クラインが記述した子どもの迫害不安は、主に悪い対象よりもむしろ傷ついた良い対象に由来しました。このスプリッティング－と－理想化において分裂されてしまった対象では、良い対象への攻撃こそが結果として迫害を生み出し、その一方で悪い対象は、主に欲求不満や剥奪を生み出します。このようにして、フロイトの死の本能の配分によるとした超自我の過酷さや、原初性に関する記述に相当するエディプス・コンプレックスの早期段階に関する現象をクラインは発見しました。

スプリッティング機制と投影同一化についての記述がある「分裂的機制についての覚書」は、その研究分野に新しい複雑性を持ち込みました。というのも、これらのスプリッティング機制は、ひとつの構造としての自己の統合を寸断し、システム内での葛藤という展望を開いたからです。スプリッティング－と－理想化によってであれ、別な水準での亀裂に基づいてであれ、もし自己が分割されうるなら、その分割された自己部分同士が互いに対立し合うことになります。たとえば迫害は、子どものサディスティックな攻撃によって損傷を負った対象からの報復によるというよりも、直接に迫ることになるでしょう。つまり、自己の悪い部分によって自己の理想化された部分が迫害されるということが認識され、このことが次第に自己愛構造体についての後の洞察に発展していきます。しかしそれはまた、たとえばマイケル・フォーダムがそう呼んでいるように、極めて悪意に満ちた「自己対象（self-object）」を作り出す悪い対象と自己の悪い部分との融合に、投影同一化が作動するのを目の当たりにする可能性をもたらします。

一九四一年の臨床作業では未だにまごついていたことが、この週の後記で明確にされているのですが、これはかなり進歩があった一九五〇年代後半に書かれたもので、その頃のクラインは良いと悪いの混乱についてもっと多くのことを認識しはじめていました。これが二つの可能性に関係します。この混乱の領域が、悪い対象と理想化された対象を十分に分けていない、あるいは自己の悪い部分と自己の理想化された部分を十分に分けていない不適切なスプリッティング－と－理想化に起因するとして、『羨望と感謝』に記述されています。しかし、混乱はまた良い対象に侵入する自己の悪い部分によってももたらされます。このうちの前者のほう、つまり不適切なスプリッティング－と－理想化が、リチャードの素材に少し反映されています。正常発達のプレリュードとして機能するためには、スプリッティング－と－理想化は鏡像を生み出さねばなりません。つまり、対象とは、それ自体は全部そろっているが、一方が理想化されて他方が悪く、形ではなくその性質や振る舞いでのみ区別される互いの鏡像です。

スプリッティング－と－理想化が別の水準での亀裂（cleavages）に沿って機能する場合、たとえば、底の半分が良さで上半分が悪さであったり、前面が良さで後面が悪さだったり、もしくは乳房が良さで乳首が悪さの場合、大きな困難が生じます。なぜなら、これらのスプリッティング－と－理想化は崩壊してしまいやすく、あるいは良さと悪さを統合しようとするときに混乱が生じるからです。このことは、リチャードの事例において明らかで、スプリッティング－と－理想化が性愛的な方向に沿って試みられ、エディプス・コンプレックスに混乱を生じさせています。恐ろしい性交は、リチャードがパパもしくはペニスを悪いものに、ママあるいは乳房を良いもののままにしていた結果、起きたように思われます。そのため、男性対象と女性対象の結合が起きるたびに、良いものと悪いものが混ざり合ってしまい、リチャードのこころのなかに混乱を生じさせています。

しかしこの週が明らかにしてみせたもうひとつのことは、妄想性不安であり、妄想性不安が迫害不安とどのように違うのかを例証しています。料理人やベッシーによって表わされた妄想対象は、投影同一化から生じます。そこでは自己の分裂排除された悪い部分が良い対象のなかに入り込みます。するとそれは良いものであるように見えますが、実際は極めて悪性で悪意に満ちています。これが妄想対象であり、ひそかにドイツ語を話すが、見た目ではまともなイギリス人の料理人とメイドのような乳房なのです。

残念なことに、絶望（hopeless）と自棄（despair）のような、混乱している（being confused）と混乱を**感じている**（*feeling confused*）を区別するための二つの言葉がありません。絶望と自棄の二つの言葉はよく似ていますが、希望を追い求め未だに捕えようとして苦痛を覚える絶望と、希望を諦めてしまってもう苦しくない自棄との間の違いを表現するために一度使ってしまえば、これらの言葉はとても便利になるのです。しかし、不確かさがあふれている混乱と、外見は美しいけれども悪意ある意図をもっている場合のような、良く見えるが悪い対象に固められた混乱との間を区別する良い方法はありません。妄想対象とは、このような性質のものなのです。それゆえここでのアプローチは、「妄想性不安」も含まれることになる一般的な用語として、「迫害不安」を用いることとします。

こうして少なくとも六つの異なった迫害不安を記述できます。**一つ目**は、自己の悪い部分によって、内的にあるいは外在化され投影された形で、迫害されます。悪い部分は暴君として君臨し、堕落させ、怖がらせ、誘惑し、脅かし、嫉妬や疑念を強めるために宣伝し、このようにして良い対象との関係を攻撃するのです。**二つ目**は、暴君的支配、欲求不満、奴隷状態をもっぱら意図していると思われる悪い対象に迫害されます。これは、（子どもに対して本当にサディスティックであったように見えるシュレーバーのパパの類ではなく、「躾を怠ると駄目な子になる」と考える良き清教徒的厳格さをもったママやパパの類の）フロイトの超自我に当たります。

三つ目のタイプは、サディスティックな攻撃により良い対象がこうむった損傷から生じる迫害です。クラインは、主にこれをさまざまなマスターベーション的攻撃と関連づけて理解していました。この良い対象による迫害は、現在ではほぼ、「迫害的抑うつ」と呼ばれていることと見てよいようです。つまり、良い対象に損傷を与えてしまったと認識すると、これらの損傷した対象によって迫害されると感じるのは、償いに自暴自棄となる（despairing）抑うつ的な感情に耐えられないからです。

四つ目は、投影同一化や、自己の悪い部分や悪い対象の融合から悪性の悪い対象を作り上げることで生じる重篤な迫害不安です。それは、偉大なパパと混同された悪いおじき像、悪い立派な兄貴を作り出します。これは、清教徒的に厳格で残酷な両親や超自我とは異なり、暴君であり、本当にサディスティックな暴君です。それは、おそらくビオンの言う〝超〟自我です。

五つ目は、自己の悪性の部分を良い対象、とりわけ乳房のなかへと投影同一化することによると思われる妄想対象です。これは、リチャードの素材とかなりの関連があり、真っ黒く塗りつぶされた月の位相、鉛筆でもう少しで突き破りそうになった紙に描かれた丸、ドイツ語を話す料理人とベッシー、瓶のなかの毒といったものです。それはまた、リチャードの自己不信や彼が母親に与えた瓶への不信、彼自身の愛する能力への不信、秘密主義、共謀する傾向と関連しています。

最後に**六つ目**です。死んだ対象への特別な戦慄的恐怖であり、戦艦フッドが沈むという素材で死んだ人々が生き返れるのか、幽霊が出現するのかどうかという不確かさに現われています。迫害に混乱が加わると、行動化、つまりは考えでは合理的に説明できないものを行動で試そうとする傾向が極度に強くなるということも、忘れてはならない重要なことです。

▼訳註

1――「気難しい老人（the Grumpy Old Man）」という表現はセッション38で最初に使われている。

2――本文ではクレヨンの削りかすであり、メルツァーの勘違いと思われる。

3――セッション6。

4――メルツァーは勘違いしているようで、金曜日のセッション29と思われる。

5――同じく土曜日の間違いと思われる。

6――『羨望と感謝』で論じられている。

7――不安ヒステリーは恐怖症を主症状と賭する神経症で、その機制が転換ヒステリーと共通していることを強調するために、フロイトが定義した神経症の病型。現在は恐怖症（phobia）の用語が一般的に用いられる。

8――マイケル・フォーダム（Michael Fordham）は、精神科医、ユング派分析家。

第6章
第6週［セッション30〜33］

「償い」概念の発展

真の償い、躁的な償い、まがいものの償い

これら四つのセッションは、クラインの業績の展開において重要な考え方である「償い」という概念に焦点を当てています。この概念は、ジョアン・リヴィエールとの共著『愛、憎しみ、償い』（1937）があるにもかかわらず、非常に混乱して始まり、クラインの業績全体をなだらかに蛇行しながらも、どこにも見解の一致を認めません。

この週でもまた、悪影響が及んだ現場に私たちは出くわします。というのも、リチャードは最初の三セッションを休んでおり、しかもその後いつもなら行なわれない例外的なセッションが日曜日にもたれた後に、また病気になったからです。ある意味では、この週は二つに分けられます。最初の二セッションは、彼の病気とそれに拍車をかけたその前の週のセッションに対する、ひどく妄想的で心気的な反応からの回復に当てられています。そして、後の二セッションは主に、嫉妬と好奇心を喚起させる例外的なセッションが与えられたことによる興奮に当てられています。パラノイアの発生は特に咽頭炎をわずらっていることと結びつき、そして父親やポールへの敵意と、釣り針で死んでしまったかもしれない鮭のように彼らの喉に釣り針が刺さるという願望と関連するようになります。

この素材における転移の文脈は、「犬畜生（brute）」のクラインだけではなく、クラインへの不信に、彼女への敵意に当てられています。リチャードはクラインを罵りたくて、攻撃するために「くそっ（bloody）」という言葉を使っています。リチャードが彼女を攻撃したいという願望を明確に示したことで、クラインはとても安心しているようです。この週の最初のセッションのはじめで「メラニー」をリチャードが内側に良いママをもっている感じ（feeling）として取り上げましたが、おそらく少し間違えています。おそらくそれは生意気さや恩着せがましさであり、料理人やベッシーのように使用人としてクラインを扱っているのです。クラインは素早く立ち直って彼の妄想を取り上げています。彼女は遡ってそれを、料理人とベッシーによって毒を盛られるのではないかという恐れを告白したことに結びつけます。また、彼がお腹に痛みを感じている瞬間に、クラインに毒を盛られたと感じていることや、クラインが実は釣り針を食べさせていると感じていることを直ちに述べています。

リチャードはかなり順調に回復していて、クラインはそれをもっぱら解釈のおかげであると考える傾向にありましたが、リチャードの援助の求めに応じた彼女の態度で重要な何かが変わりました。リチャードは明かりを消して、自分の代わりに描画を塗りつぶすよう彼女に繰り返し頼み、ついには「僕のために何かしてよ」と言うのです。するとクラインは、彼女にしてほしいことが何なのかをリチャードがわかっていないことを認識します。リチャードは、以前に勇気を振り絞って彼女に〝作業〟は役に立たないと思っているると伝えた後から、自分の無力さや彼女に依存していることを認めるようになっていきます。けれどもこの週二回目のセッションでは、作業は自分に役に立っていると伝え、その週の後半では、作業にもっと気持ちを向けていきます。リチャードはクラインの助けを必要としていますが、何を必要としているのかわかっていません。わかっているのは、他の子どもたちをとても怖いと感じていることに何らかの関係があること、そしてなぜか彼の恐怖が他の子どもたちを彼に対する暴力に駆り立てるということだけでした。その週の後半になって、彼は少しばかり勇気を振り絞ったことを彼女に伝えると、それはすぐに戦争の後ですべての敵に対して行なわれるひどい危害のために捧げられます。しかし、戦争の後について考えられるということは、内的な戦争のみならず外界の戦争に関しても、希望が回復していることを意味します。それは、もしドイツが侵略してきたら自殺するつもりだと母親に言ったときのリチャードの気分とは対照的です。

クラインの作業への興味が増すにつれて、クラインへの信頼感や希望に非常に目立った変化が見られます。この変化は、以前の解釈とは大して違わない解釈によるものではなく、また素材が大きく異なっているからでもなく、彼が彼女に助けを求め、そして彼に対する彼女の感情に変化がはっきりと見てとれるように彼女が応じているようだということから生じているからです。憎しみ、暴力と残酷さ、恐怖や妄想といったものの噴出から、彼の病気の重篤さや体質的問題に関してもっと深刻な見方が生じていました。彼には折り合いをつけるのが本当に難しい気性があり、また所有欲の強い嫉妬によって増大した残虐で、サディスティックで、冷酷なものがあるということを、クラインはいよいよ痛感しているようです。その噴出に完全に振り回され、リチャードには何もできずにいるようです。クラインにおけるこの変化は、リチャードに、治療への信頼と希望を著しく高めています。しかしこの有益な動きは、日曜日に彼女に会うことに対する彼の興奮で妨げられます。日曜日にいつも会わないのはどうしてなのだろうか？　誰が日曜日に彼女と会っているのだろうか？　息子や孫なのだろうか？　彼のいつもの侵入的な嫉妬心は、この情報を探り出そうとします。おおむねとても満足できる週であり、彼の建設的で償おうとする傾向が動員されています。

『児童の精神分析』や犯罪性に関する初期論文[1]のなかでは、クラインは〝償い（reparation）〟ではなく、〝修復（restitution）〟という用語を使っていました。大部分は、前性器期の研究、特に後に妄想－分裂ポジションと呼んだ側面に由来しています。彼女は貪欲さと盗みに強く印象づけられていました。すなわち子どもは、母親から糞便や内的なペニス、赤ん坊、その他の空想された豊かなものを強奪します。もし子どもが罪悪感に持ちこたえることができ、死んだ対象もしくは損傷を負った対象からそれほど迫害されなければ、子どもは良い関係を再建（restore）しようと試みはじめることができます。子どもが盗んでしまったものを返し修復しようとするのは、しばしばこのためです。『児童の精神分析』のなかでクラインは、この試みが成し遂げられるときの万能感について強い説得力をもって述べています。攻撃だけではなく、修復もまた同様に、万能的手段によって実行されるのです。しかし、この問題の重要性は長年に及んで軽視される傾向にありました。このことは、リチャードとの解釈作業の多くの点に反映されています。彼女の提示手法は、〝修復〟、それは後に〝再建〟、最後には〝償い〟と呼ばれるのですが、リチャードによるその積極的な試みを強調しているようです。子どもはこれらの積極的な手段を万能感によって実行しているという彼女の認識は、一九四六年の分裂的機制についての覚書に関する論文で少し言及しているものの、『羨望と感謝』(1957)までどこかへ追いやられていたようです。

本当の償いと、(後に〝躁的償い〟や〝まがいものの償い〟と呼ばれた)万能感によって遂行されるさまざまな躁的活動との違いは、クラインの最期の業績まで明らかになりませんでした。『児童分析の記録』のいくつかの後記は、この主題に関する彼女の最も簡潔で発展した言明です。それを〝修復〟と呼ぶことから〝再建〟と呼ぶことへ、最後に〝償い〟と呼ぶことへと変化したのは、万能感のもつ役割の認識に基づいた単純な移行ではありません。母親の身体に対する子どもの攻撃は、動機と手段の両方で複雑さを一層増して、まずはじめに「分裂的機制についての覚書」のなかで、後には『羨望と感謝』のなかで定義されました。たとえば、内的な赤ん坊たちへの嫉妬は二つの点から発生します。まず第一に、母親の内側の想像上の至福な存在に対する嫉妬、第二に、乳房を奪うべく生まれるかもしれない新たな赤ん坊となりうる存在への嫉妬です。また攻撃の性質に関する彼女の考えはより複雑になりました。粉々に砕いたのなら、盗みとは異なる償いの手段がそこに必要となります。リチャードは断片すべてを寄せ集めて直したいと感じているけれども、そうできる能力がないとも感じているとクラインはリチャードに解釈します。それにリチャードは明らかに反応し、彼女が提示していると思える任務に圧倒されたと感じています。粉々に壊れた対象すべてを集めて繋いだり、彼の良いペニスで母親にもっと赤ん坊を授けたり、同様に彼自身のこのヒットラー部分と闘って打ち負かしたり、といった厄介な課題を成し遂げるよう彼女が要求しているように見えます。助けを求める——後に彼女の頸に触れることになり、それが乳房に触れる手段であること(2)を彼女は見抜いていますが——(3)哀れを誘う彼のこころの破綻への彼女の反応は、コレットが台本を書いたラヴェルの歌劇についての論文に遡って結びつきます。クラインはその台本の引用で、ぶち壊して粉々にする癇癪を起こす子どもの例を示し、償いの概念に言及しています。命を吹き込まれて彼を脅かしてくる壊れた家具すべてによって、この子どもは迫害されます。しかし最後に、一匹の死にかかったリスが哀れをかきたて、この子は包帯を巻こうとします。すると、その瞬間にすべての迫害は消え失せ、動物たちや命を吹き込まれた家具は彼にとても同情して、彼は良い子だと言うのです。そのとき彼は「ママ」と言って助けを求めます。動物たちと同じくクラインが、包帯を巻くことを讃えるうちに、彼が「ママ」と言っていることの重要性がいささか失われがちになります。そのため、すべての損傷を修復することには絶望的と彼が感じ、彼は助けを呼ぶことができるという事実が、おそらく軽んじられているのです。それは償いに関する理論全般における、わずかな欠落となりました。

そのため最初に償いは、すべての損傷を覆すという心の意味をもつ、とても能動的な過程とみなされました。しかしクラインは、償いの衝動を行動に移そうと試みる際に、子どもはひどい無能感と欲求不満を経験することに気づきました。子どもは、物を壊すのは実に簡単なのに、それらを寄せ集めて直すのは実に難しいということを悟ります。償いについての彼女の考えは流動的でした。純粋に内的な過程として、その子どもは空想や感情においては加えられた損傷のすべてを万能的に直せるのですが、それは魔法使いの弟子のような流儀で、躁的な単調な繰り返しに捕われるという犠牲によってのみ可能なのです。

クラインは、償いという概念を発展させていたこの頃には、昇華という概念を非常に統一させて理論のなかで用いていましたが、フロイトの用い方とは随分異なるものだったということを留意するのが重要です。償おうとする衝動が昇華への主な刺激であり、したがって昇華は実際には償いの活動であるという考えを彼女は提唱しました。激しい苦悩状態になってしまっていたある女性は、誰かが壁から絵を取り去ってしまい、そのうつろな空間が苦しく落ち込んでいたのですが、その女性が突然衝動的に絵を描くという話をクラインは引用しています。この女性は、それまで一度も絵を描いたことはなかったのですが、裸の黒人女性を自分で描き、類まれな才能を披露したのです。それはフロイトの考え、つまり昇華とは多形倒錯的な乳幼児期の性衝動を、社会に受容されやすく、そして脱性愛化し、外的世界で行動するように方向づける、狡猾と言える手法であるというフロイトの考えとは全く異なっています。

またその当時クラインは、〝反動傾向（reactive tendencies）〟[4]という概念を、フロイトの〝反動形成（reaction formation）〟と異なった使い方で区別もしました。フロイトは、衝動の方向をその反対側に向けるための情動操作を考えていました。クラインは〝反動傾向〟を、対象への攻撃による損傷を防ぐ、あるいは償いに特に関連して、どうにかして損傷を一変させようとする活動様式を記述するために用いています。これは償いに関する一九四六年の分裂的機制についての論文までの彼女の立場であるように思われます。

第一に、クラインはまずその動機を区別しました。すなわち、迫害不安や抑うつ不安に対する防衛としての躁的償いと、もっと心から対象に奉仕する何かです。第二に、スプリッティング過程と投影同一化の発見により、償い機制に関する概念がより深い水準にまで推し進められました。これまでの無意識の空想についての記述には、非常に具象的な性質があったのですが、自身の対象への攻撃という子どものマスターベーション空想の意義が強調されなくなりました。口唇期や肛門期においてサディズムが頂点に達すると、子どもは対象を切断して粉々にしたり、燃やしたりします。スプリッティング過程や投影同一化の認識には、これらの攻撃が単に放埒な生《なま》の衝動でも単純な復讐や盗みでもないということだけではなく、心的現実では攻撃がパーソナリティ構造に関連した意味があることを理解することも含意していました。この観点から、これらの攻撃の意味は二重であるとみなされました。一つはスプリッティングタイプの攻撃であり、もう一つは投影同一化タイプです。すなわち一つ目のタイプの攻撃は対象に分裂を生み出します。つまり以前は一つの対象であったものが、二つの対象となります。こうしてスプリッティング攻撃は対象の増殖をもたらします。投影による種の攻撃は、自己から何かを取って、それを対象のなかへ入れるという意義をもちます。これは、まるであなた自身の自己に何かが欠けているようで、対象にそれが付け加わっているようだという、こころの状態をもたらします。

この観点から、償いは、破壊された断片をかき集めて元通りにするとか良いものを返すといった単なる具象的感覚ではない、構造的意味をもつことができるのです。自己や対象にとってその構造の手直しとそれのもつ意味が、どのようにして打ち消されたり反転されたりすることになったのでしょうか？　自己には何ができたのでしょうか、そして対象によって何がなされる必要があったのでしょうか？　また、そのような回復のこころの経済学はどのようなものなのでしょうか？　そのような疑問が、その子には断片を集めて元通りにすることなどできないし、ママに新しい赤ちゃんを授けることもできないし、分裂を直すことなどできないという実感を生んでいきました。自己が償いにおいて成し遂げられる能動的な要素として、おそらく彼は投影同一化を取り消すことができたのでした。

しかし全体的に見ると、償いは抑うつポジションで生じている何かであるという、より謎めいた意味を帯びはじめました。罪悪感や自責や後悔、それが起こらないでほしかったという願望といった抑うつ感というこころの枠組みは、対象同士が互いを修復する過程を可能にするようです。能動的要素と受動的要素が区別されると、すぐに躁的償いと真の償いとの違いの理解を促します。真の償いは、こころの状態やこころの雰囲気が対象の相互修復を促進するときに生じるものです。

これは、原光景という概念に全く新しい意義をもたらしました。すなわち、単にママとパパが互いに楽しんだり子作りをするものではないのです。スプリッティングを修復する特異な機能は、両親の性交に新たな緊急課題を持ち込みました。つまり、ママはパパのペニスを修復せねばならず、そしてパパのペニスはママの乳房を修復せねばならず、このようにして結合した対象が再建されるのです。抑うつ感を受け入れることを通じて投影同一化を取り消すことで自己が成し遂げられること、そして乳幼児期の依存が承認された場合に対象が性交によって互いのためにできること、これら二つの構成要素が、主にマスターベーション攻撃によって作り出された損傷を再建します。クラインのリチャードとの作業は、償いに関する彼女の見解における転換点を際立たせています。この週のセッションは、彼に対する彼女の気持ちの向け方に変化をもたらしました。彼女は、彼が無力さについての自覚を高めていくなかで、彼に対してとても援助的で養育的になっています。クラインの援助力は、大部分は解釈的な過程に基づいているのですが、それればかりではなく、彼の要求へのささやかなサービスにも表われています。

▼訳註

1——論文「正常な子どもにおける犯罪傾向」のことを指す。

2——メルツァーはネックレスを頚と誤解している。

3——「芸術作品および創造的衝動に表れた幼児期不安状況」(1929)『メラニー・クライン著作集1——子どもの心的発達』。

ここで言及されている歌劇は、クラインも明言していないが、「子どもと魔法」もしくは「子どもと呪文」と思われる。なお、これ以後メルツァーがこの論文へと論点を移動させたのは、雌鳥の話題で、リチャードが〝署名する（signed）〟を〝毛焼きする（singed）〟としたことをクラインが発見し、子どもと魔法の筋書きにある火と子どもとの関連を連想させたからと考える。

4――〝reactive tendencies〟は「芸術作品および創造的衝動の表れた幼児期不安状況」(1929)『メラニー・クライン著作集1』（坂口信貴＝訳）では「反動形成」と訳されている。また「潜伏期における分析の技法」(1932)『メラニー・クライン著作集2』（衣笠隆幸＝訳）では「反応的な傾向」と訳されている。ここでは、「反動傾向」と訳すことにする。

第7章
第7週［セッション34〜39］

混乱という概念

リチャードとの作業におけるその概念の欠落とその結果

興味深い一週間ですが、またも妨害される一週間です。なぜなら火曜日にクラインはリチャードに、ロンドンへの旅行は週末に出発すると伝えているからです。リチャードは実をいうと木曜までこの情報に反応していません。そしてそれは金曜と土曜にひどいショックとなって彼を直撃しています。母親の病気、クラインがロンドンへ行ってしまうこと、プレイルームに鍵がかかっていたためクラインの住居へ行かなければならなかったこと——といったことで設定が妨害された週のひとつです。何らかの形で妨害を受けない週はありませんが、妨害と分析過程がどのように混ざり合うのかを見ることは非常に参考になります。

このときまでの分析において、少なくとも一時的であれ、リチャードの不誠実さはほとんどなくなっていましたが、この週には、分析作業への反抗がほとんど見られません。どこか関わり方があまり型通りでなくなっています。艦隊遊びをしたり、いくつかの帝国の描画を描いたりしていますが、本当に重要な出来事がまさに勃発していきます——突然彼はクラインのバッグのなかを探るのです。そして部屋を出てキッチンに突進し、水を噴出させます。感情が彼のなかから溢れ出て、リチャードはクラインの目を見上げ、どれほど愛しているかを伝えます。この分析はフルスピードで進み、リチャードは情熱的に関わっており、今では分析が自分のためになっているとすでに感じています。彼はクラインにそう伝えて、そして母親はリチャードの学校の子どもたちへの恐怖心が減少していると裏づけます。彼はいつの日か、自分が成長できると考えられるようになっています。

このように、転移におけるリチャードのクラインや分析への愛着がかなり顕在化してきています。クラインの普段の技法と異なって、彼女がママやパパやポールに頻繁に言及する解釈様式を続けているのは事実です。クラインがあまりにそれを続けていると、リチャードのなかの強い妨害物に彼女は突き当たってしまいます。それは、リチャードが転移を、プレイルームで行動化し、彼には事態がより不明確な家庭状況に押し戻さないようにするために、クラインと彼女の夫や息子や孫に関して、戦争で生じていることに関して、転移をもっと扱ったほうがいいと示唆しています。

クラインの業績を歴史的に学び、彼女の技法と理論的装備の発展を追うことが私たちの主なアプローチでしたが、彼女が作業するうえで未だ携えていなかった理論的装備や、そのためにどのような窮地に彼女が追い込まれていたのかに気づくのも参考になります。それこそが、精神分析が発展する方法でしょう。つまり、分析家が自分の理解の枠組みでは窮地に陥ったままであると感じ、他の方法を探しはじめることです。分析家が今用いている枠組みは、状況をコンテインしておらず、その発展の援助もしていないのです。セッションの一部分を詳細に精査すれば明らかなように、クラインは一九四一年には、混乱についての実用的な概念をいまだもっていませんでした。混乱が支配的でないときでさえ、リチャードの素材が理解し難くなるのは、素材のさまざまな脈絡が同時に織り交ざって動いているからです。それは信じられないほど興味深く、一分前には部屋を出て階段へ行ったかとおもうと、次の一分は艦隊と遊び、それから夢やちょっとした情報を告げて、そうして再び艦隊遊びへと戻るというように、表現様式を変えつづける子どもとの作業は困難でも、どれほどやりがいのあるものであったか容易に想像できます。このような表現様式の絶えざる変化をどのように理解するのかは問題となるところです。この変化は、早い時期のセッションのような「プレイの断裂」と呼びたくなるようなものとして生じています。けれども印象的なのは、今度は素材の性質の変化には、コミュニケーションの様式が変更されたという遥かに大きな意義があることです。それはまるでリチャードが、「いや、まだあなたはわかってない。僕が階段から飛び降りようとしたらわかるの？」と言っているかのようです。この持続的な表現の変化はクラインの負担になってはいるものの、まさに持続的に彼女に解釈を修正させ、そして彼女の理解をより近いものにしているのです。

この週までに彼女に明らかになったことは、リチャードがクラインに対して主に態度によって、時には足載せ台を積み上げては崩し、そして再び積み上げるのを手伝ってほしいと具体的に要求し、彼女につねに助けを求めているということです。解釈もまた、彼の衝動には破局を生じる暴力性があるという事実による彼の無力感を強調する方向へと向きを変えています。彼女は彼のマスターベーションを鋭く探索し、彼にそれを認めるように強いてさえいるのですが、そのことが、むしろ彼を安心させています。マスターベーションをただの事実として語り、彼のマスターベーションに伴う無意識の空想を彼に例証する素材にその事実を少し関連させるという特異な方法を取っています。クラインは、素材に具象的に出現しているペニスの機能や空想に、マスターベーションを結びつけていないようです。たとえば、クラインは、リチャードのペニスは彼女のバッグのなかを探っている彼の手であるとか、彼のペニスは泥（the dirt）[1]をまさぐる彼の手のようであるとか、父親のペニスはびっくり箱をつかんで彼に手渡すクレーンのようであるといった解釈をしていません。素材と空想を強力に結びつけて、マスターベーション空想を非常に生き生きと感じさせる代わりに、彼女はとても優しく、マスターベーションに伴う空想があるという考えを彼に紹介しているようです。つまり、重要なのはマスターベーションそのものではなく、マスターベーションの意味するものであるということをほのめかしています。

この週の素材の発展で目を見張ることは、乳房との関係の強烈さが透けて見えはじめていることです。それはとりわけ木曜と金曜に表われていて、彼女の休暇が差し迫っているという圧力下にあるのです。それが引き起こされる印象は、休暇が差し迫るのに伴い乳房の素材が増えているにもかかわらず、たとえば、第三週に起きた母親の病気によって強烈な抑うつ感が無理に押し出されたようには、順序が混乱してはいなかったということです。クラインがロンドンへ行って爆撃される脅威や彼女の葬式に行かなければならない可能性など、すべては、リチャードにとってとても生々しく感じられ、彼女への心配を掻き立てますが、もっぱら分析を必要とする彼自身のためです。彼女は死んでしまうのか、そうなったら分析を誰が続けられるのかと質問して、その心配を男らしく扱っています。リチャードはクラインとの関係に簡単には置き換えられない唯一無二のものがあると明確に感じています。彼はクラインに防空壕へ行くことと、母親に代わりの分析家の名を教えてほしいということを約束させます。これは非常に印象深いことです。クラインに愛着を覚え、外の丘のように美しく思える彼女に頭をもたれかけている最中において、分析こそが自分にとって必要であり、この点に関して彼女は取り替え可能であることを把握できているのは、このような少年にしてみれば、驚異的な慧眼です。

もちろん、リチャードは最初の二日間でこれらすべてを手に入れたわけではなく、家族に平和がなんとか維持されている艦隊遊びは、明らかに躁的に続けられています。しかし今回は、帝国の描画やママの船には誰も触れてはならない、あるいは特別親密な関係をもってはならなかった艦隊遊びのように、誰もが同等な取り分を有しているといった平和ではありません。この素材において、とりわけ港の関門のエピソードや豚小屋に入ろうとする豚を笑ったりすること、どのように雄鶏が鶏小屋に首を突っ込み、腹を震わせたかという鶏についての説明において、重点は同等の取り分を有しているすべての人から、一人ずつへと移ってしまっています。下った港／性器のなかに良いものがあり、クラインの夫、彼、ポール、父親などのすべての男性は、自分の順番になってほしいものを得ますが、欲しいものは必ずしも同じものや平等である必要はありません。ですから彼の公正という概念はかなり進歩したのでした。つまり平等主義からそれぞれの必要性に準じたものへと進歩しています。ママは豊かなママであり、彼がそこからびっくり箱を手に入れた面白い機械であり、彼に飴をくれた女性です。

この文脈において、クラインの宿舎でのリチャードの二度目の経験はさほど興奮するものではありません。より畏れを感じ、「気難しい老人」がいるのではないかと怯え、そして彼の分析には適切な場所ではないと少し憂慮しています。彼はそのセッションを実際にあまり好んでおらず、次の日にプレイルームに戻れてとても安心しています。これは、貪欲さが改善したという良い兆候に思えます。主に彼のペニスと結びついた豚のような貪欲さは、彼の口の内に向かって上がってきて、乳房へと向けられています。この時点こそ彼が非常に混乱するときであり、クラインは援助のための概念装置を持ち合わせていません。階段から飛び降りたり、流しの水が流れていくのを見るために家を出たり入ったりすることで、彼がさまざまに表象している混乱という問題には、母親対象との関係における内側／外側、階上／階下、前面／後面といったさまざまな次元と、そして彼の対象における〝良い〟と〝悪い〟についての不確かさというマトリックスのすべてが含まれているようです。

一片の概念装置の欠如が、クラインがこの素材に関する事象を把握するのをどのように妨げたのかを例証するために、そのセッションそのものを調べなければなりません。次に挙げるのは木曜のセッションからで、一七七ページの下部にかけてのものです。[2]「リチャードは落ち着かなくなってしまい、地図のほうまで歩いて行き、そしてどのくらいフランスが占領されているか、あるいは占領されていないかを注意深く観察しました。彼は再度シリアでは連合軍の同盟が上手くいっているのか思いを巡らしました。それから外へ出て行き、いつものようにクラインを呼びました。彼は回りを見渡して、空が曇っているのが気に入らないと言いました。彼は階段から繰り返し飛び降り、それはかなり高かったのでしたが、楽しいと言いました。彼はポーランドの兵士たちとクローケーで遊ぶのを楽しみにしていると言いました」。

「兵士たちは、彼が力強くいられるように助け、彼にクローケーを教え、そして彼を同等に扱う思いやりのあるパパを表象していて、そしてまたママと性交して子どもを授けられるよう、性的な事柄においても同等となるようにパパが彼を助けていることを意味しているとクラインは解釈しました」［**それは、性的能力をもちたいというリチャードの願望と、ペニスやマスターベーションへの彼の関心といった、クラインが取り組んでいるテーマです。クラインは、リチャードのペニスへの貪欲さや彼女のバッグのなかに手の**

ように入り込むというその機能を、つまり捕捉する能力を取り上げていません。彼女は、母親に赤ちゃんを授けるためにペニスを使い、彼女に感謝し、恩返しして、守りたいという願望のほうを考えています」。上手くジャンプできることへの喜びも同じ意味をもっています。

「リチャードは小道を駆け上がったり下ったりしつづけました。突然彼はクラインに、一緒に部屋に戻ってほしいと頼みました。彼はスズメバチを見たからでした（彼はスズメバチに本当に怯えているのではなく、劇化していました）」。

「クラインは彼の後に従って部屋に入り、そして小道は彼女の内側や性器を表わしていて、そこを駆け上がったり下ったり、階段をジャンプすることは、彼女との性交を意味していて、さらに危険なスズメバチはママの内部の敵意のある父親やポール、もしくはクラインの内部のクラインの息子や夫を表象していると解釈しました」。

「リチャードは足載せ台で遊び、また、何脚か積み重ねました。そして大きいタワーを作ったとクラインに指摘しました」［**転げ落ちて、彼が彼女にもう一度積み上げるように助けを求めた月曜のセッションのように**］「そして、その口振りは彼がダイナマイトで爆発されることになっていたタワーのことを考えていることを明瞭に示していました」［**セッション34でのクリスタルパレスタワーについての彼の言及**］。「彼はその積み重ねた足載せ台を取り壊して、『かわいそうなパパ。ほら、パパの性器が崩れている！』と言いました」［**彼は彼女の解釈に誠実に従おうとしました。しかし、転げ落ちて怪我をすることと、巧みに飛び降りることの間には相当な違いがあります**］。「それから彼は路上を通り過ぎる男に触れて、卑劣で自分に危害を加えるかもしれない、と言いました。自分の視界から消えるまで、カーテンの陰に隠れながらその男を見張りました」［それはちょっとした本当の不安のようで、パパのペニスをダイナマイトで爆発させ、その結果パパから再び迫害されることになるという彼女の解釈に従ったことに関連しています］。

「クラインは、リチャードがパパの性器を攻撃するならばパパに申し訳なく思うが、パパが攻撃者に変身してリチャードの性器を傷つけるかもしれないと感じているとクラインは解釈しました（抑うつ不安と迫害不安の混成）。それこそがなぜ〝卑劣な〟ヤツ（スズメバチ）を突然怖がり、また以前のセッションで子どもたちをひどく怯えていたかという理由でした。男の子たちはパパやポールや攻撃された赤ちゃんを表わしているだけではなく、パパの攻撃された性器も表わしていました」。

「リチャードはテーブルに戻り、クラインに日付を入れるのを忘れないように言いながら描画をじっと見ていました。彼は次の日にすべての描画を見てみたいと言いました。それから彼は、鉛筆の線で区切ったので海岸線のない青い区域を指さし、これが何を表わしているかわかるかどうか尋ねました。けれども、この質問にすぐに自分で答えたのでした、『ママのおっぱいだった』と」［これは、まるで『ちょっと待って。わかっていない。だって僕はママのオッパイからママの性器へと飛び降りることと、そうすると、スズメバチがどうするのかについて話をしているんだもの。でも上にあるママのオッパイのほうがずっといい』と言わんばかりに、彼はもうひとつの表象に向かっています］。「ホテルにいたご婦人が彼に飴をくれたことをもう一度話しました。つまり彼女はとても優しかったのでした。彼はそのとき幸せでとても親しげに見え、そしてクラインの肩に腕をそっと回して頭を彼女にもたれかけながら、『僕はあなたがとても好き』と言いました」。

「クラインは、力になり護ってくれる彼女と、ママの授乳するオッパイ、つまりご婦人の飴との関連を解釈しました。さらに、クラインと協調して描画を取っておいてほしいと頼むことで、彼は、彼女が彼にこれまで与えてくれたもののお返しをしたいと願っていました」**「彼女が自分の誤りを認めて正せる姿がわかります」**。「彼女が彼と行なっている作業で自分の性器をあまり怖がらなくさせてくれたので、彼女は彼に役立ち、そして良い乳房で授乳してくれたと格別に感じたのでした」。

「リチャードは自分もそう思うと答えました。彼は台所へ駆けていき、水道の栓をひねり、蛇口のなかに指を入れて水を噴き出させ、その音に耳を傾けました」**「それはとても衝動的で、彼女は性器という言葉に言及し、それで彼はその場を去りました」**。「彼は、これはパパの性器で、とても怒っているように聴こえると言いました。それから、彼は蛇口に前とは違ったやり方で指を突っ込んで、水を違ったように噴き出させ、そしてこれは僕自身なんだと言いました。つまり彼もまた怒っていたのでした」**「おっぱいを飲む赤ちゃんになることは、みんなへの敵意を軽減させ、それゆえ他の子どもたちやスズメバチや不機嫌な老人たちによる迫害が軽減されたと彼が感じていることが非常に明確なので、彼は、彼女が性器に言及してしまったこと、また性器を怖がらせたことで、クラインに腹を立てたという印象は免れえません。しかし、安心をもたらしたのは保護された性器ではありません。全般的な迫害不安が和らげられたのは、彼自身の誰に対しても感じている敵意全体が減少しているからです」**。

「クラインは、彼自身と父親の性器が彼女（蛇口）のなかで闘っているのを彼が示していたと解釈しました。つまり、もし彼が自分の性器をママやクラインに挿入したら、パパやクライン氏は彼に腹を立てると思っていました」。

「リチャードは外に出てクラインに、水槽の栓を抜いてほしい、そうすれば水が流れていくのが見えるからと頼みます。そのときにひとかけらの石炭を見つけると、足で踏みつぶしました」［この週最後のセッション(3)では、彼はクラインが旅行に行くことに反応して、女性の人形を足で踏みつぶしてしまいました。彼は自分のヒットラー - ブーツをその上に置いたのですが、しかしそれは注意深く、足の甲の下であり、実際には人形を壊しませんでした。この回は、彼は石炭を本当に砕いています］。

「クラインは、彼が父親の黒い性器を破壊していると解釈しました」［彼を性器に連れ戻し、父親のペニスを彼に思い出させるように、彼女は乳首を誇示し、乳幼児に父親のペニスや母親の父親との性交を思い出させる乳房として機能しています。これは黒くて悪いものとして捉えられ、またこれは結合した対象としての乳房と乳首への前性器的なエディプス的攻撃を呼び覚まします］。

「リチャードはほうきを取ってきて床を掃き、部屋の隅々まで綺麗にしたいと言いました」。

「クラインは、彼がママの内部のパパの性器を破壊していると感じるなら、彼女もまた汚し傷つけることになるし、それでもう一度彼女を元通りにしようと願っていると示唆しました」［肝心なのは、石炭のかけらを見つけて砕いたときに、彼は外側にいて、今は部屋の内側を掃除したがっているということです。おそらく、階段の一番上と一番下、つまり上にある乳房と下にある性器のように、この時点では部屋の内側と外側は同じ関係なのでしょう。ここで再びリチャードは、彼が攻撃したのは、外側のパパのペニスであって、しかし内側か上の乳房にいるならすごく役に立てると感じ、つまり、乳房を舐めて素敵できれいにしたいと言っているようです］。

「リチャードは蛇口遊びに戻りました。彼はのどが渇いたと言い、蛇口から水を飲みました。それからクラインに、何を飲んだかわかっているかどうか尋ね、またもや彼女の返答を待たずに、『オシッコだよ』

と言いました」**［つまり、尿です。この時点で彼がはっきりと示しているのは、彼が乳首とペニスとの間の混乱に苦しんでおり、そしてこの蛇口が乳房からのミルクを与える乳首なのか、もしくは乳房を統括し所有して彼の口のなかに排尿するパパのペニスなのかどうかなのです］**。

乳房と自分との関係で何かが生じていることを、リチャードが懸命にクラインに伝えようと奮闘していることを理解する道具立てが彼女には整っていなかったという印象をこの素材は与えています。彼女にそっと腕を回して、彼女を好きだと言うときの感情を彼は信じていないのです。というのも、彼女が性器に言及した瞬間、まるでミルクの代わりに尿が赤ん坊の口に入ったように感じて、彼は混乱しているからです。不十分な概念装置で取り組まれたこのような難しい素材を見ることで、精神分析における歴史的展望をいくらか理解できそうです。それは、「テレビが生まれる前には皆は何をしていたのだろうか？」というようなことではなく、子どもたちの半分以上が小児期に死ぬことになっていたのを知っていた時代に、人々はどのように持ちこたえて子どもを愛してきたのだろうかと思いを巡らすようなものなのです。一九四〇～一九四一年の時点においてクラインは、子どもの乳房へのアプローチと、彼女がロンドンへ行くという不安や彼女が殺される恐怖によるそのアプローチの妨げられ方を理解しようと格闘していました。同時に、彼女がロンドンに行ってしまうことは、リチャードにとって、彼女が息子や孫と会うことであり、彼女が休暇を過ごすことと区別できないことを意味しています。さらにそれは、リチャードはクラインの夫が死んでいるのを知っているのですが、クラインが夫に会いに行って性交するのと同じことを意味しています。このことが、クラインに豊富な経験のある前性器レベルでのエディプス・コンプレックスに彼を直面させています。けれども、彼女がこの時点であまり知らないことは、性器的エディプス・コンプレックスが赤ん坊の乳房との関係にどのように影響を与えているのかということです。彼女はこの種の混乱、つまり二つの乳房が互いに情交を交わし、二つの乳首が同性愛的に互いに吸い合うことができる、といったことについて全く知らずにいます。その結果彼女は、まだ装備が十分に整わないままで、この種の素材に取り組まねばなりません。しかし一五週目までには、彼女はリチャードの助けを借りつつ、すべてを達成していることがわかります。四カ月の分析では十分でないと、彼とクラインは突然認識したようです。彼はすでにほぼ二カ月間彼女と過ごしており、あと二カ月しか残っていません。彼はそれを不安に感じていて、彼女もまたこの少年に多くのことがなされる必要があること、また自分にできることがどれほど少ないのか気づいています。クラインはリチャードの母親がどんなに彼が良くなったかと彼女に話したことに関して、寂しげな短い後記を書いています。それが事実である一方で、彼とクラインは二人ともわずか数週しかないことにかなり絶望を感じています。彼女が通常従っている技法とは異なるように思えるこのケースにおける技法のこのもうひとつの側面を理解しておくことは有益でしょう。つまり、家族状況を転移へとすべて引き込む代わりに、家族状況に戻して言及しているのです。深く激しい転移に彼を巻き込むのを、極めて妥当にもクラインは恐れていたのかもしれません、それは、終結をひどく苦痛にさせるだけでなく、彼にとって耐え難いものにしたでしょう。

▼訳註

1——〝the dirt〟という言葉はセッション63で初めて登場している。おそらくセッション34での地面のことを指していると思われる。

2——『メラニー・クライン著作集1』では二一八ページ。

3——セッション39。『メラニー・クライン著作集6』二三九ページ後半部。

第8章

第8週［セッション40〜45］

心気症の現象学

心身症的現象あるいは身体妄想との鑑別

この週は、クラインが九日間のロンドン滞在から帰ってきた週です。火曜日に始まり日曜日を含んで経過します。そして、はっきりと区分けされる週です。最初のセッションでリチャードはXへ戻ってくることについて強く迫害され、クラインにも迫害されています。クラインがいない間の彼の不貞、いや本当は彼女の裏切りを次のセッションで告白して、ようやくクラインとの関係を取り戻します。リチャードは母親に、自分の母親なのだからクラインよりも優れた分析家であると言って、母親を明らかに誘惑していました。これをクラインが乳房転移と関連づけるや否や、接触が修復されます。

ロンドンに出かける前の週のクラインは去勢不安を強調していたようで、乳房への乳幼児転移や、母親を上階の乳房-ママと下層部のひどく性的で悪いという含みのある誘惑的なママへと水平にスプリッティングしていることについては、滅多に気づいていないようでした。これは火曜のセッションでただちに表われた素材であり、そこではこのスプリットをリチャードが、家庭の良い母親と、有毒なイラクサや毒キノコの赤ん坊で囲まれ溢れている悪いママであるクラインへと外在化していました。またもや、彼はライバルを踏みつけ、そして喉が痛くなったときには毒に冒されるという空想も再び出てきています。シリアルを与えてくれる理想化された薄青色の乳房‐ママと、黄色いものを吐散らしている穢らわしい老女性器に、母親をスプリッティングするというこのテーマも、今や帝国の描画に侵入しており、黒いものを落としているおぞましい鳥のように見えます（これは一九四五年の論文である「早期不安に照らしてみたエディプス・コンプレックス」でクラインが使った素材です）。リチャードは、スプリットを維持できなくなると、咽頭炎になったり自分の内部に流れ落ちる毒があるように感じます。ここで有益なのは、この混乱し迫害された状態が、秘密のドイツ人スパイや料理人やベッシーに毒殺されるという迫害妄想とどれほど異なっているのかに気づくことです。

母親を誘惑するという告白に続く躁的な素材には、二つの決定因があるようです。そのひとつ、ホテルの部屋が限られていたので母親と同じ部屋に宿泊していることを、リチャードは土曜日に告白しています。また、離れている間にロンドンでクラインが爆撃されて死んだままにしておくという裏切りの要素が彼にあったことを明らかにしないことで、あまりに簡単に彼を放免していることも決定因のひとつです。彼女の過度な優しさのために、「子羊のラリーちゃん」[1]が真実に勝利してしまったとリチャードが感じ、かなり躁的になるという結果をしばしばもたらします。

次のいくつかのセッションは、昼も夜も所有している母親と同じように、クラインは薄青色の良いものとなったという想いに大いに影響されています。リチャードと母親は王と王女であり、パパとポールは豚小屋へ突進しようとしている子豚に格下げされています。躁的勝利感は、帝国の描画を貫く長く赤い部分（図27）でも表象されていて、クラインは鋭くもそれを、リチャードが船を整列させ、そしてその船がまっすぐに並んでいるのを見ていることに結びつけます。そして、ライバルの性器すべてを躁的に獲得して彼自身のペニスに付け加えていると解釈します。この見方によれば、クラインの解釈の帰結としては躁はそれほど弱まっていませんが、どういうわけか些細な迫害が出現すると突然にしぼんでいるようです。外で話している二人の男がいて、リチャードは彼らを見張り、彼らはリチャードを見張っています。そして、穢らわしい老女は汚らしい黄色いものを吐き散らしています。すると次の日にはリチャードは喉の痛みを訴え、迫害されて戻ってきます。それが、料理人とベッシーが彼に毒を盛っているという半ば妄想がかったものと結びついて、彼のこころにあるのは間違いありません。二つの理想化された乳房となっていたはずのクラインと母親が、これらの非常に悪辣で有毒な尻［おぞましい鳥］に今や突然変わっているという含意に気づいたときに、クラインは彼に大きな安堵を与えることができています。

翌日、もちろん、リチャードは銀のドレスと素敵な髪のクラインへの感謝と賞賛の気持ちでいっぱいです。母親から彼がもらったシュレデッドウィートに表象されていた理想化が再建され、さいなむ飢餓と突き出ている骨（胃の辺りの骨）を和らげました。このような素材からこそクラインは、心的現実の具象性という概念にとって要となる現象である迫害的心気と抑うつ的な心気という概念を構築したのです。

論文「ナルシシズム入門」を書いたときのフロイトは、心気症を自体愛と対象関係の間の段階にあるナルシシズムの普遍的証拠のひとつとして挙げていました。心気症においては、自己愛リビドーへと退行したリビドーは身体へと集中され、これが心気症状を生み出しますが、フロイトはこれを主に強迫的なものとみなしていました。

『児童の精神分析』のなかでクラインは、心気症状を子どもによく見られる病状のひとつとして着目しました。一九二〇年代から一九三〇年代前半の間、クラインの考え方はいまだにリビドー理論に重きを置いていましたが、しかし今では間断ない過程としての投影と取り入れという彼女の概念によって修正されました。心気症に関する彼女の見解はある意味でフロイトに似ていましたが、フロイトが対象から自我へのリビドーの撤収という観点から力動を表現したところを、彼女は外的対象から内的対象へのリビドーの撤収として表現するようになりました。ある意味ではこれは、フロイトの自己愛リビドーに意味される自己愛的現象についてクラインが述べているということを含意しているようでした。この心気現象を、リビドー理論と投影と取り入れの相互作用という観点から形式化しようとした初めての試みは、ナルシシズムであるという資格を与えただけでした。というのも、それには対象リビドーの撤収というフロイトのアイデアに対応している人の外的世界への関心の遮断が含まれていたからでした。

一九三四年までには躁うつ状態に関する論文のなかで(2)、クラインは妄想－分裂現象と抑うつ現象との相互作用を考察するくらい先を行っており、異なった二つのタイプの心気症を認識して記述することができました。『児童の精神分析』において提案したタイプの心気症を彼女は初めて詳述したのですが、そこでは、人は内的に攻撃され、自己のなかで悪い対象に攻撃されると感じているとされています。けれども、彼女は抑うつ性の心気症も記述していて、そこでは良い対象が悪い対象とエスにより内的に攻撃されています。もしクラインが分裂的機制に関する論文の後で振り返ったとしたなら、二つのタイプの心気症をそれぞれ記述したことでしょう。一つは悩んでいる器官で表象された対象への抑うつ的思いやりが優勢なもので、もう一つのタイプは、悩んでいる器官を取り除きたいと願う迫害的罪悪感に支配されたものです。ここでは心気症が一つだけからなる現象として考えられており、そこでは身体の諸部分が何かによって苦しんでいる内的対象と同一視されていて、その苦しみと、抑うつ的関係かもしくは迫害的関係のどちらか一方を取っているかもしれない単一の現象としてとらえています。心気症と身体妄想や心身症的現象を識別する手段を、クラインはもっていなかったのでしょう。この週にリチャードが報告している現象には、三つすべてが混ざり合っているようです。つまり、抑うつ的心身症現象としての咽頭痛、内的に毒を盛られるという身体妄想、さいなむ飢餓と突出した骨に関する迫害的心気症です。

リチャードを治療していた当時、心気症を生み出す機制がクラインには明らかになりつつありましたが、彼女はその機制を解明する装備を持ち合わせていませんでした。後記Ｉ（二一六ページ）では、解明が少し前進しています。というのも、その機制は同一化の過程と何らかの関係があり、フロイトとアブラハムのメランコリー概念と結びついていることを彼女が認識しているからです。損傷をこうむった対象との同一化を通して、心気症はメランコリーと近接しており、その苦闘は同一化過程が情緒性を変える仕方に関係し、そのために一方では罪悪感を、あるいはもう一方では迫害感を感じる代わりに、その人物は、自己の修復を求める声高な要求として投影された自己憐憫を感じるか、あるいは損傷をこうむった対象を外科的手段で取り除く傾向にあると、クラインは見ています。心気症のこの概念化に、最近の業績から付け加えることができる唯一の実に有意義な補遺は、ローゼンフェルドによって最も明確に記述されています。心気症者は、メランコリー者と同じく、同一化に関してちょっとした二重結合の状態にいます。つまり、彼は損傷をこうむった内的対象に投影的に同一化しているだけではなく（また部分的には、この対象は投影同一化の結果として損傷をこうむっている）、この対象と取り入れ的に同一化してもいるのです。このように心気症者はまさに同一化の二重システムに捕えられており、そこから解放されるのはとても困難なことなのです。

この週の後記でクラインが詳しく検討しているもうひとつの論点は、統合に関する問題です（二一六ページの後記II）。統合に関する後記は、この点を納得させるには実際には素材との関連があまりに貧弱です。統合に関するそうした話題全体、彼女が統合で意味したこと、そして統合がスプリッティングという概念にどのように関連しているのかは、後のセッションでより巧みに例証されています。

▼訳註

1——「子羊のラリーちゃん（Larry the Lamb）」は、BBCのラジオ番組である「子どもの時間」で放送された、どもりがあるキャラクター。セッション51で初めて言及されている。

2——「躁うつ状態の心因論に関する寄与」『メラニー・クライン著作集3』。

第9章

第9週［セッション46〜52］

スプリッティングと理想化

発達におけるその役割とその欠落の精神病理への貢献

この週の素材は月曜日のセッションでのテーマに端を発していて、分析が短期間であるためにリチャードが動揺しているということでは、本著作における最重要セッションです。短期間であることが、彼にとって現実味を帯びて真に迫ってきているのですが、それはクラインにとっても同じことなのです。というのも、クラインは再び日曜日に面接しているからです。再び週七回のセッションです。前回の日曜日は、月曜日に面接をしなかったためその週の六回目のセッションで、クラインの銀のドレス、美しい髪、そしてリチャードの金色の靴に関する素材をもたらしました。そのセッションの雰囲気をクラインは充分に取り上げなかったのですが、それは月曜日に突発する躁状態の始まりのひとつでした。

これら日曜日のセッションのリチャードへの侵害の仕方がこの週の間にとても明確になっていて、教会へ行かず、その代わりに面接していることに関してリチャードがクラインに疑問を投げかけると、彼女は日曜日のセッションそのもので、ついにそれに触れています。リチャードは、日曜日のセッションは、彼女が金に貪欲だからではないだろうかと強い疑念をもっていたのは、クラインの面接料金に関する情報を発見してしまったからであり、そしてクラインにその疑念を痛烈に突きつけています。この週のセッティングにおけるもうひとつの要因は、父親の来訪への期待です。リチャードは父親と釣りに行くのを楽しみにしていますが、躁状態のこれこそが根源であった母親の寝室から排斥されるという想いが、彼をひどく興奮させました。水曜日のセッション[1]では、とても興味深い「行っちまえスミス、仕事に戻るんだ」の素材が出現します。明らかに父親の到来に言及しています。全ての線路の描画は父親の到着への期待に影響されているようですが、これは転移に織り込まれています。すなわち、人々は別々に行き交い、クライン氏はすすり泣いて立ち去り、リチャードとクラインは秘密裡に会っています。そして彼女が活用するさまざまな面白い名前があります。「バレング（Valeing）[2]」「ローズマン」などです。「ローズマン」はリチャードがバラを抜いて叱られたホテル支配人のことを言っているのは明らかです。クラインはそれを「おいしい怪物[3]」についての先の素材、あるいは口、手、鼻といったあらゆる穴へと詰め込んだ黄色の鉛筆の素材に続く鉛筆を噛むことや、両親の寝室にいたネズミに関する興味深い空想に大変明確に表出されている父親のペニスへの渇望と主に関連づけています。そのネズミはビスケット二枚を食べ、父親の釣り竿を駆け上がり、父親も母親もそれを恐れていました。そこにはおそらくはいくらかの真実があるのでしょう。つまりこの少年には、両親を怯えさせ、腕白で母親を憔悴させ、やりたい放題なのを両親が確固として阻止しておくのが相当に困難である暴力的なものがあったということです。

彼が容疑を知らずに法廷で審理されているという、カフカのような魅惑的な夢に伴って、躁状態は水曜日に急激に衰えています。木曜日のセッションで窓を破壊したことで告訴されたことが露見します。そこでクラインは、リチャードがしたわけではないのですが、プレイルームの窓が壊されたことに関連していることをすぐに見抜きます。おそらくはガールガイドの一人が壊してしまったのでしょう。それにもかかわらず、明らかにリチャードの空想と密接に関連しています。なぜなら、金曜日と土曜日のセッションで、朝方ひどく腹が立ち、窓を壊したいくらいに感じたことを彼が認めているからです。窓を壊すという目論みは、ヒットラーとの同一化、そして温室を破壊し、料理人とベッシーを恐怖に陥れた家の近所に落ちた爆弾と密接に関連しているのです。

その夢は、リチャードの躁的で暴君的な空想を抑えることを映していて、そしておよそ一五年後に『羨望と感謝』において充分な論議がなされることになったスプリッティング－と－理想化という、クラインが自問していた問題に焦点を向けさせています。[4]水曜日と金曜日のセッションへのスプリッティング－と－理想化に関する後記は、とりわけこの著作のなかで理論的にも技法的にも最重要な後記のひとつです。クラインはリチャードの素材を通して、彼にとって良い対象がすばやく、いとも簡単に悪い対象となるのを認識するに至りました。リチャードがわずかなストレスで判断力を失って、迫害されるだけではなく迫害もします。彼女はすでに、リチャードが母親の内部にある迫害者として父親のペニスを攻撃するなら、母親を攻撃し傷つけることにもなると解釈していました。彼の対象や自分自身の良いと悪いとを識別するうえでの混乱と困難を、実際の父親への愛とは対照的な帝国の描画における父親の黒が例証しています。そして、面接中スミス氏が悪い人であったのが、数分後には極めて善人となるこのすばやさに、リチャードは驚いています。

このことは、乳児が乳房を良いと悪いとにスプリッティングすることを彼女が語った最早期の論文へと立ち返れば、彼女には全く明らかであった問題であると考えられるかもしれません。しかしながら成長と発達のためのコンディションを確立するこの重要な操作は、最も困難であり、しかもさまざまな点で過ってしまうと彼女が認識したのはもっと後になってからでした。この後記（III、二四九ページ、セッション51）では、おもに量的に過ったと思われる二つの方向について論議しています。すなわち、不適切な、あるいは過度のスプリッティング－と－理想化です。後の研究において、彼女は質的に過ることにも気づいているのが窺えます。つまり、スプリッティングの面に基本的な欠陥がありうるということです。たとえば母親と父親に関するスプリッティング－と－理想化では、一方が理想化された対象で、もう一方が悪い対象となります。ここでもう少し話を進めると、乳房とペニスとの間、あるいは乳房と乳首との間といった部分対象水準においても生じています。母親の身体の上部と底部との間の水平面でのスプリッティング、あるいは前面と背面との間のスプリッティングが企てられますが、それぞれが子どもにとって発達には不充分な状況を引き起こします。

この後記でクラインは、スプリッティング－と－理想化には、迫害不安を軽減するために充分な「幅の広さ」が必要であると説明しています。つまり理想化された自己と理想化された対象との間の安全な関係に悪いものがしきりに押し入って台無しにしないよう、悪いものが充分に分裂排除されなければなりません。一方で、不安が発達に必要なレベル以下に軽減されるほど広すぎる幅に分裂排除されてはなりません。この必要なレベルは、おそらく乳幼児ごとに異なっているでしょうし、主に分析状況の精査からクラインには明らかであり、分析中の患者には、素材を生みワーキングスルーがなされるために、不安をあるレベルに維持する必要があることを明らかにしたのでした。

この自己と対象の不適切なスプリッティング－と－理想化という問題は、これ以降リチャードの分析の中核となるものです。彼は良い部分に破壊的なヒットラー的自己部分が侵入し乗っ取らないよう防いでおけませんでした。その結末として、彼のキャラクターにある偽善性の明瞭な描写が、子羊のラリーちゃんの素材で明るみに出されており、秘密裡にさまざまな難題を起こしながら、いかに彼が子羊のように振る舞っているかが描かれています。この後記に幾分混乱が生じているのは、クラインが外在化の概念も同じく導入してしまっているからです。彼女は、転移は主に内的状況の外在化に基づくと思っていました。患者が内的状況を外在化したいという欲望は、一つには内的迫害を排出し、また一つには内的対象を保護する全責任を自己から取り除く方法として、内的状況を外的世界のなかへ押し込むという方法でした。彼女はこの外在化の概念をスプリッティング－と－理想化の論議に持ち込みましたが、そこでは、彼が先を研いだすべての鉛筆を握りしめ、今や迫害者を殺せる武器を手にしたと感じている「もうヒットラーを殺せる」[5]素材にあるように、リチャードが迫害者を外的世界に位置づけていることに関連させています。つまり迫害者を外的世界にいる実際の人物として感じ得たということが、外在化のひとつの側面であり、そして、外在化は迫害者を見定めて彼自身から遠ざける方法であり、このようにスプリッティング－と－理想化の幅を広げることを表わしているので、彼の発達を援助するとクラインには思えていたようです。それをクラインは、リチャードが自己開示をよりできるようになったことに関連づけていますが、さほど説得力はないようです。前の週の素材がすでに示しているように、リチャードはより自信をもち、コミュニケーションにおいてはよりオープンになっていますし、ほとんど隠し立てせず、秘密にさほど万能感を感じていません。たとえばクラインに、教会へ行くことや面接料金に関するパーソナルな質問をしていますが、多少狡猾にクラインを出し抜いているものの、すべては正直さが改善しているのを示しています。

これは彼女の後記におけるもうひとつの観点、統合へと焦点を当てています。クラインは知識への渇望は、子どもの世界を表わし、後には世界全般へと展開される、基本的には母親の身体に関する知識への渇望であるとみなしていましたが、内的世界、すなわち心的現実に関する知識への渇望の証拠でもあるとみなしていました。彼女は患者が無意識に関する事柄を発見すると、発見は精神的痛みをもたらすかもしれないという事実にもかかわらず、大きな喜びを得るものであることに気づいており、リチャードもここで喜びを得ています。彼女は、これは統合の喜びであり、知られていない自己部分、いずれにしても抑圧され、分裂排除され、もしくは実感されていない部分の発見の喜びであると思っていました。この自己の諸部分を集め、より全体として感じることの喜びは、彼女の見解によれば分析過程の偉大な恩恵のひとつです。後記で彼女は、リチャードの喜びは統合によるものであるとしており、そこでは彼は今はアメリカ人であると言って、新しい人間であると感じています。しかし、これは必ずしも正しい理解ではないのかもしれません。というのは、リチャードはこの時点ではやや躁的な楽観主義にあるようで、自分の変形を自賛しているからです。けれどその考え方は全くもって正しいものです。発見することへの彼の喜びが見てとれます。リチャードはやや当惑し、クラインに仕事は楽しいかと質問し、そして精神分析の本質とは何かを類推しようとしながら進行しています。リチャードは知的な子どもです。そして彼は、自分自身や世界に関する真実を発見することが、価値ある喜びの源泉であるということがわかったようです。これは、これまではあまりわからなかった喜びです。これまでは彼は自分が劣等生ではないかと恐れていたのかもしれません。というのも、彼は学習できなかっただけでなく、学ぶことに喜びを感じられなかったからでした。

これら二つの後記はおそらく、統合やスプリッティング－と－理想化に関する彼女の思索の二側面を記述した論文のなかでも、最も素晴らしい論述です。併せますと、それらはクラインが思い描いていた発達段階を記述していますが、そこでは、原初のスプリッティング－と－理想化は発達への前提条件なのです。このスプリットは迫害不安が減衰するに従い、次第に束ねられ、最終的には抑うつ不安の圧力の下で統合への強力な推進力となります。

この論考を踏まえて、月曜日のセッションの詳細を検討するのが有益でしょう。これは46回目のセッション、月曜日です。「リチャードは打って変わった様態を呈しました」［**日曜のセッションは、彼の金色の靴とクラインの綺麗な髪で終わっていました**］。「活気に溢れているとはいえ、過度の興奮状態で、彼の眼は強く輝いていました。彼はひっきりなしに、まとまりなくしゃべりまくりました。返答を待つ間もないほどに質問を続け、落ち着きがまるでなく、絶えず迫害されているように通行人を警戒しており、明らかにどんな解釈にも耳を傾けることができませんでした。クラインが解釈しても全く反応がありませんでした。彼は明らかに強い躁的興奮状態にあり、これまで随分長い間なかったほどに公然と攻撃的であり、クラインに対しあからさまですらありました。彼は直に艦隊を用意してきたこと、それで大きな激戦を計画していると告げました。日本、ドイツ、イタリアすべてが英国に戦闘を挑んできました（彼は突然、不安げに見えました）。彼はクラインに戦況についてどう思うかと尋ねましたが、その返事を待たずにしゃべりつづけました」［**この時点で戦況それ自体が脳裏に迫っていたと思われます**］。「彼はとっても気分爽快で、もう何も心悩ますことはないと言いました。彼は、彼の仲間のうちでは二番目に重要な人物である、友人ジミーに――つまりリチャードが一番に重要な人物なわけです――、オリバーとの決戦の計画について手紙を書いたところでした。それから彼は艦隊を出帆させます。英国軍は敵全部をひっくるめた以上に強力で、クラインの手提げ袋や置き時計で表象された岩の陰に配備されました」［**これもまた彼の躁状態に関するわかりやすい兆候であり、一つには母親と寝ること、そしてもう一つにはクラインが日曜日に彼と面接することとどのように関連しているのか、そしてどれほどリチャードがこれらの大きな破壊不能な対象を武器として現実にもっているると感じていたのかを示しています**］。「突然イタリア軍が現われましたが、すぐに背を向けて逃げました。他の敵も戦闘を開始しますが、敵なる駆逐艦は次から次へと爆破されました。リチャードはそれらをかたわらに退けて、〝敵は死んだ〟と言いました」［**この死んだものをかたわらへ退けることは以前にもありました**］。「小さな英国駆逐艦がドイツの戦艦に発砲し、はじめそれを沈めてしまうはずでしたが、リチャードは戦艦が降伏することに決め、駆逐艦がそれを連れ帰りました。こうしている間に、彼は幾度となく飛び上がっては窓の外をのぞき込み、子どもたちを警戒するのでした。彼らの注意を惹くために窓ガラスを叩いてみたり、しかめっ面をしたりしましたが、すぐに急いでカーテンの後ろに引っ込みました。そして彼は犬に対しても同様に振る舞いました。それから若い女性について、馬鹿っぽいと言ったりしました。彼はことさら、通りかかるすべての男性に関心を示しました……彼はクラインに視線を向けて、彼女の髪の色を誉め、それにすばやく触り、彼女の着ていた服もどういう材質でできているのかを知ろうと指先でいじりました。それから、ハウスを通り過ぎた〝おかしな〟老女について話しました。艦隊遊びを開始したとき、いつものように、シュッシュッシュッといったエンジン音を立てました。彼はそれを自らさえぎり、「これは何だ、今僕の耳のなかに飛び込んできたのは」と言いました……敵の艦隊を沈めてしまった後、リチャードは急に遊びに〝飽きて〟しまい、艦隊をかたわらにかたづけてしまいました。彼は鉛筆を取り出し、すぐに黄色の鉛筆を口にくわえ、それを強く噛みました。それから――普段したことのないことなのですが――鉛筆を鼻の穴や耳の穴に突っ込み、指を鼻の片方の穴に押し当て、さまざまな音を立てました。そしてある時点で彼は、その音が『オズの魔法使い（*The Wizard of Oz*）』のなかでドロシーを吹き飛ばした旋風に似ていると言いました。ドロシーは素敵な女の子で、旋風で吹き飛ばされたからといって死にませんでした。その一方で彼はクラインに、彼の薄青色のシャツとネクタイが気に入ったかどうかたずねました」**「それは薄青色のママであり、何もかもがママと混ざっているもうひとつの指標です」**。「しかし、返事を期待している風でもありません。その必要もなかったのに、彼はハンカチを取り出して鼻を拭きましたが、それを見て〝僕の鼻汁で濡れたハンカチ〟と言いました」**「彼は何らかの愛情をもって言ったに違いありません」**。

「ことさら彼がその身体とペニスを表わしているシャツやネクタイを誉めてもらいたいと思っている、というのも、彼が鼻汁だらけで、実際に毒を体内に有していると感じているからで、その毒で内的両親を攻撃するつもりであり、彼らもまた彼に毒による攻撃で報復する、とクラインは解釈しました。クラインはまた指摘します――彼は鉛筆をかじることでパパの敵対するペニスを攻撃しかつ取り込んだと感じたのであり、またリチャードが立てた音は耳の内部でシュッシュッシュッという音が聞こえると言ったように、彼の内部で続いていると感じている。彼のこころのなかでは艦隊の戦闘は内的に続いており、このような戦いは彼自身のみならず、旋風がかわいいドロシーを吹き飛ばしたように、内なる良いママも傷つけてしまう。これが、彼がこうした戦闘をすべて取り仕切った魔術師であるという意味である」**「この解釈**

は、ドロシーによってほのめかされた不安や彼の内側で生じているシュッシュッといった音のような、彼の内的状況に何か危険なことを行なっていると警告することで、躁の風邪を終わらせようと意図した解釈でした。そのような解釈には、コミュニケーションというよりは行為という側面が過度にあります。リチャードはこのような仕方ではやめる気分になりません」。

「リチャードはしかめ面をして、鉛筆を猛烈にかじりながら、クラインにそれをへし折ったり噛み切ったりしても構わないかどうかを尋ねます。その返事を待たずに、クラインは息子のことを好きなのかどうかを問います……彼は自分の名前を画用紙一面に書き殴りましたが、ほとんど判読できないほどであり、さらにその上に殴り書きを重ねていきました」［ここにも解釈がまだ彼には届いていない証拠があります］。

「クラインは、艦隊遊びで敵側の戦艦と戦っている小さな駆逐艦は、母親に対抗して戦うリチャードを表わしていると解釈しました」。

（「リチャードは立ち上がり、そこら中を駆け回って全く聞こうとしません。そして音を立てつづけます」）

「前回の絵で、魚雷の行く手を阻み、彼の攻撃にその身をさらすクラインを表わしていた〝馬鹿な母さん魚〟は、今日は通りすがりの〝馬鹿な〟女の子によって表象されているとクラインは示唆しました。この頃の彼は、攻撃性をよりあからさまに表出していて、そして今日はオリバーを攻撃するプランをジミーに手紙で書き送ったと述べていました。彼は外での堂々とした戦いができたらと願いました」［**ここでクラインは外在化のテーマを持ち込んでいます**］。「彼は、オリバーと対決するところに決めた際、幸せな気分だと語っており（セッション33）、また敵が嫌いでたまらないのにいかにも親しい振りをするのは嫌だとも語っていました。彼はそれにもかかわらず憎悪を、〝ウンコ〟による秘密の攻撃、つまり彼の名前を塗りつぶした殴り書きとか、耳のなかで聞こえる〝ジュッシュッ〟という音で表わされた内部で続いていると感じる艦隊の戦闘によって表現していました。両親に対する嫉妬心、そして今やクラインと彼女の夫や息子に対する嫉妬心が幾度となく彼の憎悪を煽り、そして彼らを自らの内部に取り込んだと感じ、戦闘は外界だけではなく内界でも続いていると感じざるをえなかったのでした」［**彼の二枚舌、さらには所有し支配できると感じている対象に対する軽蔑心に対し、クラインは本腰を入れて作業しはじめました。これは、実際に彼に触れています**］。

「リチャードは鼻汁をすすり、そしてそれを呑み込んでいました」［**つまり、彼がより不安で心気的になってしまったということです**］。

「クラインは、彼が二日前に鼻汁が胃袋のなかへ流れ落ちていると言っていたのを思い出させました。すなわち彼は、胃袋の内にいる敵なる両親を、毒の尿や大便をも表わしている毒の鼻汁で攻撃していると感じました。そして彼らがリチャードに対して同じことをするだろうと予期しました。この内的な戦闘は、艦隊のようにかたわらに退けておけない死んだ人々を自らの内部に抱えているとリチャードに感じさせました。そしてことさら〝馬鹿な〟魚や、彼自身の大便の旋風によって吹き飛ばされた『オズの魔法使い』のドロシーによって表象された、傷ついたもしくは死んでしまった内部のママを心配するのでした」。

「リチャードはクラインが解釈している間に、戦艦を一隻描きはじめました」。

躁状態は今や制御されています。彼女が彼に伝えた最初の解釈は、さまざまな点でおおむね的を射ていますが、二枚舌や躁状態の重要な部分である対象への軽蔑、すなわち誘惑して支配下に置いたと感じているママやクラインへの征服感には達していません。彼はママのベッドで寝ていましたし、何回かの日曜日にはクラインを手に入れていて、そしてすべてが彼の支配下にありました。これはちょうど、彼が鉛筆を握りしめてヒットラーだって殺せると感じていたのと同じことです。言ってみれば、彼はヒットラーでありえました。というのも、ヒットラーを殺せるならヒットラーに取って代わることができるのです。これは躁状態の厄介さ、そして躁状態を解釈するうえでの厄介さの貴重な例証と思えます。クラインは「一体全体どうしてお母さんにそんなことができるの？」と同義の内容を彼に解釈しましたが、これこそが答えられなければならない問いなのであり、すなわち、あなたはお母さんをたしかにゴミのように扱えたのは、あなたの内的な母親があなたの誘惑に負けてしまうことでゴミになってしまい、それで母親は良いと悪いが区別できないことをあなたに露呈してしまったということでした。これがこのセッションの本態であり、そして躁状態の本態であり、先の日曜のセッションに端を発していました。銀のドレスと綺麗な髪を褒め讃えたことでクラインは吹き飛ばされたと彼は強烈に感じました。そして月曜日は彼女が彼の薄青色のシャツを褒め讃えるだろうと期待しています。同じ部屋で眠ることで彼と母親がそうであるのと同じように、彼ら二人とも相互理想化に同衾していたものでした。

これは、より破壊的で暴力的な気分にあるリチャードを見事に描写しているだけでなく、躁状態に関しては核心に至らなければ解釈が無効に終わることを見事に描写しています。核心とは対象への軽蔑であり、転移においてはクラインへの軽蔑でした。彼女の手提げ袋と時計は岩であり、その背後に彼は隠れて誰でも攻撃できたのでした。

▼訳註

1――原文では〝Thursday〟となっているが、水曜日の間違いである。
2――原文では〝Valing〟となっているが、〝Valeing〟の間違いである。
3――セッション41から表現されている。
4――原文では木曜日となっているが、水曜日の間違いと思われる。
5――メルツァーは〝Now I can kill Hitler〟と記述しているが、それに似た表現はセッション47に認められるだけである。

第10章

第10週［セッション53〜59］

欲求不満不耐性の組成

一〇週間の作業の再検討

この週はどちらかというと終わりの始まりを表わしているので、これまでの二カ月半の治療で生じたことを再検討するのが有益かもしれません。この週はかなり苦痛に満ちていますが、それは主に父親が「X」に滞在し、そこでリチャードが母親の寝室から追い出されたことに関連しています。そしてまた、彼が終結を苦悩しはじめたことで占められています。

「サケの幼魚」を捕まえて殺すという大変興味深いエピソードがあります。リチャードは不安や罪悪感といった偽りのない反応をする一方で、後悔もしています。これは彼が「サケの幼魚」を捕まえたときに川にいた三人の婦人と、クラインとのセッション中に面接室の外にいた三人の「馬鹿な」女たちとを一瞬混同したエピソードと関連しています。クラインは、ママの赤ちゃんを殺してしまうのではないかという不安の観点でのみで取り上げていて、それは全く正しいものです。子猫に関する素材では、それが償いの形式で再び出現し、彼が他の子どもたち／ママの赤ん坊に良い感情を向けていることを証明しています。しかしクラインは、彼が自分自身を釣り上げられて、ママから離された赤ん坊と感じている小さな「サケの幼魚」との同一化を取り上げていません。それは、母親の魚とたくさんの小さな魚たち、そして水のなかに沈められている疑似餌の描画に現われています。その疑似餌を食べに行って釣られてしまう赤ん坊の魚の感情であることは間違いようのないものです。おそらく彼女がその側面にあまり注目しなかったのは、性器的葛藤と去勢不安にまだ少し思い入れがあったからでしょう。

木曜日のセッションでの主題は、クライン氏に始まり、彼女の息子、孫息子、[1]スミス氏、エヴァンス氏、「気難しい老紳士」、「熊」[2]などクラインの人生に関わっている他の男性たちへの嫉妬や不安でした。彼女の周囲にいる男性は、すべて異常な疑念や嫉妬の対象でした。彼女が鋭く着目したこの中心課題は、母親への不信であり、リチャードのなかでいとも簡単に悪者へと変わってしまうのです。彼はスプリット－と－理想化ができず、自分の対象の良い面と悪い面を互いに十分に離しておけません。結合対象が形成されるや否や、母親が父親と一体となるや否や、乳房が乳首と一体となり結合した部分対象を形成していると懸念されるや否や、それはパラノイア的不信の対象となります。料理人とベッシーは彼を毒殺しようとしています。リチャードの父親はヒットラーのような父親で、良いものを取り上げ、代わりに悪いものを詰め込む貪欲な父親として感じられています。たとえば彼がレモネードを二瓶飲んでいるのをクラインが見かけたときに、[3]彼が「オシッコ」を飲んでいたと述べることに表われています。それから高射砲で円の中心にある点を撃っている描画（図43）にも表われています。このとき彼女はこれが乳房であると気づきましたが、それが乳首であることには注目しませんでした。しかしながら彼女は彼の対象への不信という問題と、それと彼自身の狡猾さとの関連に焦点を当てていました。「子羊のラリーちゃん」の素材が、飛行機に乗った狡猾な「中国人大使」が稲妻に一撃を食らったということに関連して再び表われます。「子羊のラリーちゃん」の二枚舌は、主にフロイト流の帰属としての投影として取り扱われています。つまり自分自身が狡猾なので、当然のこと彼は狡猾さを対象に帰しやすいのです。

一九四一年においてクラインは、投影同一化の概念をまだ実際には利用していませんでした。おそらく肝心なのは、彼女が素材を結合対象として部分対象レベルで見るこころの準備がなかったことでしょう。彼女は両親が繋がり、結合対象を形成することをはっきりとは理解していました。それを転移では乳房素材にますます注目していることと繋げられませんでしたが、たとえばセッションの始まりにいつも蛇口から水を飲むことや、レモネードを二瓶飲んで「オシッコ」と表現していることに表われています。貪欲さとしつこさが顕著であることは、素材が乳児レベルの乳房との関係でいることを指し示しているようです。これはむしろ、ロープを股の間にくぐらせ、すべての状況を稲妻で支配する神となっている、ロープ遊びの素材にあるように、リチャードの万能傾向や対象を支配したいという願望を強化しています。この素材にはっきりと見てとれるのは、今や彼を駆り立てているのは、分析が終わりを迎えつつあることへの不安であり、幼魚のように彼の対象から釣り上げられることへの不安、ママをたくさんの新しい赤ん坊たちで満たしてしまうパパによって対象が彼から取り上げられる不安によるものです。彼の乳児期を再構成するうえで、クラインが欲求不満を強調しているのは一面的すぎるものではありません。いつものように彼女は、発達上の問題は欲求不満だけによるものではないと断言しています。子どもが欲求不満を経験するその仕方は、たとえば自身の攻撃性への懲罰、あるいは何らかの方法で自分の対象を悪くしてしまった結果として、単なる剥奪ではなく迫害となる欲求不満が投影を介してもたらされています。

父親が「X」に滞在しリチャードが寝室から追い出されるといった、この週に彼に圧しかかっていた環境状況に加えて、日曜日のセッションという難題が彼らの頭から離れません。クラインは日曜日のセッションは今やリチャードには、役立つよりは妨げる影響があると確信しています。彼女は彼に任せようとしますが、日曜日のセッションをやめるのを彼がもはや決断できないことに気づきました。彼にとってそれがどれほど侵襲的かは全く明らかです。とりわけ彼が、自分の貪欲さで対象を搾取し、空にし、傷つけることが許されていたとずっと感じていたからです。これは過度な抑うつ不安を作動させる結果に繋がりましたが、それと同時に、彼にこのようなことを許す対象は、ライバルたちにも同じように振る舞わせるかもしれないわけで、そのために安心が脅かされる傾向にありました。もし彼が乳房に寄生し空にすることを許されるならば、パパは下の性器で何をしているのでしょうか？　母親のなかにいる他の赤ん坊たちは何をしているのでしょうか？　この週で注目に値するのは、路上にいる子どもたちへのリチャードの敵意や恐怖心が幾分緩和してしまっていることであり、彼にイタリア人かと尋ねた幼い赤毛の女の子に対してさえそうでした。もしかするとそれは、彼が子どもよりも大人の人物に夢中になっていたからかもしれません。しかし同時に彼は転移において「上方」へ移動してしまっていて、海面下の描画に全般的に反映されているような母親の性器やお腹の中身への没頭が薄らいでいるからかもしれません。彼は今では、乳房の状況や結合対象により一層こころを奪われています。

この前進はひどく感情的な木曜日のセッションにおいて最も明白に表わされています。「リチャードはクラインに会うのに、いつもよりも宿舎に随分近いところにやってきました［原則として彼が早めに着いたときには、プレイルームの前で待っているか、あるいは道の角でクラインを出迎えていました。それはつまり、彼女と一緒に一、二分歩くことを意味していました」。彼は、母親からの手紙を彼女に持ってきたせいで、とても興奮していました。その手紙には、休暇で戻ってくる兄と一緒に自宅でもっと長く過ごせるように、次週の二つのセッションの予約変更が依頼されていました。彼はまたクラインに、父親が自宅にもう戻ってしまっている次の日曜日以降、日曜日のセッションに関して決めたのかを尋ねました。クラインがセッションの予定変更を承諾し、次回の日曜日以後これからは日曜日に彼に会うつもりはないと答えると、リチャードは喜びました。彼はクラインの判断に目に見えて安堵しました。彼は彼女の肩に素早く腕を回し、彼女を大好きだと言いました。彼は突然に、艦隊を家に置いてきてしまったことを思い出し、それを持ってくるつもりだったのにと言いました「いつもは艦隊を持ってこなかったときには、置いてきた明白な理由を述べるか、単に持ってくる気がしなかったと答えていました」。リチャードは素早く一瞥して、スミス氏が道の向こうからやってくるのに気づき、もしリチャードが一緒にいなければ彼はクライン一人に会ってしまっていただろうと思いました。リチャードは『スミスさんがいるよ』と何気なく言ってこのことを指摘しますが、しかしすぐにセッションの変更に話を戻しました「おそらく彼女の注意を引くために」。

「プレイルームに着くと、クラインは、リチャードがつい先ほど彼女がスミス氏と出会うことについて話したことに触れ、リチャードは道角で彼女を待つことで、彼女がプレイルームに向かう途中に時々スミス氏に会っていたかどうかを見破りたいと思っていたのかもしれないことに触れました。彼はこれまで繰り返し、そして前日にもクラインが食料雑貨店やエヴァンス氏の店へ行くことへの嫉妬や猜疑心を表現していました」［**つまり、パパから補給を受けるために自分の性器をパパの性器に向けている母親**］。

「リチャードは探るようにクラインを見ながら、エヴァンス氏は彼女のことをとても贔屓にしているかどうか、たくさんのお菓子を〝くれた〟かどうかを尋ねました」。

「クラインは過去に彼女が出会った、あるいは知己を得たかもしれないすべての男性に対する彼の嫉妬を解釈しました。彼は、クライン氏が亡くなったと知っていても、まだ嫉妬しています。彼がクライン氏をあたかも生きているかのように言及しているときでも、これはクラインが未だに彼を包含しているとリチャードが感じていることを意味しているだけではなく、クライン氏はまた、現在のクラインが性的関係をもつかもしれないあらゆる男性を表わしていることも意味しています。彼はまた、この点についてママに対してもとても怪しんでいるようです」。

「リチャードは机に向かって座り、画帖と鉛筆を要求しました。クラインは画帖を宿舎に置き忘れてきたことに気づきました」［**先のセッション**[4]**では白い画帖を用意できなかったため、黄色い画帖を持ってきたので彼は大変がっかりしてしまいました。次の日**[5]**に白い画帖を持っていくと彼はわくわくしました**］。「彼女は詫び、リチャードは感情をコントロールするよう努め、以前に使った画用紙の裏に絵を描くと言いました。彼はまず三つの国旗を並べて描きました――鉤十字、ユニオンジャック、イタリアの国旗――それから国歌を唱いました。さらにいくつかの音符を描き、それに節をつけて唱いました。そして彼は3＋2＝5と書きましたが、それについての連想は何も浮かびませんでした。次に彼は違うページに殴り書きを始め、素早く怒ったような動作で点々を打ち付け、その点々の間に自分の名前を書き、それも再び殴り書きで覆い隠しました。彼が抑えようとしていた憤りや嘆きは、今は極めて明白になっていて、それは動作にも表情にも表われていました。彼は一変し――青ざめて苦悩を見せ――クラインが画帖を持ってこなかったことへの彼の憤りが悲嘆と抱き合わせであることがはっきりしました」［**これはとても重要なことです。彼は彼女に対する憤りに圧倒され、嘆いていました**］。

「クラインは次のように解釈をしました。自分が画帖を持ってこなかったことで、リチャードには良いママがその瞬間に敵対的で邪悪なママにすっかり変わってしまい、それはまた敵対的なパパ――今ここではスミス氏――と共謀していると感じられています。これは国旗の描画に示されていて、彼を表象している英国国旗が敵対するドイツやイタリアの国旗に挟まれ、押しつぶされています」［**いささか不思議なアイデアです！ 実際彼女は、母親が敵対する男性、つまりスミス氏、クライン氏、エヴァンス氏の間に彼を挟んで押しつぶしていると解釈しています**］。「リチャードはまたクラインとママが自分に対して敵意を抱いてしまったとも感じています。というのは、彼は欲求不満に陥り、またママから充分なミルクや愛情や注目を得られないときに、密かに彼女を自分の尿や大便で汚し、そこでお返しに彼女は罰として彼を失望させるだろうと予想したからです」［**彼女に投影同一化の概念がないので、迫害を報復の予感に帰さざるを得ませんでした。あまりの敵対心から感じた嘆きを取り除くために、尿や大便でもって、彼の敵対的部分を分裂排除し彼女のなかへと投影することを彼女は示唆できませんでした**］。「クラインはまた、次の示唆もします。彼女と関係のある男性たち――スミス氏、食料雑貨店主、エヴァンス氏――に対して彼が嫉妬を感じるとき、彼らはいい人であると思い込もうとしています。それと同時に、彼らが自分に対しても、彼女に対しても不誠実で『悪党』でないかと怪しんでいます。『優しい』クラインと『薄青色の』ママも、彼のなかでは好感がもてているようですが、彼女たちも信用できないのです。というのは、愛情や良いもの

――今回は画帖――を彼女たちが出し惜しみするや否や、たちまち敵に豹変したからです」［**これが今回の作業の焦点です**］。

「リチャードは怒ったように書き殴りながら、一瞬だけ『子羊のラリーちゃん』のように話しましたが、またすぐに戻って怒って騒ぎ立てました。この一方で彼は、すべての鉛筆を削りながらも、素早く、そうしているのをクラインが見ているかどうか確認するために一瞥しつつ、これまでたいていはママを表わしていた緑色の鉛筆を（今までは噛むとか傷つけるといったことはなかったのに）噛み、鉛筆の端の消しゴムを鉛筆削りに突っ込み、こうして消しゴムを傷つけました」［**そこには乳首の素材があります**］。「円い物体を狙い撃ちしている高射砲を表象し、クラインによってリチャードがママの乳房を狙い撃ちしていると解釈されていた描画43の上に彼は殴り書きをしました」［**彼は実際に、中央にある点である、乳首に向かって撃っています**］。

「クラインは、リチャードが鉛筆を噛み、鉛筆端の消しゴムを密かに鉛筆削りに入れたことは、彼が密かにママの乳房を汚してしまったばかりではなく、噛み切って破壊してしまったという彼の感情を表現している、と解釈しました。これらの感情は、彼が欲求不満を感じるたびに浮かび上がります。しかし彼はまた、あらゆる落胆や剥奪をママの乳房を攻撃し破壊してしまった罰であると思ってもいます」［**つまり、彼女は葛藤の循環システムを解釈しています。彼が攻撃すればするほど、彼は剥奪をより罰や報復として経験します**］。「そして彼はこれをクラインとの関連で表現しています――鉛筆はママも彼女も表象しています。彼が彼女にしていることを、彼女が見ないように気をつけていました」［**再び秘密が強調されています**］。

「リチャードは外に出て行きました」［**閉所恐怖症**］。「そして道の反対側の庭に男がいることに気づきました（話されている内容はその男にはほとんど聞こえないくらい、かなりの距離がありました）。リチャードは不安気に『僕らを見ている。話さないで』と言いました。そして彼は「お願いだから『行っちまえ』と言って」とささやくと、クラインはそう言いました」［**これが彼女の技法でした。あるときには彼にペンナイフを渡していて、ちょっとした驚きです**］。「しかし、この男性はもちろんその場から立ち去らないので、リチャードはプレイルームへと戻っていきました。しかし、そこでも彼は忍び足で歩きました。彼は棚の上に輪投げの輪を見つけ、足載せ台に向かって投げ、また天井に向かって投げました。彼は小声で『かわいそうに』と言いました」［**ここには、乳房へのサディズムと抑うつ的な気遣いの重大な交錯があります**］。「押し入れに輪投げの輪が転がっていき（そこはボールが入らないように普段はリチャードが閉めておいた押し入れで）、それを素早く彼は拾い上げます」［**対象を分離させること**］。

「クラインは、『かわいそうなヤツ』(6)は、彼女の乳房や性器を表象し、彼が嫉妬を感じていたさまざまな男性たち（足載せ台）――スミス氏、エヴァンス氏、食料雑貨店主――の性器に暴力的に押しつけられていると指摘しました。そのようにして彼は両親を罰して虐待するつもりであり、両親を怪しむのですが、それで、すまないと思うようになっています」。

「リチャードは何かを書き、それを挑戦的な口調で読み上げました。『僕は月曜日にはポールに会いに家に帰るのです。ハァッ‐ハ‐ハ、ホ‐ホ‐ホ、ホオッ‐ホー‐ホー‐ホー』」。

「クラインはリチャードが彼女から離れるのを喜んでいること」［**分離状況**］、「そして、ポールを求めることを見せつけたがっているのは、クラインが彼よりもスミス氏やエヴァンス氏を好んでいると思い込み、（画帖を持ってこなかったことで）彼女によって欲求不満や嫉妬を感じさせられたからである、と解釈しました。しかし彼はまた、彼女のことなど気にしていないし、彼女を見捨てることで勝ち誇り、罰していると感じていることを示そうともしています。また、ママを表わす保母に対抗して、ポールと結束した際にも、彼はそのように感じていたのではないでしょうか。彼はたった今「ホオッー‐ホー‐ホー」と書きましたが、それは彼が繰り返し話していたこの国の最悪の反逆者であるホーホー卿[7]のようであることを意味しています。秘かに噛み付きや爆弾で攻撃して両親に敵対すれば、彼のようになると感じています」〔**リチャードのスプリッティング‐と‐理想化の改善に、クラインは再び成功しました**〕。

「リチャードは窓際に行って外を見ました。彼は小声で『僕に毎日二時間確保しようよ』と言いました」。

「クラインは、彼が意味しているのは一日に二回なのかと尋ねました」。

「リチャードは『いや、一回に二時間だよ』と答えました」。

「クラインは、彼女との良い関係や良い乳房を表わし、そして昨日は銀河（milky way）と関連づけられていた白い画帖を彼女が持ってくることを忘れたため、彼はひどく動揺していると解釈しました」……

多くの去勢不安や性器レベルでの憤りを惹起した、リチャードが両親の寝室から追い出された事実や、日曜日のセッションという面倒な事態にもかかわらず、乳房の素材が完全に前景化しました。転移の展開は乳房へと向かい、そして主要な不安は、釣り上げられること、剥奪されること、時期尚早に離乳されること（彼は生後数週目の赤ちゃんのときに人工栄養へと離乳されました）のそれでした。この離乳は、彼から乳房を奪い取ってしまう赤ん坊で母親をいっぱいにするための、乳首と乳房との間における、あるいは父親のペニスと母親の性器との間における共謀であるという思いが、他の子どもへの彼の怯えや憎しみと関連しています。これが彼の主症状であり、主な生活能力の欠落です。そのため彼は社交的でなく、学校へ行けないのです。

一〇週間にわたる作業が、分析をどこに至らしめたかを眺めるのに少し時間を費やすのも有益かもしれません。この木曜日のセッション56は、ちょっとした分岐点のようです。というのもリチャードは、乳房についてのかなり強烈な経験に到達しているからです。最初に注目すべきは、素材の変化の仕方です。この週の艦隊遊びは今までよりもっと真剣で、もはやクラインを煩雑さで牽制するためのものではなく、幸せな家庭を築くために万能的に対象をコントロールする装置とも違った形で経験されました。艦隊遊びは、対象へ向けられた競争心とアンビヴァレンスのなかで、対象を所有する葛藤という核心に迫っています。金曜日には何が起きているのか、誰が誰と戦っているのかというところで、とてつもない混乱が生じています。一時重要であった帝国の描画は今や消退し、その代わり説明絵入りの描画、すなわち空戦のものや、稲妻に撃たれた飛行機のそれ、そしてまた興味深い名前のつけられた線路の描画に置き換わろうとしています。そこで彼はクラインにたくさんの素材を言語で与え、あらゆる方法を使いながら転移素材を彼女に直接関連させて提供しています。彼はほとんど解釈に敵対していませんが、以前にサーチライトと関連させたように（「あなたは探っているの、そうでしょう?」）、むしろ解釈について考え、さらに時には修正したり改良したりもしています。部屋から出て行くことがかなり減りましたし、この一風変わったプレイルームに備わる侵入的な要素を彼はほとんど気にしていません。以前にはこの侵入的要素に彼は動揺し、よく牽制として使っていました。足載せ台は表象に必要な備品として、かなり安定した要素になったようです。夢は、頻繁ではありませんが、ほぼ一定の間隔で出現しています。多くの夢はおよそ簡潔なもので、最近のもの、つまり裁判の夢では彼の不誠実で狡いという問題が浮上しており、特に重要に思えます（子羊のラリーちゃんの素材）。主に母親の体内に侵入することや、風邪を引くことや毒殺される恐れといった心気症にも関連していた海中の描画もまた前進したようです。母親の内部へ侵入することに関わるあらゆる様相（潜水艦、魚たち、ヒトデ、母親の内側にある父親のペニスを攻撃すること、罠にはまるという恐怖、閉所恐怖症、それに関する心気症）が、かなり後退しました。それに取って代わったのが、性器に関する状況へのこだわりと去勢不安ですが、おそらくクラインは取り上げすぎたのでしょう。というのも、面倒を引き起こしているのは性器性そのものではないことが少しずつ明らかになったからでした。口と性器と肛門の領域の混乱、そして爆撃することと噛み付くことの混乱が、リチャードの無力さを浮き彫りにしはじめました。依存に関する素材が前景化し、この一〇週目までに、彼の口唇的なニーズ、飢え、欲求不満への不耐性、そして口唇的なニーズでの欲求不満が対象への不信感や密かな攻撃を容易に引き起こすことに重点が置かれながら、選り分けられはじめました。

一〇週までの治療でめまぐるしい進展をとげたのは、患者と分析家がわずか四カ月しかないことを知っているという、極度のプレッシャーのもとにあった結果のようです。治療の進展を、クラインの分析作業での疑う余地のない才気や、リチャードの熱心な協力によるものと考えるべきではありません。分析の方法やプロセスにおける大変な柔軟性の観点で、もっと理解できるのです。同じパターンであれば、一回のセッションであろうと、一カ月、一〇年であろうとも、利用できるものは何でも利用されるのです。プロセスにおける同じ基本的パターンが利用されていますが、クラインが繰り返し強調しているように、一〇週間で彼女とのこの転移状況に至ることと、たとえば三年にわたって同じプロセスが幾度となくワークスルーされた子どもとで、同様な治療的意義をもちうるなどと期待してはなりません。転移はまっしぐらにこの点にまで達していますが、何もワークスルーされてはいません。クラインは四カ月の終結時に、たとえば「ポールのところへ行くよ、ハーハーハー」という彼の脅しのように、すぐには捨て去れない何かをもったまま彼が置き去りにされるのではないかと大変心配しています。続く六週間で、クラインは彼の抑うつ感を体験する能力に関わる地盤を強化すべく、懸命に努めているのが見られるでしょう。

▼訳註

1――セッション4で言及されている。

2――セッション69で言及されている向かいの老人を指す。

3――学校祭での出来事。

4――火曜日。

5――水曜日。

6――『児童分析の記録』における〝poor old thing〟は『メラニー・クライン著作集6』において、「くたびれたぼろっちいヤツ」と翻訳されているが、一般的には「かわいそうに」という意味合いの慣用句である。

7――ウィリアム・ジョイスのことで、イギリスのファシストであり、第二次世界大戦中、ナチス政権下のドイツからイギリスに向けてプロパガンダ放送を行ない、ホーホー卿という通称でよく知られていた。

第11章

第11週［セッション60〜65］

スプリッティング過程の臨床所見と統合の構造的意味、特にアンビヴァレンス概念に関連させて

この週は分析についての大変興味深い問題を提供していて、そのひとつはリチャードの父親が病気になったことから生じています。母親が病気だったときにちょっとしたパニックに陥り、いたく取り乱してスプリットと理想化で対処しようとしたのとはかなり異なる反応を生み出しています。父親の病気は劇的に生じ、おそらく心臓発作か、何らかの心臓疾患によって父親が倒れているのをリチャードは発見したようです。これは、ミスターとミセス・ブルーボトル（オオクロバエ）についての魅力的な素材や、蛾へのリチャードの容赦ない攻撃と、その後に彼はひどく迫害されるという月曜のセッションの後に起こりました。クラインがそれを蛾の代わりに甲虫と呼ぶと、彼は非常に不安になり、そしてこれはすべて激しい雷

雨への恐怖の文脈内にありました。

そのセッションは、Xに滞在していたのにまた去ってしまう父親の去就の予想に強く支配されていました。そしてクラインが考える傾向にあるよりも前性器的な水準であったとはいえ、先週がそうであったように、エディプス・コンプレックスの影響をまだ受けていました。とはいえ、父親が病気になると、リチャードは小規模の精神病的抑うつ状態を生じました。その兆候は彼のナイフが焦点となっていて、それは蛾を攻撃したのと同じナイフでした。そして、事実上それは自殺の道具となりました。ナイフを自分の口に入れ、それで歯を打ち、それを自分に向け、クラインは心配して危険だと警告するほどでした。

これは、万能感の問題と関係する非常に重要で分析的な問題であるように思えます。分析には、乳幼児期の問題を深層から引き上げるだけでなく、それらをかき立てて増大させる働きがあります。もし乳幼児期の問題がこのようにかき立てられると、分析は外部世界でとんでもない反響を誘発する偶発事に遭遇し、万能感の増強が非常に危険な問題になりかねないのです。私の考えでは、ここではそれが恐ろしいほどに例証されています。リチャードは非常に具象的に行動し、あたかも彼のナイフが父親の心臓に入ってしまったかのようです。後にちょっとした素材があり[1]、そこでは彼は台所の貯水槽のなかをかき回し、「お父さんの心臓ってこうなんだ」と言います。そのとき、彼はナイフではなく、火掻き棒でかき回しています。それでガールガイド所有の備品であるテントの丸太ん棒に少しばかり切り傷をつけ、その後で斧を手に取って動き回り、ストーブの煙突を叩いた二日前の素材と明確に結びつきます。クラインは心配して、いとも簡単に彼を解放します。おそらく彼の躁的に償おうとする傾向（煤を拭き取る）とやや共謀しているのです。クラインがそのままうまくやり直せなかったのは、金曜日と土曜日の水しぶきがストーブに錆の染みを生じさせたのを見つけて、彼がひどく迫害されたからでした。クラインは、彼に代わってそれを拭き取らなければなりませんでした。

リチャードが父親を病気に追いやったとは考えられません。病気は、雷雨と雷雨への恐れという文脈において、ペンナイフや蛾による残忍な万能感の爆発と絡み合った偶発事件として働いているのです。クラインはこれをどのように彼に取り上げたのでしょうか？ そして当時の彼女は、そのような事態に対処するためにどのような概念装備を備えていたのでしょうか？ 一九四〇年代のこの時点における万能感に対する彼女の立場は、まだフロイトとかなり密接に結びついていたことがわかります。内在化の問題や内的迫害という問題、そして内的対象や母親の内的な赤ん坊への攻撃を彼女が取り上げていたという事実にもかかわらず、万能的願望や言葉や身振りの万能、魔法など、これらが彼女の概念ツールであったようです。それはこの臨床作業の時点では、彼女が万能感の問題や心的現実の経験の具象性をまだ曖昧にしていたことを明らかに意味しています。「あたかも」これこれしかじかのことをしたかのように彼が想像し感じているその表出として、罪悪感や不安について彼女は述べています。一九四六年のスプリッティングと投影同一化に関する論文以降、フロイトの業績を特徴づける空想と現実との間の区別である、「宛然性（ifness）」[2]がなくなってくるのが彼女の業績の特徴に思えます。それは、心的現実の具象性という主張に置き換わっています。内的世界で対象は現実に損傷をこうむります。つまり対象は現実に迫害的になるので、対象は現実に償われなければなりませんし、それを躁的な見せかけで行なうのでは、その仕事を現実には達成していません。このように後期の業績は、心的現実の承認が中心に置かれています。

ナイフによって行動化された自殺衝動をクラインが取り扱った結果として、非常に面白い出来事がこの週に起こります。彼女が気づいたもののひとつが、リチャードの彼女との関係においてスプリッティング－と－理想化が増強していることであり、この時点ではクラインは悪いものでママが良いものとはならず、あべこべに入れ替えられていました。あるセッションではクラインは濃紺のママであり、次のセッションでは薄青色のママでした。リチャードが解釈を生半可にしか聞いていないのにも彼女は気づきます。なんと素晴らしい観察力でしょうか！　抑うつ不安や罪悪感を解釈しているうちは、彼は夢見心地でぼんやりした状態にありますが、償い傾向を解釈しはじめるや否や、すぐにまともになります。彼が彼女に「あなたは何を考えているの？」という質問をするとは、全く面白いものです。というのも、時を移さず彼は対象との投影同一化のただなかにいて、分析的な償いの作業を遂行しているのが見てとれるからです。

クラインが濃紺のママであり、次のセッションでは薄青色のママであることに関して面白く重要なことは、経験の統合をはっきりと痛感させられるからです。分析の第一一週目にリチャードは、良いから悪いへとの対象の質の揺らぎを経験する能力があるという証拠を大変明瞭に与えはじめています。その目まぐるしさは相当なもので、彼がアンビヴァレンスを感じられるほどです。アンビヴァレンスは、クラインがかなり大まかに使用していたと思える用語です。フロイトはそれほど大まかに使用しませんでしたし、アンビヴァレンスの経験に達することがこころの健康の始まりであると考えたアブラハムも、決してそうしませんでした。対象に対する愛と憎しみが大きく遠ざけられていると、アンビヴァレンスは経験されません。リチャードにとって、クラインへの愛と憎しみや、信頼と不信や、来るのを嫌がりながらもそこにいる楽しみ、それらが前後に揺れ動きつつ強く接近して一緒に経験できるということは、アンビヴァレンスをまさに経験しているようなものなのです。情緒面からは、分析におけるリチャードの進歩は、この時点でかなり実体を伴っていると思わせるものです。その一方で、父親の病気について彼がほぼ何の感情も抱かなかったようであることにも目を向けるべきです。証拠から明らかなように、この出来事を、彼自身や母親や兄にとって愛の対象を喪失しかねない問題であると全く感じられないのです。最初にこの事件を報告したときの彼の劇化は、情緒的にかなり薄っぺらなものです。クラインが彼の感情にもっと触れるようにもっていくと、その感情は、部分対象としての父親へと向けられたほとんど全く原初的な乳幼児のそれなのですが、やがて蛾を殺すこととすっかり混ざり合ってしまいます。

とはいえ、彼の情動性の乳幼児的領域がそこではっきりと表に現われつつあります。というのも、土曜日のセッションで「僕はあなたのこと愛している」とクラインに言い、それは真実なのですが、最初にあった誘惑性や、銀色のドレスや髪への躁的賞賛とは全く違います。そして突然、描いた描画にキスし乳房にキスするとき、愛が彼から噴出しているようです。蛾への攻撃が憎しみにおいて真正なものだったように、愛においても真正なのです。子羊のラリーちゃんの側面、不誠実さ、二枚舌、狡猾さを注意深く分析する作業が、彼の乳幼児的情緒性という限局した領域においてですが、この時点では成果を上げているようです。けれども、父親の病気への反応が明示しているように、彼の関係性はより成熟したレベルで情緒的に深まることを決して伴わなかった、というパラドックスに気づくのはとても重要です。

このパラドックスは、おそらく勝利を意味する小さなＶと大きなＶが付いたクラインの描画によって明らかにされているようです。分析における子どもの描画、特に潜伏期にある子どもの描画では、顕在内容が全く興味をかき立てないことがあります。健康なものは、決まりきっているものです。描画には必ずと言っていいほど興味を引く題材があるのですが、子どもによって入念に気づかれないようにされていて、それらの存在は明らかに無意識なのです。何らかの隠された意味がその絵から突然飛び出してくるまで、実際に座して凝視し、十分に注視する必要があるのです。もし子どもがそうさせてくれるなら、行なわれる順序を知るために描画の過程を観察するのは非常に重要です。同じく、これまでの描画、特にどのような形であれ関連があるように思えるものを注意深く見つめているのも非常に重要です。同じページに図54と図55を配置していることに隠された意図はおそらくなかったのでしょうが、それらが例証するもののひとつは、たとえば「青の時代」の写実的な描画と思いもよらないキュビズムといった異なる時期のピカソの仕事のように、互いに強い芸術的な類似性をもっているということです。図54と図55の描画は互いに強く関連しています。一つは抽象的なもの、もう一つは写実的なものです。線路の描画にある二つの小さな円は、クラインの肖像画においては頭と乳房へと変化します。この線路は遡って最近の線路シリーズに関連しますが、この円もまた遡って図43の空に向かって発射している高射砲と関連し、そして今度は、飛行機を撃つ稲妻である図42と図47の正反対なのです。

ちょうどリチャードがしばしばプレイの表現を変化させたように、同じ空想にも多くの異なった図像的な表現があるということが明らかになりはじめています。振り返ってみると、二つの駅の間を列車が通過しているすべての駅の描画は、一方では二つの乳房や乳房の間の赤ん坊と関係があり、それと同じく膣に進入するペニスとも関係があるという、強力なヒントを与えてくれています。二つの状況の間の葛藤は図50で最も明らかであり、父親がある方向に通り過ぎ、リチャードは別の方向に通り過ぎていました。誰が一番最初に駅に到着する予定だったのでしょう？　また、クラインがすすり泣きながら出かけようとしていた際に、赤ん坊の勝利が示されていました。この類のこれまでの描画は、母親の身体、列車としての父親のペニス、同じく列車としての赤ん坊の舌の表象として今やみなせます。どれが乳房に到達して、そしてどれが性器に到達するのかについての混乱が、高射砲の描画と稲妻に撃たれている飛行機の描画とを並置するとわかります。ずっと下にいて乳房を狙い撃つのは、悪いペニスが膣に入り、悪いペニスが乳房に毒を撃ち込むという感じ（feeling）と関係します。この葛藤と混乱は、図55を描いている間に一時的ながら解消していて、そのときクラインや彼女の身体への転移は、勝利のための二つのVを生み出しています。この水平上の大きな勝利は乳房に至った赤ん坊のため、下の小さな勝利は性器に至ったパパのためです。この水平上のスプリッティングのおかげで、父親が下方の母親の性器で何をしていても、乳房で得ていることはどちらにせよ、少なくとも妨げられることはないと赤ん坊リチャードは感じられるのです。

この週もまた技法上の問題を提起していて、それは質問に返答することです。リチャードが描画の入った古い封筒をどうして持ってこなかったのかと尋ねると、クラインはびしょ濡れになったからだと返答します。彼がそれをどうしたのかと尋ねると、彼女は廃物利用のために取ってあると応えます。後記で、クラインは彼女がオーストリア生まれであることへの彼の疑惑に対する保証（reassurance）であった限りでは、これは彼女の技法に反すると述べています。彼女はそれが濡れたことを説明しているのかもしれません。おそらく、時間が足りないことや火曜日にリチャードがナイフで肝をつぶすようなプレイをしたことに関連し、逆‐転移状況が切羽詰まり、彼を保証させる方向へと彼女を圧迫しました。彼が彼女の応答を保証として経験したこと、またその応答がその時点での転移をスプリッティングする効果があったことは大変納得がいきます。当時は誰もが何でも廃品回収のために取っていたときなので、普通の人なら確かな保証のひとつになるだろうとは考えてもみなかったでしょう。しかしながら彼女に不信感を抱き、外国人と考え、彼女の上着を賞賛し、大陸ではそんなカラフルな上着を着ているのかというリチャードの質問にも動じず、それが彼には保証になったと考えたのは適切でした。彼女が外国人であることを彼はまだ痛感していて不信感を抱いていたので保証としての効力がありましたが、偶然通り過ぎた巻き毛の少女はすぐに怪物のように見えます。なぜこの件について保証することが、すぐにそのようなスプリッティングをもたらすのでしょうか？　それに関して彼女が強調する点は非常に説得力があるものです。このスプリッティング－と－理想化の増強をもたらす保証は、信頼の増強を意味せず、全く正反対のものです。あたかも「彼女がもし正直者なら、彼女は自分がいかに正直かを言う必要がないでしょう」とリチャードは考えるでしょう。それと同じように、保証は彼女に対する信頼の喪失を表わしています。

二六七ページの後記Ｉ(4)には、統合についての非常に重要な問題が提起されています。素材には、リチャードにおける対象の分裂と、アンビヴァレンスに極めて接近していること、そしてその痛みとが同時に生じていることを示す多くの証拠があります。クラインは、「自己の統合（integration of the self)」および「対象の統合（synthesis of the objects)」を区別する傾向がありました。しかし、異なる言葉を使用することに何の区別を含意しているのかは定かではありません。スプリッティング－と－理想化の「適切さ（Adequacy)」とは、自己あるいは対象の分裂した諸部分の間の心理的距離を意味しています。過度のスプリッティングにおいては、たとえば、その諸断片は、それらが互いについて全く知識がないほど距離が離れているかもしれません。あるいは、互いについての知識はあるが、コミュニケーションできないほど離れた距離にあるのかもしれません。あるいは、互いにコミュニケーションは始められるが影響は及ぼせない、もっと近い距離にあるのかもしれません。またあるいは、一方が他方を支配するほど間近かもしれませんし、互いに判別不能になるくらい強く固定されているのかもしれません。これが、統合（integration）という概念にクラインがおそらく導入したかった意味であり、そうでなければかなりぐらついた実体のない概念です。リチャードの素材では、彼の自己と対象の両者における分裂に関して、この概念を臨床現象にかなり具体的で的確に応用できます。一九四六年の論文が可能にすることになった構造概念の具体的な臨床応用は、ここですべてその輪郭が示されています。他の次元、たとえばスプリッティングの平面である上と下、前と後、内部と外部は言外にほのめかされています。スプリッティング過程におけるサディズムの程度が、その償いに支払うべき抑うつの代価を決定するようです。

発達に関するこれらすべての路線が、さまざまな後記において言外にほのめかされています。もし全く具象的な意味での心的現実を未だ封じ込めているなら、スプリッティングの過程をこのように具象的に考えるのは極めて難しいものです。外的世界は本質的に意味がなく知りえないものであり、形態は感知するがそれに意味を付与しなければならないと考えるには、世界観に大きな転換が必要です。これは、クライン派の思考と含意を把握するうえでの哲学的に大きな問題です。この観点からのみ、抑うつポジションは、臨床現象を理解するための貴重なツールとなるための概念としての具象性や堅牢さを獲得するのです。人は、自らの内的対象を自らが現実に損傷を与えてしまったがゆえに、現実に苦しむのでしょうか？　この週には、月曜日の蛾と火曜日の父親の病気に関する偶発的な出来事という素晴らしい例があります。前日に蛾を殺したことと特に関連して、父親の病気がその立場を獲得し、リチャードにインパクトをもたらしたのがわかります。ナイフを自分に向け、[5]それで自分の歯を打つことには、現実に自殺という重大な意味があり、父親の心臓を探ることを話したときに明らかにされました（セッション61、三〇四ページ、[6]後記II）。

▼訳註

1――セッション64。

2――ここでは〝ifness〟を「宛然性」と訳した。

3――『児童分析の記録』では「慰撫する」と訳されている。

4――『児童分析の記録2』では四一七ページ。

5――セッション64。

6――『児童分析の記録2』では三九〇ページ。

第12章第12週［セッション66〜71］

治療過程における解釈の役割

リチャードは二カ月ぶりで、玩具のプレイに戻ります。クラインはこのセッションの終わりに、技法上とても重要ないくつかの後記を記しています。場面設定を思い出してみましょう。リチャードの父親は病気であり、リチャードは家族が住むYと分析が行なわれているXとの間を、バスで行き来しています。彼は好ましく思っていないウィルソン家に住みはじめました。彼は見事にこなしているようですし、〝自分の本分を尽くしている〟ことにかなり誇りをもっています。父親の病気に関連して、家族に迷惑をかけないように彼は明らかに気を配っています。このように彼は、こころのなかで分析と家族を互いに分離させるのでなく、むしろ抱えるべく貢献していて、そのことをクラインは今は充分に認識しているようで、それを後記のひとつで極めて明瞭に述べています。

この週は、背景にある場面設定に動揺があるばかりでなく、いくつか技法上の妨害が入ります。第一には、火曜日に、クラインはリチャードに彼の授乳期間がかなり短く、そして離乳も早期であったという幾分不適切な情報を与えています。これが彼に激しい衝撃をもたらしていますが、クラインの求めにもかかわらず、母親がこの情報を彼に提供しないままだったことを根拠に、後記において彼女は少し自己正当化しています。なぜ彼女はこの点を伝えようと取り上げているのか、そして一体なぜそれを伝える必要があると考えるのか少々不可解であり、そして彼女はかなり弁解がましいのです。この週の第2と第3セッションは、母親、乳房、クライン、彼女と母親の協働への疑惑というこの情報が、突然リチャードに疑惑という狼狽を与えることになる結果が、この週を特色づけています。週末には疑惑は一層悪化していますが、それは次の月曜日に二人の大人の間で話し合いがなされることになっているからです。リチャードは彼女たちが彼の今後を、特に今後の学校教育を話題にするのではないかと不安でたまりません。彼はクラインに、家庭教師をつけるように、そして学校には行かせないよう母親に助言するよう懇願し、さらに小さな学校なら我慢すると言い、大きな学校へ行く可能性を明らかにまだひどく怖れていて、これは大きな男の子が大勢いる学校を意味しているようです。不安は男の子たちの大きさと数に向けられています。火曜日のセッションの終わりでのちょっとした素材がこれを示していて、山の頂上に群がっているcrowding X[1]のすべての住人について、彼はクラインに尋ねています。それは後にバスのこととして持ち上がっています。彼の大きな学校という概念の「混雑している（crowding）」には、彼に充分な注意が向けられないのではないか、あるいは大きな男の子たちによって混雑し、良い対象との接触から締め出されてしまうという不安を惹起させるものがあります。クラインが時期尚早な離乳に関する情報を伝えた直後の反応が、母親はポールにおっぱいをやったのか、それからパパにもやったのかという質問であったのはとても興味深いものです。彼はすぐに乳房が彼から奪い取られてしまったなら、誰か他の人に与えられたに違いないと思えたようです。

この週の作業に影響を及ぼし、幾分彼の信頼をそこねたもうひとつの技法上の侵入は、クラインが土曜日に追加の玩具（小さな人形）(2)を持ち込んだことと密接に結びついています。彼女が脚注で認めているように、とても異例のことのようです。彼女は通常壊れた玩具はそのままにしておき、休暇中に取り換えるのですが、この週末に行われたこのことは少し変わっています。おそらく治療の終わりが近づいているという圧力が、彼女の技法に影響を与えています。彼女はさほど遠くない将来に治療を再開するよう、母親と申し合わせできると期待していましたが、実際には決して実現しません。リチャードが終結にますます絶望的になっているのは全くもって明らかです。しかしその一方では、終結が彼の闘志を高めています。彼はどうやってZにある自宅に、そして彼の砦に戻るつもりであるのかを、また何人たりとも彼を止められないことを決意をもって話しています。この少年には、良い対象との修復された関係によって高められたある種の気概があり、そしてその結果、彼はさほど混乱もなく懐疑的でもありません。

この週に流れる素材のさまざまなタイプを詳細に調べてみるのは役立ちそうです。というのは、素材が提供するテーマがどのように相互作用し、どのテーマが孤立しているようであるのかを理解することは大変有益だからです。クラインは子どもの素材がどのように行ったり来たりして、ある意味では、表現の変化とプレイの中断との間にある問題を解決するその様子について、とても面白い後記を記しています。さて、この第一のテーマは嫉妬に関してですが、それはスミス氏と、彼がクラインに会ったことに向けられています。リチャードは彼女を監視し、彼女に向かってきて、彼女に質問し、スミス氏が通り過ぎた後に、なかをのぞけるかどうか確かめるために建物から走り出さなければなりません。クラインはもちろん気づいていますが、リチャードはスミス氏が自分より背が高く、プレイルームのなかが幾分異なって見えたのに全く気づきません。リチャードは、治療状況で彼の思考や感情（feeling）に起きていることを皆が知っているのではないかと怖れていて、これがこの週全体に流れているスミス氏のテーマと関連し、神を表わす「G」が描画にずっと出現しているその仕方に関連しています。パパが監視して攻撃してくるという不安が増強しているのは、クラインが彼の口唇的貪欲さ、すなわちママのなかへ入り込んですべてを手に入れたいという願望よりも、性器的欲望に固執しているためです。

貪欲さというテーマは、繰り返される通貨でのプレイにより明確に浮び上がっています。これは主にバス料金に関してですが、しかしこの週に一貫して流れる、ポケットのなかの硬貨に関して極めて多くの素材があり、彼の硬貨への貪欲さや硬貨の扱いが、硬貨をこすった際にそれを汚したのではないかという不安や、銀貨と銅貨の違いや、乳房として二枚のハーフクラウン硬貨を回しているのと関連しています。それは遡って、スミス氏のテーマやリチャードが貪欲になっている二十日大根の種と関連しています。これら二十日大根の種に何が意図されているのかはよくわからないのですが、クラインは主に性器的欲望の観点から、種を所有することが償いとして母親に赤ん坊を授けることであるととらえています。おそらく二十日大根は、乳首とより関連しています。苺は乳首として出現していましたし、それが示唆しているのは、リチャードが自分の嗜好する類の食物を産出する種で母親を満たしうることにもっと関心があるのです。赤ん坊としての種の重要性が見えてくるのは、彼のスミス氏に対する女性的愛着を通してなのです。

もうひとつのテーマは、勝利（Victory）を表わす大きなVと小さなVが続く一連の描画であり、彼とクラインが二人の性器を合わせせている描画で終わっています(3)。それは8の字の線路の図にも表われていて(4)、大きな側線が上部で外へ延び、もうひとつ小さな側線は底部でループに入り込んでいます。クラインはこれを、リチャードが勝利を表わす大きなVを上の乳房にささげる願望の観点から検討しましたが、それは食物を獲得しているのみならず、乳房の近くに彼の性器をあてがい、ある種の性器／乳房の満足を得ていることでもあるのです。

艦隊遊びはこの週では初め以外にはほとんど登場しません。リチャードが艦隊を持参するのに気乗りしないのは明らかなようです。彼が分析と全く隔てておきたい家族との家庭生活に、艦隊はますますふさわしくなっています。艦隊を実家に置いたままなので、再度クラインの玩具を使用します(5)。いたくはにかんで遊びはじめ、彼のマスターベーションを表わしていると思われたブランコを取り出します。彼女のバッグから最初に現われたものが、このみすぼらしいブランコであるのはとても興味深く、このブランコは初期の玩具遊びではいつも扱いづらく大失敗が生じていました。この数週間、マスターベーションに関しては言及されませんでした。クラインは、マスターベーションの根底にひそむ空想を扱っているときに、実際のマスターベーションに言及する必要はないと考えていたのは明瞭です。彼女は全くもって正しいのかもしれませんが、おそらくいくつかのリチャードの不安、監視されているという思い、話し合っている母親とクラインへの疑念は、二人が情報を交換し合っているという恐れと関連していました。

それでもなお、玩具が現われ、そして初期の玩具遊びにあったプレイシーンが再現され、大惨事が生じますが、この時点では、大惨事も充分に抑制され、生存に遙かに重きが置かれています。乳房への気遣いが、以前にはなかったような仕方でプレイに出ています(6)。列車が円を描いて何周かします。そこでは、二つの良い列車を鉛筆の柵で囲まれた子どもたちが凝視していて、子どもたちは乳房を凝視するのを許され、それを楽しんでいるようです。再び強調されているのは、平和を成し遂げようとする試みや破局を防ごうとする試みであり、それは平等性や経験の共有という手段によってなされます。すなわち誰も乳房を独り占めすべきではないのです。これは山頂の人ごみという空想に繫がります。剥奪の恐怖はボビーが兎の穴にもぐるというひとつの素材をもたらしていますが、それは貪欲に母親のなかへ入り込む、まさに口唇的ペニスであり、やっかい事の一環です。その他のやっかい事はつねに怒りであり、これは特に地雷の描画で表象され、リチャードの歯ぎしりや画用紙全面にわたる殴り書きや点描と関連しています。点々が突き抜け、下の画用紙に跡をつけてしまうのに気づくと、彼は少し埋めようとします。これらの点々は囲まれて地雷となり、そして次には苺へと変わり、最初は三個で次に二個、そして四枚の赤ちゃん青葉になります(7)。これらの葉っぱはヒトデに形が酷似していますし、苺はまるで海底の機雷のように見えます。地雷と機雷、そして苺の葉っぱと赤ちゃんヒトデ、海面下と海面上はこの素材のなかではまださまざまに混乱しており、それは内的状況と外的状況がいまだ充分に識別されていないのを意味しています。しかしながら、明確に出現してきたのは乳首への没頭です。主要テーマは苺、二十日大根、これらの種を無数に所有したい願望によって描写されています。それは、リチャードが貪欲に求めている食物を産出するこれらの種で、母親を授精させるためです(8)。

メラニーとヘンリエッタや老いぼれの雌鳥と嫌らしいばばあとして戯画化されて表象されている母親とクラインの会合への疑念から動揺して、一瞬のうちにこれらの敵意ある要素は出現しています。それにもかかわらず、良いと悪いとの識別ができて、対象は信頼できるという思い(feeling)は、彼の攻撃による結末を洞察することで確実に強化されています。リチャードが怒りのあまり口がきけないと言った赤毛の女の子と関連する赤い帽子の小さな人形をかじるときには、彼はその味を嫌っています。それは明らかに〝薄青〟のママである青色のインクに関連し、臭いインクの瓶は料理人とベッシーの毒と関連していて、毒された乳房なのです。何かを乳房のなかへ投影すると乳房が悪になることを彼が理解していることの明らかなサインです。この小さな赤毛の乳首である乳首は、乳房のなかへ入り込んだリチャードという子ども－の－頭部になると、乳房を穢し、乳房のなかへ放尿し排便していると感じられます。それこそが乳房を悪にしています。同様の結果が、父親のなかへと投影されることで間接的にもたらされます。リチャード自身の悪である、彼のなかのならず者こそが、パパのペニスのなかへと入り込むと、ネズミや兎を追いかけるベッシーのようなゲッベルス－ペニスになるのを彼は理解しはじめています。そのならず者ペニスがママのなかへ侵入することが、ママを穢してママを犬畜生へ、つまり邪悪な犬畜生や、毒をもったりドイツ語を話すかもしれない信頼できない乳房へと変えるのです[10]

そうしたテーマ全体が随分と明らかになったようですし、転移での彼の情緒的関与を濃くしました。リチャードがクラインを優しくなでて、彼女を愛していて、大人になったら、よければ彼女の夫になりたいと告げているときには、感情（feeling）が溢れ、誘惑性はほとんど見られません。誘惑性は初期の頃に、映画館へ行ってほしいと懇願したときには確かにあります。彼の嫉妬はその背景に、そして彼女は夜に何をしているのかという疑惑、彼女を見張っていたいという願望があります。しかしクラインが寂しがっているのを心配し、母親は父親が死んだらどれほど寂しいだろうかと告げているこの週末には、これがクラインと結婚したいという願望と、彼女の夫が現実には死んでいるという認識を表面に出します。外的世界の死んだクライン氏と、クラインの内部に生きているクライン氏や彼のペニスとの間にはいくらか区別があります。リチャードは、単に自分自身の安寧から分析終了を気遣っているばかりでなく、ロンドンに戻ったクラインの危険性も気遣っています。

　これらのテーマは、玩具でのプレイが再開されて主に出現しているテーマです。今やクラインとの直接交流は濃密です。他の興味深いテーマは、赤ちゃんタンク、調理用ストーブ、その煤《すす》に関するものです。水はどこへ流れたのでしょうか？　数週間前[11]に一連のことがらとして出現していました。つまりシンクを水で充たし、そしてクラインに水を流すよう頼んでおいて、その間に水がどこで流出してくるのかを見るために彼は外へと急ぎました。この素材が示しているのは、煤と水の汚れとともに、両親の性交にはミルクを清潔に保ち、赤ん坊の尿や便で母親の身体の内側を汚染させない機能があるのを彼が充分に把握するまでに至っているということです。死んだハエ[12]の素材ではさらに明瞭に出現してきますし、黒い島の夢[13]ではその解明にまで至っています。クラインは、彼が今では決まって蛇口から水を飲んでいると言及しています。彼は初期のセッションでは二、三回[14]オシッコをしていましたが、テキストから判断する限り、トイレを頻回に使用しているようには思えません。そして最近のあるセッションで、オシッコをしたいのだができないと語っています。

　そこで概観しますと、描画においてリチャードは乳房と乳首に関する問題と、乳房に着けた勝利(Victory)を表わす大きなVと性器に着けた勝利を表わす小さなVという競争の問題を明確にしています。分離不安と分析終了への不安は、クラインとさらに直接に作業され、他方では、惨事を生み出し、彼の最悪の不安や絶望を引き起こす嫉妬や羨望の性向が、玩具でのプレイにおいて作業されています。艦隊を家に置いておくのは、家庭生活と、ある意味では彼のより成熟した部分を、分析での乳幼児的転移状況から分離させておくひとつの方法です。最後には乳房の良さと純粋さの汚染と保護の問題が、ストーブと「赤ちゃんタンク」で主に作業されています。

当時クラインは混乱（Confusion）という概念を持ち合わせていませんでした。したがって解釈は、それぞれの空想とそれらに関連した不安をあまり選り分けずに、単に言葉で描写するだけになりがちでした。彼女の治療過程の概念は、彼女が何度も後記で強調しているように、目前の素材を解釈することの重要性に置かれていました。素材が玩具でのプレイと同じく雨あられのごとくどっと出現してくる場合には、彼女は力点をつねに最も差し迫った、これは彼女には一般的に「最深」を意味しているのですが、感知されうる不安の選択に置いていました。彼女は解釈そのものが、不安をとにかく減弱させると強く信じていました。一方で彼女は証拠をしばしば体系づけていますが、それらの主題を繋げた解釈はごく稀にするだけでした。これらの解釈はそれぞれの空想を途切れ途切れに描写しているようで、しばしば重複し、時には互いに排他的なようですが、彼女は、これらの空想はすべてが同時に異なるレベルで存在し、そして正確に描写することが、フロイトの意味では意識にのぼらせることであり、不安を減少させると感じていました。迫害不安が減少したので、抑うつ不安は前景化できたのでした。彼女は迫害的抑うつの概念を持ち合わせていませんでした。ですから、この週二回目のセッションで、アイスリンクの素材を彼女が誤解しているのも驚くべきことではありません。おそらくこれは、この週に彼女が本当に意味を取り違えた素材のひとつです。彼女が作動していると見るすべてのさまざまな空想には賛同しかねるとしても、彼女が発揮した非凡で実り多い想像力、彼女の卓越した記憶、そして事実を結合させる能力は理解できるでしょう。

彼女の素材への対応はほとんどいつも興味深いもので、決して平凡ではありません。内的から外的へ、内部から外部へ移動する彼女の能力はめざましいものです。治療的観点からしますと、自己や対象における良いと悪いとの深い混乱を整理したのは大変な達成であり、きっと彼のこころの健康に大きな違いをもたらすに違いありません。すでにいくつかの恩恵がはっきりと見てとれます。この時点ではそれは主に素材に現われていますが、分析の外での彼の適応にも現われています。一人で移動でき、多くの時間他の子どもからさほど迫害されずにいられ、人への親しみも改善しています。たとえば別れた人々に会うため、ホテルを訪ねることができています。以前彼は別れ際に、その人たちにさようならさえ言えませんでした。改善は彼の現実感に、そして彼の虚弱状態への無念さにも現われています。この週末を迎え、彼は再び〝阿呆〟や〝低能児〟になる恐れ、そしてピアノを弾かないことの悔いを語っています。抑うつ不安を経験する彼の能力が強化された、いじらしい事実です。

▼訳註

1――原文では〝Thursday〟となっているが、火曜日の間違いである。
2――小さな人物像がいくつか増えているという翻訳部分を指している。
3――図53。
4――図57。
5――セッション67。
6――セッション71。

7——図61、図62。
8——セッション71。
9——セッション66。
10——セッション71。
11——セッション33、34、37。
12——セッション76。
13——セッション85。
14——セッション7、8、9。

第13章

第13週［セッション72〜77］

抑うつの痛みとアンビヴァレンスの関係

かなり際立った週です。というのも、外界でのクラインがリチャードの母親に会って勧める学校がどのようなものかという不安に影響されているからです。また、分析を継続可能にする計画が疑わしいという雰囲気が漂っています。これらの問題についてのリチャードの不安や疑惑は、程度の差こそあれ初めの二回のセッションにおいて顕著です。父親の病気は、その週全体に影響を与えていますし、そして彼が気に入らないウィルソン家での滞在についての問題もあります。彼が馴染んでいた、つまり一人っ子のように扱われお菓子を制限されずにいたのに比べて、ウィルソン氏はそれよりずっと権威主義的だと彼は感じています。ウィルソン家はリチャード自身の家族よりも、躾により厳しい一家です。彼は結局、クラインや母親に、ウィルソン家の人たちとは異なる別の取り決めをしてほしいと懇願します。彼はまた、ジョンに嫉妬しています。ジョンはクラインの分析を受けていて、年上で一五歳くらいです。ジョンが友達との散歩に彼を連れて行こうとしないときや、彼を連れて山登りをしようとしないときに、おそらく仲間はずれにされたと感じているのでしょう。それから、金曜日に設定内で大きな逸脱があって、クラインはオレンジを持ち込んでリチャードをすっかり嫉妬に狂わせてしまいました。

これらの外的要因が状況を妨害しているにもかかわらず、その週を通じて発展しているテーマはとても見事にまとまっています。クラインはフル回転で作業しているようで、いくつかの箇所でかなり上手に事態を収拾させています。最終的に土曜日のセッションでは彼女は、〝赤ちゃんタンク〟の素材やハエを殺すことを用いて、彼の精神病理についての最も進んだ定式化にたどりついています。

それらのテーマを徐々に仕分けし、異なる素材にどのようにそれらのテーマが方向づけられているのかを見ていくことが有益です。彼はこの週で再び、玩具を使ってたくさん遊んでいて、特に最初の三セッションでは惨事が中心になっています。それらは主に二つの列車が競り合うという形を取って、家族のなかで夫というリーダーの地位をめぐる彼自身と父親の競り合いを表象し、そして部分対象の観点では、クラインがとても明快に説明していた母親の体内でのペニス同士の争いを表象しています。丸一週間も、マスターベーションについての直接的な言及はありません。惨事のプレイの周辺には、人々が互いに監視し合っていることに関係するありとあらゆるテーマがありますが、これは、自分自身の破壊衝動を抑制するために、家族全員をコントロールしようと試みるリチャードのニーズを表現しています。それは必ずしも上手くはいきませんでしたが、惨事はより統制され、いつも誰かは生き残っています。償いの衝動は、損傷をこうむった人物がそこで修復されるかもしれないブロックの病院という形を取っています。クラインは、彼のためにいくつかの玩具を実際に修繕してあげることで、その術中にはまっています。

艦隊が一時的に現われて部分対象レベルでの同じようなテーマを表現しています。というのも、艦隊遊びと玩具遊びが同時に生じていますが、(1)それは違ってもいるからです。艦隊遊びはより性器にのめり込んでいますが、その一方で玩具遊びでは子どもたちにミルクを与える乳房を今や明らかに表象しています。破壊性や他の子どもたちへの憎悪の根本にあるリチャードの貪欲さというテーマは、こうしてますます明らかになります。母親の豊穣さを独占するための、母親の内部にいる赤ん坊たちとの競争というテーマは、まずヒトデの描画に表現されていましたが、今度は子どもたちにミルクを与えるプレイにとても明確に出現しています。最初に子どもたちは乳房を見ることが許され、次には実際にミルクが与えられますが、その後に乳首とペニスである貨物列車と客車との競争のために、事態は悪化しています。金曜日には、オレンジの侵入ゆえに事態は急進します。リチャードがオレンジもミルクも好きではないと認めているにもかかわらず、ミルクや乳房のもつ乳幼児的意味合いが彼の貪欲さや怒りを喚起させているのは、とても興味深いことです。

リチャードは約六週間、全く夢を報告していません。次の第一四週には夢が一つあり、次の第一五週にはまさしく夢の鉱脈があります。けれども、リチャードはクラインとたくさん話し、これがとりわけ明快に転移を際立たせています。分析家としてのクラインばかりではなく乳房としてのクラインにも見捨てられるという二つのレベルで、分析の終結や、見捨てられ感と不安感に転移は集中しています。彼女の手を握ること、夫に話すようにドイツ語で少し話してほしいと頼むこと、クラインの下宿に立ち寄りたがっていること、本当に彼の家に立ち寄ってくれるのかと彼女に尋ねていることなど、素材には一連の出来事が繰り広げられています。とうとう土曜のセッションでは、性器的接触なしにクラインのベッドで眠り、彼女に寄り添い、愛撫し、抱きしめたいという彼の欲望が表現されているかなりいじらしい素材が出現しています。これに基づいて、彼女は水平のスプリッティングを最終的に定式化しました。つまり乳房的母親を性器的母親から分離し、早期の保母や母親との状況や薄青色のママと紺青色のママとの違いにも関連づけています。彼のアンビヴァレンスはとうとう、「半額料金の方はお立ちください」と言って彼をかなり怒らせた綺麗な車掌さんという人物に向けられて出現します。彼女はそれをバスが混雑してくる（become crowded）ときに言い、そして彼の良い対象との関係での混み合いこそが、妄想的な感情（feeling）の中心ではなく、迫害的な感情（feeling）の中心なのです。後者の感情は、良い対象と悪い対象との狭間で混乱していることに現実に結びついていました。

スプリッティング－と－理想化は、今でははっきりと輪郭が描き出され、その結果として彼の対象、つまり内的対象へのリチャードのアンビヴァレンスはより統合されてはいますが容易にまた分裂します。それは、母親が彼に泳ぎに行かせたくないときに彼がちょっと反抗したときのクラインと母親との間のスプリットとして現われています。(2) リチャードはオレンジのことでクラインに激しく敵意を向けます。彼は「半額料金の方はお立ちください」と言うときの女性バス車掌にも敵意を向けますが、しかし彼女がとても綺麗で、制服よりも私服の方がもっと綺麗なのを認めます。(3) この瞬時の気持ちの揺れは、理想化された薄青色のママと、王冠を被ってお尻から糞を垂らす鳥である黒いママとの間のものではなく、また悪意ある〝性悪な犬畜生〟で有害なママとの間でもなく、彼を欲求不満にし、彼を失望させ、彼抜きで謎に満ちた性的な活動をする紺青色のママとの間のものです。性的に彼を欲求不満にさせて落胆させるこの悪いママと、ヒットラー－ペニスやリチャード自身の投影された暴力性や破壊性と混同された悪意あるママとが鮮明に区別されたのは、もっぱら裁判と彼がすべての建物を蹴り飛ばし再び蹴り上げていた長靴（jack-boots）の夢のおかげです。[4]

エディパルなテーマが今少々停滞しているのは、おそらく、部分的には父親の病気と父親が養育されているもう一人の赤ちゃんのようになっているからで、実際に、彼には二人のナースがいます。[5] スミス氏でさえちょっと退場してしまっていますが、リチャードのこころのなかではクライン氏はとっても鮮明に感じられていて、クライン氏とクラインはどのような関係だったとか、クラインの内部にはどのような類のクライン氏がいるのかを本当に知りたいのです。彼女は内部に良い夫、もしくは良いペニスを所有する幸せな人なのか、それともそれは不幸せな関係だったのでしょうか？ 彼女は内部に悪いヒットラーのようなパパを抱いているのでしょうか？

子どもたちへの恐怖というテーマは後退しはじめ、リチャードは興味をもって子どもたちを見はじめました。子どもたちに猜疑的でとても怯えてはいるものの、一人の少女を褒め、綺麗だとか素敵に見えるとか言えるのです。彼はジョンに自分と仲良くしてほしいと願っています。それに伴って、彼の高慢さや他の子どもたちへの挑発や軽蔑は急激に軽減しつつあるようです。他の子どもたちへの嫌悪が軽減したのは〝赤ちゃんタンク〟素材に示された残忍さや不安に直接に関連しているようです。数週にわたって、リチャードは蛇口から飲んだり、彼が〝赤ちゃんタンク〟と呼ぶ貯水槽を調べたりしています。彼はまた、繰り返しストーブやそのなかにある煤を調べ、水のなかへ投げ入れるために紙を細かくちぎり、バケツのなかに水を汲み出しますが、その水がどのように家から流れ出ているのかを彼が発見できるように、クラインはその水をシンクに注ぎ込まなければなりません。すべてが、良い物質と悪い物質に関する母親の身体の代謝作用への体系的な調査であるという印象を与えます。赤ん坊がなかで排泄したすべての悪い物質を母親はどのようにしてうまく取り除いているのでしょうか？　この問題は、土曜日にハエを殺すことでかつてないほど明らかになっています。これは、蛾やオオクロバエを殺すという出来事へと遡って繋がります。明らかにその問題は、母親のなかへの赤ん坊による排泄ではなく、彼の排泄が彼女の体内にいる赤ん坊たちへの敵意や破壊衝動を含んでいることです。それは、彼がハエを握りつぶしたことによって明らかになりましたし、ママに赤ちゃんを授けることとしてクラインが誤って解釈してしまった細かくちぎられた紙へとつながります。後に、彼はパパのペニスと共同責任を負おうとします。つまり彼は、自分は二匹のハエを殺しただけで、他のハエはパイプが殺したのだと言うのです。

これはリチャードの抑うつ感に私たちの注意を向けるのに役に立つポイントかもしれません。『児童分析の記録』の初めのほうで、クラインはリチャードの愛する能力について強く印象づけられたようでしたが、しかしおそらくその時点ではそれは誤りでした。なぜなら、ママへの表現された愛、ママを浮浪者から守りたいという願い、自然の美を愛でること、結局すべては彼自身の満足への関心と主に結びついているのがわかったからです。飼い犬ボビーへの愛は性的なじゃれ合いであり、彼自身の行儀の悪さや便で汚すことの投影に関連しているとわかりました。彼の愛が強い独占欲と支配の性質をもつのは明らかです。ここでは転移関係におけるおっぱい－母親としてのクラインへの彼の愛の激しさは、事態をつねにママや乳母やそして過去へと押し戻そうとする、彼女の技法や解釈に抵抗しているのです。彼女への転移性の愛着の激しさとその愛着の純粋な温かみは、間違いなく彼女を痛切に必要としている思いと繋がっていますが、その純粋さ、その真正さは、以前の彼女との関係で特徴的だった空虚なうぬぼれ、そしておべっかや誘惑の使用と比べると、得るところがとても大きいのです。

さて、この愛する能力は、改善された自己と対象のスプリッティング－と－理想化、そして料理人とベッシーの素材に最も明瞭に現われていたパラノイア傾向の克服と間違いなく関係があります。悪意のある対象と悪い対象との区別を彼ができないことが、欲求不満、失望、権威への不耐性を生み出しました。そのことは、実際には彼は割らなかったのに、窓ガラスを割ったことへの審判であるとわかった審判の夢に集約されています。しかし、彼は幾度も窓を割りたくなっていましたし、その夢では長靴ですべての建物を粉砕し、さらに躁的にもう一度蹴り上げました。所有物として理想化されていた薄青色のママはより分離している対象となってしまい、そこで紺青色のママとは、さらに揺れ動く、時にはアンビヴァレントな関係にあります。この姿は主に、青い制服を着て「半額の方はお立ちください」と言う、きれいな女性バス車掌によって素材の内で表わされています。

悪意ある対象、欲求不満にさせる対象、そして満足させてくれる理想化された対象との間の区別を達成すると、それとともに抑うつ感の可能性がもたらされます。悪意ある対象と損傷の性質が区別できないために損傷による迫害を止めたいのではなく、その対象自体のために対象を修復したいという本物の願望が出現しています。ママに赤ちゃんを授けることや建物を再度蹴り上げることは、迫害不安に対する防衛の一部であり、したがって躁的な償いだったのです。この分析のかなり初期の頃に[6]、リチャードはクラインに母親はたくさんの赤ん坊を産めたはずで、そんなに年は取っていないと言いましたが、彼は全く偽善的でした。しかしこの時点では、彼は自分の女性性をずいぶんと統合していることで、赤ん坊に真の感情(feeling)を抱いています。彼のパーソナリティのこの側面は、最近の四、五週にわたって少しずつセッションに参入し、時にはパパのペニスをめぐってママと競い合い、容易に同性愛や女性への軽蔑へと転じています。彼の赤ちゃんへの純粋な温かい気持ちはまず仔猫の素材で現われましたが[7]、この週には、もう少し多く見られます。彼の女性性とそれに関連した赤ん坊をいつくしむ能力との接触が改善した結果として、彼は路上の少女たちを見ることができ、その一人が結構かわいいと気づけてもいます。彼の敵である赤毛の女の子は、彼が握りつぶしたハエの一匹として姿を現わしているにもかかわらず、彼はひどく嫌悪しているわけではないのです。女の子たちへの敵対感情や女性というのは高慢か忌まわしいものであるという彼の考え方は、黄色い唾液の女性やイタリア人ではないかと彼に聞いてきたひどい出っ歯の女の子と[9]いったものですが[8]、随分とおさまってきました。そのまま変わらないでいるのは大きな少年たちへの恐怖なのですが、それはこれまでのところ分析作業がこの恐怖を何ら解明していないからです。

彼自身の女性性との接触が改善して母親と同一化する能力が高まった結果として出現できている抑うつ感は、「保母が亡くなってしまった、肺炎で亡くなった、彼女のミルクがすっかり凍った」[10]と彼が言った突然の素材に表われているように思われます。それが出現したのは、彼がこの時点では彼自身から湧き上がってくる純粋な温かい感情の出現に少しでも反撥するものに、とても敏感であったからでした。リチャードがクラインに彼の手を握って背伸びをするのを手伝ってくれないかと頼んだときに彼女に拒絶されたと感じ、とても傷つき、まるでオオカミ少年にそっくりです。つまりそれは改心して間もない犯罪者の扱いづらさなのです。何度も愛情を装ってきたので、この純粋な愛情が誤解されたり、軽視されたり、いつもの不誠実と思われるのではないかとひどく恐れています。保母についての素材は、肺炎や凍ったミルクという投影された形での、現在の彼が抑うつになりやすいことの重要な指標のようです。彼が「アイス、ア

イス、アイス」と言ったアイス・リンクの描画をクラインが掴み損なった二週間前の素材がありますが[11]。最初に抑うつを感じることを凍結として話していたことを彼女は取り上げませんでしたが、ここに二度目の言及があります。

治療の最後の数週に近づくにつれて、抑うつ感を凍えていくという最も本質的な形で経験する能力が成長しているというこの指標こそが、以前はなぜ彼の躁的傾向が強かったのかを考える助けになります。リチャードはたしかに、彼の対象をひどく乱暴に支配してきましたし、その対象を、複数のナンバープレートがついた黒い自動車[12]や燃えている黒い棒[13]のような、生命を吹き込まれる必要のある死んだ対象として経験してきました。冷たさという内的感情は、多くの点で抑うつ的な痛みの原型です。リチャードは、それを苦悩できはじめているものの、ほんの一時的であり、保母に関する素材では、クラインによって拒絶され傷つけられたという感情の結果、抑うつの痛みは外部に投影されています。抑うつ感情への彼の反応もとても改善しています。これらのセッションを通して、わずかながらも何かにつけ、クラインに手助けや、物を渡してもらうことや、バケツを空にすることを頼んでいます。彼は踏み段からジャンプする際にとても心配して、彼女を傷つけてしまったのではないかと、彼女の顔を触ります。彼女との関係全体が、今やつねに助けを求める懇願となっていますが、それはラヴェルのオペレッタ[14]にあるコレットの物語に関するクラインの小品の中心テーマ[15]です。癇癪ですべてをめちゃめちゃに壊した子どもが「ママ」と叫んで助けを求められるようになったとたんに、不思議にも償いのプロセスが作動しはじめるのです。この助けを求める能力は、今はクラインとの関係でリチャードにしっかりと確立され、そしてそれは母親にも拡張されはじめ、そのときには、要求を突きつける代わりに、ウィルソン家に滞在したくないので別の手配をしてもらえないものかと電話できているのです。

▼訳註

1――セッション75。
2――セッション73。
3――セッション45。
4――セッション48。
5――セッション67。
6――セッション4、5。
7――セッション60。
8――セッション43。
9――セッション9。
10――クラインの原著では"went all cold"「冷たくなった」となっているが、メルツァーは本書で"froze"と記述していて、その後もミルクには"freez"を当てているのは、アイス・リンクとの連想がそうさせているのかもしれない。
11――セッション67。
12――セッション9。
13――電熱棒のことと思われる。セッション36、37、58、59。
14――「子どもと魔法」もしくは「子どもと呪文」。
15――"Infantile anxiety-situation reflected in a work of art and in the creative impulse"（「芸術作品および創造的衝動の表れた幼児不安状況」『メラニー・クライン著作集1』）

第14章
第14週［セッション78〜83］

逆転移に関連した技法上の問題

手に負えない週です。どうしてそんなにひどい週なのかを説明するのは簡単ではありません。クラインは、どういうわけかリチャードのこころに触れていませんし、金曜日には、彼に少し腹を立ててさえいます。何がまずかったのか、そしてなぜこころ痛めるようなセッションであったのかを知るために、木曜日のセッションを詳細に再検討することが役に立つかもしれません。五週間前より発展してきた「赤ちゃんタンク」のテーマが今は中心になっています。台所の貯水槽は、「赤ちゃんタンク」のみならず、「ミルクタンク」にもなりました。まさしく中心の問題点は、蠅を殺してミルクに投げ入れ、そうするとミルクが汚れているのか、それとも有毒なのかどうかということです。この週のクラインは、先週に発見したこの治療の最高の山場と思われる定式化を見失ってしまいました。その代わりに、去勢不安と父親との競争という問題に話を戻しつづけました。それらはおしなべてその通りなのですが、もはや中心の問題ではありません。ややこしい一週間です。終結の脅威が進行すべてにまとわりつき、そしてリチャードは、終結の脅威について考えることにしばしば耐えられなくなります。主に二人の女性バス車掌に関して、もう一方でひどくややこしくなっています。「お立ちください」という綺麗な人と、「お立ちください」と言わないもう一人がいて、ともに紺青色の制服なのです。

月曜日のセッションにリチャードは週末の夢を持ち込んでいますが、夢で彼は分析家を紺青色の分析家へ、つまり紺青色の服を着てジェームスという犬を連れた女性へと交代させました。リチャードがクラインの美しさを強調する際に、まるで浮気な恋人のように彼女を実際なだめていたことに彼女は注目します。それは、ウィルソン家のお手伝いさんが彼のために結んでくれたネクタイとの関連でも再び出現していますす。このテーマが何かと言うのは少し難しいのですが、彼の母親がかなり美しい女性であったのだろうということが強く推察されます。母親の美しさに対する彼の愛着と、審美対象（aesthetic object）[1]としての乳房の美しさに対する乳幼児的愛着が、薄青色のママと紺青色のママの二項対立に取って代わる強力さでこの治療に参入してきました。これは、明らかに曇っているにもかかわらず、彼は空を見て、「薄青色だね」と言っていることにいくらか関連しています。別のところで、天気が悪化してゆく兆しがはっきりしているにもかかわらず、曇っているけれど「晴れていくね」[2]と言います。彼にこの安寧を与える薄青色のママは、平和を乱す紺青色のママ、曇り空、山に押し寄せる嵐、彼が立ち上がり、成長して、学校に行くようにと強要する結合対象と並置されています。彼は、綺麗な女性車掌が身に付けている紺青色の制服が好きではないのです。というのもそれが、乳首に関連した力強さと良いペニスを内部にもつ美しいママを表象する、男性性の質を有するからです。ある時点でリチャードは彼女に、「おっぱいのこの部分をなんて言うの？」

ともう一度尋ね、そして、「それは乳首って言うのよ」と彼女はもう一度彼に教えなければなりませんでした。しかし、クラインは、良いペニスや結合対象群についてはいつも忘れてしまい、ママを「犬畜生ママ」にしてしまう悪いペニスへの彼の恐怖をまた話しはじめます。このことが、リチャードを動揺させているようです。というのは、終結が近づいているので、互いに一致すべきであることを彼が切望しているからなのです。いくつかのセッションで、互いの腕時計（watch）[3]を同時刻に合わせたいと願い、全く同じ時間を刻んでいることを確信したいと思っていました。あるときには、彼はとても心優しく、そして彼女の置き時計を抱きしめてもいました。彼女は、このこころがひとつになることへの欲望にたしかに気づいていますが、もっぱら防衛過程であるかのように述べています。

　それはクラインに乳搾り女になってほしいとの彼の願望にもあり、そして彼は乳搾り男になるつもりです。つまり、彼ら一緒になって赤ちゃんタンクにミルクを注ぐのです。彼女が彼についていくことに失敗して何度も失望に直面し、そして金曜日[4]に彼女が彼に少し苛立ちを覚えてしまった後の土曜日[5]のセッションでは、彼は明らかに彼女に極度の不信感を抱き、彼女を全く見ようとせずに「ヒットラーがね、我慢の限界はこれまでだ（exhausted）って言ってるよ」と言います。治療の初期には、主な問題のひとつは、際限なく母親に質問することで、母親の忍耐力を使い尽くしてしまう（exhausted）ことだと言っていました。この唐突な振る舞いは、彼が嫌な夢について尋ねはじめたり、彼女の息子や孫について、そして彼女がロンドンで何をするのか、彼女はロンドンの中心にいるのかを質問する際に表われます。「ロンドンの中心（heart）」「ほら、ここにもハート＝心臓（heart）があるよ」と言うときに、彼の立ち直りが見えるのはとても興味深いことです。

事実、リチャードは懸命に作業しており、自制を失っているようなときでさえもそうであり、立ち直って彼の立脚点を別の素材へと移行させる素早さは、劇化やコミュニケーションの強い要素が存在することを示しているようです。彼が全く自制を失っている様子はどこにもなく、むしろかなりこころを痛めているのです。床を水浸しにし、ハンマーで床を叩き付け、椅子を蹴り飛ばしたときでさえも、彼は決して一度たりとも、クラインに手を上げていません。別のときには、たしかに彼は何かを彼女めがけて投げつけたり、暴言を浴びせたりしていました。「赤ちゃんタンク」は「ミルクタンク」と同じことであり、そして死んだ蝿たちがどうやってそのなかに入ったのかを解明するためにクラインとともに作業しようとしている彼の情熱を、彼女は過小評価しているようです。この問題は、「美味しい怪物（タコ）」を連想させる、彼の手提げ鞄のなかに持っていたロブスターとともに現われます。しかしリチャードは、蛾を撃退したときのようにロブスターをまたナイフで突き刺します。ある瞬間においてそれは明らかに美味しいペニスですが、次の瞬間には、それは恐ろしい憎むべきペニスや赤ちゃんなのです。

木曜日のセッションでは、分析が失敗に終わるのではないかという恐れの要素を明らかに提起しています。恐れの要素は、リチャードにクラインの写真を撮りたいと思いつかせ、彼女はそうさせます。そして、それはそのときの風景写真と関連し、一つは良いもので、もう一つは失敗作であり、リチャードは失敗作を切り刻み、そしていくつかの黒い断片を口に入れ、毒だと言いながら吐き出します。これは明らかに、死んだ蝿や口のなかの断片に言及しています。分析が失敗することの恐れは、学校に行っているが学習できない、低能児であることの恐れと大いに関連しています。彼は明らかに知的であり、学校ですでに極めて多くのことを学んでいます。クラインは、リチャードの学校への恐れを、基本的には閉所恐怖性の不安である学校恐怖症として考える傾向にあり、彼の競争心がどれほど強烈なのか、失敗が彼にとってどれほど耐え難いのかを、おそらく少し過小評価しています。それでは、木曜日のセッションを吟味してみましょう。

（セッション81）「リチャードは再び道角で待ち受けていました。彼はクラインの出立まであと一六日なのかと尋ねました。プレイルームに入ると彼は、自分の腕時計を彼女の置き時計に合わせました。彼は置き時計を開けて、それを点検し、目覚ましを鳴らしてみて、さらに革のケースを開けたり閉めたり、またそれを手で優しく撫で回しつづけました。彼は、たとえ僕の時計が他のより多少遅れているとしても、『我が道を行く』のだと言い、時計の表面を指でなぞりました」(6)**「他の点で切羽詰っていて満たされていないのですが、これらのセッションにはむしろ賞賛すべきものがあります。彼は彼女から何かを得ようとしているし、手に入れる固い決意をしています**」。「彼は、誰も、そしてもちろん他のどんな時計も、それに止まれと命令はできないと言いました……」**「それはあたかも彼がクラインに、『あなたは分析を止めようとしているかもしれないが、僕は止めようとは思わない。たとえあなたなしで分析を続けなければならなくとも、僕は続けます』と言っているようです**」。「彼は素早く台所を見回し、不安気に赤ちゃんタンクに視線を向け、そしてそこに錆が付着しているのを認め、動揺しました。彼はそれを擦り落とそうと試み、クラインがブラシでその錆を落とすと、彼は感謝しているようでした」**「彼が助けを求めなければ、クラインがなぜそうしたかははっきりしません。ただ求めれば彼女はいつもは直ちに応じます**」。「彼は急いでテーブルに戻り、置き時計がまだ時を刻んでいるのか確認するために再び覗き込みました……彼はクラインに、彼女の知らない秘密があるのだと話しました。彼は昨日の夕刻、街路のはずれまで自転車に乗っていき、彼女の家の傍を通りました。道路のはずれのあの小道はどこへ続くのだろう？　クラインは、昨日の夕方八時四五分頃（それは彼が彼女の住まいの前を通り過ぎた時刻なのですが）、何をしていたのだろう？　もしも彼が立ち寄ったら、クラインは怒っただろうか？　彼はこれらの質問のいずれに対しても返答を待つことなくしゃべりつづけました。彼は一昨日自転車を借りて、それで村中を一巡りしたのだと説明しました」［彼にとって大変な冒険です］。「残念なことに、彼が意図していた隣の村までさらに足を伸ばすには、時間が遅すぎました」［ジョンや彼の友達と一緒に山に登るという彼の計画に関連しています］。「彼はその英雄的行為を詳細に描写しつづけ、おもしろかった、とっても楽しかったと語りました。彼が下り坂を駆け降りるときなど、まるで乗合バスになったように、自分自身に警笛を鳴らしました」［このバスには、紺青色の美しい女性車掌－ママが含まれています］。

「クラインはこれまでのようにリチャードが彼女の置き時計を点検する場合、それは彼女の体内を覗き込み、そして彼女は未だ大丈夫なのだと自らを納得させる意味があるのだと解釈しました」［これこそが、彼女が作業しつづけている方向です］。「同じことが、彼が台所で辺りを見回すのにも当てはまります。そのいずれもが、彼が前日蠅を殺したことや、台所で床を水浸しにしたこと、そしてこのようにしてクラインに彼が及ぼしてしまった被害への恐れと関連します。彼の自転車旅行は、彼が他の子どもたちに怯えなくなってきていることを示しており、またそれは彼の好奇心を満足させる手段としても役立っています。クラインの下宿先を自転車で通りかかることは、彼女の体内の探索の意味があります。小道は彼女の性器を表象していて、もしも彼が自分のペニス――自転車――をそこへ押し入れると、小道はどこに至っているのか彼は知りたいと思っています」［知識欲か、それとも侵入的好奇心か］。「彼のペニスは危険な武器であるという恐れが薄らいでいるようで、それで彼は自転車を使えました」**「この小道は搬入口のような何かであり、彼はそれに好奇心を抱いていました。つまり、母親の身体構造と、通用口と母屋で生じていることとの関連に好奇心がありました。そのように、母親の父親のペニスとの性的関係と、乳房やそこに貯蔵されているものとの関連、したがって「赤ちゃんタンク」と「ミルクタンク」の関連が例証されています」**。「そうしたすべては、彼の憎悪や破壊願望が効力を発揮することへの恐れが軽減されたことを意味します。たとえゆっくりであったとしても『我が道を行く』彼の腕時計は、小さくてそれほど性的な能力をもたないけれど、無傷な性器を表わしています。それがただ小さな男の子の性器であることを彼は受け入れたらしいのですが、自分が将来には大人の男子たることへの期待を抱いています」**「これは彼女の願望であって、彼を潜在期に納めて彼をおとなしくさせたいのです。彼女を責めることができません」**。「彼が自分の腕時計をクラインの置き時計に合わせたことは、二人が互いに理解し合い、そして彼女を友達として、また彼の内部にも、残しておけるということが意味されています」**「ここで彼女はリチャードの気持ちに気づきます」**。

「リチャードは再び置き時計をいじりながら、激しい感情を込めて、『僕たち二人はどうしても別れなくちゃならないの？』と言いました。彼は外に出て空を見上げ、『まるで天国のようだね』と実感をこめて、小声で呟きました。室内に戻って辺りを見回し、ハンマーを見つけて、それで床を激しく叩き付けました。そうしながら彼は、彼の飼っているカナリア、生き残った一羽のほうを」**「もう一羽が死んでしまったので」**「家に戻ってくることになっているので楽しみにしていると話します（その鳥は、彼の保母の住まいにずっとあずけられていて、彼女は以前述べた通り、夫と近所に住んでいて、彼は彼女に頻繁に会っていました）」。

「クラインは、ハンマーを床に叩き付けることで、彼は床を割って、死んでいる赤ん坊たちを取りのぞき、そして生きているもの、家に帰ってくることになっている鳥を見つけ出すつもりだったと解釈します」［かなり不可解な解釈です］。

「リチャードはピアノへと向かいました。ピアノは壁に向けられていて、その上にはたくさん物が置かれたままでした。彼はピアノを弾いてみたいと言いました」［ソナタなど弾く上級まで進歩してしまった後は、ピアノを弾くのをやめてしまいました］。「分析の経過のなかでリチャードは時折ピアノに目を遣ることはあっても、このときまでにただ一度だけピアノの鍵盤の蓋を開け、少しばかりの旋律を奏でるだけでした（セッション5）。今は彼はピアノの蓋を開けようとし、クラインにピアノの位置をずらすことと、蓋の上に載っているものをどけてくれないかと頼みました」［再び、彼女は彼に手を貸さなければなりません］。「彼女はその通りにしました。ピアノ側の隅には大きなユニオンジャックがありました。リチャードは、それが倒れてくるかもしれないという意味で、それから眼を離さないつもりだと言いました。彼は最初はとてもためらいがちに、指一本だけでピアノを弾き、その後また止めてしまいました。彼は『埃だらけだね』と言いました。クラインは『埃を拭き取るのに手を貸してくれるかしら？』と言いました。彼女は言う通りにしてやり、そして彼は再び弾きはじめようとしました」［あたかも、鉄錆をきれいにしたり、小さな足乗せ台の埃を払ったりすることのような、塵払いが彼の演奏を上達させるかのようです］。「悲しげな表情で、覚えていたソナタを忘れてしまったと言いながら、それから彼は何か別の曲を弾こうとして、椅子を取ってきて、それに腰かけ、それから彼自身の旋律を奏でました。声を低くして、『僕こんなことをよくやっていた』と言いました。しばらく後に彼は、クラインも何か弾いてくれないだろうかと頼みました。そして彼女は言われた通りにしました」［不可解です！　また、危険なのではないでしょうか］。「リチャードは大喜びしてピアノに戻り、再びある旋律に取り組みながら、声をひそめて、家に戻ったときにはこれがとても楽しみだと言います」[**戦争が終わった後には、Zの自宅へ戻ります**]。「彼はピアノの上蓋（前屋根）を開け」[**赤ちゃんタンクの上蓋を開けるように**]、「そしてクラインに彼が『内側』を覗いている間、鍵盤を叩いてほしいと頼みました。彼は突然自分が使ってしまった言葉に気が付きました。そして、クラインを意味ありげに一瞥しながら、『また、内側だね』と言いました。それから彼は鍵盤を肘で叩き、ペダルを激しく踏みました。彼はユニオンジャックを掴み取って、それで自分自身を包み込み、そして騒々しく国歌をがなり立てました」[**父親のペニスと投影同一化している実に見事な例です**]。「彼の顔には赤味が差し、彼は雄たけびを盛んに上げ、憤怒や敵意を忠誠心で消そうとしていました」[**忠誠心については、彼女は正しいとは言えません。おそらく彼は、いつの日か大人の男性としての地位を得られる見通しから、彼女に対する敵意を消そうとしています**]。「彼は窓の外を窺い、向かいの家の年輩の男性が目に止まり、『ほら、あそこに熊さんがいる』と言いました」[**投影同一化によって侵入しているペニスの外在化です**]。「間を置いてから、彼はスミス氏が通りかかったのかと尋ねました。それまでに彼はほとんど通行人に注意も払っていなかったのですが、今や緊張感と猜疑心が頭をもたげ、それで彼らを警戒しはじめました」[**彼の能力のなさと彼女の有能さが並置されたので、状況がおそらく悪くなったのでした。彼にとってプレイにおいては、いわばクラインが、彼女の内側に所有しているペニスを誇示したことなのです**]。

「リチャード自身が認めたように、クラインはピアノが彼女の内部を表わすこと、そして彼がそれを弾くことは、彼の性器を彼女のなかに挿入することを、そしてまた彼が以前に置き時計にしたように、彼女を両手で愛撫することを表わしていると解釈しました」[**その置き時計は、彼女のこころや乳房も明らかに**

表象していて、そしておそらくピアノもまた彼女と協調し、互いのこころが協力していることと極めて大きく関係しています」。この時点から、彼のペニスでママに赤ん坊を授けることによるママへの償いというテーマを彼女が押し付けているので、セッションはどんどん悪いほうへ向かいます。写真の素材がその後に続き、それに伴って、床をハンマーで叩いたり、台所を水浸しにするといった行動が見られるようになります。そして、金曜日の大失敗がその後に続き、土曜日の断片化された素材はほとんど修正されません。

▼訳註

1――aesthetic object／審美対象。子宮内生活最終二カ月間に、子どもは次第にこのコンテイナー（子宮）に拘束されると感じはじめ、回転したり位置を変えたりできるのにもかかわらず、今やほとんど動く余地がない。思うに、子どもはそこでひどく締め付けられていると感じているに違いなく、子どもの身体はこの拘束からしきりに逃れようとする。ビオンが胎児は自分自身の成長という意識はないと考えていることは全く正しいと私は信じる。ある夢に見られるように、閉所（claustrum）が子どもを締め付けていることに気づくのはありそうなことである。このように感覚は機能する用意があるが、ごくわずかな刺激しか感知しておらず、そして筋肉や身体は同じように機能する用意はあるが締め付けられるこのひどい状況ではそれができない最期の数カ月を考えると、この牢獄から脱出することは自由という素晴らしい情動的な意味があるに違いない。すなわち機能する自由である。このトンネルからの退去、外的世界の突然の出現というこの感覚の爆発は、原初的審美的経験であるに違いないことが、さまざまな臨床経験が私に確固として示唆している。たとえば、彼らに実際に注目を向けている治療者、そして現実の愛情の爆発を向ける治療者が見つかる前の治療の始まりでは、子どもや患者の夢が発展していないようであると考えられる。昨日聴いた臨床素材は、メラニー・クラインが、分裂－妄想ポジションと抑うつポジション間の振幅との関連で記述したことを充分に例証している。けれどもこの素材は部分対象と全体対象との間の、世界との量的関係と質的関係との間の、意味の不在と意味の存在との間の、情動の不在と情動の存在との間の、振幅として記述されてもいる。これらすべての異なる側面はメラニー・クラインが考えだした分裂－妄想ポジションと抑うつポジションとの間の区別に含意されている。

新生児の装備が未熟で極めて原初的な情動体験しかないと考えるのは有益ではないと、臨床経験から次第に考えるようになった。どのような場合にせよ開始点は必要である。そう、「情動経験は、四歳、四カ月、出生四日前で始まる」と言うのは有益であるとは思わない。世界の衝撃という情動経験をするには、ある時点が必要なのはたしかである。経験内部の観点からすると、そして閉所からの突然の脱出ということを念頭に置くと、コンピューター生活という単純さからの、二次元的生活からの、物事が見えている通りだけのものでそれ以外の何ものでもないところからの、そして因果律と自動性の人生からの脱出であり、それと世界の美しさによって生じる主体の情動が本質的なもうひとつの経験世界に住むことを避けるための脱出を考えることができる。対象の美に驚愕しない限り、「内部はそんなに美しいの?」という疑問は起こりえない。私たちに言わせると、この疑問は「意味すること（meaning）」によって意味することのまさに中核である。対象の美しさという衝撃を受け取ってしまう以前には、そしてこのように「内部は美しいの?」と質問したがる以前には、刺激／反応という単純で機械的な原則で私たちは機能しているように思える。「でも内部は美しいの?」という疑問が生じる前には、考える何ものも持ち合わせていない。この疑問は、最初の対象が母親の身体内部（今日では母親のプシケーの内部、つまり母親が考え、感じていることや、母親の意図、母親の歴史などであるとも理解されている）であるメラニー・クラインが知識欲動の性質と呼んだことによく当てはまる。もしビオン博士の思考することのための装置、特に私たちに思考を思考することを可能ならしめるα－機能に関する形式化や構成へと連結させると、思考を形成するための刺激は「でも内部は美しいの?」という疑問という衝撃である。この疑問、この疑問を提起する必要性は、α－機能、シンボルの形成、夢という思考などによって返答をもらうことになる。

もし臨床的にアプローチするうえで、これらの用語で考えるようになると、すなわち、分裂－妄想ポジションを原初的なものではなく、対象の美や、情動や、この衝撃が提示した問題や質問の衝撃から自己を保護するために退避するポジションであると考えると、大きな違いが生じると思われる。分裂－妄想ポジションは防衛的ポジションであり、常に抑うつポジションの痛みへの防衛である。

抑うつポジションのまさに核心にあるのはこの疑問である。つまり「内部は美しいの?」であり、私たちの作業の仕方に、ある重要な波紋を生じる。分裂－妄想ポジションを発達の観点から一次的なもので後に抑うつポジションへと至るとすると、このように移行は自然と発展するであろうと考えて、分裂‐妄想ポジションの現象学（分割（scission）、投影同一化のすべての過程）により注目を払うだろうし、その詳細すべてにわたり解明するであろう。しかし、逆に発達において最初の経験が対象の爆発的な美しさであり、「内部はそんなに美しいの？」という悩ましい疑問とともに考えると、素材を観察している間に、審美対象に伴う衝撃の痕跡へと、そしてそれらの衝撃への防衛にも注目は向かうであろう。素材を全く違った形で観察するであろう。さらに分裂‐妄想キャラクターの素材を詳細な関心をもって探求すると、この水準の現象学に尊敬すべき地位を与え、その存在を長引かせたいという傾向を伴うようになる。ほとんど分析の倒錯である。患者の倒錯した性的活動の詳細や、強迫行動の細部や、妄想観念という合理的混同などへ向けられた多くの注目は、抑うつ現象を無視しておくための患者とのほとんど秘密の共謀である。

しかし分析家自身にも、この世界への分析家自身の見解に関して、ある状態が要求される。実際に人生と世界に向き合って、これ（抑うつポジション）が採択できる唯一の合理的ポジションであると考えられて初めてこれを採択できる。当然ながら、遅かれ早かれ、この世界へより悲観的な見解をもつであろう。けれども、もし新聞を読む代わりに、田園や印象派美術館を散歩したりシェイクスピアなどを読んだりすれば、全く異なる見解をもつであろうし、そして私たちの関心事に符合する疑問は「ああ、けれども内部はそんなに美しいの？」であることがわかるであろう（D. Meltzer（1985）*Revue Française de Psychanalyse* 5, Quaderni di psicoterapia infantile 14. Sandra Gosso（2004）(Ed.) *Psychoanalysis and Art.* Karnac より抜粋）。

2――セッション42。

3――『児童分析の記録』では、リチャードは彼の腕時計をクラインの置き時計に合わせている。

4――本書ではメルツァーは木曜日と記述しているが、金曜日の間違いである。

5――本書ではメルツァーは金曜日と記述しているが、土曜日の間違いである。

6――「時計の表面……」以下の文章は訳書では欠落している。

第15章

第15週［セッション84〜89］

結合対象の概念と発達へのインパクト

この第一五週は、クラインの作業という観点からすると、分析全体のなかで最も満足度の低いものです。リチャードは終結が近づくことに頭が一杯で、時には全く割り切って事実に即した、そして成熟した大人のように、さまざまな可能性を捻り出そうとしています。もしクラインが死んだら、誰か他の人に分析をしてもらえるのだろうか？　どうにかして自分はロンドンに行って、ホテルに滞在できないものか？それがその週の間にクラインに大きな苦悩をもたらしているようで、おそらく彼女の作業をいつもよりも冴えなくしています。彼女は胸中でリチャードと同じ可能性を考えていたに違いないと、私なら思います。彼女は母親に電話し、分析継続の問題を話し合おうとしていました。彼女は自らの責任で、リチャードがロンドンに来るのは危険すぎるという決定を下していましたが、母親とこの件を吟味しようとしていたに違いありませんし、母親の判断がかなり強固なものだとわかったに違いないと思われます。ある意味で、この週のリチャードはクラインより巧みに、夢や新しい遊びの素材を産み出していますが、それへの応答を得ていません。彼女は前の週において、乳房と乳首、ママの身体の上層部と下層部についての定式化がわからなくなっていました。彼女がピアノを弾き、そしてその後に苛立ってしまうと状況は悪化しました。しかし彼女は奮闘してもいました。

この週に関するいくつかの後記が、当時彼女が備えていた概念上の限界や難点を示しています。そのような限界のひとつが、三人の女性車掌、つまり顔が綺麗な人とそれほど綺麗ではない二人だけではなく、今や化粧をした車掌も含むテーマによって例証されています。この三番目の人物は、クラインと母親へのリチャードの不信や、偽善の疑いと関係しています。これは大部分が彼自身の偽善性や狡猾さや陰険さの投影です。初期の週にあった魅力や誘惑性は、執拗なまとわりつきによって置き換えられています。彼は、今やクラインに触れずにいられません。彼は彼女に触れ、そして彼の目が彼女に触れてまとわりつくように彼女を見つめます。（ビックが過去数年の間研究してきた）[1] まとわりつきとくっつき（clinging and sticking）の概念そのものが、クラインには手に入りませんでした。乳房を支配するためにその乳首にしがみついている（holding on to）赤ん坊と、底の知れない深い穴へと落とされる恐怖でその乳首にしがみついている赤ん坊との間にある違いが、この時点のリチャードの状況にとてもはっきりと例証されているように思われます。乳幼児水準では、分析の終わりは断崖絶壁のようで生きた心地がしないのです。

同時に、彼をしつこくまといつかせる全く原初的なこの不安により接触するにつれて、彼は著しく成熟してもいます。彼の成熟は、自転車を乗り回したりジョンやジョンの友達と交流するといった彼の実際の社会的行動や、分析の継続可能性に向けて解決しようという課題への彼の取り組み方にだけ現われているのではなく、あるときには、分析が彼の精神生活にもたらした改善点を本当にじっくり考えてみたり、それについて的確かつ詳細に述べてもいるのです。ですから、乳幼児の落とされるものすごい恐怖と、ちゃんと大人になっていくつもりがあって低能児になりたくないのならば分析が必要であることをわかっている青年期の始まり、この二つが共存していると見ることができます。「低能児」は、アレクサンドリアへ補給品を運んでいる商船に関する素材で例証されているような、この世界で何ら有益な機能を果たせないという意味をもつようになります。

彼の不安が例証されている他の箇所は、胸が張り裂けそうな場面で、彼が失望して何もしたくない、何もしないことが愉快と、少し悲嘆に暮れて言っているところです。この幼い少年がそのような無感動なニヒルさを口に出すのを聞いて、クラインは明らかにこころを痛めています。彼はすぐにそこから抜け出し、それとは対照的に彼が夢を報告しているときには最高に希望に満ちています。それについてのクラインの分析では、それは再び崩れやすい躁的な希望であると彼女が考えていたことを示唆しています。しかし、彼の夢がどのように重要になってきたのかを見るのは興味深いもので、彼のなかで心的現実の受け入れが再確立されてきたことを含意しているからです。鍵での遊び、部屋を暗くすること、雨への反応は、初期の頃のセッションを少し思い出させるもので、夢と比べてどれひとつ大した内容はありません。顕著なのは、メーターの数字を読みにきている男性に、彼がほとんど反応を示さないことです。クラインが指摘しているように、彼のユーモアのひらめきは、惨禍の際にも必ず生き残る誰かがいるという事実と重要な結びつきがあります。生命がわずかでも必ず残っているのです。黒い島の夢には一区画の草地があります。リチャードのユーモアの能力は、クライン自身のひらめきととても密接に関連していて、彼を救うものの一部ですが、その一方で「何もしないのは素晴らしい」という無気力に陥るのは、その週に影を落としている父親の容体や、父親が死ぬかもしれないという新たな不安といくらか関係しているようです。たしかにリチャードの倦怠感は、再びかなり疲労している父親と密接に結びついているようです。

けれどもこの週の主な素材は三人の女性車掌に集中していて、したがって夢はそれに応じてバスと船車についてです。火曜日のセッション（四三〇ページ）[2]で、クラインは三人の女性車掌について語り、厚化粧している一人の特徴を述べました。「クラインは彼の好きな車掌さんは保母を表わしていると示唆しました。彼がママを当てにならないし気を許せないと感じるとき、彼はその当時結婚していなくて、つまりママみたいに夫をもってはいなかった保母を頼りとしました。その綺麗な車掌さんは、保母よりも綺麗なママを表わしていましたが、リチャードはママよりも遥かに保母を愛した時期もあったので、彼はそのことに罪悪感を感じています」［**彼女は史実的背景という観点から忠誠心の葛藤を解釈しています**］。

「リチャードは、保母はとっても綺麗なんだよ、全然醜くなんかないよ、と言います。彼は前日に、自宅までの道のりでバスを乗り継ぐ際に彼女を見かけ、そのとき彼女は彼にお菓子をくれたのでした（彼はその時、今でもどれほど彼女を好きなのか悟ったようでした）。彼は、クラインは『厚化粧した』人のほうじゃないよと言います。つまり彼女もとても綺麗ですが、ママほどではないのです」［**これらの女性達の間に釣り合いを取ろうとしています。つまりパリスの審判です**］[3]。「それから彼は、クラインが傷ついたかどうか尋ねます」。

「彼女はママと保母をちょうど混ぜ合わせたものを表象しているとクラインは示唆します」。

「リチャードは、怖くて胸がわくわくする夢を見たと話します。二、三日前の晩には、性器をくっつけ合っている二人の人についての夢も見ました。彼は最近見たほうの夢を報告するのをとても楽しんでいて、真に迫った風に、そして劇的に描写しました。恐ろしい箇所では不気味な声で、また一方でクライマックスには彼の眼は輝き、そして幸福と希望が満面に表われています。『彼はクラインが村のバス停留所に立っているのを見かけます。そこからのバスは〝Y〟行きなのです。しかしバスはどこか別のところへ行くことになっています。夢のなかで〝Y〟行きは二週間に一度しか出ないのでした。それは素通りして行ってしまいます（ここでリチャードは、バスが走り去るような真に迫った音を立てます）。リチャードはバスに追いつこうとして後を追いかけますが、バスは行ってしまいました。彼は結局のところそこを立ち退きますが、ハウストレーラーに便乗しているのです。とても幸せそうな一家族が彼の旅の道連れです。父親と母親は中年の人で、すごくたくさんの子どもたちがいて、どの子も皆感じのいい子です。彼らは島に差しかかります。彼らには一匹の大きな猫も同行していました。最初その猫は彼の犬に噛み付きますが、それからその二匹は仲良しになるのです。それから新しく登場した猫が彼の実際に飼っている猫を追い回しますが、それらもまた互いが好きになるのです。この新顔の猫は普通の猫ではないのですが、とても素敵なのです。真珠みたいな歯をしていて、むしろ人間に近いのです」。

「クラインは、それは女性かあるいは男性かどちらに似ていたかを尋ねます。リチャードは、それは紳士のようでもありまた素敵な婦人のようでもあり、その両方だと応えます。彼はさらに夢について語ります。『その島は川にあって、その川岸に沿って空が真っ黒で、木々も真っ黒なのです。砂があって(4)、それは砂の色ですが、人々はまた真っ黒なのです。あらゆる種類の生物がいて、鳥たち、獣たち、サソリ、それらはすべて真っ黒です。それに人々も生き物も、皆ことごとくまるでジッとしたままで身動きしないのです。それがぞっとするほど怖かったのです』」［真っ黒であることではなく、じっとして動かないことが恐ろしかったのです］。「リチャードの顔には、恐怖と不安がよぎります」［「狼男」の夢のなかでも、とても恐ろしいのは、木のなかで狼たちがじっとしていることでした。それをフロイトは、性交中の両親たちの激しい動きを逆転して表象していると解釈しました］。

「クラインは、島はどんなふうだったかと問います」。

「リチャードが言うのには、島は大して黒っぽくはなかったけど、その辺りの水や空は真っ黒でした。島には一区画だけ草地があり、また、島の上の空は少しだけ青く見えます。そのしんとした静けさは何とも不気味なのです。突然リチャードが、『おーい皆！』と掛け声をかけます。そしてその途端誰もがそしてどれもが皆動きはじめたのです。彼が呪文を打ち破ったのです。彼らは魔法にかけられていたに違いありません。人々は歌い出し、サソリやら他の生き物は躍り上がって水のなかへと帰っていきました。誰もが大喜びし、すべてがうきうきと弾んで、空一面が青くなったのです」。

クラインの夢の解釈は躁的な観点からの償いの衝動を強調し、そしてリチャードの眼から輝きがなくなります。彼女は、彼が何度も助けを求めていること、そして、それがコレットとラヴェルのオペレッタのなかで、「ママ」と叫んでいる子どもと似ていることもわかっていません。明らかにクラインは、「おーい皆！」という掛け声が、革のブーツで再び建物を蹴り上げるのと同じと考えています。彼の新たな人々への親しみが魔法を解き、この人々への親しみは幸福な内的（ハウストレーラーの）家族と、前の（二日前に見た）アダムとイヴの夢によって引き起こされた、と彼女は思っていません。夢は、（バスや車掌さんや、彼を待たずに行ってしまうバスと結びついている）クラインが外的対象として去っていく場合でも、内的な家族の経験が、彼のなかに人への親しみや幸福を生みつづけるかもしれない可能性を表象しているようです。

このセッションの不可解な後記は、結合対象に特に関した内的状況と外的状況との相互作用に関連して、概念的な土台にある難点をある程度説明しています（セッションへの後記II）。「リチャードは、この時点で発達上の進歩を示していました。つまり彼と母親を表象している私が、彼の内的対象や私の内的対象に干渉されることなく、一緒にいられると彼は思えています。内的および外的状況、そして内的および外的関係との間の適切なバランスが基本的に重要です。リチャードの場合、このことは結合した両親像――そして彼の内的迫害者たち――が少なくとも一時的に劣勢となったことを意味します」［〝内的な迫害者たち〟が、〝結合した両親像〟と同格に位置するのか、それとも対照に位置するのかは、明らかでありません］。「こうした変化が充分定着していないのを私も承知してはいるものの、それは進歩のひとつの兆しなのです」。

クラインが述べていると思われることは、外的な対象と良い関係をもつには、外的対象との関係と内的対象との関係との間に均衡が取られている必要があり、そして内的対象が過度に干渉すべきではないということです。普通の言葉で言えば、「あなたの良心は、あなたを過度に悩ませるべきではない」というようなことを意味しているだけではなくて、「あなたの内的対象は必ずしも注目されたがっているとは限らない」ということも意味しているに違いありません。さて、もしも内的対象が注目されたがっているならば、どのようにそれが良い結合した内的対象に首尾よくなるのかはちょっとわかりにくいことです。一九五〇年代末における彼女の業績における最先端の観点でも、結合した内的対象――この結合が意味しているのは、性交中に一緒になった父親と母親、一緒になったヴァギナとペニス、性的結合として一緒になった乳房と乳首——の役割について、この結合は良い対象として機能しているのかどうか、あるいはパーソナリティを性的興奮で氾濫させ、その活動で圧倒し、羨望をかき立て解体を引き起こす影響を及ぼすものであるか、これらがどうなのか、彼女は未だ実際には判断していなかったことが見てとれます。『羨望と感謝』のなかでは、結合対象をパーソナリティの強さの中核とみなしていたようですが、しかしこの後記では、この結合対象が喚起すると感じられている羨望の強烈さのために、彼女はまだ確信が抱けなかったことを打ち明けていると思います。リチャードのアダムとイヴの夢は、原光景の夢であり、両親と彼らの性器を視覚化していますが、彼は羨望を感じてもショックを受けていないし、性的な興奮に圧倒されてもいません。むしろ、モンスターのようにとても巨大に見えると彼が描写した彼らの性器を見ることは不愉快なものです。この夢は、この破壊性は心的現実においては元へ戻せるという希望のある「真っ黒い島」の夢のプレリュードであり、その希望とは内的な両親の良い創造的な性交に好意を示すことにより、死んだ対象、死んだ赤ん坊たちは、生命を蘇えらせることができるということです。

　さて、これは抑うつポジションの概念としての立ち位置がクラインには不確かであったのと関係しています。彼女は、頭のなかでこれを完全には明確化していませんでした。というのは、時々抑うつポジションに〝浸透すること（penetrating）〟、〝克服すること（overcoming）〟、〝越えること（surpassing）〟[5]と述べ、すべて「抑うつポジション」の意味に異なる含みがあるからです。これは、四三四ページのセッションへの後記Ⅳからの引用です。「ここでわれわれは、抑うつポジション固有の重要な不安状況のひとつに触れています。もしもリチャードが破壊衝動ばかりでなく、攻撃された、そしてそれゆえに悪い対象（たとえば物騒な攻撃された蝿やロブスター）や危険な排泄物で自らが充満していると感じるとすれば、そのときは彼の内部の良い対象は危機に瀕しているように見受けられます」［これらの、攻撃されて傷ついた対象は、スプリッティング－と－理想化によって生み出された悪い対象とは異なるのでしょうか？］。「それは、彼の内部にあるすべてのものが死んでいる、といった凄まじい不安状態にあることを意味しています。リチャードは、こうした問題を邪悪で危険な要因（煤煙）を取り除くことで解決しようとしています。しかし彼の気持ちがより安定しているときには、夢のなかでのように、悪い対象を蘇らせ、それからそれらを改善するといった手段に訴えます」［万能的になのでしょうか？　それは明らかではありません］。「島はまるっきり黒一色ではなく、中央の辺りには緑地帯と少しの青空があったことが興味深いものです。こうした中心になる良いものは、彼に希望を抱かせつづけることができ、つまり、それは良い両親だけではなく、良い乳房、良い分析家、また良い保母も仲良くしていることを表象していました」［性交のことでしょうか？］。「そして、この良いものの中核から生命へと償いが拡がっていけるのです」［そうすると、生命と償いが、自己ではなく内的な対象、『良いものの中核』から拡がるように思われます］。「列車とブランコに乗った赤ん坊での遊びは、良い赤ん坊は、生命を取り戻し、生命を維持することを表わしてもいることを示していました（以前述べたように、リチャードは赤ん坊が大好きで、しばしば母親に子どもを産んでほしいとせがんでいたのです。彼女がもう年だから無理なのだと応えると、彼は、『そんなの馬鹿げている、もちろん産めるに決まっている』と言い、そして彼が分析家についても当然同じであると決めてかかっていたのには疑問の余地はありません）」。

「この自我の中核としての良い乳房を、私は自我発達の基本的前提とみなします。リチャードは、つねに薄青色のママへの信頼を保ってきたのです。理想化された母親は、迫害的で怪しげな母親と共存しています。しかしながら、理想化はある程度良い原初的対象を内在化したという感情にもとづき」「心理学的な事実ではありません」、「そしてそれは如何なる不安のなかにあっても彼にとっては頼みの綱となるのです。分析の現段階では、リチャードの自我を統合し、かつ彼の対象のそれぞれ対照的な側面を総合していく能力が明らかに増強しており、彼は空想のなかで「心的現実においてではなく」、悪い対象を改善し、死んだ対象を蘇らせたり再現したりすることがいっそうできるようになっていました」「どうもこれらすべては自我による能動的な過程で、「良いものの中核」という謎めいた審級（agency）を介して生じたものではないように聞こえます」。「このことは次には、憎悪が愛によって緩和されていくことに繋がっていきます」「愛による緩和は、フロイトが「中和（neutralize）」[6]という言葉を使ったのに比べると、メカニカルというよりは、むしろ意味の深い（meaningful）何かをほのめかしています」。「夢のなかで、リチャードはまた、両親を仲睦まじく引き合わせることもできています」。

「けれども、こうした過程がすっかり上手くいっているわけではないのは、私が男の背の陰になって置き去りにされたことで示されているように、両親の結合（union）が実際に良いのかどうかについてのリチャードの懐疑を表象しています（これは、結合した両親像を再び示唆しています）」。

この結合両親像が自我の中核や自我の強さの中核を表象しているのかどうか、あるいは「睦まじく」が、結合の可能性をもった二人の両親を意味するのかどうか、明らかにクラインにとってあまり明確ではありませんでした。それゆえ彼女は、乳房と乳首は本質的に結合対象であることを確信できないままでした。夢への彼女の取り組みは、それゆえ、リチャードを潜伏期へと引きずっていくほうを好んで少し予防線を張っているようです。つまり、彼の対象を脱性愛化し、感じのいい（nice）子どもたちや、たとえ時に噛みつき合っても仲の良い猫たちや犬たちと一緒に、快適な（nice）ハウストレーラーに乗っている感じのいい（nice）中年の両親がいるように、かなり彼に働きかけているのです。

すべてのものは、感じのよさ（niceness）によって平凡になっています。同様に、彼女は彼にピアノを弾かせたいと思います。誰もが彼にピアノを弾いてほしいと思いますが、それは彼女の技法ではありませんでした。分析のこの点で、特にこの週においては、彼女は本領を発揮していませんでした。彼女はポピーも松かさも[7]十分理解していません。彼女は夢を十分理解していません。彼女は、死ぬということに彼がどれほど怯えているのか、そして彼の赤ん坊の部分にとっては、分析の終わりがあらゆるところに広がっている危険な真黒を意味していることを、彼に示す機会を逃しています。おそらく、そこまで彼を怖がらせる気になれなかったのでしょう。しかし、もっと重要なことは、彼女が概念装置を持ち合わせていなかったことです。彼女が確信をもっていなかったそれらの問題点——まとわりつきや真っ黒への恐怖や「手詰まり（dead end）」——は、未だはっきりしていませんし、ひょっとすると、本質的に不可解なのです。

▼訳註

1——エスター・ビック（Esther Bick）は一九〇一年ポーランドに生まれる。ウィーンでシャルロッテ・ビューラーとともに心理学を学んだが、英国へ難民として渡り、第二次大戦後にようやく精神分析の仕事に就いた。彼女はタヴィストック・クリニックに勤務し、そして児童心理療法家の訓練手段として乳幼児観察を開発した。ビックの最も意義ある観察は、皮膚感覚を介して感じられた外的対象によってまとめられ、そしてもしこの対象がしくじると受動的にばらばらになるという乳幼児の受動的経験に関するものであった。皮膚はそのような対象の証拠を与える働きからきわめて重要である。ビオンたちが、統合失調症者との作業で、活発な自己のスプリッティングと壊滅という経験を記述したのとは対照的である。内的空間という経験が獲得されなければならないという考えは、それを獲得するのを失敗する可能性があることを、そしてそれゆえに防衛のなかで最も原初的な、ビックが「第二の皮膚（second skin）」現象と呼んだ補償措置も含意している。一次対象（the primary object）――ビックはこのパーソナリティをまとめ、そして取り入れが可能な空間の感覚を経験させるために取り入れられなければならない最初の対象の性質に関して、より詳細な証拠を獲得した。内的空間の経験は適切な経験を通して獲得されるという見解は、ビオンの理論にほのめかされている内的空間の生得的な経験という考えと対照をなしている。付着同一化（adhesive identification）――そのような統合する一次対象（空間）の発達が失敗する可能性が自閉症児との作業で確認されたようである。ビックとメルツァーは自閉症児が内的空間や外的空間の感覚を伴わずに発達する仕方を共同研究して記述した。自閉症児の対象との関係性は対象の表面に〝付着する〟ようであり、付着同一化と呼ばれる機制である（*The New Dictionary of Kleinian Thought.* Routledge（2011）より抜粋）。

2――『メラニー・クライン著作集6――児童分析の記録』では五六一ページ。

3――パリスの審判／ペーレウスとテティスの結婚式に神々が集まったときに、招待されなかった「争い」の女神エリスは「最も美しい女に」与えると称して、黄金の林檎を神々の間に投げた。ヘーラー、アテーナー、アプロディーテーの三女神がこれを争い、ゼウスはヘルメースに三女神をイーデー山中に導き、パリスに審判させるべく命じた。ヘーラーは自分に林檎が与えられるならアジアの王となることを、アテーナーは戦いにおける勝利と智とを、アプロディーテーは人間のうちの最も美しいヘレネーとの婚約を約した。パリスはアプロディーテーを選んだ。彼はそれまで妻としていたイーデー山中のニンフであるオイノーネーを見棄て、ペレクロスの建造した船で、アプロディーテーの命により、アイネーアスを伴ってスパルタに向かった。パリスはスパルタ王メネラーオスの妻となっていたヘレネーを、メネラーオスがクレータ島に旅立った後で、自分とともに出奔するよう説き伏せた。これがトロイア戦争の原因である（高津春繁『ギリシア・ローマ神話辞典』岩波書店）より抜粋）。

4――『メラニー・クライン著作集』では「砂州」と翻訳されているが、原文は〝sand〟であり、砂州は一般には複数形が用いられるため、ここでは「砂」と翻訳した。

5――『メラニー・クライン著作集7――児童分析の記録』では五六六ページ。

6――『フロイト著作集』では相殺、『フロイト全集』では中和と訳されている。

7——ポピーは死と再生、眠りと無意識を象徴していると言われ、『オズの魔法使い』では、ドロシーはポピー原っぱで眠ってしまう。また松かさはその内側に種子を隠していることから、男性性を象徴しているとも言われ、クリスマスリースにも使われる。

第16章

第16週［セッション90〜93］

分析の成就、特に内的対象への依存に関連させて

リチャードがこの四日間にもってきている素材は、クラインがとても見事に作業した雨傘についての素晴らしい一片を除くと、先週ほど劇的ではありません。リチャードはどちらかというと、主にこの分析の早い頃にもってきたさまざまなタイプの素材と、先週の土曜にもってきた夢の延長であるちょっとした夢を回避しがちです。ある意味では、この最終の数セッションの間には新しいものは何もなく、どちらの側も何かを発見する期待がもてません。

すべては悲しみを含む、二人が成し遂げたことの見直しと、成し遂げられなかったことをより明確にするいくばくかの試みです。リチャードはクラインを触らずにはいられませんし、撫で触れているその手は、彼女を留め置こうと待ち受けているカニのハサミにもなっています。これは、展開するための概念的枠組みをクラインが全く持ち合わせていなかったまとわりつきの素材なのですが、落下する恐怖がパラシュー

トの素材で明らかとなり、後記ではそれと関連づけて論議されています。それは、リチャードの自我の脆弱性や、母親への不信の下に横たわる非常に原初的な類いの根本的な安全基盤のなさへの洞察を授けています。この不信は、紺青色のママ、「僕は彼女のほうを取りたいと思わない」と言った綺麗な女性車掌と関連しています。しかし母親は、「お立ちください」と言うのを非難されている女性車掌のように、ある意味で彼に対して過度に多くを期待し、過度の自立、過度の男らしさ、過度の力強さを期待する母親であるということもできます。クラインもまた、彼の性器的葛藤、去勢不安、ペニスをママに挿入して彼女の内部を探究したいという願望を強調し、彼に過度の男性性を期待しがちでした。リチャードには女性らしさの強い何かがしかを言い表わす機会が折に触れてあったのにもかかわらず、この分析期間にはその展開は許されませんでしたし、おそらくあまり上手くいっていませんでした。土曜のセッションの終わりには空っぽのバスの夢があって、リチャードは月曜にその詳細を持ち込んでいるのですが、真っ黒の島の夢にあったように、やはり不気味な静けさが中心です。リチャードがベルを鳴らすとバスはスピードを緩め、まだバスが動いているうちに彼は飛び降りましたが、これは、今もまだ彼にとって分析が関心の的でありつづけていることを如実に示しています。おそらくリチャードは、大きく進歩している途中で分析が中断されることになると感じています。

夢のなかのバスのそばには平たい車があり、そこには小さな女の子が彼女の父親[1]の隣で横たわっていましたが、その後に彼女はスパニエル犬に変わってしまいました。平たい車は、リチャードがクラインの置き時計の蓋を閉じたため、置き時計は危うく壊れそうになりますが、彼は僕がちゃんと支えているからと言って素早く開けて見せ、「ほらね、彼女はもう大丈夫だよ」と言う、以前の素材[2]と結びつくように思われます。この件はその夢と非常に重要な結びつきをもつと考えます。この平たい車の小さな女の子は彼自身の女性性と関係するのですが、この短い分析ではクラインと接触する機会はほとんどありませんでした。それでも女性性は母親やクラインに、おそらくは赤毛の少女やバスの女性車掌にさえも投影され留まっていました。このように、それは未だ生まれていない妹という隠れた重要な意味があるのです。

これらの事柄は、その夢や女性車掌への彼の態度から見て、男性性への過度の期待と女性性への気づきが不十分であったという証拠のように思われます。その一方で、火曜日の傘 - パラシュート素材において、乳幼児水準での並々ならぬ進展が見事に結びつけられています（四五五ページ）[3]。

「リチャードは、クラインの解釈を聞いていなかったようでした。しかしこの時点で再びきっぱりとクラインを傷つけるなど思いもよらないと断言しました。けれども直後に、彼自身を表わす『電車バス』以外のバスすべてを、『断崖絶壁』だと言いながら、テーブルの端から転落させてしまいました」［**これは落下することのテーマ、つまり奈落（the abyss）です**］。「彼は顔を紅潮させ、かなり興奮していました。しかし彼は、機関車の前輪が二個外れてしまったのに気づくとすぐさま心配になり、クラインに怒ってはいないかどうか、そしてそれを修理できるかどうかを尋ねました」。

「クラインは修理できると応え、さらにリチャードが彼女の子どもたちや友人たちに実際に危害を与えてしまったのかどうか、そうであれば彼女は彼らを再び大丈夫にしてやれるのかどうか、そして彼の憎しみを許してくれるのかどうかを知りたがっていると解釈しました」。

「リチャードは台所へ入っていき、バケツ何杯分かの水を汲み出し、そして水があまりきれいに澄んでいないと言いました。しかし見たところそれを気にはしていません。彼はさらに、貯水槽のなかがきれいになるように水を全部汲み出したい、と付け加えます。水を汲み出しながらも彼は、水がどのようにパイプのなかへ渦を巻いて流れ込み、ごみを運んでいくのかを見るために、貯水槽をずっと覗き込んだままでした」。

「クラインは次の解釈をしました。リチャードは彼女の体内、そしてママの体内から悪い『ウンコ』、赤ん坊たち、性器を一掃しきれいにしたい願望を表現している。貨物列車によって表象されている、クラインへの彼の攻撃は、列車の上に積まれた弾薬である悪辣なヒットラー‐パパから彼女を解放し、彼女を救出して護ることをもっぱら意味している。しかしまた彼女に嫉妬していて、ちょうど彼が独り置き去りにされている間、ママと一緒にベッドにいるパパを想像しているまさに彼である。これがどうして『断崖絶壁』からバスを彼が突き落としたのかの理由である。互いに張り合うバスは、競争相手のパパ（また、良いパパも）、ポールや、やがては生まれてくると彼が考えるあらゆる子どもたちを表わしている」。

「リチャードは、この二、三分ほど前から、自分で広げたクラインの雨傘で遊んでいます。それをグルグル回転させて、『いいね、僕好きだ』と言いました。それから彼は、空から降下することにするパラシュートとしてそれを使います。それの商標を確かめて、英国製だと満足げに述べました。それから再び傘を広げたままにして、それを持ってぐるぐると回りつづけ、僕はめまいがしてきたと言いました。それが彼を一体どこへ連れて行こうとしているのか彼にもわからないのです。彼はまた幾度も繰り返し『世界全体がグルグル回っている』と言いました。それから傘を静かに床に落としました。彼は改めてパラシュートであると、そしてそれが正しく着陸できたかどうか自信がないと語りました。彼はクラインに、ママの愛用の雨傘を風の強い日にパラシュート遊びに使って、完全にメチャメチャにしてしまったと言いました。彼女は『怒りで口もきけないぐらい』だったのでした」。

〔そこに見事な解釈がもたらされます〕「クラインは、雨傘を彼女の乳房として解釈します。すなわち、それが英国製であることは良い乳房であり、そしてママの乳房も良い乳房であると解釈しました。クラインは、彼女が包含しているものへの彼の疑惑――つまり良いＫ氏なのか悪いＫ氏なのか――に言及しました。広げられた雨傘は乳房を表わすのですが、そのなかの芯棒はＫ氏の性器を表わしています。この乳房を口に含むとき、それが信頼にたるものかどうかリチャードにはわかりません。というのも、彼のこころのなかの両親や両親の性器が彼の内側でごちゃまぜになっているように、その乳房がＫ氏の性器とごちゃまぜにされているからなのです。雨傘が彼をどこへ連れて行こうとしているのかという問いは、それらが彼を内側で支配しているのかどうかの不確かさを表現しています」**〔これが、結合対象はあまりに強力で支配的であるというクラインの主張です〕**。「グルグル回転している世界とは、彼が乳房を、もっと厳密に言えばパパや子どもたちや彼女が包含しているすべてのものとごちゃまぜになったママを、口に含む際に彼自らの内に取り込んだ全世界なのでした。彼は、秘密兵器である内在化された強靭なパパ‐ペニスを、もしもそれを外敵に対抗するために使うなら、彼を強靭にするものと感じています。けれども、それが内的に彼を攻撃して支配すれば危険と化します。それにもかかわらず、雨傘――ママとパパ――を、外的な人としてもまた彼の内部の人としても、以前にもまして信頼していました。それはまた、どうして彼は今ここでクラインの雨傘を、以前にママのを扱ったときよりも慎重に扱ったかということの理由です」。

　これはこの少年の治療全体を信じられないほど圧縮し、まさしく凝集させたものです。彼女はこの題材について後記Ⅱに書いています（四五七ページ）[4]。

「本セッション中では、スミス氏が通り過ぎるのを窺った以外は、リチャードは道路を往来する人々にほとんど注意を払いませんでした。彼は内的状況に深く没頭していたのであり、この観点から見ても彼は今までよりもっと安心感を抱いていました。こうしたより安心な内的状況には、緊急の際には助けてくれたパラシュートに表わされている良い守護的な乳房への信頼感が強まったことが含まれていました。たちまちにしてこの良い乳房も彼のこころのなかでペニスとごちゃまぜになったようでしたが、それでも以前の場合よりも信頼があるようです」**［しかし雨傘は真ん中の芯棒－ペニスなしでは機能しないのはたしかです］**。「最近になってリチャードは、彼の攻撃性を悪いヒットラー－父親にずっと一貫して向けられるようになり、さらに良い母親と結束して、母親が自らを防御できるよう援助してやれるようになっていました。不安が生じると、すぐに翻って彼の攻撃性を乳房に向ける代わりに」**［この少年にとって極めて決定的なことであり］**、「彼は乳房や母親への信頼を比較的安定して維持できていて、そして父親とも対決できています」**［すなわち悪いヒットラー－父親です］**……「前回のセッションでの抑うつ感の深刻化から現セッションでの安心感の増大への変化は、彼の気分の躁的要因にも依っていました。彼は、良い内的クラインや母親、さらには良い父親への深まった信頼を、別離の恐怖や抑うつ感を防御するために役立てました」**［このことで彼女は、抑うつ不安の調整装置として躁的防衛を使用することを意味しています。外的困難に打ちのめされることへの防衛として内的状況を躁的に過大評価することも、外的状況が良好であると、病気に直面したときのように、内的状況に関する不安に打ち勝つために反転されうるのです］**。

次の場面はとても興味深いもので、クラインがどのように内的状況に働きかけているのかが示されています（四五八ページ）[5]**［これは、リチャードがジョン・ウィルソンと行きたいから予約時間を変えてほしい**

と頼んだ直後のことです。クラインは予約を調整できませんでした」。

「リチャードは、列車が両方とも駅の構内に停車していたそのとき、突然に気分が悪い、おなかが痛いと訴えました。彼は青ざめて見えました」。

「クラインは、駅をリチャードの内部として解釈しました。すなわち、彼の内部でクラインやママを包含する電車と、怒っている患者たちや子どもたち——彼らからクラインを奪い彼の故郷まで彼女と逃げたいとリチャードが望んでいる——を表わしている敵意を抱く貨物列車との間に衝突が起きるのではないかと絶えず予期しています」［これをクラインはリチャードの患いを解釈する基盤としています。つまりこのプレイのなかでは、リチャードは乳房とママを自分占有として取り上げてしまったので、外部世界のようにすべてのパパたちとすべての子どもたちからずっと追われていたのです］。「それゆえ、彼はまたセッションの時間変更を希望しましたが、それはクラインを他の誰からも取り上げてしまう意味なのです。その一方で、リチャードが躍起になって列車間の衝突を避けようとしたのは、クラインやママ、それに彼女たちの子どもたちを傷つけたくないし、また分析を穏やかに終了したいと願っているからです。彼は内部で起こる衝突は食い止めようがないと信じ込んでいるようです」［ここで、彼女は衝突とマスターベーションを結びつけるべきでしたが、何らかの理由で、それを彼女はいつも見逃しています］。「このことは、彼とクラインが彼の競争相手によって傷を負うか、もしくは害を与えられることが意味されています。それで彼は、このプレイの最中ひどく緊張したようで、おなかが痛くなったのです」［実際におなかの痛みとしてリチャードは経験しているので、クラインはこれを心気症的状況ではなく内的不安状況として解釈しています］。

「リチャードは、クラインを驚いた様子で見上げて『もう痛みはすっかりなくなったよ、どうしてかな？』

と言いました。顔色も赤みが戻ってきていました」。

最後に、四六一ページ後記III(6)で、クラインはリチャードの不安の力動に加えて、病気の構造も理解したと表明しています。「私はこれまでに、彼の自己［**自我ではありません**］の一部分について解釈してきました」。「その部分は善良であり、かつ良い対象と同盟しているとみなされ、そして彼の破壊的な部分と格闘し」［**単に「同盟している」のではなく、つまり投影同一化の状態にあって**］、「その破壊的な部分は悪い対象と結合していると」［**その悪い対象はスプリッティング‐と‐理想化から生まれます**］。

これは、ヒットラー‐パパを巡るリチャードの葛藤の本質でした。しかしクラインは、その迫害を料理人とベッシーへ向けられたパラノイアと区別できませんでした。そのパラノイアには、破壊的な自己の一部が投影同一化で理想化された部分対象である乳房と結合しているという構造がありました。おそらくこれはパラノイアの古典的な構造です。

リチャードの治療の概要を手短に要約する作業が残っています。彼は性格上また症状的に難しい子どもとして始めました。広場‐閉所恐怖や子どもたちへの恐怖でひどくむしばまれているために、彼は教育不可能であったのです。彼の性格は、不誠実さ、偽善性、見せかけの魅力という荷重を背負っていました。分析を開始したときには病気が彼を支配し発達を逆戻りさせているように見えていましたが、これは主に学校生活で他の少年たちとの競争心に関連し、いじめられる結果となっていました。戦況や家が爆撃されたことで疎開したことやポールが入隊したことは、疑う余地もなくリチャードの状態を悪化させていました。

この分析の過程において転移のプロセスは、窃視症的嫉妬心［**ヒトデの描画**］(7)や破局的なマスターベーション空想**［玩具遊び］**(8)へと急速に深まっていった、性器的誘惑期を通り抜けていったように思えます。母親を独占するためのライバルたちとの苦闘**［帝国の描画］**(9)が抑うつ不安を引き起こしはじめると、抑うつと迫害の激しい動揺の時期が後に続きますが、それは母親への解決不能な不信の兆しでした。この動揺は、口唇レベルでの良いと悪いとの間のパラノイア的混乱**［料理人とベッシーの素材］**(10)という震源地が暴露されると、驚いたことに減衰されました。そして、クラインがリチャードのなかの無力な赤ん坊に対応しはじめると、転移は本格的に動き出しました。自己と対象のスプリッティング－と－理想化**［裁判の夢**(11)**と稲妻の描画］**(12)は、分析の終わりが見えてくるにつれて、鮮明に改善しはじめました。彼が他の赤ん坊たちと親しくできて彼らを殺さないでいられる**［ミルクタンクの素材と真っ黒な島の夢］**限りにおいて、乳房への必死のまとわりつき**［触れたり、飲んだりする行為］**と乳房を結合対象**［パラシュート－傘］**として受け入れることが、内的状況の強さと良さへの希望を強化したのでした。

▼訳註

1──メルツァーは本書で「女の子の父親」と記しているが、『児童分析の記録』ではただ「男」と記している。

2──メルツァーは本書で〝earlier piece of material〟と記しているが、この描写はセッション93の出来事であり、セッション90の夢の後であり、勘違いしているようである。

3──『メラニー・クライン著作集7』では五〇六～五〇七ページ。

4──『メラニー・クライン著作集7』では五九八ページ。

5──『メラニー・クライン著作集7』では五九九ページ。

6――『メラニー・クライン著作集7』では六〇四ページ。
7――セッション12より出現する。
8――セッション14より出現する。
9――セッション23より出現する。
10――セッション27より出現する。
11――セッション48、49。
12――図42、図47。

第3部

ビオン

ビオンの業績の臨床的意義

謝辞

本編の見直しと校正に尽力いただいた先生方、エリック・ロード、キャサリン・マック・スミス、マーサ・ハリスに感謝します。バーバラ・フォリアンは突然の依頼にもかかわらず丁寧な索引を作成してくださいました。

序文

本書は単独で読むこともでき、本書の意図は、ビオンの業績を、特にその臨床応用において、フロイトからアブラハムを介してメラニー・クラインへ、そしてウィルフレッド・ビオンへと至る精神分析における発展の系譜に連ねることでした。先の二冊では、まずフロイトの臨床的著作に選択的に注目し、フロイトの観察方法の進歩、明らかにされた臨床データ、そして最終的に到達した定式化に重点を置きつつ、科学的理論というよりも現象記述を系統立てるための隠喩的手段として扱っています。次に『児童分析の記録（*Narrative*）』はそれまでのメラニー・クラインの臨床的観察方法や思考とコミュニケーションの形跡を照らし出しつつ、こころの発達と精神病理の定式化における彼女の進歩を説明するための臨床的な参照基準として週ごとに詳細に精査されました。

そのため最初の二巻は異なる解説方法に従いました。つまり第一巻は時系列に沿って、第二巻は過去と将来の両方を見据えつつクラインの思考の歴史に焦点を当てました。この巻では時系列的方法が再び取り上げられていますが、臨床業績の日付は、すべてではないにしろ出版日に拠っています。このように、たとえば『再考（*Second Thoughts*）』で再版された論文は、その再考そのものよりも早期のものとして扱うつもりです。フロイトやメラニー・クラインと同じように、本書の力点は再度ビオンの観察方法と思考に置くつもりで、説明システムとしての理論にはさほど注意は向けません。このことは、理論的側面を軽視する拒否的な価値判断として捉えるべきではなく、むしろこれから始まる解説方法と基盤にある目論みを表明しているものと捉えるべきです。これら三巻が意図するところは、フロイトからビオンへと至る臨床方法と臨床思考の連続性を明らかにし、確かな基盤に立脚した「クライン派の発展（Kleinian Development）」という概念を確立するためです。フロイトからクライン、そしてクラインからビオンとの双方において、理論領域では極めて著しい不連続性が明らかであり、この発展という見方は筋の通った確固としたものではありません。フロイトは、その土台においては「科学的心理学草稿」という前概念化から決して外れることなく、擬神経生理学的説明体系を構成しました。メラニー・クラインは、内的対象が神格（deity）[1]の意義をもつ擬-神学的体系を構成しました。ビオンは、プラトンの洞窟[2]のなかで思考が世界の本体（noumena）[3]を懸命になって把握しようと目を見張って座している擬-哲学的体系を構成しました。これらの体系のそれぞれには、体系自体として、関心を呼び、そしてこころに訴えてくる領域はあるが、臨床応用できるものはわずかしかありません。さらに、ビオンの業績を学ぶうえで、彼の言葉を借りれば、「面接室での使用に向いている」それらの要素に力点を置くつもりです。

この巻は、一九七六年から一九七七年、そして一九七七年から一九七八年に、タヴィストック・クリニック子どもの心理療法コース四年次訓練生および他の臨床スタッフやゲスト参加者への講義として公開されました。講義は聴講者がその週の講義に先立って、関連したビオンの業績を読みおえてテキストがすっかり頭に入っているものとして構成されました。こうした理由のために、同じ学習方法に従っていない方は読んでも本書があまり役に立たないでしょう。フロイトとクラインの講義では、まれに直接引用することはあっても下準備なしで行なわれましたが、それに反してビオンに関するこの講義では、論点の複雑さや引用が頻繁に必要なために、読み上げられ、講義の後にディスカッションの時間が設けられました。

▼訳註

1――"deity"の翻訳である「神格」は、福本修／平井正三＝訳『精神分析の方法II』（法政大学出版局）に倣っている。

2――「プラトンの著作『国家』で、イデアについて最も集中的に論議されていて、太陽の比喩、線分の比喩、洞窟の比喩に託されている。洞窟の比喩では、洞窟の内部は感覚と思惑の領域であり、我々人間はその奥底に壁に対面して縛り付けられ、後ろを振り向くこともできない状況に置かれている。洞窟のなかほどのところに燃える火がしつらえられ、その前を人間などの模造物が操り人形のように持ち運ばれるにつれて、奥底の壁面にその影絵が映し出されている。「われわれ自身によく似た囚人たち」は、影絵のほかには何も見ることができないため、それらが真実のものだと思い込んで暮らしている。［…］日常のわれわれがいかに多くの事柄について、評判や名声などの通念的な先入観と思い込み（真実の影）に囚われてものを見たり、判断を下したりしているか、ということにある。しかしあるとき縛めを解かれ、後ろを振り向いて火やからくり装置の方に歩いて行って無理矢理それらを見つめさせられたならば、目がくらんでよく見分けられず、元の壁画のほうをずっと真実性があると思うに違いあるまい。そしてさらに洞窟の険しい坂を強制的に上らせられ、ついには太陽の光の中に引き出されるとしたら［…］その太陽こそが地下の世界を含めて目に見える世界におけるいっさいを管轄するもの、その原因となっているものであることを知るだろう」（内山勝利（2013）『プラトン『国家』――逆説のユートピア』（岩波書店）より抜粋。

3――ヌーメノン／「フェノメノンと対をなすもの。両概念の起源はプラトンにあるが、そこでは精神（ヌース）によって認識されるものと感覚によって知覚されるものが意味された。プラトンにおいては前者の世界にこそ真理があり、後者の世界は仮象にすぎなかったが、『純粋理性批判』のカントはこの関係を逆転する。つまり感性的存在者

(Sinnenwesen) としての現象すなわちフェノメノンの世界の方が人間の認識にとっては、真理の国であり、悟性的存在者 (Verstandeswesen) としてのヌーメノンについては、思考は及ぶものの客観的な認識は不可能であるとする。このようにヌーメノンとは悟性による思考の産物 (Gedankenwesen) であり、このヌーメノンの総括が悟性界ないし叡智界である。現象と物自体の区別の方は同一の [...] 事物がもつ二つの側面を分ける場合にも用いられるのに対し、フェノメノンとヌーメノンの区別では、存在者の次元の違いが強調される。ただしヌーメノンそのものは、ほぼ物自体と読み換え可能とみてよい。[...] ヌーメノンの集まりはフェノメノンに対抗する独立の領域を形成しない。悟性界は別個に自存するのではない。それは、フェノメノンの周りに広がる無際限の空間なのである。とはいえ、この空虚な空間が、そしてそれだけがフェノメノンの領域を制限し、限界づけることができる。[...] 限界概念といわれる」(有福孝岳ほか=編 (1997)『カント事典』(弘文堂) より抜粋)。

第1章

集団での経験

『集団での経験（*Experiences in Groups*）』[1]は、ビオンの人生における三つの異なる時期、すなわち四〇代の戦時下における陸軍精神科医（下準備）[2]、五〇代の平時の市民としての精神科医（経験）[3]、そして六〇代の精神‐分析家（再検討）[4]の時期における業績です。決して課題指向や結果指向ではなく、キーワードはつねに「経験」であり、後に物事「について学ぶ」に対抗する「経験から学ぶ」を基礎にして定式化され、そして最終的に「Oにおける変形」と「Oになること」として定式化されました。神経症の兵士にリハビリテーションを施すための訓練棟をまとめなければならなかったこの軍精神科医は、自分の任務を、この兵士たちを神経症という「無力さ」に隷属している状態から規律正しい共同体に融和させるひとつの回復作業であると見ていました。彼のテーゼは、内的事実としての規律の回復には、外的な規律への参加が要求されるというものであり、そして二つの要因に拠っていました。すなわち（1）敵の存在、そして（2）経験によって「自分自身の欠点のなにがしかを知っており、部下の誠実さを尊重し、そして彼らの誠意も敵意も恐れない指揮官の存在」です。

ビオンが責任という点で人物の資質を強調しているのが興味深いことです。というのも、この小論文のどこにも、謙遜を装うために、三〇〇人から四〇〇人の集団への彼のパーソナリティの影響を控えめに表現していないのです。そして彼は、「経験によって」という想定のおかげで、これを厚かましくなく達成できているようです。その一方で、「経験」が自己認識や、他者への敬意、他者の情緒に直面しても恐怖心を抱かないといった、これらの価値ある性質を生み出すという非凡な想定をどこにも詳説していないため、彼はすでにこの言葉の全く特異な使い方を考えていたのではないかと推定できるだけにすぎません。

しかしこの「敵の存在」とは何なのでしょうか？　それはビオンの遊び心という特質であって、彼は読者がわかるときがやってくるまで、彼の意味するところを取り違えさせたり、しばし困惑させて不確かなままにさせておくために、曖昧さを利用したのでしょう。この兵士たちは病院にいて、「敵の存在」下ではないことは歴然としています。敵とは「共同体の障害としての神経症」であるとわかるには、このページの終わりまで待たなければなりません。(5) ビオンを読むことはおそらく、彼の集団の一員であることとそう変わりなく、その集団における彼の恐怖心のなさは、他者に経験をさせるための、遊びごころ溢れる忍耐という形を取っています。読者は、集団のメンバーがこの不動の人物に直面したときの苛立ちと憤りは、誠にもっともという経験にさらされます。

曖昧さと独特さという、これら二つの対照的な言語の使い方は、ビオンの探究と説明の両者の方法に必須の道具なのです。曖昧さの探求は、年月を経るごとにますます数学的定式化へと彼を押し進め、一方で言語の独特な使い方は極めて特異な詩的構文を達成することになります。実際に非常に特異的で、ほかの人々の思考モードや思考内容への彼の影響は、その人たちの言語使用の傾向に波及していて、放射性化合物のように痕跡を辿ることができるのです。

治療集団にいる一〇歳年老いたビオンに目を転じますと、訓練棟にいる兵士たちの間に規律を設定するために用いられた要素とほとんど同じ要素が働いているのがわかります。彼のユーモアは、たとえば、文体がユーモアを増すために使われていたとしても、単なる文体の問題ではありません。「委員会がこのような集団で治癒するだろうと信じているようだと知ると、戸惑うばかりでした［…］はっきり申し上げて、私が確実に言える唯一の治癒は、私自身の瑣末な症状に関するものであって――つまり集団は私の努力を心から好んでくれるのではないかという信念でした」(6)。ユーモアは観察者‐参加者という全く特別な立場から生じたもので、彼が「経験を積んだ」士官に関して列挙した性質に加えて、多くの異なる角度から状況を見る能力から成り立っています。これは後に頂点（vertices）という概念、「双眼視（binocular vision）」(7)の必要性や、「反転可能な展望（reversible perspective）」という現象として定式化されます。しかしこの初期の業績では、ユーモアは二つの独特な仕方で現われています。たとえば「（集団の）ほとんどのメンバーは私がその集団の『責任を取る』のだろうと伝えられていました。私が集団に関して多くを知っているという評判があると言っているものもいれば、私に自分たちが何をしていくのか説明するべきであると感じているものもいて、そしてある種のセミナー、あるいはおそらく講義になるはずと考えているものもいました。これらの考えが、私には噂のように思えるという事実に注意を促すと、私が集団の『請け負い人』としての名声を拒否しようとしているという印象のように思えたようです」(8)。あるいは「［…］もしこの種の観察をした際に観察が事実に一致すると思えたならば、非常に有用でしょう」(9)と言われているように、噂と事実の観察との区別という彼の能力のこの最初の兆候は、ビオンの研究に浸透していて、創造的思考のための「選択された事実（selected fact）」の役割を強調することになります。

異なる角度から物事を見るという彼の能力の第二の兆候は、結果としてユーモアを帯びているが、それは逆説や「驚くべき矛盾（surprising contradiction）」[10]に対する鋭敏さです。この鋭敏さを生み出すこころの素質は、この初期の業績でははっきりしませんが、後にビオンは精神分析の方法にのめり込んで探究していくことになります。その結果として、経験するその瞬間に、その経験のユニークさが感知されるには、「記憶」と「欲望」から防御される必要があることが強調されます。これは彼の言語に対する態度と重要に関連します。すなわち、言語は強力でかけがえのない思考の器具にも、思考の妨害物にもなりえます。「[…]おそらく集団のメンバーは、箱のラベルはその内容を十分に説明しているものだとあまりに安易に決めてかかることを、私たちは認識しなければなりません」[11]。

しかしユーモアは、多くの異なる角度から物事を見ることのできる能力から放散されているだけではありません。それはおそらく、提示の仕方の慎み深さの土台でもあり、読者はそのような傑出した人物に感動を覚えやすいのです。「ここに印刷された論文は、私が期待していた以上に関心を呼び[12]」、あるいは「その解釈は、私以外には誰にも重要でない事柄に関しているようであるという事実[13]」は、もしビオンが探究と記述に乗り出した現象の複雑性に畏敬の念を抱いていたことを知らなければ、冗談のように思えます。彼の意図が「読者自身の結論に至るうえで、読者が使える素材をできるだけ多く提供すること[14]」であると述べるとき、彼が誠実であることに疑いの余地はありません。ビオンは実際、複雑性は現象そのものに本来備わっているのか、それとも現象を研究するこころの複雑性という機能であると考えているのか明らかではありません。つまり、こころは異なる観点からの想像力を同時に用いることで、初めて現象を全方向から十分な情緒的色彩をもって見ることができるのです。いずれにしても、彼の慎み深さは、こころという現象と、現象に関する知識を得て伝えることの困難さという両者への敬意に深く根ざしています。「白黒に印刷された数行と、色彩が極めて重要な属性である絵画における色彩との関連性と同じくらいに、事実を記述することと私たちの研究対象には関連性がないことから、現象の存在をようやく示すことができました」[15]。

ビオンの業績を学ぶ過程で、分析室における現象に彼が動員したこころの特異な性質や性格に関することの初期評価を敷衍する多くの機会を得るでしょう。しかし精神分析以前のビオンについて、そしてこの分野に彼が導入した装備についての見解を得るのは、彼が精神分析という特別な経験から発展させた技法や思考のモードとを区別するうえで、格別興味深いものと思われます。ですからここでは、『集団での経験』に示されている思考モードへ注目を向けてもよいでしょう。すると、この思考モードはこころの特徴や属性と峻別できないことが認識されます。

『集団での経験』の始めのほうで、私たちは顕微鏡の使用法をモデルとしたビオンが「変更される焦点(altered focus)」[16]と呼ぶ思考モードに出会います。これを双眼視と混同してはいけません。双眼視は、どのような状況にも関わる種々のメンタリティに自然な観点のことを特に言っているようです。変更される焦点とは、厚い切片の観察に興じている顕微鏡に似せて、その観察の器具は、観察された状況の構造についての可変的モデルであることを意味しているようです。彼が挙げる例には二つのモデルが含まれています。すなわち一つは、人々が出会い交流している一つの集団があり、そこでは二人のメンバー集団が不在です。二つ目のモデルでは、人々が交流している集団があり、そのうち数人が出席して二人が不在です。これら二つの焦点は、もし相互作用している思考や感情や行動の仕組みを明らかにしているともみなされるのなら、互いに解明に役立ちうると考えられます。これが一つの思考モードであるのはなぜかと言うと、観察と省察を深めるのに使える装置だからです。一方で双眼視は性格の表現なのであって、パーソナリティのさまざまな部分で接触することにより、人間の交流と知覚でのさまざまな役割に同一化できる個人の自然な経験様式なのです。

ビオンに関するもう一つの特徴的な思考モードは、観察器具として仮説を組み立てることです。調査領域を拡大して、それによってその領域の現象学的包括的理解に実用性があるのかが試されることになります。帰納法的（Baconian）な科学における実験や、立証もしくは反証を導き出す構造の骨組みとして仮説を使うことは、これは著しく異なります。「私はグループ心性（group mentality）を、匿名の持ち寄りがなされ、そしてそれを通して、この持ち寄りに内在する衝動と欲望が充たされるプールとして仮定するものとします［…］。私はグループ心性を、個人の心性にある思考の多様性と対照的な画一性によって弁別するものとします［…］もしも経験が、この仮説が有益な機能を果たしていると教えてくれるなら、グループ心性についてのさらなる特徴が臨床観察から加えられるかもしれません」[17]。言い換えると、仮説の有用性は、観察することの手助けとなるように意図されている、現象の解明によって証明されるだけではなく、仮説の拡大と解明を可能にする観察へと導いてくれるのです。

特筆すべきは、ビオンの反証の用い方と、仮説形成の指針としてその反証を信頼していることです。たとえば「［…］集団が積極的にそのリーダーを拒否しない限り、集団は実のところ彼に従っていると、それでもなお私が仮定するものとします［…］私があえて言いたいのは、反証よりも説得力のあるものへの集団による共謀のほうに信用が置けるだろうということです。しかし私は、さしあたり反証で十分であると考えています」[18]。これは、パストゥールよりもイエスを連想させます。しかしビオンが後に精神分析に医学モデルを当てはめるのを拒絶したことを思い起こすなら、驚くに値しません。心理学の研究分野における反証の要点は、神経生理機能を含む生理機能と違って、こころの装置がなしうる機能は単純に欠落しているとか、停止しているといったものではないという論点に基づいています。すなわち、意識の機能を含む、他の機能との関係性を操作することによってなされるものであり、欠落していることを装うのです。

本書で明らかにされたようなビオンのこころの特性と、さらにいくつかの彼の特徴的な思考モードをこれまで簡潔に吟味してきましたが、ビオンの業績を読むことのストレスが軽視されないために、読者がさらされる経験のタイプへと目を転じることが有用かもしれません。このストレス下で、彼の思考形式は難解であるとか彼の説明方法は不可解であると考えるのは簡単です。しかしどちらも私にはことさら正しいとは思えませんし、さらに言いますと、たとえそれらがある程度正しいとしても、ストレスの出所ではありません。それは同一化の過程に求められるべきで、つまり彼が治療している集団内のメンバー（そして後の論文では分析にある彼の患者）との同一化と、そしてビオン彼自身との同一化の失敗に求められるべきです。この二つを順に吟味しましょう。そうしてそれらの役割を認識すれば、解読に伴う苦痛が軽減されれ、それが理解を容易にするかもしれません。

集団内のメンバーとの同一化は、単純な理由から憤慨を導きます。すなわち、集団での作業についてビオンが第一に主張しているのは、「人前で個人治療をしようとは思っていません[19]」ということです。これに耐えるのは、メンバーにとって困難な下の経験に注意を惹こうと思っていますが、その集団における現

ことだったのでしょうが、集団の雰囲気にいなくてただ一人で本と向き合っている読者にとっては、二重の苦難です。フラストレーションに屈辱が加味されるのは、「切迫したパーソナルな苦難を無視された患者の憤慨は一見してもっともなのですが、正当な目標という欲求が阻止され不満を感じることよりも、むしろ話題にしていなかったその患者の問題や、特にその患者の集団メンバーとしての性格が暴露されることによってその憤慨は強要される［…］」[20]と告げられるときです。

その一方でリーダーとしてのビオンとの同一化は、劣等感によって終始阻止されます。たとえば「［…］もしその精神科医が、無意識に集団の実在についての言い訳をするために時間を費やす代わりに、その集団を大胆に何とか利用できるなら［…］」[21]、あるいは「［…］集団における私の方法を試すのを好む精神科医には、歴史から見て、集団の感情を強力に喚起するのは、その時点で崇拝が隆盛を極めている神格の特徴を論義する以上のものはないということを思い出すのが役に立ちましょう」[22]（依存的基底的仮想集団（dependent basic assumption group）のリーダーや神としての精神科医を調べることに言及しています）。必要な「大胆さ」を持ち合わせておらず、したがって「（ビオン博士の）方法を試す好み」がないという確信が、やる気をなくさせるように読者に浮かんできます。

私たちの目的は、精神分析に彼がもたらした特別な装備を概説することにあるので、おそらくビオンのこの初期の業績を探究するうえで次に有用なステップは、彼の公準（postulates）と呼べそうなもののいくつかをたどることかもしれません。というのも、彼自身が時折こう呼んでいるからです。これらの公準は、記述されている研究との関連では、おそらく集団での経験から生まれた現実化（realizations）よりも前概念（preconceptions）の特性を帯びています。これらの公準は、彼のこころの問題との取り組み方の解明に役立ちます。

おそらく最も重要な公準は「原始 - 心性（proto-mental）」[23]レベルでの機能という考え方で、本書には記されているものの、私が記憶している限り後の業績のどこにも明確には記載されていません。基底的想定と結びついている情緒が互いに錯綜して絡まり合っている有り様を理解するためにこの公準は提案されているのですが、いつもながらビオンを読むうえで重要なのは、彼が理論や解決策を示唆しているのではなく、ただ単に「便利」で「有用」となるかもしれない一つのモデルを提案しているにすぎないということです。そしてさらに、一連の因果関係を説明するつもりではないという条件で、それを使うことは「無害」であることを記憶に留めておくことが重要です。この考え方は、原始 - 心性レベルが存在し、そこでは身体での出来事とこころでの出来事が区別されず、観察可能な心理的現象としての兆しを見せはじめたばかりなので、情緒的成分は融合しているのです。これはフロイトの一次ナルシシズムの概念と強く結びついています。そのレベルでは対象関係と同一化が未分化で、自我は未だに純粋な身体自我のままです。けれど異なってもいます。というのはビオンが、人間というのは群れる動物（herd animal）であり、人間の最も原初的な心性は、集団の一員であることに圧倒的な関心があるという想定に基づいて集団に取り組んでいるからです。その視点からすると、個人の関係性もその意図はつがい集団（pairing groups）という起源から派生させているのです。

これは第二の公準へと発展します。すなわち、彼が研究している集団現象は、家族のそれとは根本的に異なっているということです。これはフロイトの「集団心理学」におけるアプローチとは根本的に異なっており、フロイトは家族が基本モデルで個人の役割は家庭生活という集団に観察されたそれから推測できると想定していました。ビオンの公準がもたらす解放的効力は、それが実感というより、まさに公準であったという最良の証拠です。というのは何よりも、基底的想定集団であれ課題集団であれ、集団が彼に課したいと望むあらゆる役割を担わなければならないという責務から、ビオンをすっかり解放しました。おそらく読者にとって、憤慨している集団メンバーとの同一化を免れるために、そしてそれが成し遂げた功績の巨大さを把握するために、把握される必要があることでしょう。無論そうした公準をもつことで、集団から強いられた役割を受け入れることに対抗してビオンは武装したのでしょうが、その実践を身につけるためには、長い苦闘が要求されるのは明らかです。その結果として集団現象の研究領域は、あらゆる点で精神分析における転移の領域に匹敵するものとなり、そこでは参与観察者は、こころの中と外界を同時に精査するという双眼視を用いることができたのでした。

この二つの公準を合わせてみるなら、人類の原初からの遺産は、人が集団のメンバーとなるのを必然とし、人は二つの異なる性質のこの公準を達成する精神装置を有し、二つの対照的な集団、すなわち基底的想定集団（ba）と（最初は「高機能集団（sophisticated group）」と呼ばれた）課題集団（W）に関与できたという論調がうかがえます。基底的想定集団との関わり合いは原始－心性レベルで対応され、そこでは情緒的反応は身体反応と未分化であり、衝動は空想や計画よりも指向性（directional tendency）（ビオンはそれを「原子価（valency）」と呼び、植物の屈性（tropism）になぞらえています）に表われます。基底的想定状態が集団内で瞬時に蔓延する能力は、それらの状態が深い無意識の位置にあることに適合しますし、それゆえ被験者自身よりも観察者において遥かに明らかです。対照的に、課題集団への参加は意識に届きやすい空想によって管理されているため、現実に直結し、それゆえに経験から学ぶことを通じて発展するのです。課題集団は、基底的想定組織化の在り方に比べ、また対立もしているのに、手順が煩わしく不統一であるというハンディキャップにもかかわらず、「結局長い目で見れば、勝利するのは課題集団なのです」[24]。この「長い目」という期間については限定されていませんが、元気づけられる声明ではありませんか！

この構想では、個性は課題集団での経験から生じるようで、古生物学的に言えばつまり、部族という母体からの家族の出現より発生するのです。これはビオンの視点がもつ重要な含意ですが、彼がこころの現象に取り組む際の視点や頂点を形成する公準体系の一部とみなされなければなりません。それから彼はそれを、たとえばフロイトが採用した焦点に並置させるひとつの焦点として使い、彼が使いたいと願っている仮説を組み立てて、正しさではなく有用性を試しました。ビオンの人間科学観は、現象学的であることをこころに留めておくべきです。そして後の業績で明らかになりますが、神秘的なものでもあります。意識の拡張、そしてひいては観察と思考の拡大こそが彼の目標であり、証明や説明ではないのです。

この公準基盤から出てきた仮説は、集団における葛藤の性質を周回します。すなわち、基底的想定集団と課題集団との間の葛藤および、三つの異なる基底的想定集団である依存集団（D）、つがい集団（P）、そして闘争‐逃避集団（F）間での葛藤です。この仮説の使用やそれが明らかにした現象についての記述が、『集団での経験』の本体を形成していますが、ここでは要約の必要はありません。その代わりに必要なのは、ビオンの後の業績を学ぶために、この仮説構造にある含意をさらにたどって、精神分析で研究されるような個人の心性への頂点（vertex）を得ることです。一つ目の含意は、精神分析的方法は二つの働きから成り立っていて、一つは、転移というもう一方のbaP（つがい基底的想定）の現象を検討するために二人のメンバーが課題集団を形成することです。このbaP（つがい基底的想定）の起源は、エディプス葛藤に照らしてみた子どもの家族における経験にあり、その葛藤では、つがいのカップル（原光景と結合対象）が関心の中心です。それは、たとえば子どもを育てるために二人の親が交わっているW（課題集団）としての家族における子どもの経験とは対照的です。

二つ目の含意は、転移の研究というのはエディプス葛藤（baP）から他のbaグループであるbaD（乳幼児的依存、スプリッティングと理想化、自己愛的な自己-理想化など）やbaF（妄想-分裂ポジション、非行に走る自己愛構造体（delinquent narcissistic organization）、妄想形成など）への揺れに注目することを必然的に伴っているということです。この視点は、行動化や分析と患者の（そして分析家の）実生活という他の領域との相互作用を分析家が研究するのを充実させるのではないでしょうか。これらbaの機能というものが原始-心性レベルでふつふつと煮えているという見解は、分析家が夢を精査するのに新しい次元を加えるでしょうし、それは無意識的（潜在的）な意味の解明とは全く異なります。葛藤という概念に新しい次元を加えるでしょう。ですが、それをどこに位置づけたらよいのでしょうか。たとえばシステム間なのでしょうか、あるいはシステム内なのでしょうか。

この第1章を終えるにあたり、私たちの研究対象の年代配列を強調しておく必要があります。目的が精神分析前のビオンという基線を引くことにあったので、これまで下準備と「集団での経験」の七つの論文しか検討されなかったことが明白となっているでしょう。彼が集団を「引き受ける」という実際の業務にあった時点で、すでに精神分析を学んでいたのは真実ですが、概念的枠組みや用語は厳密に精神分析的ではありません。数年後に書かれた「再検討」論文は、『再考』で再版された初期の精神分析的論文のひとつと一緒に考察することになります。この基線を引くなかで、いくつかの側面に注目しました。すなわち、こころと性格の性質、思考モード、言語の使い方、科学的方法（そしてそこに含まれる科学哲学）、文学的文体とその読者への影響、公準の構造と仮説の使用法です。集団に関する実際の理論や、集団の治療方法についてほとんど注目してこなかったのは、読者には明白だったでしょうし、本書の目的からいささか外れているからです。

▼訳註

1――邦訳には、池田数好＝訳『集団精神療法の基礎』（岩崎学術出版社）と、対馬忠＝訳『グループ・アプローチ』（サイマル出版会）がある。

2――第二次世界大戦によって、心理学と精神医学が最重要課題であると認識された。主な理由は、除隊理由の多くが心理学的なものであったからであった。開戦時、陸軍には二人の精神科医と精神医学的もしくは心理学的スキルを持ち合わせている専門士官が六人だけしかいなかった。終戦時には陸軍では精神科医と心理士が三〇〇人従事していた。一九四二年四月には、特に神経症（戦争神経症（shell shock））のために軍病院が設立された。そのなかで最大のものがバーミンガムのノースフィールドであった。二〇〇床の精神科病棟と四〇〇床の訓練棟から成り立っており、患者はまず精神科病棟で有効な精神科的治療を受けると、ただちに訓練棟へ移された。二つのユニットは明確に区別され、訓練棟には看護師や軍医はいなかった。第一次世界大戦に従軍し叙勲を受けたビオンは、再び第二次世界大戦に従軍した。一九四二年にビオンはエディンバラの第一陸軍省選考委員会に精神科医として配置され、サザーランドやウィットコーワたちと勤務していた。そこでビオンはいわゆる〝Leaderless Group Project〟を提唱し、採用された。この選考委員会に沿って、さらにロンドンの陸軍省の傍に研究訓練センターが設立されたので、ビオンはその指導者になると思われていたが、同僚にその地位を奪われ、補佐官として任命された。それに失望したビオンはノースフィールドへの転出を願い出た。精神科病棟はリックマンが担当し、訓練棟をビオンが担当した。そしてわずか六週間の期間であったが、ビオンは「透明な壁で囲まれた骨組み」としての棟を組織化した。その後、第二一軍集団に配属されてノルマンディで娘が誕生した連絡を受け、その三日後に妻ベティの死を知らされた（Gérard Bléandonu（1999）*Wilfred Bion : His Life and Works*. Free Association Books より抜粋）。

3——第二次世界大戦後、妻が節約していた資金でアイヴァー・ヒースに小さな家を競売で購入した。そこで残された娘と、娘の養育をしてくれる家族と住むことになった。自身の世評を鑑みて、ロンドンで名のあるハーレー・ストリートにオフィスを借りた。経済面でゆとりがなく、ウィークデイのみならず、土日も働いた。そして空いた時間は、時間が許す限り娘と遊んだ。娘パーテノープはよちよち歩きでビオンをバス停まで迎えに行った。これはビオンの自伝のなかでも数少ない喜びに満ちた出来事であった。タヴィストック・クリニックでパートの仕事につき、週数時間だけ組織ダイナミックスの研究ができた。まずは産業界の上級管理者として働いている一〇人の集団を組織した。その後に集団を扱っている分析家たちと彼の診察室で定期的な会合を組織した。最後の企画として、タヴィストックのスタッフのための治療集団を提案した（Gérard Bléandonu（1999）*Wilfred Bion : His Life and Works*. Free Association Books より抜粋）。

4——「再検討（re-view）」は、クラインの七〇歳を祝った論文集 *New Directions in Psychoanalysis*. Tavistock Publication（1955）に分析家となったビオンが寄稿した論文題〝Group dynamics : A re-view〟から取っていると思われる。

5——*Experience in Group and Other Papers*, p.13（『集団精神療法の基礎』p.5／『グループ・アプローチ』p.6）。二つの邦訳がいずれも絶版のため、この章では引用部にはすべてページを記載した。

6——*Experience in Group and Other Papers*, p.29（『集団精神療法の基礎』p.21／『グループ・アプローチ』p.25）

7——*Experience in Group and Other Papers*, p.8（『集団精神療法の基礎』p.4／『グループ・アプローチ』p.9）

8——*Experience in Group and Other Papers*, p.30（『集団精神療法の基礎』p.22／『グループ・アプローチ』p.26）

9——*Experience in Group and Other Papers*, p.32（『集団精神療法の基礎』p.24／『グループ・アプローチ』p.28）

10——*Experience in Group and Other Papers*, p.36（『集団精神療法の基礎』p.29／『グループ・アプローチ』p.34）

11——*Experience in Group and Other Papers*, p.37（『集団精神療法の基礎』p.30／『グループ・アプローチ』p.35）

12——*Experience in Group and Other Papers*, p.7（『集団精神療法の基礎』p.3／『グループ・アプローチ』p.8）

13——*Experience in Group and Other Papers*, p.40（『集団精神療法の基礎』p.34／『グループ・アプローチ』p.39）

14——*Experience in Group and Other Papers*, p.40（『集団精神療法の基礎』p.33／『グループ・アプローチ』p.39）

15——*Experience in Group and Other Papers*, p.40（『集団精神療法の基礎』P.33／『グループ・アプローチ』p.38）

16——*Experience in Group and Other Papers*, p.48（『集団精神療法の基礎』p.42／『グループ・アプローチ』p.49）

17――*Experience in Group and Other Papers*, p.50（『集団精神療法の基礎』p.44／『グループ・アプローチ』p.51）
18――*Experience in Group and Other Papers*, p.58（『集団精神療法の基礎』p.52／『グループ・アプローチ』p.59）
19――*Experience in Group and Other Papers*, p.80（『集団精神療法の基礎』p.74／『グループ・アプローチ』p.83）
20――*Experience in Group and Other Papers*, p.80（『集団精神療法の基礎』p.74／『グループ・アプローチ』p.83）
21――*Experience in Group and Other Papers*, p.81（『集団精神療法の基礎』p.75／『グループ・アプローチ』p.84）
22――*Experience in Group and Other Papers*, p.100（『集団精神療法の基礎』p.92／『グループ・アプローチ』p.104）
23――*Experience in Group and Other Papers*, p.101（『集団精神療法の基礎』p.93／『グループ・アプローチ』p.105）
24――*Experience in Group and Other Papers*, p.135（『集団精神療法の基礎』p.129／『グループ・アプローチ』p.142）

第2章

集団力動の再検討と想像上の双子

第1章では、おそらく一九四二年から一九五〇年にまで及んだ臨床作業である『集団での経験』の最初の二部を使って、精神分析前のビオンを描き出そうと試みました。彼の性格、思考モード、特異なユーモアという背景、科学哲学、言語の使い方、そして個人の心性と集団の心性についての彼の基本的な区分に関連させて、彼が精神分析の領域に持ち込んだ特異な装置について評価しようと試みました。

本章では、ジョン・リックマン[1]との親交とメラニー・クラインによる訓練分析[2]を通して生じた、ビオンの精神分析領域への移行を取り上げます。フロイトやメラニー・クラインの業績を踏まえて集団における彼の業績を再検討しますと、以前の彼の着想や態度への精神分析的経験や思考の何らかの影響がわかるはずです。分析における最初の臨床論文「想像上の双子」は、面接室で作業している彼を見せてくれるかもしれず、集団と個人という二つの治療設定におけるビオンその人を比較できるかもしれません。彼の業績が置かれている歴史的場面設定を思い起こすのは、おそらく無駄ではありません。たとえば、メラニー・

クラインの投影同一化とスプリッティングの過程についての偉大な論文（「分裂的機制についての覚書」）は一九四六年に掲載され、一方で一九五〇年代は、臨床に用いるために逆転移の現象が、ウィニコット、ポーラ・ハイマン、マネー－カイルをはじめとする人たちによって開拓されたのが特徴的です。クラインの業績が提起した理論と技法に関する争点をめぐる、英国分析協会での激しい論争は「紳士協定」に落ち着き、協会はまとまり、そして研究や議論に対して刺激的な雰囲気をつくりだしました。ビオンは資格取得後数年で（英国協会の）精神分析クリニック所長となり、精神病に関する論文で大きな関心を掻き立てました。

彼が集団での作業において提起した、精神分析的コミュニティに対する最初の問題は、観察の極めて主観的性質の問題で、「解釈にとって最も強力な証拠は、その集団のなかに観察された事実にあるのではなく、分析家の主観的反応にあり、その解釈の理由を集団の力動よりも分析家の精神病理に見出しやすいと主張できるのはもっともなことです。当然の批判であり、そして一人以上の分析家による年余の入念な作業で対処されなければならないものでしょう。私はまさにその理由でこれを脇に置いておきます[…]」(p.148)[3]、しかしビオンは、批判を未然に防ぐのに甘んじているわけではありません。というのは、ここでは隠されてはいますが、逆転移の研究と、一九六〇年代のラッカーの業績や一九七〇年代のグリンバーグの投影逆同一化（projective counter-identification）という概念による業績まで、文献上どこにも取り上げられていない逆転移と投影同一化との関係についての研究に、非常に前向きで独創的な貢献があるのです。「逆転移の経験には、分析家に自分が投影同一化の対象となっている場合とそうでない場合とを識別させるに違いない、全く別個の性質があるように私には思えます。分析家はたとえどんなに気づくのが難しくとも、誰かの空想のなかである役割を演じるように操作されていると感じます――あるいは、記憶になくてそうするのであれば、一時的な洞察の欠如としか私には言えないこと、強い感情を経験しているという感覚、そして同時にこれら感情の存在が客観的状況からも十分に正当化できるという信念［…］」[4]。投影同一化の対象になっているという経験を同定するこれらの基準、すなわち疑われることなく正当化されていると思われる質の情緒経験をしている間の一時的な洞察の喪失は、誰かの空想によって支配されていたという洞察と感情がそのあとに続き、分析家が見境のない自己正当化をするための技法となりかねない、申し分のない科学的器具を作りだします。ポイントは、誰かの空想での役回りを演じるように操作されているという経験、そして報復衝動へと至る不安と屈辱を伴う実感です。

この概念化により、ビオンは集団での作業と個人での作業とのつながりを説得力あるものとし、双眼視をこころの機能に役立てたいという望みに実体を与えています。転移を関係性の内側と外側という双方の立場から検討する精神分析の基本的な技法を、洞察を失ったり回復したりする可能性があるというこの認識を通して、集団にも適用可能にしています。しかし、集団心性の個人心性に対する本質的な関係性について、ビオンがどのような立場を取っているのかは全く不明です。原始心性システムの公準が観察を検討する道具として全面に押し出されていた先の論文では、二つのシステムは全く別個ですが、つながりはあるようでした。このつながりは無意識のなかで、（ビオンは直接これと示唆していないのですが）自己愛構造体と、その時点では停止していて原始心性レベルに留まっている基底的想定との連結点でつくりだされるようです。この精神分析的再検討でビオンは、エディプス葛藤と部分対象レベルでの原初的なスプリッティングと同一化の過程という概念によって、この二つを一つにまとめています。「情緒的水準では基底的想定が支配していて、エディプス的人物像は［…］まさに精神分析におけるようにその素材に見定めることができます。しかしエディプスの神話でほとんど語られてこなかった一つの構成要素、すなわちスフィンクスが含まれています」（p.162）[5]。

これは、その素材にビオンのスフィンクス様の特質が出てしまっているのではないかと思わせる例です。しかし彼は、集団が「疑わしげな態度（questioning attitude）」[6]を取る人物を含んでいる場合には、不可避であると断言しています。この態度によってもたらされた恐怖は、「母親の身体の内容物に関する非常に原初的な空想［…］に近い」[7]ものであり、そして「妄想－分裂ポジションに特徴的」な防衛が作動します。結果として、つがい集団は原初的レベルでの原光景と、依存集団は部分的な対象としての乳房との関係と、闘争－逃避集団はスプリッティング－と－理想化に結びつく妄想性不安と、それぞれ密接に結びついていると思われます。したがって、混乱の度合いを示す連続したスペクトラムは、今や基底想定集団と課題集団との結びつきとみなせます。そして「集団がより安定すればするほど、集団はフロイトが家族集団パターンと神経症機制の反復として記述した集団により一致する」[8]のです。ここには先鋭的な立場を譲歩したおもむきがあります。基底想定集団にある情緒的色彩は、もはや原子価の現われではなく、個人用の情緒に用いられる言葉で記述できるのです。というのは、「これら『基底的想定』と仮定されたものは、こころのある際立った状態であるとはみなせないという多くの示唆があります」[9]。おそらく彼がそれによって意味するのは、互いに異なっているばかりでなく、個人の心性とも異なっているということです。またしても曖昧な表現は、精神分析的基底想定集団の威圧的な衝撃を目前にして譲歩しているように聞こえます。

このように見るなら、フロイトの見解と和解するビオンの才気は憂慮すべきものです。ビオンは教会、軍隊、貴族社会を、それぞれ依存、闘争－逃避、つがい集団になぞらえ、精神分析をつがい集団の特異な例で、したがって当然のこととして性愛にとらわれているとみなせる可能性を開いておくのです。このように集団と個人の心性は、互いに単なる「特別な例（special instance）」[10]として全く一緒にされ、「集団心理と個人心理との間にある外見上の違いは、集団を扱うのに不慣れな観察者には異質に見える現象を浮き彫りにするという事実によってつくりだされた錯覚です」（p.169）[1][11]。これは手の込んだ弁解や撤回のように聴こえます。この印象はビオンの次の主張でさらに強まります。「私は、言葉のやりとりは課題集団の機能であるという結論を強いられました」[12]。そして基底的想定集団はその原子価を伝達し、「原初的」というよりも「劣化した」[13]方法によって、全員の合意をつくりだします。つまりその努力は象徴形成を欠いていて、言葉によるコミュニケーションというよりも行動の性質を帯びているのです。そしてビオンはここにバベルの塔の神話を持ち込みますが、それから二〇年後[14]に彼はここに立ち返ることになります。

基底的想定に携わる共同体[15]に与える精神分析訓練の衝撃は、一時的に脅威となる影響力があったという示唆を心に留めたうえで、ビオンの最初の論文[16]へ私たちは向かわなければなりません。最初からビオン的雰囲気は、選択された事実と核心を貫く観察に関する朴訥な記述から明らかで、現象が分析家にその衝撃を与えるまで忍耐強く待つという明らかな証拠があります。そして衝撃が生じると、「彼の素材には、二つの全く独立した韻律が共存可能であるかのように」[17]、双眼視がすぐにその兆候を表わします。ビオンの言語感覚は、フロイトを彷彿とさせる鋭さで、曖昧さや逆説性、多義的なことばを暴き出します。しかし彼が、分析は成果がないと示唆したばかりの患者に語りかけているのに耳を傾けましょう。「分析での進展を評価するのは難しいもので、患者の評価が正しくないと受け入れない理由などありませんと、私は応えました」。彼は「治療」の意味とその含意を検討しつづけます。そのひとつは、「時に症状の軽減は、分析には偶発的な要因で達成されます。たとえば、誰か会いに行ける人がいるという感じから得られた安心感です」というものです。強い印象をもたらす側面は「疑わしげな態度」で表現されていて、引き受けた治療の基盤をも脅かしかねない不快な事態に尻込みすることなく、それを真剣に考えています。ビオンは「誰か会いに行ける人がいるという感じから得られた安心感」が、「分析には偶発的」であったと考えようとしていることにも注目すべきです。

このことは注目に値するものです。というのも分析のなかの一つの出来事が報告しているのは、彼の手順についての見解が「変容惹起性解釈（mutative interpretation）」（ストレイチー）やクラインが信を置く「的確な（correct）」[18]解釈という概念と密接に結びついているからです。患者が「偶発的」要因について述べることに無言のまま付き添うのに続き、不平がましい女性についての患者の連想をビオンが解析する仕方は、考慮に値するものとして印象的です（『再考』p.7）[19]。しかし、彼はビオンによって「追い出された」[20]と感じてしまい、そして「連想－解釈－連想」のリズムを解釈－連想－解釈として経験してしまったのかもしれません。つまり、「エディプス的素材がたくさんあり、最も表層のレベルで形成されていましたが、私は然るべく解釈しました」[21]というくだりが示唆しているように、彼はビオンの管理下に置かれ、いわゆる変わりようのない路面電車の路線といった類の眠気を催させる解釈に追いやられていたのです。つまり、きちんとしていて退屈なのです。

これはビオンが、精神分析に忠実であることで彼の創造性を――そしておそらくは彼の批判的判断を――全く鈍くさせる一種の精神分析的潜伏期を経験していたことを示唆しています。「私は驚きから立ち直ったときに、彼はその内部に有害な家族をもっていると想定するだけの根拠が私たちにはよくあったことを思い出したのですが、これは彼が対象を取り入れているという行為で、彼自身をここまで劇的に曝き出しているのを、私は初めて経験したのでした」という曖昧で伝道師のような申し立てをしているのを聞くと、妙な感じになります。二〇年後の解説に、この第14節についての「再考」が見つからないのは不思議なことです。

「双子」が初めて解釈されたセッションの後の夢が、この患者が分析から出ていくのをビオンが巧妙に悪意をもって阻止していると思われていることを立証しているのですが、車に乗っているこの患者がもう一台の車に「併走したまま」にして、「その車の動きに合わせて」というその前の操作行為が、たとえば授乳を止めると乳首は分裂排除されて迫害者となり、おそらくは自己の悪い部分と区別できないことを示唆しているのかもしれないということを扱っていません。私は、これがビオンの解釈を改良するだろうと抗弁しているのではなく、彼の言語の使い方が誘発した目くらましを彼の作業から取り除き、そうすることでこの論文が表わしている彼の思考の創造性が低下しているのに気づいてもらうためなのです。この論文はすでに馴染みのある、悪い部分を分裂排除するというテーマに充てたものであり、クラインの発見をビオン独特のスタイルで装わせた立証なのです。

同様に「身が縮み上がり、あるいは強張る」素材（p.10）[22]では、この患者の素材にある批判的側面（たとえば、その夢のあまりに膨大な額の勘定書は、彼が非常に長くてくどい解釈をしていることに言及しているのかもしれません）に、ビオンは典型的な無関心をあらわにしています。典型的というのは、精神分析論文という性格、それだけにビオン自身の特徴を欠いているということです。しかしこの期待外れの論文の途中では、あらかじめかなり手ごわい素材と考えられていた理論的枠組み、つまり想像上の双子という中心テーマを押し込んでいるのですが、素材の生き生きとした断片が、精神分析理論という制限のもとでビオンがフラストレーションを感じている証拠を与えているようです（身が縮み上がって痙攣する危機にあると患者が感じているのに非常に似ています）。

この論文の大部分から、ビオンが正式な分析の実践――傾聴すること、観察すること、解釈することの実践――を習い覚えようとしていたことはほぼ明らかに思えます。しかしながらこの分析における彼の解釈は、集団との彼の作業とは異なり、記述的というよりは説明的であるのも明白です。「自分の攻撃性への恐れは、彼のこころのなかで糞便に密接に結びつき、彼が窮屈で監禁され、それでこそ安全であると感じた場所まで彼を退避させさせました［…］など」。彼のアプローチのユニークな点は、まるで忍び足のように、ただ静かに自己主張しはじめています。それは彼の作業に特徴的な活動に見て取れるのですが、表立って展開されるまでさらに二〇年を要することになります。それは、面接室での交流をあたかもすべてが夢であるかのように観察し、そして患者が外界での生活を話すのをあたかも夢を語っているかのように傾聴する能力です。

その点を例示しているこの素材は、「この患者が自分の素材を意識へのぼらせることができた方法」と彼が呼んでいることと関連しています。明らかにビオンはこの患者の報告を「子どもとのプレイ・セラピーの観点で」扱っており、つまり空想や夢と等価なものとして扱っています。その結果として、まずは目、次に鼻や耳や口等の単一感覚で精査し、その一連の精査の後に知性が統轄し判断するという手段で、患者が現実検討を試みるのを実に巧みに説明しています。この時点でビオンは、これを十分批判に耐えうる方法であると考えていましたが、後の業績（『経験から学ぶこと』（1963））のなかで、悪戯っぽく「共通感覚（common sense）」と呼ぶことになるものと比較して、この一連の検討の可謬性を認識することになります。

最後は、想像上の双子という主題から現われ出た「二つの憶測」（p.20）[23]についての要点です。まず第一の憶測は、パーソナリティの分裂片の擬人化と象徴形成との間のつながりに関するもので、「能力（capacity）」は人によって、また時によってさまざまであると示唆しています。これらの用語、擬人化、象徴形成の役割は両者ともクラインの業績に密接に結びついていますが、彼女の業績のなかで最も創造的な側面というわけではありません。これはクラインの使徒的な振る舞い、あるいはそう取られてしまう振る舞いです。

第二の憶測は、弱々しく終わりにする三人の患者の素材における見ること（vision）の役割に関するものです。「私にはこの患者によって提示された素材を、純粋に心理的な発達の明らかな徴候として、それに随伴したどのような身体的発達からも切り離されたものとして解釈することはできないとわかりました。私には、口唇的な攻撃性と結びついた発達の問題が、歯が生えることと共存するのと同じように、心理的発達が眼球のコントロールと結びついているのではないだろうかと思われました」。彼が原始－心性システムを仮定できた大胆さとは大違いです！

要約しますと、この二つの論文、「再検討」と「想像上の双子」をまとめて取り上げることで、まさに疑う余地のない印象に帰着します。つまり精神分析的訓練はビオンに圧制的な作用をもたらしてしまったということです。これはおそらく、この種の訓練の重大な限界のひとつであり、ビオンが一九七六年にタヴィストック・センターで行なった講演[24]で用いた表現を使いますと、個人分析「からの回復」には長い時間がかかるのです。それに関連して、ビオンの重要な出版物すべてが一九六〇年のクラインの死後に刊行されたことをこころに留めておくべきです。

▼原註

1――この点の考察についてはp.131以下参照。歴史的発展ということもある。つまりクラインの精神病についての研究の理解なしには、集団行動には奇妙な側面がある。

▼訳註

1――ジョン・リックマン（一八八〇－一九五一）／クエーカー教徒で、一九一六年にロンドンの聖トマス病院で医学の学位を修得し、すぐにロシアの戦争被害者援護団体の救急隊にボランティアで参加した。ロシアから帰還後に精神医学を専門にし、精神分析に関心を抱くようになった。一九二〇年にウィーンへ行きフロイトの分析を受ける。帰国後英国精神分析協会に入会する。クラインの児童分析の講義に触発され、一九二八年フェレンツィの分析を受けに赴く。その後、一九三四年から一九四一年までクラインに分析を受ける。それまでジェームス・ハドフィールドに何らかの治療を受けていたビオンは彼と決裂し、一九三七年にリックマンと出会った。その後、第二次世界大戦で中断される一九三九年九月まで、彼の分析を受けた。基底想定グループとハドフィールドの理論には類似性があると指摘されている。またノースフィールドでのビオンの言葉の多くはリックマンから直接借りていたとも言われている。

2――クラインとの訓練分析は一九四五年に始まり一九五三年まで続いた。

3――『集団精神療法の基礎』p.143／『グループ・アプローチ』p.158

4――*Experiences in Group and Other Papers*, p.149（『集団精神療法の基礎』p.143／『グループ・アプローチ』p.158）

5――『集団精神療法の基礎』p.156／『グループ・アプローチ』p.172

6――*Experiences in Group and Other Papers*, p.162（『集団精神療法の基礎』p.156／『グループ・アプローチ』p.173）

7――*Experiences in Group and Other Papers*, p.162（『集団精神療法の基礎』p.156／『グループ・アプローチ』p.173）

8——*Experiences in Group and Other Papers*, p.165（『集団精神療法の基礎』p.159／『グループ・アプローチ』p.176）

9——*Experiences in Group and Other Papers*, p.165（『集団精神療法の基礎』p.159／『グループ・アプローチ』p.177）

10——本書でメルツァーは〝special instance〟と言っているが、*Experiences in Group and Other Papers* では「特殊な課題集団（specialized work group）」とされており、メルツァーの誤りと思われる。

11——『集団精神療法の基礎』p.163／『グループ・アプローチ』p.182）

12——*Experiences in Group and Other Papers*, p.185（『集団精神療法の基礎』p.179／『グループ・アプローチ』p.200）

13——*Experiences in Group and Other Papers*, p.186（『集団精神療法の基礎』p.179／『グループ・アプローチ』p.200）

14——*Element of Psychoanalysis* の第13、14、17章。

15——「これ」はバベルの塔の神話を指し、「共同体」はビオンその人と取れる。

16——〝The Imaginary Twin〟in *Second Thoughts*（松木邦裕＝監訳／中川慎一郎＝訳（2007）「想像上の双子」『再考：精神病の精神分析論』金剛出版）。この論文はあたかも初期研究であるかのように、クライン派の文献には一般的には引用されていない。しかしクラインが唯一ビオンの業績に言及しているのはこの論文であり、「孤独感について」で引用されている。

17——本書では〝quite separate scansions〟とされているが、*Second Thoughts* では〝quite separate co-existent scansions〟とされている。

18——ストレイチーは変容惹起性解釈を決定づける特徴があり、それはつねに即時的、特定的、漸進的であると考えている。換言すると、クラインが幾度も示しているように、解釈はつねに切迫（urgency）に関わるべきなのである。

19——『再考』p.17

20——『再考』では「湿布するように」と訳されているが、「追い出された」という訳が適切と考える。

21——『再考』9節

22——『再考』p.20

23——『再考』p.29

24——Francesca Bion（Ed.）（2005）*The Tavistock Seminars.* Karnac Books, p.1

第3章
統合失調症論文

一九四六年のクラインの論文「分裂的機制についての覚書」が、彼女と親しく仕事をしていた分析家に与えた電撃的な衝撃を実感するのは、スプリッティングや投影同一化の概念を使い慣れていない人にとっても、その概念にやや食傷気味の人にとっても、おそらく困難でしょう。後期ビオンの業績という傑出した例外を除けば、その後の三〇年間における研究の歴史は、これら二つの全く独創的で生産性豊かな概念の現象学と意義という観点で論述されたとも言えるでしょう。

したがって、一九五三年から一九五八年にかけてビオンが著した論文に取り組んでみれば、これらの概念を精神病や特に統合失調症の患者の現象に応用するという内容の側面にすぐに突き当たります。一九五〇年代はある意味で精神病への精神分析的関心の全盛期であり、精神病のメタ心理学に貢献したものや、心理学的方法で治療に成功した報告といった文献が増大しています。後者のカテゴリーには、特に当時のアメリカにおけるフリーダ・フロム・ライヒマンやジョン・ローゼン、そしてミルトン・ウェクスラー、あるいはまたフランスのセシュエー夫人のような人々による業績があり、大部分がこれらの疾患の治療のために精神分析的手法はおおむね修正へと向かっていました。これは技法的意味での適合を趣旨にしていたのですが、その一方では、たとえば大きな方法論的混乱が波紋を広げていたように、子どもの治療にはクラインとミス・フロイト(1)のどちらの方法が分析的手法に適しているのかという趣旨でもありました。少なくともメラニー・クラインによる方法の適合に関して言えば、その意図は方法においては何も変えないままで、患者との有用なコミュニケーション手段を促進することにあったことが、おそらく理解されませんでした。これがミス・フロイトの初期の業績には当てはまらなかったのは、子どもは成人の患者と同じ意味では転移を形成することはできないであろうという想定によります。そのため次にはその想定は、転移とは今ここで作動している衝動や、不安の圧力下での内的対象関係の外在化であるという見解ではなく、反復強迫の支配下での過去からの「転写（transfer）」を強調した見解に転移の基礎を置きました。

設定が大きく修正された結果、方法の混乱が生じ、たとえば分析家の振る舞いでも言葉による解釈に行動がとってかわり（非言語的解釈）、その成果が比較できなくなり、外来患者の治療にもその領域を広げようとしていたのと同じように、精神科病院でその方法を使えるように適合させようとしていた精神分析コミュニティに亀裂が生じました。これに加えて別の次元での混乱があったのですが、それは記述的精神医学から借りた疾病分類を使うことであり、それは、メタ心理学を基盤にした方法に妥当な疾患カテゴリーを鑑別するのにはあまりに粗雑でした。したがって、たとえば統合失調症という用語は、臨床報告ではあまりに多岐にわたって使われたために、技法修正の有用性を評価するのが実際上不可能となりました。

ビオンは、その頃に精神病者と作業をしていたローゼンフェルドやスィーガルのような他の人たちとともに、患者とのコミュニケーションに役立つ手段以外は何も変更せず、それによって技法を適合させながらクラインの技法を伝承することを選択しました。そして実際には観察力の及ぶ領域を拡大させることでこれを行いました。当然ながらこれは子どもの分析と同じく、面接室での患者の行動へとより注意を払う形となりました。しかしそれはまた、現象学の新しい領域である言語使用法へと及びました。ここにおいて医学ばかりでなく古典の教育を受けていたビオンのような精神分析家は、一九二〇年に始まった（ラッセルとホワイトヘッド、ウィーン学団、後期ヴィトゲンシュタインなど）[2]記号論、言語学、コミュニケーション理論、数学における偉大な発展から恩恵を受ける立場にいました。これは次に象徴形成、表記システム、思考様式、曖昧さの用い方、沈黙の意味、コミュニケーションにおける語彙レベルに対する韻律レベルの役割などの諸問題に着目させることになりました。

この精神分析の内と外の歴史的文脈のなかで、（内容の乏しい著作物であり、多くの点で繰り返しは多いのですが）一九五三年から一九五八年期の論文は、二つの方向性において大きな意義をもっているのですが、それぞれ論議されるのが最も有益でわかりやすいかもしれません。つまり、精神病における分裂機制と妄想－分裂ポジションと抑うつポジションの現象学に関する研究という方向性、そして第二には、哲学や数学そして言語学から借りた概念を精神分析の方法に応用することで、面接室の内と外での観察領域とそれらの観察に適用される思考の複雑性の両者を促進するものです。決して風変わりな趣きでなく日々の生活に当てはまる意味に取るとき、それは、使徒ビオンと救世主ビオンです。

そこで、これら論文の使徒的側面を論義するとき、この時点でどこまでクラインの思考が発展していたのかを思い起こさなければなりません。分裂機制に関する記述は、妄想－分裂ポジションの詳細な精査の結果として生じたもので、当時彼女はまだ、二つのポジションを各々が統合失調症と躁－うつ病の固着点であると考えていました。この固着点は、生後一年以内の赤ん坊の発達に特徴的に生じるもので、乳幼児は本質的にはすべて成人の精神病状態と等価な、フロイトの意味では退行状態と取られるこころの状態を病んでいることを意味していました。クラインは、これが赤ん坊は精神病的であると言っているのに等しいということは否定しましたが、一体全体この含意をどのようにして免れさせられるのかは理解に苦しむところです。妄想－分裂ポジションと抑うつポジションが発達段階であるという見解は、ほんの少しずつですが経済原理として応用されることへ移行し、最終的にはビオン自身によってPs⇕Dとして簡潔に要約されました。

それゆえにビオンがこれらの論文で用いている統合失調症の見解もしくはモデルは、フロイトがシュレーバー症例で構成したものと実際には合致しません。シュレーバー症例では静かなる「世界－崩壊」段階に次いで、妄想体系形成という騒がしい「回復」段階があり、この段階で「世界」(「内部世界」とはっきりと形を与えられているわけではありません)は、妄想に沿って「さほど壮大ではないが、少なくともそこで彼が生きられるように」再構築されました。ビオンは統合失調症を、(おそらく嫉妬や羨望と結びついた)過剰な破壊衝動の勢いの下で、その攻撃力が言語的思考能力の破壊を伴うパーソナリティの断片化を引き起こす投影同一化と、自我と対象のスプリッティングが使われた深刻な帰結であると考えています。この帰結とは、ビオンの見解からすれば、患者は妄想体系に閉じ込められているのではなく、「時には私(ビオン)と思える、時には精神分析、そして時には自身の内的対象と絶えず悪戦苦闘している自身のこころの状態と思える牢獄」(p.27)(3)に閉じ込められているのを知ることです。

その印象のひとつは、ビオンの取り組みは機械論志向ではありますが、もちろん機械的な因果関係という方向ではなく、現象学的なものだということです。それにもかかわらず、これら論文の使徒的側面は患者の経験の意味を探究するという点から言えば、臨床現象を引き起こす機制の探究に偏向していて、遺憾な点が多いのです。これは後の業績である、救世主ビオンとはもちろんかけ離れたものです。しかしこの落胆を脇に置けば、現象を解剖するために彼が「分裂機制」という概念ツールを使うときに、天才的な輝きが見られるのです。注目すべきは、ビオンが、いかにそれが生活状況や特に面接室において作動しているかを論証することで、論文「統合失調症における抑うつ」(4)におけるスィーガルのように、骨格概念を肉付けするのに懸命だったことです。彼は、空想においてのみ作動しているという意味で、スプリッティングや投影同一化に当てはめられる「万能的空想」という記述に、他のほとんどの研究者のようには満足していませんでした。実際、クラインが最初に投影同一化を記述したときには、無論それは内的対象よりは外的対象に作動していると構想していました。内的対象への使われ方が明らかになったのは、私の肛門マスターベーション(5)の研究のように、ようやく二〇年後になってからでした。もしそれが外的対象に作動しているのなら、それがもたらされる手段、分析家を含めた他者への実際の衝撃、そしてパーソナリティの分裂排除されて投影された部分の最終的な運命に関する深刻な疑問が生じます。

この考えを実行に移すために、ビオンは逆転移を徹底して利用しました。患者が分析家に投影同一化する、あるいは実際には分析家の**なかへ**と投影同一化するという機制を作動させているのを認識するため、「再検討」で述べていた際の技法を明らかに使っています。しかし、スプリッティングの過程が作動するのにも同じことが当てはまります。彼は逆転移を用い、対象をスプリッティングさせる機制が作動しているのを認識するのに、患者の産出物に対応した彼自身のこころの状態の情動や空想の内容と同じく、**構造**

を細やかに精査しました、「患者は入室し、親しげに私に握手し、そして私の目を射抜くように覗き込みながら『セッション時間は長いとは思わないのですが、出ていかせないのです』と言う。これまでの経験から、この患者は面接が少なすぎること、また面接が彼の自由な時間を邪魔していることに恨みがあるのを私は知っている。彼は私に同時に二つの相反する解釈をさせることで私をスプリットさせようとした。そしてこのことは次の連想で彼が言った、『私が同時に二つのボタンを押したら、エレベーターは何をすべきなのかをどうやって知るのでしょうか』によって示されていた」(p.25)(6)。

これは彼の臨床方法と思考様式についての説得力をもつ例であり、ビオンが既存の精神分析理論やこころのモデルを打破する傾向を抑制しようとしていた、湧出する創造性を例証しています。しかし結果として、混乱した説明を伴いつつ、諸々の概念を限界まで広げています。既存の概念では、彼が探求しようとしている奇怪な現象を取り扱えません。このように心的機能の二原則や快感原則と現実原則との相互作用に関するフロイトの見解に忠実であるには、言語思考をその不可欠な道具、「現実原則の求めに応じて活動させられたとフロイトが記述した、感知する装置」(p.38)(7)とみなす態度が要求されます。すなわち意識は「事物表象」の「言語表象」への変形に依存しているのでした。一〇年後にビオンはより適切なツールであるα－機能という概念を提出することになります。しかしこの時点では、意識は言語思考に依存しているというこの考え方は、統合失調症患者の自らのそのような機能のための能力への攻撃を病理の力学の中心に据えてしまい、その像から無意識の空想は関係ないとして追い出しています。その結果、スプリッティング過程と投影同一化は、言葉に作用すると理解されてしまい、この患者の実例に見られるように「ペニス」という言葉はまずは音節に、次に構成する文字(p.28)(8)にスプリットされていますが、これらの機能を含んでいる自我のスプリッティングとこの言葉のスプリッティングが判然としないままです。

その結果、ビオンが統合失調症者の世界にうようよいる「奇怪な対象」を精査しようとする際にひどい混乱が生じています。感知する装置の微細な断片化と、その結果生じたそれらの微細な断片を投影同一化によって外界の対象のなかへ排出することは、一方で微細な断片が「その対象を貫通し、あるいは被嚢化し」[9]し、またもう一方では微細な断片が対象を「呑み込んでいる」ため、それがいわば「膨張する」かのように見え、「そしてその対象を呑み込んでいるパーソナリティの小片を満たして支配し、そのパーソナリティの小片は」、パーソナリティの一部分に特徴的な性質や属性を帯びたものというよりも、ただのもの(a thing)[10]と化すに至る(p.48)[11]。同様に、これら排出された断片の再突入は「反転した投影同一化(projective identification reversed)」として説明されなければなりません。これは取り入れや再取り入れとは異なっていることを意味していて、「感覚印象の滑らかな取り入れや同化」(p.41)[12]と記述されたように、知覚と等価にされることで、その概念もすでに限界まで広げられていることを意味しています。これらの不適切な概念ツールを使ったために、喚起的であると同時に理解し難い詩的散文という結果になっています。たとえば、統合失調症者が「惑星運動」や「排出された断片の威嚇してくる存在」に監禁されていて、今では「奇怪な対象」と化す対象の破片を含んでいる、そのこころの状態を記述する際に、ビオンは「患者の空想において、吐き出された自我の微片群はパーソナリティの外部で独立した制御不能な存在となるが、それらは、外的対象を包含する（contain）か、あるいは外的対象に包含される。パーソナリティの外部で自我の排出された微片群は、それらが被った苦しい体験がそれらの数を増殖させ、そしてそれらを排出したプシケへの敵意を引き起こすだけにしか役立たないかのように、それらの機能を行使する」と書いています（p.39）。[13]

詩的メタファーとしてよりも概念化として捉えられるべきならば、このような話しぶりは、フロイトのこころのモデルや自我機能についての彼の見解とも、言語思考とそれに含まれる言葉はパーソナリティの微片群と等価な事物として扱われるというこの考え方とも、取り入れとは対象をこころのなかへと取り込むことに言及する用語であるため言葉は概して「滑らかに取り入れられる」という見解にも、全く適合していません。同様に「内的そして外的現実を意識的に感知する装置を、このように自己自身から取り除くこと」には、「この患者は、生きているのでもない、かといって死んでいるのでもないと感じられる状態を達成する」というような場合の現象を説明するための十分な説明能力はないと言えましょう。フロイトがシュレーバーの妄想体系を記述したのと比べてみると、概念的な色合いが薄いことが把握できます。

潜伏期のフロイディアン－クライニアンの装いがはち切れんばかりの、思春期のような怒濤の成長といったイメージのビオンを詳細に論ずる必要はありません。しかし、転じて、これらの論文に半ば窒息しかかっている独創性の崩芽を吟味する前に、読者をひどく混乱させそうな、いささか風変わりな特徴に注目しておく必要があります。まず第一に、ビオンは「精神病的」を「非精神病的」と区別するために使っていますが、あたかもそれは「統合失調症」と同義です。これはおそらく、妄想－分裂ポジションを統合失調症の固着点としたクラインの見解に、彼が忠実であろうとした結果です。「想像上の双子」にあるように、彼はスプリッティング過程の意義を、パーソナリティ構造とその現象学を理解するための概念として、精神疾患の精神分析的疾患分類を発展させる貢献として解明するのに余念がありません。精神病患者と作業していた誰もが強くこの必要性を感じていて、エドワード・グローヴァーは『精神科学誌（*Journal of Mental Science*)』[14]における有名な論文によって、すでにこの方向性で注目すべきスタートを切っていました。しかしビオンの「パーソナリティの精神病的部分」のこのような用い方は、そのスプリッティングの過程、すなわち「パーソナリティの部分」との関連において、明らかにすべての精神病的部分は統合失調症であると示唆しているようです。それにもかかわらず、この論文自体はこの疾患の複雑さを証明するうえで大きな貢献をなしています。クラインは乳児期と幼児期早期の正常な発達相と考えていたため、ビオンが記述しているような奇怪な過程を妄想－分裂ポジションの一部に含めようなどとは決して思えませんでした。

一方でビオンがパーソナリティのこの部分は誰にもあるものと考えているのか、あるいは現に統合失調症を発症している人にのみ存在していると考えているのかどうか、明らかでありません。破壊衝動の優位、現実への憎悪、破滅の絶えざる恐怖と時期尚早な対象関係という素因的パーソナリティ要素の一覧は、統合失調症をきわめて選り好みされた疾患に聴こえさせます。これは第二の風変わりな要素を浮き彫りにします。つまり、ビオンの「現実への憎悪」にあるような「現実」という用語の使い方は、内的そして外的の両者の現実を意味しています。これで彼は、憎悪されずに残されているものをほのめかしているようなのですが、どこにも言及されておらず、おそらく統合失調症者は生きてもいないし死んでもいないこころの状態にあるという考え方に、ほのめかされているだけです。これはおそらく、彼がほとんど、妄想体系を外的現実や心的現実に代わるものとして述べているということでしょう。しかし、統合失調症者がひょっとして自身の妄想体系や、「ある精神状態に監禁されること」を好んでいるのならば、パーソナリティのどの部分がそこから脱出しようと望んでいるのでしょうか。明らかにこれらすべての疑問は、ビオンが忠実でありすぎている概念的枠組みでは、あまりに難題です。そしてその結果として、力強い描写的な詩的散文と概念の混乱が生じているのです。

このビオンの立ち位置のイメージをこころに留めつつ、幻覚についての論文に最も明瞭に表現されている彼の溢れんばかりの独創性の内容検索へとただちに向いましょう。この論文の概念的枠組みは前の論文に相当に依拠していますが、この枠組みがフロイトの考えることの概念とクラインの無意識的空想との妥協を試みることで捻り出されてきたということに難しさがあります。患者の思考能力が破壊され、そして内的現実でも外的現実でもない世界に居住していることを含意していると思われる現象をビオンが記述して精査しようとしているのは、思考を可能ならしめるまさにその機能を傷つける攻撃を記述したいと彼が望んでいるからです。これはクラインの意味において、無意識的空想との関連で万能的に作動しているスプリッティングの過程や投影同一化を使って扱えるものではありません。というのも、彼女はこれらの機能が空想に目立たない表象として見出されるとは全く想像していなかったからです。その一方で、フロイトは、機能への攻撃と言ったようなアイデアを利用できるほどの心的現実という具体的な概念は持ち合わせていませんでした。「防衛過程における自我の分裂」という彼の論文でさえ、パーソナリティに病的なものと健康的なものがいかにして共存しうるのかを示そうと、ようやく努めていたところでした。

その結果として、クライン派でもフロイト派でもない概念ツールとして「表意文字」と「連結することへの攻撃」を、用いることに訴えることになります。彼は「連結することへの攻撃」といった着想の前に、彼自身の考えることの理論を発展させることを迫られ、象徴形成での「対象の連接（conjunction）」や「言葉の交わり（verbal intercourse）」を含めるまで原光景を拡大し、理論としてわかりやすくなりました。しかしこれは、彼の観察や思考における独創性が突然生じてきた領域であって、クラインは手をつけず、そして理論家フロイトは臨床活動で実施しなかった領域です。なぜかフロイトがシュレーバー回想録の、この方向での含蓄にほとんど注目していないのは、ビオンがこの症例に言及していないのと同じように不可解です。

考えることの理論に向けたこの取り組みには、夢の精神生活における意義と構造の両方の観点に関して、フロイト派の夢の評価への不満が付随しているのも明らかです。フロイトに比べてビオンには、夢を心的現実という側面で考えられるためのより堅固な基盤があるため、統合失調症における現実喪失という問題の彼の把握は、フロイトがリビドー理論と脱備給を基盤にして神経症と精神病を区別しようとしたのに比べると、はるかに混乱の少ないものです。リビドー分配や異なるタイプのリビドー、あるいは後の本能の二元論を基盤にしたナルシシズム理論では扱えないことが、ビオンは理解できています。彼が精査している患者は対象に強い関心をもっていますが、それは彼がその性質を記述しようとしている奇怪なものです。「無意識は夢の備品の世界によって置き換えられているように見える」といった概念化の企ては理解し難いもので、彼はまだその「備品」についての考えを私たちに与えられずにいて、ただこうではないと示しているだけです。「その患者は今や夢の世界ではなく、通常では夢の備品である対象世界のなかへ移り住む」(p.40)[15]。この「通常」は、それが夢みることの普遍的な現象であると言っているのですが、私たちにはそれが何なのか見定められません。

幻覚についての論文は、夢と幻覚というこれら二つの概念を、そしてある点では妄想の概念についても、相互に連接させる企てです。「私が幻覚についてこれまで話してきたことから少し前進して、精神病患者が夢を見たと話す際には、彼は自身の知覚装置は何かを放出するのに従事していて、そしてその夢は自分の腸管からの排出と酷似した彼のこころからの排出であると考えていると推定するようになっている」(p.78)[16]。言い換えると、通常に夢みることと幻覚とを引き合わせることが彼にはできません。というのも、精神病者の夢が通常のそれであるという確信を得られないからです。幻覚の過程は感覚器官を感知された（取り入れられた）対象を排出するために使うこと次第であるという、この論文の中心にある考え方は、それ自体極めて独創的です。しかし発想としては、おそらく真に新しいものではありません。新しいのは、幻覚を面接室での現象として観察するビオンの能力です、「患者が私を一瞥したときに、彼は私の一部分を彼のなかへと取り込んでいた。それは私が後で彼の思考を彼に解釈したように、あたかも彼の目が私から何かを吸い取ることができるかのように、彼の目のなかへと取り込まれた。これが、そうして私が着席する前に私から取り除かれ、そして排出されたが、またもや目を通してだった。それが部屋の右隅に置かれたのは、彼がカウチに横たわりながら、それを観察下に置いておけるからだった」(p.67)[17]。

かすかな震えをも見定め、一瞥で意味を読み取り、曖昧な言葉遣いに注目して、患者が「六カ月前に」と言ったことに結びつける計り知れない集中力は、分析作業の厳しさに精通した誰をも驚嘆させるものです。この外へ内へと向ける観察力こそが、ビオンの独創性の源泉であり、新たに観察された膨大な情報を意味あるものに整理する概念的枠組みを見つけようと当時彼は苦闘していたのです。既存の理論に忠実であろうとして彼は頑になり、そして、読者はもちろんこの論文の終わりで極めて斬新な現象が圧搾され偏狭な公式となっているのに深く失望します(pp.82-85)[18]。しかし臨床素材は、生気に満ちています！　それが生き生きと面接室での現象学の新分野の開幕を告げています。ここでは統合失調症の患者に言及しているようですが、障害の程度は何であれ、たとえ「健康な」候補生においても、患者の分析に、いまだ気づかれていない表象を発見するのは避け難いものです。

▼訳註

1——アンナ・フロイトのこと。

2——ビオンは論文〝Language and the schizophrenic : New directions in psycho-analysis〟のなかでヴィトゲンシュタインの哲学探究に言及している。

3——W.R. Bion（1967）*Second Thoughts.* William Heinemann Medical Books, p.27（松木邦裕＝監訳／中川慎一郎＝訳（2007）『再考：精神病の精神分析論』金剛出版 p.36）

4——Hanna Segal（1981）*The Work of Hanna Segal.* Jason Aronson.（松木邦裕＝訳『クライン派の臨床』岩崎学術出版社）

5——D. Meltzer（1988）The relation of anal masturbation to projective identification. In : *Melanie Klein Today. Vol.1.* Routledge.（松木邦裕＝監訳／世良洋＝訳「肛門マスターベーションの投影同一化との関係」『メラニー・クライン トゥディ①』岩崎学術出版社）

6——『再考』p.34

7——『再考』p.34

8——『再考』p.37

9——*Second Thoughs* では〝encyst〟の他に〝encapsulate〟も使われている。

10——『再考』では「生き物」と訳されているが、「ただのもの」が適訳と考える。

11——『再考』p.56

12——『再考』p.50

13——『再考』p.48

14——A Psycho-analytic Approach to the Classification of Mental Disorders. *The Journal of Mental Science, Vol.28,* 1932 p.819.

15――本書ではp.40となっているが、p.51（『再考』p.59）の間違いである。
16――『再考』p.86
17――『再考』p.75
18――『再考』pp.89-92

第4章

考えることの理論へのアプローチ

追跡中のビオンの業績への歴史的なアプローチから、彼の創造性には、集団での業績における天才的輝きと、『経験から学ぶこと』に始まる一連の著作における彼の思考の本格的な出現との間に位置する正式な精神分析の訓練時代に、ちょっとした潜在期があるのが明るみに出たようです。このオリエンテーション転換期のあとに、彼に並外れた集中力と観察力が備わっているのを、どの著作よりも明らかにしている統合失調症に関する論文が続きます。その結果として、面接室におけるまだ気づかれていなかった膨大な現象を暴き出しました。まず最初には、顕在化した精神病患者との間、そして次にはそれほど病的ではない人たちの「パーソナリティの精神病部分」との間においてでした。帰結としてもたらされたのは、創造性の再生という、ある種の青年期でした。そのなかで彼の膨張する思考は、フロイトの思考モデルとクラインの葛藤するパーソナリティ構造モデルという双方の既存概念の枠内に留まろうと苦闘していました。相容れない領域や彼が検討していた現象を論じるには、その二つが根本的に不適切であることが、原光景、自我のスプリッティング、投影同一化、言語思考といった概念が限界まで広げられたその様式によって明らかになりました。

一九六〇年のクラインの死をまたいだ数年間に発表された三つの論文には、新理論の兆しが見えます。これら三つ、「傲慢さについて（On arrogance）」、「連結することへの攻撃（Attacks on linking）」、「考えることの理論（A theory of thinking）」は、信憑性を得るための先の四論文での臨床データというバックグラウンドとは対照的に、それ自体で読まれなければなりません。というのも、これら三論文には読者と彼自身の面接室での経験を繋げる手立てとなる分析状況に関する記述がほとんど含まれていないからです。さらにビオンの著作にある風変わりな表現法には苛立たされます。たとえば「好奇心と傲慢さと愚かさ」と題された節では、これら三つの用語は実際上、何の使い道もありません。ビオンの著作にあるこの文体上の特徴は、その後の一五年間に彼が歩み進めるにつれ、減少するよりむしろ増大していき、彼がようやく辿り着いた高水準の抽象化を追う今まで以上の高い能力と同様に、彼のこれまでの業績に関する詳しい知識を次から次と荷重を増して読者に要求してきます。

たとえば論文「連結することへの攻撃」に引用されている六例は、あまりに先験的薄明下での分析状況を見せているため、それらの例は分析の解読によくある方法に対して通り一遍の敬意を表しているだけで、それに続く議論を明確にできていません。このため、ビオンはいつもと違って、突然、フロイトのような開き直った弁明をしています。「この再構成はあまりに奇想天外な空想のように思えるかもしれない。だが私にはこじつけとは思えず、早期記憶の適切な解明を排除し、あまりに転移に強調が置かれすぎていると反論するだろう人への返答である」（p.104）[1]。この困難の理由は「早期記憶の解明」が上手くいかないからではなく、むしろ「転移に置かれた‐強調」が、束の間で「まとまりがなく」――それゆえに記述し難い――ビオンの逆転移の側面によるとすれば、彼が記述していることを理解しようと苦闘している読者には、これはむしろ不誠実であるように思えます。臨床実践がビオンの業績によって深く影響されているほとんどの人は、おそらく同じ経験をしていて、まずは苛立ちと疑念を感じ、それに続く長期間に少しずつですが、自分自身の観察と思考に与えた彼の衝撃の証拠を発見します。おそらく腹立たしさという最初の反応が、未来の読者には不可思議に思える時が来るでしょう。それはちょうど、ベートーヴェンのある四重奏(2)が初演されたときに、聴衆は衝撃を受けて敵意を感じたということを知って多くの人が感じるものと同じです。たしかに、たとえばパリ大会における論文「傲慢さについて」の公式発表は、まさに「慢心の」のビオンが記述されているという強い印象を多くの人に与えました。

これら三つの論文への批判に取り組むにあたって論文を時系列で取り上げていくよりも、精神分析に関する内部論理が命ずる順序に従ったほうが、おそらくは満足のいくものとなるでしょう。彼の思考に対する非難からビオンが解き放されるために講じている措置を解明する必要があります。このなかで最も発展性のあるものは、おそらく彼が「部分対象」概念を、フロイトやアブラハムによって意図されていたかもしれないもの、そしてメラニー・クラインが分析状況における最高の素材として「無意識の空想」内容の探究において具象的に使ってきたもの、それらの限界を越えて拡大したことです。ビオンは次のように論述しています。「解剖学的構造に類似させた部分対象の概念化は、患者が具象的イメージを思考の構成単位として利用しているがゆえに助長され、誤った道へと導くものである。というのは、部分対象関係は単に解剖学的構造のみならず機能との関係であり、解剖学ではなく生理学との関係であり、乳房とではなく授乳すること、毒すること、愛すること、憎むこととの関係である」(p.102)。[3]

そのような受け止め方は全くもって道理に叶っており興味深いものですが、夢みることの構成要因と似た視覚優位な無意識的空想の装置とは全く異なる表象の装置を必要とするでしょう。ビオンがこの問題を解決するために講じた措置は、一見古く単純に思える言葉「連結(link)」を使った新しい概念だと思われます。これが、攻撃されるか確立されるかという構成単位となります。そこで問題は代わって、いわばこの連結自体がどのように表象されているのかを発見することの難しさとなります。これらの連結は、夢や夢世界とは異なるものとして示唆された「夢の備品」としても受け止められているのかどうか思い悩むところですが、「私は、ある機能を果たす対象との患者の関係よりも、ある機能との患者の関係を論じたいため、私は『連結』という用語を用いる。私の関心は、乳房やペニスや言語思考に関するだけでなく、二つの対象間に連結をもたらすそれらの機能にある」(p.102)。[4] このトートロジー的な陳述を前にして、依然として理解できませんし、さらに「言語思考」を「乳房」や「ペニス」のような概念的抽象名辞と同じレベルに置くことができるのか、困惑させられます。

ビオンがエディプスの神話におけるスフィンクスの重要性を指摘し、いかなる代償を払ってでも真実を発見する決意をしたのは不遜な自尊心を意味していると考えて、近親姦の問題の下に隠れている「思い上がり」の問題を示唆することで、フロイトの概念であるエディプス葛藤も拡大しているのを思い起こすと、ある説明ができるのです。この拡大によって、ビオンはフロイトとクラインの思考の間にある重要なギャップ、すなわち、子どもの発達における乳幼児の好奇心、あるいは彼女が「知識本能」と好んで呼ぶものの重要性を埋め合わせています。しかし彼はクラインの概念の修正もしています。その概念の見解では、(後に羨望として特定された）サディズムや、その結果生じる貪欲さから、好奇心はまず母親身体内部の内容物へと向けられるが、サディズムと貪欲さは、抑うつポジションにおいて良い対象の安全を憂慮して緩和されるというものです。彼女はフロイトと同じように、それを本能と呼んでいるにもかかわらず、知識への渇望をこころへの糧を探し求める動機そのものであると、どこにも認めていません。「学ぶことのすべてがかかっている好奇心という衝動」（p.108）[5] について述べるとき、ビオンはこれにより接近しています。

しかしそれでもビオンは、学ぶことの問題に関する興味深い側面、つまり対象や関係性やこころの状態に何かが生起しているのは「何故」なのかを問う能力であり、単にそれは「何」であるのかを問うことではない（p.102）[6] と指摘できました。彼はこれを因果関係の問題として同定しているのですが、すでに示したように、機械論的決定ではなく現象学的関連性を意味しているのです。この意味で彼はこころの現象を、要因を増やすことで因果関係の問題を場の理論のなかに単に囲んでしまうフロイトの「重複決定」という考え方とは全く異なる様式で考えています。

性器的エディプス葛藤におけるペニスとヴァギナとの間の繋がりに相似した「連結」として、赤ん坊と乳房との間の繋がりも含めるという措置によって、連結で意味することの原型に少なくとも立ち位置を与え、精神レベルでの「学ぶこと」という機能を備えつけました。しかしこれもまた、クラインによる乳房関係の機能という概念の境界を越えた拡大です。というのは、彼女の見解では「良い対象」の原型としての乳房の機能は、抑うつポジションで乳幼児が統合を達成するうえでの大きな脅威である（スプリッティング－と－理想化により減弱された）死の本能により生じた過剰な迫害不安から乳幼児を保護することに限定されていました。

そこでこうも言えます。つまりビオンはこの時点で、連結することの表象に関する問題を回避し、代わりに連結することの原型として乳児－乳房関係を引用し、連結することに、「感覚印象と意識との間に連結を形成する萌芽思考を含んでいる知覚装置のすべて」(p.107)(7)を活用することで「言語思考」の領域を含める見込みがある学ぶことというある特別な機能を付与しています。(8)これがその後の数年間にわたり、彼が専心し解放しようと試みることになる任務です。つまり「感覚印象と意識との間に連結を形成する萌芽思考」の詳述と解明です。

この時点で彼が確立できているのは、発達過程や母親と子どもとの間のコミュニケーション手段と思考に何らかの関係があるということだけです。仕組みはずっと謎のままで、実際には明らかにされないままであったフロイトの取り入れという概念、そしてメラニー・クラインによって記述された投影同一化の概念の拡大を拠り所にして、少なくともビオンは後者の機制の「過剰な」用い方による学ぶことの障害を精査できています。クラインとは違って彼はこの量的な発言について満足していませんが、その機制を採用する際の感情的内容と動機を探査しています。つまり「生命そのものへの嫌悪への一歩」(p.107)(9)となる「情動への嫌悪」です。ここで彼は素因も拠り所としなければなりません。特に死の本能の過剰さであり、それはパーソナリティの精神病部分の形成に関与しています。それでも、彼は環境の失敗という性質の輪郭づけへと真の進歩を遂げています。つまり乳児がその時点で死に瀕しているという恐怖で充たされたパーソナリティのそれらの部分の投影を、母親が受け取って修正するのに失敗することです。彼はまだ妄想－分裂ポジションを「発達の段階」(10)として考えているため、彼が「精神病的乳児」を語る場合に、彼は奇怪な対象群や、それらの投影と再取り入れにより「迫害的超自我」を形成することで特徴づけられるこころの状態を、遍在するものであるのか、あるいは気質という不幸な素因が環境の失敗の度合いを強めた場合の乳児にのみあるのを意味しているのかどうかは、明確ではありません。

そしてこれこそが、ビオンが最初の二つの論文においてその位置を定め、かつ「パーソナリティの精神病部分」が面接室にもたらした現象を探査するツールとして、既存の理論に伴う概念上の限界を解決しようと試みて達した地点なのです。彼はすべてを分析の経過中に露呈されるかもしれない「惨禍」として、つまり「萌芽思考」能力の発達早期における惨禍的失敗とみなしています。彼が示唆しているのは、この失敗から、自我と対象の断片的なスプリッティングや奇怪な対象と迫害的超自我からなる「夢の備品」という世界を形成する投影同一化の「過剰な」使用が発生し、思考それ自体の能力が損なわれるのと相俟って、統合失調症や「パーソナリティの精神病部分」の本質的な現象学を構成しているということです。

この章で、論文「考えることの理論」の内容全体を取り上げるのは有益だとは思えないので、『経験から学ぶこと』への予備報告書として見るだけにします。彼が観察している現象に本質的に内在すると認識した問題を掌握しようと講じている、新しい措置を理解するために調べるのです。彼の最も重要な措置は、「意識」の意味を現象学的意味から操作的なものへと「限定」することであり、早くからフロイトが『夢判断』の第七章で、意識を「心的質を知覚する感覚器官」として記述していた内容を受けています。これは、知識に関するプラトン的見解です[11]。概念を形成するために内的期待（ビオンの前‐概念）と外的事実をつがわせること（彼の現実化）としての知識という、よりアリストテレス的な見解と親和性があるのを証明しているかどうかは、私には答える資格がありません。しかし幻覚についての論文で記述されたように[12]、感覚器官とそれらの機能へのビオンの柔軟な取り組み方と一致するのはたしかです。

意識が本質的には自己の内面へ向かうとみなすことで、思考することにとって、乳幼児の精神的無力さと母親（後には内在化された乳房と母親）への依存が一次的なのであって、死に瀕している恐怖を調整するニーズによる単なる二次的なものではないことを、彼は定式化できています。この乳幼児への世話を、彼はその神秘さを示すために「α - 機能」と呼ぶことになります。この装置は、「考えること」と呼ばれることになる過程での操作に必要な要素である思考をつくりだしているとみなされるべきです。これが第二の措置で、思考は考えることの産物であるという、通常の想定を反転させています。彼は思考を、結局は概念となる、考えることという構造の建築材であると見ようとしています。

第三の措置は、全能と全知という概念を単に量的な形ではなく、意味を有する形で活用することです。というのも、それらの概念を単に肥大化した機能としてではなく、理性とは質的に異なると彼は見ようとしているのです（p.114）。[13]「欲求不満への耐えられなさ[14]が、回避機制を活性化させるほど大きくはないが、現実原則の支配に耐えられないぐらいには大きいと、パーソナリティは前 - 概念や概念を負の現実化とつがいにすることの代用として、万能感を発達させる」（欲求不満）。「これには、思考や考えることに助けられながら経験から学ぶ代わりに、全知で置き換えるという想定が含まれる。したがって、真実と虚偽を峻別するための心的活動は存在しない」。その代わりに、「一方は道徳的に正しいが、もう一方は間違っているという独善的断言」がなされます。その独裁者が誰に対して命令しているのかは不明なままですが、科学と道徳の区別は明らかです。ただ、クラインが妄想 - 分裂ポジションと抑うつポジションという概念で精神分析に持ち込んだ価値評価という領域すべてと、これがどのように関連しているのかは、しばしの間、答えを出さずにいなければなりません。

最後の措置は、非精神病パーソナリティとして私たち皆が問えるはずの「何故」という問いにしっかり取り組むための試みです。そもそもなぜ、考えることのための装置が必要なのでしょうか？　ビオンは無論、トートロジー的もしくは目的論的議論は許さないでしょう。その代わりに、彼は私たちを驚かせます。「もし連接されたデータが調和しているものなら、真実という感覚が経験される。この感覚データのこの連接がもたらされなければ、真実の飢餓が栄養上の飢餓にどことなく類似している、衰弱した精神状態を患者に招く」（p.119）。[15]彼の明言が意味しているのは、精神装置は消化系をモデルとして組み立てられているということです。

最初の論文でスタートを切った元の地点に一巡して戻ってきてしまったと（三つ目の論文の終わりで）知って、驚かされます。その地点ではエディプスの罪が、すべてを犠牲にしてでも真実を知ろうと決意した、彼の思い上がったうぬぼれであることを学びました。そして次に、真実機能の欠如は精神的飢餓という衰弱をもたらすことを学んでいます。「尊大なうぬぼれ」や「独善的断言」という領域のどこかに、区別をもたらす特徴があるということが、これからのために私たちがこころに抱き保持しておかねばならない疑念なのです。しかしこれが何を意味しているのかは、こころの構造と機能に関する形式化された理論という観点からは理解し難いのです。

▼訳註

1——松木邦裕＝監訳／中川慎一郎＝訳（2007）『再考』金剛出版 p.111

2——ベートーヴェン「弦楽四重奏曲第13番」終楽章大フーガのこと。

3——『再考』p.108

4——『再考』p.109

5——『再考』p.114

6——『再考』p.108

7——『再考』p.113

8——本文では〝promise〟とされているが〝premise〟の誤植と思われる。

9——『再考』p.113

10——本章ですでにメルツァーはフロイトの重複決定を、要因を増やすことで場の理論に因果関係を持ち込んでいると批判している。メルツァーは自著 *Studies in Extended Metapsychology* において、段階（phase）に対する場（field）の考え方の優位性を説いている。

11——「何かを知識している人というものは、知識しているそのものを感覚（感受）しているものなのです。すなわち、何はともあれ今あらわれているところでは、知識は感覚に他ありません」（プラトン［田中美和太郎＝訳］（2005）「テアイテトス」『プラトン全集2』岩波書店より抜粋）。

12——「すべての人間は、生まれつき知ることを欲する。その証拠としては、感覚への好みがあげられる」「動物は感覚を有するものとして自然的に生まれついている。この感覚から記憶力が、ある他の動物には生じてくる」「経験が人間に生じるのは記憶からである。というのは、同じ事柄についての多くの記憶がやがて一つの経験たる力をもたらすからである。［…］さて技術が生じるのは経験の与える多くの心像から幾つかの同様の事柄についての一つの普遍的な判断がつくられたときにである」（今道友信（2004）『アリストテレス』講談社学術文庫より抜粋）。

13——『再考』p.119

14——本書では〝tolerance〟とされているが *Second Thoughts* では〝intolerance〟であり、本書の誤植と思われる。

15――『再考』p.124（本書では原文の一部が割愛されて講義されているようである）

第5章

α－機能とβ－要素

前章では、ビオンが二つの方向から強いられることになった、考えることの理論へのアプローチを吟味しました。一つの方向は、彼が厳格に精神分析的方法を統合失調症患者の治療に適用するなかで観察した新しい現象の奔流に由来し、もう一方は、これらの現象を既存の理論でカバーするのは明らかに不適切であるということに由来しています。ただ、「カバーする（cover）」ということで、首尾一貫した記述を目的とした「系統立て」と同じく「説明」を表わそうという意図はありません。ビオンが『経験から学ぶこと』で言っているように、「思考を『考えること』のための私たちの未発育な装備は、その問題が生命のないものに関する場合には適切だが、探求の対象が生命それ自体の現象の場合は、そうではないようである。人間のこころの複雑さに直面して、分析家はたとえ確立された科学的方法に従うときでも慎重でなければならない。そして装備の弱点は、表面的な探索によって認められるよりも、精神病的思考の弱点により近いかもしれない」（p.14）[1]。これはフロイトがシュレーバー症例の終わりに[2]、フロイト自身が認めようと思う以上に自分の理論はシュレーバーの妄想と類似しているという陳述をしていたのを、まさに連想させるものです。

こころの現象について考える私たちの能力における この不適切さという問題は、拡大すると、こころの現象が枠づけされる言語にも当然適用できます。言語は結局のところ、多かれ少なかれあたかも作動原理が純粋に機械的であるかのように、関係性において活動中の諸対象としての「世界」を記述するために、語彙レベルで発展してきました。これはビオンが『経験から学ぶこと』において習得しようと着手した課題であり、分析的な面接室で実際に使えるように、考えることの理論を枠づけする作業への、いわば正面攻撃の準備として、以前の諸論文で設けた九つの措置を履行するためなのです。これら九つの措置は、覚えていると思いますが、次のようなものです。（1）部分対象の概念を拡大してこころの機能を含める。（2）人が自身の思考や情動のための能力を破壊しようとする場合に、「攻撃された」ものとしての「連結すること」の概念の樹立。（3）エディプス・コンプレックスを拡大し、知識本能という機能に「思い上がり」の行為を含める。（4）「学ぶこと」を生み出す連結の原型を赤ん坊‐乳房結合として定義する。（5）クラインのアイデアである「過剰」な投影同一化に質的な実体、すなわち「情動への嫌悪」やそれゆえの生命そのものへの嫌悪という動機を与える。（6）意識という概念を操作上制限し、フロイトに倣って「精神的質を知覚する器官」とする。（7）「考えること」が「思考」を生み出すという通常の考え方の反転、つまりすでに存在する「思考」は、それらを「考えること」のための装置を必要とする。（8）万能の概念に新たな意味内容を付与することで、思考の領域で「一方は道徳上正しいが、もう一方は間違っているという独裁的断言」という全知として機能すること。（9）最後に、こころの装置は、身体が栄養を必要とするように、真実を必要とするという示唆。

これら九つの措置を、彼が攻撃のために動員する軍隊と考え、このメタファーになぞらえてみると、彼の戦略における重要地点は『経験から学ぶこと』の第三章から第一一章にあり、そこにおいて彼はαとβの要素と機能という「空《から》の（empty）」概念を展開していると考えられます。これらを理論と取り違えるより、彼の戦略として考えたほうが有用です。取り違えてしまうと、これらの空の概念を意味で充たす試行に費やされていたビオンのそれに続く一五年間の業績にある本質を、全く誤解することになります。『経験から学ぶこと』(3)はその意味で、金字塔的な業績であると同時に、彼の攻撃における前哨戦であり、基本計画であり、それを実行するための最初の挑戦です。それゆえ、これら二つの章における私たちの任務は、彼がこの神秘的な要塞に向けた攻撃の進捗状況と、急襲でそれを奪取し損ねた方策の双方を吟味することです。

ビオンの手法は、数式化できる自然科学に適用可能な小説のように思えるかもしれません。そしてビオンはたしかに、科学哲学の観点からメンデレーエフの功績である元素周期表をモデルとして念頭に置き、それにのっとって操作したいと望んでいました。それは後に、より全面的な形で『精神分析の要素』で「グリッド」の構成に再び使われました。しかし実際にはこれはおそらく、精神分析が何もないところからその重要な措置手段を前進させた方法の、特に自意識過剰な実例にすぎません。「快感原則の彼岸」は二つの「空の」概念、つまり生と死の本能を仮定していますし、「分裂的機制についての覚書」はスプリッティングと投影同一化について同様のことを行なっています。これら生産性の高い論文は直観の練習問題であって、その後に分析家の兵団が、それらを使うことで引き出した臨床所見によって、それに実体を与えなければなりませんでした。私たちは未だに投影同一化が「意味する」ことを発見する過程にあり、意識的であってもそうでなくても、クラインが一九四六年に「意味していた」すべてを必ずしも想定しているわけではありません。

ですから、この数学的形式、ビオンができるだけ曖昧にしておくという彼の意図の狙い通りにしようとしている「機能」と「要因」の話におじけづくことはありません。「α - 機能という用語は、意図的に意味を欠く——意味を伝えるために早まって用いるべきではないことが重要である。というのも、早急な意味はまさに除外されるべきそれであるかもしれないのである」(p.3)[4]。しかしこれまでの論文のすべての知識を掌握している読者としては、ひとたび彼が自身のイマジネーションであるこの装置を記述しはじめたとするなら、この禁止命令は従い難いものです。(覚醒状態、睡眠状態のどちらでも生じるであろう)「情動経験」を、記憶として貯蔵でき、考えるために使用できる「夢思考」を生産する過程を進める機能を遂行できる架空の装置を、ビオンは記述したいのです。彼はこの架空の装置が、機能不全や機能の逆転で故障が生じる状況、そこからもたらされうる臨床結果を想像したいのです。そこで彼は、α - 機能が故障する際にこころに出現するどんなものでも、無 - 名(un-name)[5]のβ - 要素と呼びます。さらにその帰結に堅牢な枠組みを与えるべく、彼は継続して存在するα - 要素が思考の膜組織となり、意識と無意識の間の「接触障壁」として機能し、一方でそれが反転して機能する際には、そのような区別を妨げるβ - スクリーンを張るであろうと想像していきます。

さて、早まって、それ、概念に意味づけすることに対する彼の禁止命令に背かずに、どうやって彼ビオンが意味することを吟味することになるのでしょうか? 私たちがこころのこの架空の機械装置を実際に有効に吟味しうるか考えてみましょう。「睡眠中に生じる情動経験は、覚醒している生活で生じる情動経験と異ならない。双方の場合ともに、その間の情動経験の知覚は夢思考として使用されうる前に、α‐機能によって加工されねばならない」(p.6)[6]。そこで、それらが同じであると彼は言っておらず、情動経験の「知覚」に関しては双方ともα‐機能などを必要とする限りにおいて、異なっていないと言っているのです。ですから、α‐機能は経験に作動するのではなく、「患者が気づいている」「感覚印象と情動」双方を含むと、私たちが学んでいるその知覚に作動します。「気づく」ということには驚かされます。しかし覚えておかなければならないのは、彼は自我や意識を説明しているのではないということです。意識の作動上の意義を「こころの性質を知覚するための器官」に制限したおかげで、彼がこれらの存在を想定するのは当然なのです。そうだとすれば明らかに、覚醒していようと眠っていようと、α‐機能は意識、器官などが知覚したものに作動していることになります。そうなのです、「意識」という概念をこのように操作可能な範囲に制限することは、眠っていることが無意識であるのとはもちろん同じでないというだけではなく、外部刺激感受器官が夜間は（相対的に）休止してしまっているため、知覚されるこころの性質は主に精神内部の事象に制限されていることを含意しているのを、私たちは忘れてしまっていたに違いありません。

この時点でビオンは、情動そのものについて、私たちに何も教えようとしていないことに、いささか落胆するでしょうけれど、今後のために明記しておかねばなりません。明らかに本質的には旧態依然として、フロイトがその理論で、情動状態として知覚される本能の変遷に付随する身体的状態として、情動をジェームス＝ランゲ説流[7]に扱うことに固執していたのとは異なり、ビオンはクラインの含意を踏まえつつ、情動を精神生活の問題のまさに核心として扱うことに専心しています。しかしα‐機能は、すでに「経験」の一部分として存在する情動に作動することになっています。ですが、感覚印象、情動、経験の三つを同じレベルの機能（あるいは、解説という視点では抽象化）だと横並びさせることは、受け入れがたいという感覚を私たちに抱かせます。明らかに彼は「印象」で、神経生理学的意味での「データ」を意味させていません。彼は脳とこころとの間の境界における過程について語っているようですが、たしかに、この境界は生物を無生物から区分する以上に、少なくとも同等かおそらくはより広くて深い埋められない溝で区切っていると考えているようです。おそらく、神経生理学者と実験心理学者やゲシュタルト心理学者が研究した全過程によって、すでに神経生理学的に秩序立てられた感覚データに作用しているこころの印象こそが、「感覚印象」なのです。ビオンが意味するところを理解するために、『集団』での経験へ戻らねばなりません。原始‐心性装置という（同じく、空の）概念は、いまだ情動と身体状態が互いに峻別されていないこころの機能を含んでいました。これは次の例が裏づけています。「歩行を学ぶことと呼ばれる情動経験をしている子どもは、この経験をα‐機能のおかげで蓄えることができる。そもそも意識されなければならなかった思考は無意識となり、おかげで子どもは歩行に必要な考えることすべてを、もはや何らそれを意識することなく行なうことができる」（p.8）[8]。彼はこれを「技能を学ぶこと」と呼んでいます。学ぶことや抑制や抑圧はこのように結合され、おそらく同義となり、よって「自我とエス」でフロイトによって描かれた無意識体系と抑圧された無意識との間にある違いの意義を抹消しています。このようにして、α‐機能という「空の」概念には、もし実践上有用であるとわかれば、空の器（vessel）を充たしはじめるであろうという含意があるのがわかりはじめます。

実際にビオンのα‐機能の産物（α‐要素）に関する記述、それらは「われわれが夢においてよく知っている視覚像に似ており、おそらくはそれと実際に同一であるかもしれない」という記述が強く示唆するのは、彼の精神モデルはフロイトの「一次」過程を「情動経験の印象」で、そして「二次過程」を「夢思考」で置き換えようとしており、そこで夢の分析についての全く異なる取り組み方を創案しているということです。「分析家がそれらを解釈するときに潜在内容を生み出しているとフロイトがみなしている諸要素は」、「夢作業」の逆転を通じて発見されなければならなかったはずの「潜在内容」をもはや失っています。けれども、考えることによって理解される必要がある意味は保持している、ということをほのめかしているようです。器はたしかに充たされるでしょう。というのも、多くの分析家はフロイトが主張した「ジグソーパズル」法とは全く似ても似つかぬ過程によって夢の意味を見定め、夢の意義を解釈しており、夢を解読するよりも夢について考えることに賛同すると思われるからです。

しかしながら私たちは、歴史的文脈内でなければならないのに、ビオン自身がα-機能の概念に臨床上有用な意味を注ぎ込もうとした企てを追跡する前にビオンが意味することを理解しようとして、第三章から第一一章に留まるという意図より先に飛躍しています。そこから次の疑問が生じます。すなわち、歩行するために経験から学ぶことのように、（今現在においての経験であると同時に精神システムとしての）意識と無意識との間に、接触障壁として機能しうる夢思考の連続した「膜」を生み出している、情動経験の感覚印象に作用しているα-機能のモデルを、どのようにクラインとスーザン・アイザックスの無意識の空想という概念と比較するのでしょうか？　結局は（一次過程は否定について何も知らず、無時間であるなど）合理的と非合理的の区別を含意しているとみなしたフロイトの一次過程と二次過程という着想を無意識の空想がその座を奪ったのと同程度に、α-機能は無意識の空想に取って代わったのでしょうか？

まず第一に、クラインは決して理論家ではなかったことを思い起こす必要があります。彼女はこころの理論を発展させることには関心がなく、純粋に記述的臨床家であり、プレイルームや面接室で発見した現象を記述するための土台として、フロイトのこころのモデルを用いていました。それゆえに彼女の理論の進化は、いわゆる発見の内部論理で決定された展開に沿った円滑な方向で進みました。彼女の発見が表わしているこころの潜在モデルの途方もない変化に、彼女はこの間、全く気づいていないようです。内的世界の具象性、こころの空間の地理学、情動（affect）の中心的役割、価値観の極めて重要な機能——これらすべては、フロイトが示唆した自我やエスや超自我という構造にまさに働いている基本的にエネルギーモデルであるものに含み込めない——精神分析理論への補遺なのです。

覚醒状態と睡眠状態において途切れなく続く無意識の空想という概念は、その起源について説明を要しないひとつの事実とみなされます。それは、こころの装置に内在するこころの機制によって生み出されるという意味を含んでいるようです。すなわち、対象と自己の外的世界と内的世界という空間の間における交流を扱っている、投影と取り入れに主に拠っています。無意識の空想はフロイトを越えた大きな進展であり、そこでは、その機制のこの相互作用によって、無意識の空想は意味が生み出される劇場（内的世界）を提供し、この舞台を情緒的関係にとって根本的なものにしているのです。私たちは外的世界を、意味と意義の視点から内的関係の反映として見ます。フロイトのモデルにはそのような装置はありませんし、快感原則と現実原則との区別は身体感覚と本能要求の充足に強く結びついていて、それに代わるものは幻覚的願望充足です。一次過程の非合理性はこの目的に由来し、知識への渇望は何であれ現実原則の要求に対して二次的に生じるだけなのです。その結果、クラインが発達に非常に重要な要因とみなし、そしてビオンはそれを愛と憎しみとともに精神活動における第三の大きな動力（K）として位置づけることになる知識本能は、フロイトのモデルでは決定的に重要な役割が何も見つかりません。

そこで歴史的に、情緒性と結びついて意味を生み出す劇場としての具象的内的世界の発展を考慮に入れるために、無意識の空想という概念を一次過程の概念に重ね合わせるとするなら、ビオンがモデルを探究していた思考障害の現象には、さらなる修正が必要とされることが理解できます。投影と取り入れの過程は、微細な断片化や部分対象という概念をこころの諸機能をカバーするまで拡大するという着想や、諸断片が凝魂化し奇怪な対象群を形成するという着想でたとえ増強されたとしても、考えることのために使えない思考や幻覚現象や言葉が物となる思考の具象性が存在するというような現象を秩序立てるのには全く使えないのです。それで、α-機能というビオンの着想は、こころの機能は消化管機能の経験をモデルとして発展したと想定して、消化できる要素や消化できない要素の双方を生み出すと想像できる、仮定の機能とその機能を遂行する装置を構想することを意図しています（ビオンはこの消化管を単なる例えとして使っているのか、それとも彼はこころの進化はこれに類似してなされたと考えているのか、わからないままです）。

この観点からすると、α-機能という着想はフロイトの一次過程と二次過程を無視しているだけのようだと言えるかもしれません。第二段階の修正として、クラインの暗黙の修正に追加を加えた、より複雑な現象を包括できる、より複雑なモデルなだけなのです。フロイトはリビドーの分配とその変遷を記述しようと試みていましたし、クラインはこれらを対象関係の領域に導入していました。そしてビオンは、対象関係の境界内で思考と学ぶことの発達とそれらの病理を説明しようと試みています。考えることに使用できる思考を生み出す機能が想像できる装置を構想することで，集団における作業の研究で見てきたように，前分析時代の仕事において関心の中心にあった「経験」という言葉に実体を与えています。「経験を積んだ指揮官」そのものです。

こうして今や，空の概念としてα－機能が意味することを理解するために，α－機能の神話にある負の側面に取りかかれるでしょう。ビオンはβ－要素という呼び名を，α－機能に作用されない「情動経験の感覚印象」に使用していきます。これは，彼がβ－機能それ自体は構想していないことを意味しています。β－要素は思考の生の素材であり，こころの装置では消化できず，記憶としては貯蔵できず，単なる事実の蓄積としてしか貯蔵できません。彼はそのような貯蔵が実際に行なわれるのかどうか，そしてもしそうであるなら，この情動経験の蓄積された瓦礫はα－機能で再生処理が可能なのかどうか，どう見ても未解決のままにしているとしか考えられません。これは，初期のフロイトそっくりに響きはじめています。ヒステリーについてのフロイトの理論では，外傷体験はこころの装置に異物のように停留し，そして外傷体験と他の記憶を結びつけた何らかの過程では「磨滅」しないと，どういうわけか推量していました。ちなみに，この考え方に沿って，治療過程はこれらの出来事についての健忘からの回復とそれに続く「ワーキングスルー」に向かうとするなら，ランダムな事実としてのβ－要素の貯蔵という考え方には，これらを記憶に収め込むために再生処理することが治療過程であるという含意があると想定することは，もっともなことでしょう。

消化管モデルに沿っていくと，ビオンの構想は別の可能性も含んでいます。β－要素は排泄されるかもしれませんが，どこへ排泄されるのでしょうか？　β－要素が武器として使われるかもしれませんが，どのようにしてなのでしょうか？　β‐要素が珍重されて秘蔵されるかもしれませんが、その結果どうなるのでしょうか？　再生処理されるとしても、α‐機能なしでなされるのでしょうか？　私たちはすぐにこれらの可能性と、部分対象レベルでの肛門性愛の領域における空想との間にある類似性に思い当たるでしょう。しかしながら、架空の装置を早まって意味づけすることに対するビオンの禁止命令に従わなければなりません。それにもかかわらず、肛門空想という第一印象は、私たちにα‐機能という建造物の価値を査定するにあたり、α‐機能が既存の理論では扱えない現象への新しい取り組み方を本当に可能にするのか、あるいはそれは新しい現象への既存理論の見せかけの適用なのかどうかを、自問しなければならないことを思い起こさせます。

この装置にある決定的な斬新さ、つまり反転して作動するα‐機能という考え方は、つまりα‐機能がα‐要素や夢思考を解体（cannibalizing）してβ‐要素を生み出すことなのですが、ビオンが急に後戻りし、この反転した作動は、彼が以前に微細な断片化や凝塊化で説明した奇怪な対象群を生み出す代わりの方法であるかもしれないと示唆させます。彼の概念にある機械論的で架空な性質は、次第にロナルド・サール[9]の漫画に似てきます。古い機械が壊れ、その漏れやすいパイプが母校のネクタイ（学閥）で結ばれ、β‐要素を乱造し、風格ある生家の屋根裏部屋を使い物にならない古びた瓦礫で充たしているのが、次第に想像されてきます。しかし、この印象がここで創り出されてしまったのは、その装置を理論構築の歴史文脈において持ち出すために、臨床との照会がビオンの論説から排除されてしまったからです。この後の章では、最初の攻撃の成功と失敗を査定しながら、ビオンがその装置を臨床的事実で充たす道のりを辿れるはずです。

▼訳註

1――福本修＝訳（1999）『精神分析の方法Ⅰ』法政大学出版局 p.26

2――『フロイト著作集９』p.344

3――ビオンの〝container-contained〟という概念や母親の夢想、α - 要素、β - 要素、α - 機能といったアイデアは、人がそれらを臨床作業で使うことでそれに意味を充たすようにあえて空虚のままにされている。

4――『精神分析の方法Ⅰ』p.15

5――本書ではα - 機能となっているが、α - 要素の間違いであると思われる。

6――『精神分析の方法Ⅰ』p.18

7――一九世紀末の情動体験のメカニズムに関する古典的理論のひとつ。通常、情動体験は「何か怖いものを見て、恐怖を感じ、身体が震える」という過程をもつと考えられている。これに対し、ジェームスは「何かを見て、身体が震えるから恐怖を感じる」という過程を考え、環境に対する身体的な反応こそが情動体験を引き起こす原因であると主張した。同時期に同様の主張したランゲの名とあわせて、ジェームス＝ランゲの末梢起源説と呼ばれる。

8――『精神分析の方法Ⅰ』p.20

9――英国のグラフィックアーティスト、風刺漫画家。代表作に「聖トリニアンズ女学院」などがある。

第6章
コンテイナーとコンテインド
学ぶことの原型

『経験から学ぶこと』の論評を仕上げるときに、二つの大きな仕事が立ち現われてくるようです。このうちの第一は、三つの機能、すなわち愛（L）、憎しみ（H）、知ること（K）というビオンが情動経験の三つの主要形式として選び出したものとα－機能との関係性を吟味して、α－機能の記述を積み上げることです。α－機能は、それら三つの情動経験の「感覚印象」に適用されて、夢思考や意識と無意識を区別する接触障壁という膜を生み出し、このようにして精神分析の研究方法に役立てる双眼視を可能にしています。第二は、そこにおいて経験から学ぶことが、（仮説的に、系統発生的個体発生的に）可能なこととして存在するようになると考えられる関係性の原型、すなわちコンテイナー－コンテインドとしての赤ん坊－乳房を精査し、ビオンが精神分析的思考の歴史において、初めて情動に関する理論の基礎を築くのに成功したかどうかを調べることです。それはたしかに、彼が意図したことのひとつなのです。

この二つの批判的な仕事に着手する前に、万人にあらゆる負の感情を呼び覚ますこのささやかな本に見られる着想の提出様式は、後に考察することにして脇に置くほうが都合がよいでしょう。これは偽数学的形式であり、そこに一般人なら知らないギリシャ文字、プラス記号、点、性愛の象徴、そしてさまざまな種類の文字によって観念が示されています。第五章で、αとβの「空の」概念の使用は方法論的手続きとして擁護されました。しかし、このことはあらゆる科学の進展において避け難いものであること、そして理論というものは少なくとも比較的空で始めるべきで、そして雪だるま式にその意味を収集すべきであることも——あるいはもちろん、収集し損なうことも——示唆していました。空の概念の使用自体に、ギリシャ文字の使用を正当化できる方法論的事実は認められませんでした。しかしながら、言葉はそれ自体がそれまでの使い方から意味という前もって形成された「陰影（penumbra）」を携えているもので、呼称のために言葉を使って空を「尚早に」充填することを回避しようとする願望は適切であると思えます。この分野では特に、ギリシャ語からなる新語創作や神話に由来する呼称よりは優れていると思われます。

しかしこれは、ビオンがこの本の主要な着想を提示するために選択した一般的な数学的表現形式を正当化するものではありません。これは、いわば専門分野内のコミュニケーションのために、思考の正確さを基盤として正確な記述を熱望することに由来し、精神分析を天文学と同等の立場に置きたいと熱望してのものです。その点からすると、『経験から学ぶこと』は『精神分析の要素』への序曲でもあります。ビオンは記しています。「正確な定式化の試みの例として、私はα－機能と二つの因子、過剰な投影同一化や悪い対象の過剰を取り上げる。これら二つの因子が、分析の過程で分析家が観察してきた他の諸因子を閉め出すほど侵襲的だとしよう。もし精神分析理論が合理的に構成されているならば、均一かつ普遍的に適用できる参照体系の一部である象徴によって、これら双方の因子に言及できるはずである。投影同一化というクライン派の理論は、頭文字とページや段落参照によって言及されるであろう。同様に、注意についてのフロイトの見解もリファレンス（参照項目）で代替えされるであろう。実際にこれは、扱いにくいが実行可能で、今でもスタンダード・エディションのページや行が引き合いに出されて行なわれている。そのような表現法は、多少創意工夫はあるものの、明らかに恣意的規則に従った象徴という、単なる操作を手伝うことになりかねない。ただし、分析家がそのような公式が言及する背景となる事実があるという感覚を保持していれば、そのような抽象的な表記で表現できるようにする、実際の臨床経験を濃縮する試みで強要される思考の正確さや厳格さを実践するうえでの強みがある」(p.38)[1]。

ビオンが数学的形式を真剣に考えていることを明確にするために、このように長々と引用する価値があると考えます。つまりうわべだけの飾りにすぎないのでは、無知な人を理解させせられません。「単なる操作」は、訓練や研究やコミュニケーションに役立ちうる「正確さの実践」という彼の見解を、より明確にする強調なのです。この熱望は、もちろん初期のフロイトに絶えず重くのしかかっていたものである『科学的心理学草稿』の誇大性と混同されるべきではなく、むしろ若きヴィトゲンシュタインの『プリンキピア・マテマティカ』[2]における奮闘と比較されるべきです。おそらくビオンが『哲学探究』[3]という後期のヴィトゲンシュタインのように、現象学的記述での満足に譲歩するかどうかは、後にわかるでしょう。

これによって、ビオンの説明方法への煮え切らない苛立ちを私たちは脇に置いておくことで、幾分冷静にα‐機能という神話を、彼が情動結合の三つのタイプ、愛、憎しみ、そして知ることに適用した含意を吟味できるはずです。これら三つは「情動経験」の核心であり、それを知覚するのにα‐機能が適用されるのです。そして私たちは、彼がこれら三つの情動結合で意味すると思われることの吟味に取りかかれます。ビオンが示唆していたことは、真実によって情動経験の消化は栄養をもたらし、その真実はこころの装置を生きたものにし、経験から学ぶことということの過程によってこころの装置を成長させられるということであるのを思い起こさなければなりません。「情動経験を使用できなければ、パーソナリティの発達にそれに相応する惨事をもたらす。そして私はこれらのさまざまな惨事のなかに、パーソナリティの死と記述できる精神病的荒廃といった度合いのものも含める」(p.42)[4]。特にクラインによりなされた、愛と憎しみに支配された関係性がまさに分析的探究の中心であって、そして思考する過程の探究という観点から、彼の着眼は主に知ることであるＫであり、そして後には知ることのない（Un-knowing）マイナスＫであると彼が考えているのは明らかです。愛や憎しみとの結合のときと同じく、Ｋ－結合はこころの苦痛を伴い、その苦痛は受け入れられたり、修正されたり回避されたりするでしょう。そうなると当然ながら、後者二つこそが発達と病理を理解しようとしている精神分析家に関わってきます。真実と嘘は、思考やパーソナリティの成長のための食物と毒として浮かび上がります。歴史的に言えば、当時のビオンは防衛機制の概念を、真実を修正するための機制へと変形することで、思考の病理に取り組もうとしています。そうして真実は消化できるようになるか、真実は回避されて、消化できないβ－要素や幻覚という奇怪な対象や物自体[5]の言葉や他の表象が物そのものとして扱われる思考の具象的様式である嘘を形成するのです。「そのような操作の狙いは、現実を肯定するためではなく、否定するためであり、情動経験を表すためではなく、それが充足感であるように思わせるために偽って表わすことである」(p.49)[6]。

この取り組みによって、フロイトの著作では実体が与えられておらず、事実のただの申し立てであった現実検討の理論に重要な修正がなされていているのが見て取れます。クラインの業績でも実際には言及されていません。というのも、彼女は現実についての二つの領域である内的現実と外的現実の区別だけに関心があったからです。彼女が執筆していた当時、吟味されていた現象は思考障害よりも混乱（confusion）に関連したものであり、こころの生活に関する彼女のこの地理的分類は、現実検討の問題に適切な実体を与えていたようでした。彼女は内的世界と外的世界では支配する法則がいかに異なっているのかを論証する方向へ大きく前進しました。彼女は決してこころの理論家ではなかったため、これをフロイトの一次過程と二次過程に関連づけようなどとは思い浮かびませんでした。実のところ、この精神分析理論へのこの補遺は現実検討の概念を補充できませんでしたし、彼女の業績のどこにも嘘という心的実在物についての言及は見当たりません。ビオンのα－機能という神話は、真実を見極めるにあたって「信頼感」が生じる経験をパーソナリティにもたらしうる装置を供給することを意図し、他者と経験を分かち合うことや、（ビオンが「共通感覚」と呼ぶ）一つ以上の感覚によって感覚データを確証するのに似ています。彼の示唆によると、この信頼感はα－機能によって働きかけられた情動経験の本質的に意識的な表象と無意識的な表象との間にある「接触障壁」の「膜」の精巧化によって可能となるのです。α－要素は物自体の経験ではなく、物自体の描象物であり表象ですし、そして一方でこうして意識と無意識の双方の形式で同時に表象される物自体の存在は、パーソナリティに経験についての「双眼視」を与え、そこから物自体の現実性に「信頼感」が生じます。

さて、そのような考え方は現実検討に対する意味合いを吟味するまで、何らその実質を語っていないように思えます。フロイトの試行としての思考という考え方には、作動中の思考の妥当性を検討することがいずれは必要となるだろうという含みをつねに伴っていました。少なくとも誤った考えよりも正しい考えに必要でした。クラインの内的世界の導入が、たとえば心的現実での万能的空想の働きではあたかも問題ではないかのように、この問題への注意をそらしました。その働きが内的なものであることを患者が突き止めるための手助けだけが必要なようです。ビオンはそれが重要な問題であり、単にこころの構造やこころの健康の観点からだけではなく、「パーソナリティの死」としての精神病という新しい認識を作り出す警鐘を含意しているようです。身体的過程を例に取って考えますと、三つの理論は次のように比較できるかもしれません。つまりフロイト曰く、良い性的関係をもてないなら不快な症状が出てくるでしょう。クライン曰く、愛を受け入れないなら不適切な発達（こころのくる病）が現われるでしょう。ビオン曰く、経験を消化しなければ、こころを毒し破壊するでしょう。異なるレベルでのこころの生活への注目として、これらすべてが正しい理論です。フロイトの頂点（vertex）からすると、現実検討は充足の経験に依拠し、クライン派からすると安全保障の経験に、しかしビオンの観点では、現実検討は真実を見ているという「信頼感」に依拠し、物自体の真実ではなく、意識的であると同時に無意識的な頂点である双眼視による物自体の自分自身の情動経験の真実です。それゆえに、作動中の検討は必要としません。観察と熟考は、マリアとマルタの物語からフレーズを借りると、十分なだけではなく「良いほう（The better part）」[7]でもあるでしょう。これはおわかりのように、精神分析的方法の理論に広範囲の含みをもち、ビオンは後に『注意と解釈』で探索することになります。

　架空の装置を記述してしまったため、ビオンはもちろん、系統発生的や個体発生的に、それが一体全体どのように作動しはじめられるのかを同じく架空の説明をしなければなりません。ビオンの系統発生的な提案とは、おそらく単なる類似ではなく、むろん現代生理学の観察に厳密には符合しないものですが、消化管機能の観察から得られた情報を土台にした類推として、こころの装置はα－機能を発達させたということです。脳を責め立てるすべての感覚データから、脳の神経生理学的装置はこころにひとつの情動経験を構築し、α－機能は感覚データを呑み込んで消化に取りかかり、おそらく呼吸と嚥下に類似した二つのレベルでα－要素や夢思考を形成します。自我はまず第一に、より原初的なエスの特殊化された機能として進化した身体自我であるというフロイトの言明に一致していて、それは批判に耐えられる神話のようです。

しかし個体発生はどうなのでしょうか？　ビオンの神話では、飢えか何かで苦しむ赤ん坊には、出生後すぐに乳房という概念を十分に生じさせる現実化にかなう乳房という前概念があります。したがって赤ん坊の苦しみは、不在の乳房（no-breast）というひとつの対象として経験され、赤ん坊はそれを主に泣き叫ぶといったさまざまな方法で、死にゆく恐怖としての不在の乳房を含むパーソナリティの苦しむ部分と一緒に排出します。もし母親が、赤ん坊の投影同一化をコミュニケーションの手段であるとして、コンテインしようとする心配りによって苦しみを受け入れることができるなら、母親のもの想いの機能は彼女自身のα－機能で履行され、赤ん坊の苦しみが投影された部分を取り去り、そして不在の乳房を在る乳房（present-breast）に置き換えるとともに、乳児が投影していた乳児自身の部分を乳児に戻すことができるのです。これはK－結合であり、これによって赤ん坊は乳房を内的対象として取り入れ、その助けによってα－機能が赤ん坊のこころで作動しはじめることができます。クラインが記述したサディスティックな攻撃によって、それがなくならない限り続きます。これは考えることが可能な状態と不可能な状態を揺れ動く基盤となります。

しかし精神病の研究は、ビオンにクラインの概念を越えた他の可能性を指し示しました。赤ん坊が、欲求不満や苦悩を緩和するよりも、むしろ回避する目的のために考えなく（un-think）なるように、誤解するように、嘘や幻覚をつくりだすように手助けする対象を赤ん坊が確立するための操作活動が引き起こされるかもしれません。ビオンの記述はこうです。「私の構成するモデルは次のようなものである。つまり乳幼児は恐怖の感情を分裂排除し、平静な乳房への羨望や憎悪とともに、乳房のなかへと投影する。羨望は共存関係（commensal relationship）を阻害する。Ｋの状態にある乳房は、乳房のなかへと投影された死にゆく恐怖の恐怖成分を緩和するであろうし、やがて乳児は今となっては耐えられるものになっている。そしてその結果もたらされたパーソナリティの成長促進的部分を再取り入れするであろう。マイナスＫの状態の乳房は、死にゆく恐怖の良くて価値ある要素を羨望によって取り除き、そして無価値な残渣を乳児のなかへと力ずくで戻し入れてくると感じられる。死にゆく恐怖に端を発した乳幼児は、言いようのない恐怖を最後には抱え込むことになってしまう。

「羨望と連合し、そしてマイナスＫが明らかなパーソナリティにおけるひとつの因子となりうる情動の暴力性は、投影の過程に影響を与え、死にゆく恐怖をはるかに凌駕したものが投影される。なるほど、それはあたかもすべてのパーソナリティが乳児によって排泄されたと言ってもいいくらいで［…］その重篤さは、死にゆく恐怖が存在しうる前の必然としての生きる意志は、羨望に充ちた乳房が取り除いた善良さの一部であるという言い方で最もよく伝えられる」（p.96）[8]。ビオンは引き続き、そのような対象がどのようにして議論の余地なく道徳的優位性を断言し、発達を憎悪し、学ばないこと（un-learning）、誤解することを助長する「超」自我として経験されるのかを記述しています。それはα－機能の反転である機能を作動させます。「換言すると、α‐要素がどれほど得られても、β‐要素へと転換させられる」(p.98)[9]。

すべてこれはビオンが、彼や他の分析家がいつかは意味を満たしうるかもしれないと願った神話なのです。それをより現実的なものにするには、この理論が働いているところを描き出す一片の臨床素材があれば助かったのですが。この章を締めくくる前に、冒頭で提起した問いに関して一言必要です。フロイトを含めたその他の心理学では、情動は原初的な素質や機械の雑音、あるいは情動として感知されるこころの状態の身体的現われですが、それから現代の精神分析を差異化できる実体ある情動理論に適するこころの理論を構成することに、ビオンは成功したのでしょうか？　次に示すのは、第二七章からのそれに関する彼の言明です。「コンテイナーとコンテインドは情動により連接したり浸透したりできる。このように連接されたり浸透されたり、または双方によって、コンテイナーとコンテインドは通常、成長として記述される変化を成し遂げる。それらは情動が切り離され、あるいは剥奪されると、活力が減少する。換言すれば、無生物的対象にほぼ等しくなる」(p.90)[10]。

「[…]私たちはどのような情動が共存関係に、したがってKに適合しているのかを知る必要があることは歴然としている」(p.93)[11]。

「(コンテイナー、母親、乳房など)の再構成する、したがって受容する能力は、ある情動の[…]他の情動による取り換えに左右される」[12]。

「学ぶことは、(成長しつつあるコンテイナー)がまとまりを維持したままで、しかも硬直にならない能力に左右される。これは、知識を記憶にとどめて経験でき、しかも新しい考え方を受容できるように、過去の経験を再構成する覚悟ができる個人のこころの状態を基礎づけるものである[…](コンテイナーとコンテインド）は取り換え可能な確固とした（情動）で支持されなければならない［…］[13]。

これは精神分析の歴史において情動理論の最初の説得力のある言明であると示唆してさしつかえないもののように思えます。ビオンは情動を、経験から学ぶことを通じて、こころの成長の中心に据えています。経験から学ぶことを、事柄「について」学ぶことと正確に区分し、『変形（Transformations）』で詳細に推敲することになります。

▼原註

作動中の理論を描き出そうと意図した臨床素材は、付録を参照のこと。

▼訳註

1――福本修＝訳『精神分析の方法Ⅰ』法政大学出版局 p.51

2――ホワイトヘッドとラッセルによる論理学史上の記念碑的著作。全三巻からなり、全数学を論理のみから演繹するという論理主義のプログラムが詳細に実行された希有な実例であるとともに、『数学の原理』の実在論的立場と決別したラッセル哲学を特徴づける〈論理的構成主義〉が、数学という領域で徹底的に遂行されたものと言える。ヴィトゲンシュタインは大学時代に本書やフレーゲの『算術の基本法則』を読んでいたらしい。

3――後期ヴィトゲンシュタインの主著。基底には言語ゲームこそが所与であるという考察がある。

4――『精神分析の方法Ⅰ』p.55

5――〝thing in itself（*Ding an sich*）〟「物自体」という概念が特別な意味をもって使われるようになったのは、カントの哲学に始まる。『純粋理性批判』の超越論的感性論において、空間と時間が我々の直観の形式であることが明らかにされ、それを通じて、感性的直観の対象に対して〈現象〈*Erscheinung*〉〉という規定が与えられることによって、「現象するものなしに現象があることは辻褄が合わない」として、物自体が導入されるのである。したがって、物自体とは、この定義上、感性を必須の要件とする我々の認識の対象とはなりえないものを意味する。言い換えると、我々が認識できないものとされながらも、同時に、現象の根底に存在するもの、あるいは現象の根拠とされるという矛盾した性格を本質的に担っているのである。この点を整合的に解釈するため、物自体を実体化せず、これを限界概念とみなす方向と、逆に、感性を触発して経験的対象の表象を原因という面に重点を置く二重触発説という両極的解釈が提出されてきた（『岩波哲学・思想事典』より抜粋）。

6――『精神分析の方法Ｉ』p.63

7――『聖書』「ルカによる福音書」一〇章第四〇節「イエスがある村に入られるとマルタという女が家にお迎えした。マルタにマリアという姉妹があった。マリアは主の足もとに座ってお話を聞いていた。するといろいろな御馳走の準備で天手古舞をしていたマルタは、すすみ寄って言った。『主よ、姉妹がわたしだけに御馳走のことをさせているのを、黙って御覧になっているのですか。手伝うように言いつけてください』。主が答えられた。『マルタ、マルタ、あなたはいろいろなことに気を配り、心をつかっているが無くてはならないものはただ一つである。マリアは良い方を選んだ。それを取り上げてはならない』」。マリア的宗教的恍惚とマルタ的隣人愛は、マイスター・エックハルトやマルティン・ブーバーにより論じられている。

8――『精神分析の方法Ｉ』pp.113-114

9――『精神分析の方法Ｉ』p.116

10――『精神分析の方法Ｉ』p.106

11――『精神分析の方法Ｉ』p.110

12――『精神分析の方法Ｉ』p.109

13――『精神分析の方法Ｉ』p.109

第7章

精神分析の要素と精神分析的対象

ビオンの思考の進展を追っていくなかで、フロイトが表立って描き出し、メラニー・クラインがそれとなく修正したこころのモデルを洗練し拡大することで、思考障害を探究する道具として使用できるかもしれないという展望を追求していたことが次第に明らかとなりました。そのような展望は無論、健康な構造と機能に関する仮説形成に向けて病理を検査するために、精神分析的方法を臨床医学的方法に似せて使うという可能性を含んでいます。それに加えて特にビオン的であるのは、コミュニケーションの正確さと同時に、彼が「黙想的な振り返り」や「精神分析的ゲーム」(p.99, 101)[1]といったさまざまな名称で呼ぶ「恣意的なルール」による「単なる操作」[2]を許すように、こころの内容を定式化することへの関心です。この目標の二重性は、この著作でも本質的な性格を二重なものにしています。たとえば科学的演繹システムの構築を目指すという意味で半ば科学的であり、そしてシステムを物自体として探究するという意味で半ば哲学的です。この「単なる操作」を楽しむことが、実践中の分析家の間に広く行き渡っている現象であるとはとても思えません。そしてここでは「グリッド」を批判するにあたって、使用を目的とした道具としてよりも解説方法として取り上げているため、単なる操作の論義をいくぶん無視したとしても間違いではないと思います。

この章における私たちの任務は、グリッドを主に精神分析的要素の周期表として探究し、次いでビオンが精神分析の「分子」[3]と呼ぶものである精神分析的対象、解釈を理解するために、グリッドの含意をたどることに違いありません。考えることに使用できる思考を生み出すために、情動経験の感覚印象に作用しうる架空で空の装置、すなわちα - 機能はすでに構成してしまっているため、ビオンがそこで注意を向けなければならないのは、「考えること」の名にふさわしく、そしてこころの食物である「真実」を生み出せるように、これらの思考を操作するための、同じく架空で空の装置を構成することです。圧倒されるような任務です！

これをビオンは、要素の周期表を立案し、そこから精神分析的対象という彼の分子を抽出し、次いでこれらの分子を相互作用させる機制である、(Ps⇕Dとコンテイナーとコンテインド♀♂として修正され表わされる) 妄想 - 分裂ポジションと抑うつポジション、そして投影同一化を探究することで実践しようとしています。もし消化システムが、α - 機能という装置の構成背後にあるモデルや類比であるとすれば、明らかに化学は、精神分析的対象の記述やPs⇕Dや♀♂という「因果関係的」影響下でのそれら対象群の相互の行動に関する検討という諸要素のグリッドのためのモデルや類比です。いずれにせよ消化システムモデルには命が吹き込まれ、そしてまた、どのようにしてα - 機能のための装置が発生できるのかという、系統発生的かつ個体発生的概念形成に役立ちました。化学モデルにはこれら内在的長所のどちらも備わっていないでしょうし、ビオンがこのモデルに情動性と成長の息吹を吹き込むことができ、そしてどのようにしてそのようなシステムが発生したのかを説得力をもって描写できるのか見極めなければなりません。彼の着想の歴史においてこの時点では、空の器を、説明に絶対不可欠である以上の臨床的意味で充たすことを彼には期待できません。そしてたしかにそのような臨床的な言及はこの本ではわずかで、いくつかの章を、はじめて読むとかなり理解し難いものにしています。第九章を参照してください。説明方法、すなわちグリッドの文字と記号の使用は、ビオンが構成しようとしているさまざまな仮定的装置の抽象性や空《くう》を促進しているかどうか、あるいはそれは単に追加の、時には翻訳不可能な任務を、たしかに誤解されかねないのですが、それを読者に課しているのかどうかは未解決のままにせざるをえません。

　ビオンのモデルである周期表の歴史を思い起こすのは、おそらく価値があるでしょう。一九世紀半ばにメンデレーエフたちは原子量、原子価、化学的特性を比較し、化学元素は九列の表に周期的に配列可能であることを発見しました。後になってようやく、これは原子核と電子が旋回する輪を伴う、原子の内部構造に基づいているとわかりました。この表の二つの軸に当初は構造的な意味はなく、そして九つの縦の行0-VIII[4]に選定されているにすぎませんでした。したがって周期表活用の変遷は、記述的分類（量、原子価、結合物の特性）から構造描写（電子、陽子、輪など）へと移りました。

　ビオンのグリッドは全く逆の方向で組み立てられています。彼が表を各々の列の垂直軸、そして水平軸における意味を選定して作成したのは、それによって臨床的現象学において現実化が求められる定義的仮説因子（たとえばD4、前-概念-注意）のためです。周期表がある程度このように機能していたのは本当のことで、最初の記述にある空白は、これらの空白を満たす新しい因子の発見への方向性を示していました。そこで私たちの最初の問題は、ビオンが二つの軸、使用法である水平軸（1-6）、そして思考の生成である垂直軸（A-H）というユニットを決めた方法を吟味することです。そのために私たちが思い起こさねばならないのは、その正当化は、ビオンが主張している「（面接室において）生起していること」の単なる記述は、「事実に基づいた説明」でも「科学的演繹システム」でもなく、その間のどこかを彷徨っているのであって、「表意文字」が表音アルファベットの「言葉」に対するのと同じような位置にあるということです。厄介だと非難するのは、正反対の格言「百聞は一見にしかず」を思い起こせば、見当違いのようです。グリッドは望みのない追求かもしれません。それは第一九章で強く示唆されていて、そこでビオンはすべての装置を「考えること」よりも「感じること」を扱うために適合させようとしています。しかしそれには、説明方法として非常に素晴らしい何かがあります。

　この説明は、軸そのもの（使用法と生成）と、それらの構成部分の双方について、カテゴリーのどれを選択するのかに向けられています。「軸の選択はさらなる理由がなければ、気ままなように思われる。すなわち、それは分析状況そのものに由来するからである」（p.91）。しかし要素に向けた彼の期待は明らかであり、現実的妥当性の基準尺度と科学的演繹システムを形成するだけの明確な表現能力を期待しています（p.3）[5]。それゆえ彼が♀♂を要素として記述しはじめ、あわせてPs⇔D、LHK、R（理性 reason）、そしてI（着想、あるいは精神分析的対象 idea, psychoanalytic object）を、後になって機制（♀♂）と（Ps⇔D）と呼び、あるいはより初期には♀♂を機能（LHK）における因子と呼んでいたのには、非常に混乱を招きます。これはさらに混乱を招くのですが、彼は要素として♀♂を捨て、要素が含むあるいは伴うに違いない「中心的抽象化」[6]を支持しているようで、それに「要素」という用語が当てはまるはずであり、そして諸要素は基本的に観察不可能であるという結論に至ります。

このことが、諸要素は「最初は記述するために使用された現実化を表わせなければならない」[7]という以前に期待されたことと、これがどのように合致するのか理解に苦しみます。さらに悪いことには、外的現実にはその表象以外にそのような対象がないときに、「それ（要素）が伴うことになる地位と性質は、われわれが『線』という語や紙に描かれた一本の線で表象したいと願う対象が、『線』という語や紙に描かれた一本の線に対してもつ関係と同じだろう」[8]と彼は説明しようとします。この直接に観察できる可能性の破綻は、科学的方法の視点からしますと、化学とのアナロジーを否定してしまうものです。『経験から学ぶ』で定式化したように「共通感覚」に頼ったのですが、これらの要素の「次元」をさらに前進させて定義づけようとした場合には不十分であり、ビオンは猶予を嘆願しています。「精神分析的探究の場合によくあることであるが、この計画の実行には、私たちが発見したいと望むものがあらかじめ前提とされているようである。このことを記述するにあたり、どこからか私は手を付けなければならないのだが、困難を伴う。というのも議論を始めると、議論された事柄が有利な立場にあるという考え方が本当らしくなってしまいがちだからである」（p.11）[9]。結論として、ビオンは精神分析の「前提」を哲学や神学の前提に固く結びつけていて、「科学的演繹システム」に向けた野望を無意味にしているように思えます。

この要約は、感覚や神話（あるいはモデル形式）そして情念（あるいは、強烈だが暴力的でないLHK）という「次元」を仮の直観として受け入れやすくさせます。それは一九世紀の化学者の直観に似ています。それは、いまだに電子、陽子、電子軌道、速度のような明確な実体を示唆する証拠を観察するための手段がなかったのですが、化学の要素は相互にダイナミックな関係にあり、重量、電荷、運動を伴う構成成分があるに違いないというものでした。しかし必要条件の定義づけも諸要素の次元も、どちらもグリッドとその恣意的な軸である（情念的な二人以上の関係での）使用法や、（思考の）生成への飛躍を説明していません。なぜ使用法と生成を相互参照することが要素の性質を定義するものなのか、全く謎のままです。生成軸の順序は、「生成」という用語が含んでいるように、明らかに論理的ですが、水平の「使用法」軸の順序は全く恣意的に思えます。それにもかかわらず第八、九章でも不可避な論理的順序を示唆しています。たとえば「定義的仮説」と「表記」との間にある本質な違いを見極めたり、あるいは「注意」と「行動」は同じ抽象レベルの用語であると認識するのも困難なのです。

垂直（生成、つまり思考生成の論理的系列）軸において、考えることに関する論文と『経験から学ぶこと』においてはじめて公表された定式が、幾分拡大された形に出会います。しかしながら私たちは、グリッドにおける配列が意味する彼の理論への貢献を理解するために、その違いに注目しなければなりません。一つの補遺は、β - 要素とα - 要素は、仮定的であるばかりではなく、それらがたしかに存在した場合でも、本質的に観察不可能であるという示唆です。そこで、α - 要素は今やそれ自体が夢思考ではないようで、その定義のためにビオンは、フロイトの潜在内容という仮説へと立ち返っています。ここで「観察可能」の意味に疑問が生じます。というのは、たしかに顕在内容は観察可能であるかもしれないが、他人の夢はもちろんたとえ自分自身の夢でも、潜在内容はそうではないのでしょうから。患者の夢は、その夢についての彼の説明よりも、むしろ分析家に観察可能であると言えるかどうか疑問です。

第二の補遺は、グリッド内での可動性を拡大するもので、「前概念」の概念を「制限された範囲の現象を受容するために適応したこころの状態」（すなわち、こころの生得的装備の一部）として修正して、「期待」

を「表現できる前概念」（あるいは「包含する」）と彼は言おうとしている）「**として、その概念は用いられることになる**」[10]（私の強調）という考え方を含ませているのです。彼は「概念」への移行について、私たちにほとんど手を貸してくれません。移行は「真実の解明や表現の道具に適さない諸要素から自由にしようとする過程によって」成し遂げられると言っているだけです。あたかも刃先が粗い鑿《のみ》のようです。

全体として見れば、グリッドの二つの軸の成分は既存の精神分析理論に実質的に何も負っておらず、その源は哲学に負い、その系列をビオンは若干示しています（参照――カント、ポアンカレ、ブレイスウェイト、ヒューム）[11]。グリッドは高度に独創的で、その起源の正当性によって支持されるものではありません。すべてはそれ自体の真価によっています。グリッドそのものの意味の吟味を進めるのは、不可解さが募っていくという雰囲気なしにはできません。ギリシャ文字プサイ（ψ）を使うことは、水平列２（不可知（unknown）の否認）と前概念における飽和された要素の双方を表わしていると推定しなければならないのですが、ビオン自身が詳しく説明しない何かを含ませようとしています。その使用は、前概念をあたかもそれが概念であるかのように使用することで成し遂げられ、そして効力をもつのに現実化との結合は必要としないと彼は意味していると推定しなければなりません。

もう一つの注意点。この本の難解さゆえに、多くの明らかな活字ミス（気の毒な校正者には全く理解できなかったに違いありません）を確認するために、ビオンに個人的に相談しなければなりません（いつかは相談しなければなりません）。たとえば六ページ[12]では、四行目、数字5.1はA5であるに違いありません。さらに下がって次のような言明があります。「注意という状態は、患者が生み出している素材を受け入れるとき、前概念に近似し、よって注意から前概念への変化は、グリッド上でのD4からE4への移動として表現される」。これは次のように訂正して読解されるべきです。「注意という状態は、患者が生み出している素材を受け入れるとき、前概念（D4）として機能しており、そして概念（E4）へと変化することになる」。すなわち、素材が到達するときです。原版での「前‐概念」という言葉は、たしかに「注意から概念への変化」と訂正して読解されるべきですが、それも不明です。

しかし、グリッドそのものの考察を進めるうちに、グリッドはビオンが構成したいと考えるための仮定的装置を通じて思考が発展するように、思考の必要な動きを表わす図表を用いた素晴らしい方法であることがすぐにわかります。化学の例えに立ち返ると、ある原材料を望ましい生成物や副産物へと実際に変形する現実の化学工場設備を組み立てるための土台として使われる、化学用の作業工程図に似ています。このように周期表とは全く異なりますが、最も水素をプルトニウムへと変化させたい現代の錬金術師ならば話は別です。ここに、健康な機能に関する含意を極端な精神病理の観察を使って引き出すビオンの傑出した才能が再び明らかになりますが、しかし議論についてゆくのが難しく、やる気を削いでしまいます。

基本的には、その装置は具象的な装備、コンテイナー‐コンテインド（♀♂）と（どういうわけか機制とも呼ばれる）メラニー・クラインの意味における妄想‐分裂ポジションと抑うつポジションのダイナミックな作用、それに加えてポアンカレの意味における選択された事実（おそらく触媒に相当する）（Ps⇕D）で成り立っています。原型モデルは、苦しむ乳児とそこに在る乳房との相互作用です。コンテインドがコンテイナーに包まれてα‐機能が引き続き起こるように、グリッド上で表象される成長の過程が引き続き起こるように、コンテインドはPs⇕Dによって影響されると想像されます。コンテインされた思考がその使用法や抽象化と組織化のレベルの双方で洗練されるにつれ、グリッドでは左から右へ、そして上から下へと移動します。理想を言えば，β‐要素として開始したものが行為としての科学的演繹システムとに至る（G6）と言えるかもしれません。この構想はある意味で，ロジャー・マネー‐カイルによって提唱されたパーソナリティへの視点と類似していて，そこでは概念の進化は，内的論理的必然性にのっとってピラミッド構造を形成します（「認知の発達」*I.J. Psa* 49, 1968）[13]。

すべては想像力に富んだ架空のものですが，非常に明快です。コンテイナー‐コンテインドという機制と，L，H，Kのダイナミックな作用に基づく使用法による左から右への進行を，なぜビオンはPs⇕Dの作動による洗練と抽象化のレベルでの上から下への移動と異なるとみなしているのか，そしてなぜビオンは，L，H，Kのダイナミックが吹き込まれる機制をPs⇕Dと呼ぶのかを理解しようとすると，困難につきあたります。その答えは部分的には，ビオンがメラニー・クラインの定式を構造的なものとして理解していることにあります。「グリッドに表わされた一つのカテゴリーから他のカテゴリーへと変化する過程は，解体と統合，Ps⇕Dとして記述できるかもしれない」（p.35）[14]。ここにポジションそのものの本質として，二つのポジションで使用されるスプリッティング過程のような機制がもたらす結末についてクラインが記述しているのを取り違えていることを示唆しているのかもしれません。しかし彼女は「ポジション」という用語を本質的に経済論的なものとして使い，自己と対象との相互作用において優勢な中心的価値観（central value attitude）に焦点づけようと意図していたのは，明らかだと思えます。

これはビオンの批判ではなく，Ps⇕Dはクラインの概念を参照しているのを思い出させるものですが，それらの単なる簡略した表記ではありません。構造的な意味である解体と統合を，価値観を犠牲にしてまで強調することで，ビオンは不必要な難解さを自分自身に強いてしまっているようです。これは，「原初的機制には、生存という目的に要求される正確さの能力が与えられなければならない」場合に、「心的現実であれ、外的現実であれ、現実の切迫」の下では、「思考の発達」すなわちグリッド上でのA1からG6と、「思考の使用法」とを区別しなければならない、という形式を取っています。ビオンは新しい機能を提案しなければならず、それは大文字Rの理性（reason）であり、「自我とエス」に表現されている三人の主人に仕える自我の苦境というフロイトのイメージに、彼は引き戻されているように思えます。これがこの本の核心である、第九章へと私たちを導きます。それは朴訥な勇敢さです（gnarled heart of oak）。

核心的問題は次のように表現されています。「Ps⇕Dの作動は、♀♂がすでに創った『思考』の間の関係性を明らかにする責任を負っている。しかし実際には、Ps⇕Dも♀♂と同じく思考の創成者のように思える」（p.37）[15]。それを吟味するために、ビオンはある症例の概要を提出します。そこでは患者の話が理解不能で、とりとめのないいたずら書きに等しいのですが、おそらくは分析家を含む面接室の諸対象に、それらの対象の形状や機能とは結びつかない意味を何とか注ぎ込めています。ビオンによれば、彼はこれらの対象を象徴というより「記号」として使っており、おそらくはハンナ・スィーガルが「象徴等価物」と呼んだものに相当します。これは、プサイ（ψ）第2列や、概念を形成するための現実化であたかもすでに飽和されているかのように使われる前概念と同じようです。これはどうやら全知、作話、嘘言、マイナスKと関連しているようです。この患者はこのように表記システムを象徴やメタファーと取り違え、この不適切な装備で考えようと試みていました。しかしビオンはそれを少なくとも、考えるために実際の対象を操作しなければならないことから自分を自由にする試みであると見ています。このようにそれは、遊びが空想にもつのと同じ関係を思考に対してもつようです。しかしビオンは、患者が選択された事実の機能に似て、ある特別な対象を他の対象に調和させ、ひとつの意味を与えるために使おうとしていたことを見抜けたとも思っていました。もちろん、β－要素や物自体として具象的に利用されていたので、臨床現象に関するこの繊細な記述を把握するには、想像力を広げなければなりません。しかし私たちはビオンの事実についての直観をそのまま信用しなければなりません。

ここからビオンが演繹することは、因果関係のわからない問題との対決です。つまり先行するのは、Ps⇕Dなのかコンテイナーなのか、という問いです。これは彼の「論理の恣意的なルールによる単なる操作」のように思えますが、そこからの飛躍は印象的です。「私は、患者が抑うつ感によって迫害され、迫害感によって抑うつ的である混合状態の存在を想定することにする。これらの感情は身体感覚と区別がつかず、後の識別能力から見ると、物自体として記述されるものかもしれない。要するにβ－要素は、物自体や抑うつ－迫害感や罪悪感、したがって破局の感覚によって結合したパーソナリティの諸側面から構成された対象群である」（p.39）[16]。彼は「破局的変化」についての論文でこれを明快にできるまで、さらに五年を要することになります。しかしβ－要素に本来備わるこの破局感を、ビオンがまさにこのとき利用しているのは見事なものです。彼が想像しているのは原初的状況であり、そこでは撒き散らされたβ－要素（彼はすぐに「不確実性の雲（uncertainty cloud）」と呼ぶことになり、「不可知の雲（cloud of unknowing）」[17]という神学的概念を示唆します）はコンテイナーを探し求めていますが、この探索により圧縮され、撒き散らされた状態を「緩く編まれたコンテイナー」として使うことができる、コンテインドの「不全なままの原型」を形成します。この過程は同じく、Ps⇕(解体－統合に選択された事実を加えたものとみなされる)Dの不完全な原型を現実化することになるでしょう。

疑問が生じざるをえません。つまりビオンはこの心的かつ言語学的鍛錬という離れ技によって、こころの装置に関する仮説のための第二の要求、すなわちこころもその装置が個体発生的、かつ系統発生的に生じうる筋道を示唆するという要求に応えたのでしょうか？　その韻文は感動的であり、そしてそれが意味することの記述、破局の感覚で満たされた貪欲なβ-要素は、コンテイナー（乳房）不在のなかで、現実化が飽和されるのを猛烈に追求するには総毛立つほどに現実味があります。しかしメラニー・クラインによる抑うつポジションの発現を引き起こす出来事についての記述に比較して、説得力があるでしょうか？『自閉症の探求（*Exploration in Autism*）』で概説された、こころの空間という概念形成の記述と比較してどうでしょうか？　これらの疑問についての論義はおそらく、この本の残りを精神分析的対象と感覚、神話、情念というそれらの次元を探究し考察するまで待たなければなりません。

▼訳註

1——福本修＝訳『精神分析の方法Ⅰ』p.208, 210

2——『精神分析の方法Ⅰ』p.51

3——『精神分析の方法Ⅰ』p.210

4——当時の周期表は九行一二列で、0行にHe、Ne、Ar、Kr、Xe、Rn、Ⅰ行にはH、Li、Na、K、Cu、Rb、Ag、Cs、Sm、Tu、Au、Ⅱ行にはBe、Mg、Ca、Zu、SrCd、Ba、Eu、Yh、Hg、Raなどとなっている。現在の周期表に比べてグリッドの形により似ている。

5——『精神分析の方法Ⅰ』p.120

6――『精神分析の方法Ⅰ』p.124
7――『精神分析の方法Ⅰ』p.120
8――『精神分析の方法Ⅰ』p.125
9――『精神分析の方法Ⅰ』p.128
10――『精神分析の方法Ⅰ』p.139
11――『ビオンの哲学の源泉』（P.C. Sandler（2005）*The Language of Bion*. Karnac Books）より抜粋。

哲学者の名前	着想と使用	参照文献	ビオンの業績
カント	第一性質と第二性質、ヌーメナとフェノメナ、概念と感覚的直感	純粋理性批判	精神分析の要素、変形、未来の回想Ⅰ、Ⅱ、Ⅲ
ポアンカレ	選択された真実、直観	科学と方法	再考、精神分析の要素、変形、未来の回想Ⅰ、Ⅱ、Ⅲ
ブレイスウェイト	観念と現実、カントとヘーゲル	科学的説明	思索ノート
ヒューム	恒常的連接（constant conjunction）	人間知性研究	再考、精神分析の要素、変形、未来の回想Ⅰ、Ⅱ、Ⅲ

12――『精神分析の方法Ⅰ』p.144、一行目
13――「乳房や特に乳首という概念の進展と並んで、たとえ心の流れがいずれにせよ、乳首を受け入れ、コンテインする何かの概念、すなわち口の概念が当然進展します。これら二つの概念から、私たちが利用する膨大な数の概念のほとんどすべてが、分割と結合（スプリッティングと統合）の過程によって結局は派生するようです」（*Cognitive Development* より抜粋）。
14――『精神分析の方法Ⅰ』p.149
15――『精神分析の方法Ⅰ』p.152
16――『精神分析の方法Ⅰ』p.152
17――一四世紀後半の中世英国で書かれたキリスト教神秘主義の無名著作。このテキストは中世後期における黙想の祈りに関する霊的ガイドである。この作品の底に流れているメッセージが提唱していることは、神を本当に知るための唯一の方法は、神に関するあらゆる既存の概念や信念、そして知識を捨て去って、勇気をもって不可知の王国に精神と自我を委ねることであり、その時点で神の本当の性質を把握しはじめられるというものである。

第8章
思考の利用における神話の役割

前章では、ビオンが『精神分析の要素』で、思考を生み出し、抽象化と組織化の双方のレベルで洗練化に向けて思考を成長させることのできる装置を想像するために払った努力を記述し吟味しようと試みました。彼はグリッドという手段でこれを図式的に表現しました。そのグリッドでは、使用法と抽象化や組織化のレベルでの可能な成長が二つの軸のシステムで表現され、グリッド中での移動は二つの機制、すなわちコンテイナーとコンテインド（♀♂）と妄想‐分裂ポジションと抑うつポジションに加えて選択された事実（Ps⇕D）によって実行されると表わされています。また彼は、「不確実性の雲」や「緩く編まれた網状組織」という偽天文学的モデルを使って、そのようなシステムがいかにして人類や個人において存在可能になったのかについて説得力ある記述を試みていました。そこに示唆されたのは、このような構造のメタファーを強調し、「ポジション」というクラインの定式に内在する価値に対する情動的態度に関連した経済的側面を省くことで、彼は思考の「製造」と「成長」(1)の問題とを対比させて、考えることに思考を「利用」することに関して不必要に困難な任務を自分に課していたということです。ビオンが提出したモデルは、抑うつポジションの先駆けとなる出来事についてのクラインの記述[2]や、『自閉症の探求』（メルツァーほか）で概説したこころの空間という概念の源の検索に対比できるかもしれないことが示唆されました。私たちはここで、ビオンの装置が思考を「利用する」ためと想像される機能の仕方、そしてどのようにしてこれが精神分析的状況や方法と関連していると見なされるのかを熟考することに取りかからなければなりません。再度強調しておくべきことは、この論義においてグリッドは説明方法としてのみ扱われ、「黙想的な振り返り」や「精神分析的ゲーム」のために使われるのではありません。

思考の「利用」というこの問題に取り組むために、ビオンは思考の「要素」は感覚データ（B行、α－要素）、神話（C行）、そして情念（LHK、激しいが暴力性は持ち合わせず、なおかつ科学的演繹システムであるG行に同定される）を包括する三部形式へと思考の「要素」は集合し、それを熟考することで他の精神分析的対象である解釈を生じさせる「精神分析的対象」を形成するにちがいないと直観的に提言しました。彼は、神話の領域で人類は本質的にはプライベートなものだが、集団に近似物を見出せる前－概念にある種の傾向を進化させてきたと推定しようとしています。エディプス神話はこのうちのひとつであり、特に乳幼児の愛と憎しみの問題に関連しています。一方で善悪の知識の木やバベルの塔の神話は、知識とコミュニケーションであるK領域の例として取り上げられます。ビオンはこう言っています、「神話はその物語形式のおかげで、科学的演繹体系が諸要素をその体系のなかに包含することで固定するのと似た仕方で、ストーリーのさまざまな構成成分を結びつける」（p.45）[3]。これは、意味を充てる作業は達成されないままになっている、基本的には名づけや命名（三列）の過程と考えられます。神話は要素を相互に適切な関係に「固定」しますが、意味は付与しません。これは神話の解釈によって行なわなければならないのですが、もし神話が関係性を「固定」していなければ不可能でしょう。この「体系」をビオンは「道徳体系」と呼んでいます（p.46）。[4] 夢が「プライベートな」神話とみなされるならば、個人にとってのその意義は、エディプス神話のような「公共」の神話を使って探究できます。しかし個人における思考の「利用」は、個人の思考がその成分を相互関係性のなかに「固定する」夢――プライベートな神話――という形式を取るように一旦その「成長」を進めてしまうと、そこでその思考は前概念として使われて、外的現実や内的現実において現実化を追求します。この過程は必然的にこころの苦痛を伴い、そして第一一～一四章でビオンは苦痛を回避するために、思考の成長に静止状態をもたらすさまざまな方法のひとつである、反転できる展望という着想の表明によって最も輝いています。その結果、学ぶことは生じません。

思考の成長において、思考がまさに夢‐神話に固定される時点でこころに苦痛が生じる、とビオンが言っていることが絶対にたしかであるとは限りません。しかしそうであるならば、それは精神分析理論本体に欠落した情動理論に大きな貢献をしたことになるでしょう。しかしもちろん、こころの苦痛の本質を探究するということはそれほど進んでおらず、単にその始点を位置づけているだけです。しかし苦痛の問題は、ビオンが神話は「道徳体系」に不可欠な部分であると考える理由の中心であるのはたしかです。一方ビオンは、分析は葛藤を解決することで悩みを軽減すると言うことができるという見解を捨てていませんが、患者の「悩む能力（capacity for suffering）」を増強することを、より中心となる目的として確実に位置づけています（p.62）。[5] この能力は「情動が痛切に明白になる以前の」[6] 予感状態において、情動を認識する能力と密接に結びついているようです。つまり、観念《アイデア》領域における概念に対する前概念のように、情動に対して相似の状態にあるのは感情《フィーリング》の予感です。不安はこの情動の予感状態と密接に関連しており、フロイトが「制止、症状、不安」でようやく記述した不安信号説に沿っています。そして予感状態が行動と充足を保留することで認識可能となるなら、分析は剥奪状態で実施されなければならないという古い言明に新しい説得力を与えます。

これがビオンの意味するところなら、つまり予感状態にある情動（すなわち、現実化を探し求める前概念として機能する夢‐神話へと成長した思考に属しています）は不安として姿を現わし、それが意味するのは、不安の苦痛な性質は、情動を予感的な「**痛切に明白さ**」にさせるよりも、情動を実在させる現実化を見出すことの不確実さと密接に結びついているということになります。それゆえ私たちは、ビオンはこころの苦痛を二種類のものとして話しているとみなせます。一つは情動の予感に関連する不安（彼は迫害性と抑うつ性の双方、おそらくさらに混乱性と破局性のそれを意味しているに違いありません）であり、もう一つはその本質が苦痛である現実化された情動です。これで、フロイトの不安「信号」説を、クラインの無意識の空想と結びついている迫害と抑うつというこころの苦痛の分類と調和させるのを、ある程度成し遂げています。しかしそれはまた、苦痛な情動とこころの苦痛そのものである不安との区別を可能にすることで、さらに踏み込んでいます。前者の苦痛な情動はこころの苦痛と混ざって耐え難いものになったのであり、そして精神分析的方法の効能は少なくとも部分的には、苦痛のこれらのカテゴリーのもつれをほどくことであると信じるに足る十分な理由があるのです。

考えることにおける思考の利用という問題に迫る前、この前哨戦での次の段階は、ビオンにとっては思考の情動的な「内容」と観念構成的な「内容」を結合することです。これをビオンは、グリッドのカテゴリーは「観念《アイデア》」と同じように「感情《フィーリング》」にも活用できると論証することで行なっていて、(7) 「感情」は、夢-神話に綴じこまれた観念に伴う予感的情動として捉えられ、前概念として機能するのです。予感的な情動は不安であってＬＨＫの変異形ではないことに注意してください。というのもＬＨＫは、α-機能の対象を感知する情動経験を充たすからです。経験すること、経験に含意されている情動を抱くことは、その経験を観察することや経験について考えることとは異なります。ビオンが関心を示すのは、この後者です。この「について考えること」が生じるには、経験が意味で満たされなければなりません。グリッドで図表として表現されているように、観念と情動の成長は、複雑さと洗練と抽象化レベルで成長可能な意味によって充たされるという観点から、あるいは必要であれば、たとえば新しい経験が古いものと区別されなければならない場合には、素朴や粗野へと後退可能な意味で充たされるという観点から生じるようになっています。ついでながら、これによって彼は、奇怪で、情動領域において観念領域でのβ-要素になぞらえられる多くの病的情動経験を、グリッド内に据えられるようになりました。精神病患者との作業においてそれらの現実化は無数にあり、そしてごくわずかな分析家しか感受できるとは思えない投影同一化以外の手段によるいかなるコミュニケーションも拒みます。

では最終段階において、このすべてがビオンをどこに連れて行くのでしょうか？　最終結果は、空想、情動、不安の意味を積み込んだ精神分析的対象という概念であり、それを分析家は解釈という自分自身の精神分析的対象を産出することで考えられそうです。「分析的観察者には素材が、関連がなく支離滅裂なバラバラのいくつもの粒子に見えるにちがいない（Ps⇕D）」――「これらの事実についての、患者のこころのなかにあるまとまりは、分析者の問題と関連がない。分析者の問題は――私は段階的に記述するが

――患者なりのまとまりを無視することであり、そうすることで支離滅裂に直面し、目の前に出されたものの理解の不可能性を経験することである」。「この状態は、長く続くにちがいない――新しいまとまりが出現するまで。その時点で彼は↓Dに到達してしまい、その段階は命名または『結び合わせること(binding)』に類似している。この時点から、分析者の過程は♀♂によって表現できる――すなわち意味の発達である」(p.102)[8]。意味のこの発達は、転移状況についての彼の直観が明らかにした私的神話にまとまりや適切さや正確さを与えるために分析家が使用する精神分析的理論という神話によって支えられると思われます。

これらの精神分析的対象である精神分析の「分子」は、グリッドの三つの行、B、C、Gからの要素により混成されるとみなされます。すなわち、情動経験の知覚に由来した感覚データやα-要素、その要素がそこで結びつけられる神話や夢思考、そして許されるなら神話や夢思考が成長して至る情念や科学的演繹システムです。要塞は陥落したのでしょうか？ ビオンは「発見したいものをあらかじめ想定した」[9]以上のことを成し遂げられたのでしょうか？ さらに強調しますと、彼は精神分析的対象をそれ自体は恣意的なグリッドのカテゴリーに基づいて定義することに終わっています。

要塞が陥落していないと仮定しましょう。つまり、ビオンは、思考そして精神分析で生じると思われる意見の一致にも混ぜ合わさった要素を漉き分けるための方法をうまく見つけられなかったと。グリッドは「黙想的な振り返り」に有用な器具であるとは全く思えません。つまり使用法と成長の軸が、化学の周期表に何とか似せて、要素の使用法-成長という別個の性質を明確にしているとは思えませんし、三部からなる「分子」は臨床での現実化を直には示唆していませんし、思考過程のための「命名」に彼が付与する本質的役割は、非‐文学的芸術や工芸、そしてゲームや非言語的コミュニケーションによって直ちに論破されます。もし彼が反転できる展望はシステムに介入するために使えると主張したいのなら、「展望」の問題はシステムのどこに当てはまるのでしょうか？　この本は失敗であるという立場を取ってみますと、哲学、数学、臨床経験から不適切に捻り出された直観の寄せ集めで混成され、もっと悪いことには、科学的な真面さや正確さという誇大的構想の鎧を着ていました。固い言葉遣い、繰り返し、漠然としたほのめかし、印刷ミス、そして風変わりな言葉を理由に、この本を無慈悲な拒絶にさらしてみましょう。そうやって、そこに何が残されているか、また、この男が書いた次の本に手を煩わせたいのかどうかを考えてみましょう。

まずはじめに、ビオンは『経験から学ぶこと』以後、巨大な任務を自分に課し、そして私たちは、彼が自分の道を追究するのを忍耐強く注視し、判断を保留すべきことを思い起こさなければなりません。このように『精神分析の要素』は戦争としてではなく、小衝突が先行する戦闘として査定されるべきです。このころの機能の神秘的領域という「形なき無限」(10)から、どれほどの領土を奪取したのでしょうか？　この本を読むことは、これまで自力では決して定式化できなかった思考に関する眺望が開けたという、忘れ難い経験となったのでしょうか？　このように枠づけし、そしてこれまで述べた留保条件をすべて認めるなら、この答えに何ら疑問は生じません。しかしこの眺望とは何でしょうか？　ビオンは考えることに使える思考を生み出せる仮定の装置を、私たちのために構想し、そして今やそれを研究するよう提案しています。彼が二つの段階に分けたこの過程は、思考の要素の成長、そしてこれらの要素を思考の対象として利用することです。それらを分けて考え、次いで批判的にそれらを結びつけてみましょう。

情動的反応、空想、葛藤に対抗するものとしての、思考と考えることとの全領域は、精神分析的探究にとっては新しい分野であり、ビオンにより開拓され、そしてこれまでのところほとんど単独で探索されました。ビオンが数学や哲学から導入した考え方は、学者ぶった分類を寄せ付けず、そしてさまざまな典拠から取られた概念を彼自身が個人的に統合し精神分析的経験というフィルターにかけられました。多くの方は抽象化のレベル、表記、公表などの概念を承知されているかもしれませんが、抽象レベルでの成長と使用法に結びついた組織化による共同決定に基づいて、思考を分けるというのは離れ技的な想像です。それはこころの産物としての「思考」という観念に、ある構成的実体を与え、思考はまずは空であり、だからこそ意味で満たされなければならないという見解に説得力を与えます。このように、現実化とつがうことで概念を形成する「前-」概念と前概念という全体像には、思考における各々の成長レベルが組織化の抽象性と洗練のレベルを次へと高める前概念として機能することが伴い、フロイトとアブラハムのリビドー発達段階が精神-性的成熟という考えに生気をもたらしたように、思考の領域に生気をもたらしています。たとえ厳密な比較ではないにしても、周期表との比較に値する輝かしいヴィジョンであると認識するには、すべて信じることも十分に把握することも必要としません。「コンテイナー」という概念は本質的には「意味のコンテイナー」を指しているということは、私たちのこころのモデルへのおそらくクラインの最も偉大な貢献であった具象性、つまり心的現実の具象性の価値を高めるという仕方で、空間という彼女の概念との繋がりを形成しています。内的対象は、その存在がこころの構成物として具象的であるばかりではなく、この具象性は内的対象にとって意味のコンテイナーとして機能できるためにも必要なのです。もし内的対象がこころにおいてその機能を果たし、そして同一化を介して自己に対象やこころの状態や情動の適切なコンテイナーとなるための基盤を提供するのなら、この構成物の具象性は、充分に隙間を埋められ自制できる括約筋で安全装備されなければなりません。ビックによる皮膚-コンテイナー機能に関する業績、そしてそのグループによる自閉症児の空間概念の探求との繋がりは明白です。

このように、妄想-分裂ポジションと抑うつポジションがコンテイナー-コンテインド構造内における機制として機能し、コンテインドされた思考は複雑さを増して成長し、この過程で意味が発生することを可能にするその仕方というビオンの考え方は、フロイト派の枠組みからクラインの概念を取り出します。「ポジション」は、大規模な発達的動きであることから変化して、その瞬間その瞬間における機能の成分となりました。Ps⇕Dを経済原則としてよりもむしろ機制として扱うことによって、Ps⇕Dをコンテイナー―コンテインドとほとんど区別できなくすることによって、Ps⇕Dに価値意識との関連を取り除くことでビオンが自分の論点を大幅に弱めていることが未だ熱心に主張されているのかもしれません。それは化学の初期と同じで、当時は触媒が化学反応自体に及ぼす影響の仕方について何も知られていなかったので、触媒は全く偶然に選択されたのでした。Ps⇕Dに選択された事実を加えたものは、ケルダールフラスコのなかのセレン[12]のようなもので、それがそこにあるのは、それが結果をもたらすからです。しかしクラインの概念にある経済的側面を省いているのは、この本を特徴づける厳密に数学化する努力に沿っているからですが、そのためグリッドには使用法にも成長にも「美的（aesthetic）」のための場所がないということに気づかれると思います。おそらくそれは成長での抽象化と洗練が究極のレベルまで達したものとして、「代数学的計算式」の後に出現してくるはずです。ビオン自身の「連結することへの攻撃」という概念とそれに含まれる価値意識は、Ps⇕Dを解体-統合と同等とみなさないようにさせていたはずでした。

思考の利用という問題の彼の扱い方に取りかかりますと、最初にそれを、成長と使用に並置してみると、成長と利用との間のこの区別が紛らわしく見えてくることを認めざるをえません。おそらく彼は十分には明確にしていなかったのですが、彼は「使用」ということで思考がそこに起源をもつ今そのときの前後の文脈を意味しており、一方で「利用」では非常に特殊な何か、すなわちこころそれ自体を理解するこころの能力であり、それによって他者のこころを理解するのに可能な能力を意味しています。彼はこの可能性を「精神分析的対象」という観点で定式化しています。すなわち精神分析的研究の分子であり、観察可能な思考の要素が結びついたときに利用可能となる理解です。理解というこの分子を形成するために結合しなければならない要素の必須なカテゴリー、B、C、G行（感覚データ、神話、情念とも呼ばれる）は、ビオンに直観されたのであって、どこにも正当化されても説明されてもいません。この理由のために、「転移」についての章はあまり中身がなく、苦痛についての章は素晴らしいものですが、この本の他の部分との統合に欠け、エディプス、バベル、エデンそれぞれの神話の探求はわずかに触れられる程度です。ビオンがどのようにして「情念」と「科学的演繹システム」を等しいとみなすのかは謎です。彼は次のようなことを言おうとしていると結論づけなければなりません。思考が科学的演繹システムの定位置に付けるレベルまで成長するには、コンテイナーにおいて思考が発達する行程で、激しいが暴力的でないLHKとともに作動するPs⇕Dによって思考が感知され、働きかけられなければなりません。これが創造性の問題に対する新しい取り組み方へと導くことでしょう。たしかに私たちが研究している精神分析における「対象」という考えは、ビオンが明らかに避けようと非常に苦心してきたタイプの言葉の混乱をもたらしますが、それにもかかわらず度々不必要に侵入し、たとえば「要素」という言葉の彼のさまざまな使い方にも入り込みます。しかしおそらくビオンは、その「精神分析的対象」は「対象関係」の「対象」をつくるための材料であると述べています。それにしても思考の詳細な分析と統合を報告することで、かなり濫用され、それゆえに耐え難いほど漠然とした用語「理解（understand）」に対し、自分自身と他者のこころの状態に適用するときに新しい確かさを与えました。

概して『精神分析の要素』は輝ける失敗であると言わねばなりません。つまりそのヴィジョンと思考の領域では輝き、そしてその編成と得意とする話題（hobby-horsishness）では失敗しています。

▼訳註

1――福本修＝訳『精神分析の方法Ⅰ』p.159

2――おそらくメルツァーはクラインの *Infantile Anxiety-situations Reflected in a Work of Art and in the Creative Impulse*（『芸術作品および創造的衝動に表れた幼児期不安状況』）における〝The Empty Space（空の空間）〟を示唆していると思われる。

3――『精神分析の方法Ⅰ』p.160

4――『精神分析の方法Ⅰ』p.160

5――『精神分析の方法Ⅰ』p.174では「受容能力」と訳されている。

6――『精神分析の方法Ⅰ』p.186

7――『精神分析の方法Ⅰ』p.189

8――『精神分析の方法Ⅰ』p.211

9――『精神分析の方法Ⅰ』p.128（なお、本書では〝presuppose〟と記されているが、*Elements of Psychoanalysis* では〝pre-suppose〟とされている）

10――福本修／平井正三＝訳『精神分析の方法Ⅱ』p.167／ジョン・ミルトン『失楽園』

11――『精神分析の方法I』『精神分析の方法II』において、"preconception"と"pre-conception"が区別されずに訳されているが、ハイフォンの入ったものはそのままハイフォンを入れて邦訳すべきであったと考える。"pre-conception"は思考の進化における発生期を言語形式化したものであり、グリッドの四行目に属している。一方"preconception"は分析理論を分析家が使用することに関する情動状態を言語形式化したもので、グリッドの三、四列にあたる自我の状態や、自我機能の状態を意味している。P.C. Sandler (2005) *The Language of Bion.* Karnac Books より抜粋。

12――水質調査などに用いられるケルダール法。ケルダールフラスコに資料を入れ、触媒としてセレンを使う。

第9章
精神分析的観察と変形の理論

『精神分析の要素』を論じている章では、ビオンは軍隊モデル寄りに見ると、突撃して小戦闘を起こし、こころという要塞を波状急襲で攻略しようとする召集部隊のように見られるかもしれないと示唆されていました。しかしこれは、ほぼつねに苛立ちを覚えている読者が、喜びや光明の瞬間を得て安らぐという経験を説明するには、あまりに血なまぐさすぎるモデルです。おそらく私たちは、現代のレオナルド・ダ・ヴィンチが航空機を設計し、さらに優れた素描や絵画、そして楽しい花火大会、機械仕掛けの玩具を創作しているところを想像すべきです。彼が飛ぶのを（あるいは墜落するのを？）見たいという欲求を手放して美術作品と花火を楽しめば、おそらく私たちの苛立ちも和らぐでしょう。そのための批判的導入は何ら必要としません。『変形』には臨床記述の傑作がいくつかありますが、とりわけ患者Bについての二つの記述（p.19）[1]がそうであり、そして精神分析的状況とそれが存在する世界についての観察と思考という小さな花火が、終始輝いていています。

しかし本書における任務は、ビオンの主目的を真剣に受け止め、さらに私たちの憤懣、彼は狂っているという疑念、彼が引用する著者の業績は、まるでテレビ・ニュースのように最新で、私たちはほとんど無知であるという屈辱感、そしてとりわけ数学化への苛立ちと格闘することです。彼が明言しているのは、システムは数学用語で表現されない限り科学的でありえないという権威的言明を拒絶することです。『精神分析の要素』にある過剰な混乱と、時に一見すると矛盾した記号を許容するのは、さほど難しくありません。というのは、背後には周期表というモデルがあり、そして混沌に新しい秩序が望めるからです。そのような希望では、数学のような表記、疑似‐方程式が横行し、矢印、ドット、線、言葉の矢印上線（むしろ、下線であるべきでしょうか）、そして単なるギリシャ文字ではなくギリシャ語がそれに続いていることにこの本で面と向かっても、私たちには何の励ましにもなりません。そのような私たちの知力への攻撃にいかにして耐えられるのでしょうか？　ビオンは変装した患者Bなのでしょうか？　その患者の「自分の下着を散らかしていった娘／下着のことで出ていった娘」という言葉と少なくとも同じように曖昧な文章は、いくらでも引用できます。

この本を焼却して一九六五年に費やした正価二五シリングを後悔する前に、彼が観点と呼ぶことを主張したように、他の頂点（vertex）を考えてみましょう。この現代という時代の精神分析的レオナルドは、何をしようとしているのでしょうか？　ビオンという奇才は**何をする**のでしょう？　たとえば『経験から学ぶこと』では、「乳房へと飛んでいけるという赤ん坊の幻想をモデルにして、彼はα‐機能と呼ばれるちっぽけな装置で航空機を作り上げようとし、そして地上から数フィート数秒間だけ飛び立つことに成功しました。その数フィートと数秒は、彼がいつの日か学ぶことの理論に翼を発展させるのに成功すると暗示させるほど、充分にワクワクするものでした。『精神分析の要素』で、ビオンは思考の世界の進化を予言するために占星術的表をつくろうと試み、そして思考の宇宙は相互に秩序立った関係にある個別の天体から構成されていると論証するのに、少なくとも成功しました。たとえその表全体を完全に把握し、予言にいつか使うことが、私たちの脆弱な知力には絶望的に複雑であってもです。『変形』では、彼の小さな航空機にふさわしい推進力が発明されたなら、星々の間を縫って操縦するための航行用の計器を彼は苦労して作り上げていると言えるのではないでしょうか。このモデルという頂点に立って、どこまで彼が成し遂げるかを見てみましょう。全く労せずにとはいかないまでも、私たちがビオン語をいかに素早く話しはじめるかを見てみましょう。

それでは、このモデルはあまり奇抜ではない言い方では何を意味し、そして彼の作業法や説明法を私たちが理解するのをどのように援助するのでしょうか？　この思考という宇宙の自称周航者は、実際には数学者が用いる方法に、むしろ子どもっぽく取りかかっているようです。グリッドにおける「精神分析的ゲーム」と「恣意的な象徴の単なる操作」[2]への希望にそれが示唆されています。それはゲームですが真剣なものであって、次のように進行します。まず第一に、精神分析的観察を行なわなければなりません。これは不可欠であり、第三章のほとんどが（cf. p.29, 47）[3]それを行うための必要条件を詳述するのに充てられています（彼の花火のひとつですが、しかし今は私たちを引き留めてはなりません）。次に、計算するための道具を集めて観察からの情報に使います。最後に、これらの道具の不適切さの程度を評価し、そして観察にもう一度使うためにそれらの修正に取りかかります。『変形』では、この一連の取り組みは少なくとも三回行なわれている印象があり、一回目は第一章から第五章、二回目は第六章から第九章、三回目が第一〇章から第一二章で行なわれています。その意味ではこの本は、ビオンの最終的な思考を説明しているというよりも、彼による思考することの記録であり、彼の思考法についての資料として読むことができます。この理由のために繰り返し、一貫性のなさ、知的な風向きの変化に煽られた無謀な進路変更という印象をしばしば与えます。このモデルとの兼ね合いで、『変形』に充てたこれら三つの章の計画はそれに応じて方向転換することになります。

最初の挿話である第一章から第五章は、患者Ａ、ＢそしてＣの三つの観察を中心に据えてつくられ、これらは（フロイトの転移についての最初の記述と同意義の）「硬直運動（rigid motion）」変形、（部分対象、内的対象、スプリッティングと投影同一化を基盤とする早期の転移という、メラニー・クラインの概念に関連した）「投影性変形（projective transformation）」、そして「患者が宿主の愛情、善意、甘やかしを要求し」、同じこれらの性質を破壊することを目指している寄生転移とビオンが呼ぶものの実例を表象しています。ビオンがこれら三つの観察を調査するために使う装備は、逆転移といった分析方法の確立された理論に加えて、主に『経験から学ぶこと』と『精神分析の要素』からの援用です。彼の仕事は、自ら何度も強調しているように、パーソナリティの精神分析理論を相手にしているのではなく、パーソナリティの精神分析的観察に関する理論を相手にしているのです[4]。彼が望みをかけて「変形の理論」と呼んでいるものを、あたかも彼の大腿から充分に武装して生まれた既存のものとして、発展させようと計画しています。しかし私たちは欺かれてはなりません。その構造は骨格であって、三つの手番、すなわちＯ、Ｔ－α、Ｔ－β（「事実」、事実の経験と事実に意味が成長し増大する可能性を与える事実の変形）から成り立っています。ここに関わる「成長」は「心的定式の成長[5]」であり、グリッドではＡからＨに向かって複雑性、洗練、そして抽象レベルが増していきます。この成長は心的な定式の**普遍性**を高めますが、それによって心的定式を当てることができる使用法（水平軸）の**特定性**も増します。この装備の骨格の背後にはあるモデルが、正しくは二つのモデルがあるのです。一つは風景画家のモデルで、野原に咲くヒナゲシの景色を展覧会に向けてカンバス表面の絵の具へと変形させています。二つ目は風によって乱された木々を映している湖と、観察者は湖面の水しか見ていないというモデルです。それはプラトンの洞窟の比喩と同じですが、乱されたイメージであり、情動、すなわちL、H、Kによって乱されたことを意味しています。

すぐに二つのことに思い当たります。まず第一に、私たちはこの本で感覚データ、神話、情念からなる精神分析的対象について何も聞いていません。そこで疑問が生じざるをえません。変形の理論は、精神分析的観察と解釈の対象を定式化するための新しい試みなのでしょうか？　答えは、ほぼ確実にそうなのですが、ビオンはそのようには言及していません。第二に、フロイトが『夢判断』で潜在夢－思考が夢イメージという顕在内容へと転換される夢作業の問題として猛攻してきたのと基本的には同じものを、ビオンは彼の理論で取り組んでいるのではないかと思わざるをえません。ここでも答えはほぼ確実にそうですが、またもやビオンはそのような関連を示していません。それは、「成長」に含まれる「作業」という考え方の使用におそらく含意されています（p.42）[6]。そうであれば、それはフロイトの考え方、この作業は真実を夢の検閲から隠すため利用されると見るのではなく、発生しようとしている思考に形を与えることであると大きく修正されていることを意味していることになるでしょう。後者がビオンの見解でしょうが、「形式（form）」にためらいがあったのにもかかわらず、まさにこの用語「変－形（trans-formmation）」に含意されているようです（p.12）[7]。彼がフロイトに一致しているところは、思考と夢を衝動と行動の間の中ほどの位置に関連づけているところで、本質的には不在の対象との関係という問題を取り扱う能力とみなしています。この夢と思考の見解は、ビオンが支持しているように思えるメラニー・クラインの内的対象の具象性という見解に、いささか疑問を投げかけているようです。「パーソナリティの精神病部分」や奇怪な対象という概念に関する彼の初期業績とは意見が違っているようです。

「変形の理論」を定式化する最初の試みの核心に迫るためには、第四章からのかなり長い引用が必要です。「科学的研究の動機は、真実への抽象的な愛であると時に仮定されることがある。私が辿ってきた議論は、Ｔａ-β（分析家の変形）に代入されるかもしれない**値**を真実の言明に限定する概拠が、それほど限定**されていない**値の性質と、Ｔ（変形）理論の他の構成成分と値との関係にあることを暗示している。もしも真実が、Ｔａ-βのあらゆる値に本質的でないのなら、Ｔａ-βは患者や大衆の情動を操作するなかに、また操作することで表出されるとみなさなければならない」（彼はすでに宣伝活動《プロパガンダ》と呼んでいます）。「そして解釈のなかに、また解釈によってではない。つまり真実は芸術や科学のＴａ-βのどのような値にとっても本質的である。真実はどのようにしてＴａ-βに提起された値の判定基準となるのであろうか？　それは何に対して真実であらねばならないのか、さらにどうやって真実であるか否かが決定されるのであろうか？　どのような答えも、ある状況では、あるいはそれ自体が不確かな考え方では、真実を不確かなものにさせる。手がかりを分析的**経験**に求めてみると、生命体が食物に拠っているように、健康なこころの成長は真実に拠っているということに私は思い至る。もし真実が欠如したり不充分であると、パーソナリティは荒廃する。私はこの確信を科学的であるとみなされる証拠によって確認できない。それは、この定式が**美学**の領域に属しているということかもしれない。実践では、超自我が発達的に自我に先行し、自我に対して発達と存在自体を拒むように見えるシゾイド・パーソナリティとの問題が生じる。自我によって占有されるべき地位が超自我に強奪されると、現実原則の不完全な発達、『道徳的な』見方の高揚、そして真実に対する敬意の欠如を伴う。その結果もたらされるのは、精神の飢餓と成長の停止である。私はこの言明を、難題を作り出すよりは解決することの多い公理であるとみなす」（p.37）[8]。

前章では、クラインの定式の究極的な意味での妄想‐分裂ポジションと抑うつポジションを、価値観に関する経済原則として受け取るよりも、Ps⇕Dを機制という地位（解体‐統合）に制限し、ビオンは言い換えれば、解決するよりもさらなる困難をつくりあげていたと示唆されていたことが思い起こされます。これはグリッドの垂直「成長」軸に、彼が「美的」カテゴリーを省いたのに対応しているとも示唆されていました。彼は今や、これら双方の欠陥を補正しようとしているようですが、それでも彼は「値」という用語を数学的意味でのみ使っているようです。しかしそれは思考の過程における、ひいては分析的観察と解釈におけるL、H、Kの役割への新しい探求に発展しています。彼の骨格的航行計器は、彼が探査したいと願っている宇宙には不適切になるであろうことを、かなり敏速に嗅ぎつけたのがわかります。というのも、実際には彼の天文学的というよりも占星術的な表に、その宇宙は一致しないからです。しかし、ビオンは気づいていますが、その宇宙はフロイトのこころのモデルや精神分析的方法のモデルにも一致しません。フロイトが彼の任務を「有限」として、すなわち意識と無意識の領域の間での取引を行なうことだと考えることに甘んじていたところに、ビオンは意味という無限の宇宙を去来させ、探究と説明という目的のために「対話という有限の宇宙」に彼自身を制限しているだけであると今や認識しています。これは方法のモデルにおける大きな変更であり、メラニー・クラインの未来へ向けた発達指向の研究には暗に含まれていましたが、他方フロイトの研究は本質的に過去に向けた再構成と精神病理指向のものでした。後知恵には、その分野での因子が充分に知られてさえいれば予測は可能であったはずだという欺瞞的な推測がつきものです。無限の可能性を正面から見据えると、そのような予言能力はありえないものと諦めます。したがって第五章のほとんどを、ビオンはこころの機能の領域における因果律の概念を攻めるのに充てていて、それはフロイトが決定論の代わりに「重複決定」を据えることで回避した問題です。

このこころの機能の無限の可能性と折り合いをつけた結果として、分析家の装備は部分的な分析という状態にある彼のパーソナリティと、精神分析的方法を使える訓練と経験を加えたものであるという、より一般的な立場をビオンはよりどころにせざるをえません。「素朴な（naive）」ということで、ビオンが空であることではなく開かれて偏見がないことを意味しているのをわかっていなければ、これは治療状況でのＯへの素朴な関与という考え方を無意味にしてしまうようです。グリッドの観点からしますと、これが意味するのは「だから分析者のこころの状態（すなわち自由に漂う注意で）は、カテゴリーＥ４とＥ５（概念＋注意と問い）に限定されるべきではなく、たとえばむしろ1、3、4、5におけるＣからＦのカテゴリー領域（神話、前概念、概念、コンセプト＋定義的仮説、表記、注意、問い）に限定されるべきである」（p.50）[9]。臨床状況の記述で、彼はこのように認めざるをえません、「私が彼の意味を掴んだと考えたとき、それは科学的経験というよりも美的経験のおかげであることがしばしばだった」（p.52）[10]。彼は説明として の科学という装いの前概念から離れ、面接室で起こっていること、さらに拡大させて、分析家と患者という現前する二人の構成員の過去と現在の人生で起こっていることについての分析家の見解を形成するための現象の観察と、それらの現象を意味づける組織化としての精神分析的思考（Ｔａ‐β）に関する美的概念へと向かっています（おそらく超自我との投影同一化での自己の暴君的部分を意味します）。暴君的「超」-自我だけが、責任の所在を明らかにし刑罰に処すために原因をはっきりさせたがっています。「因果関係の理論は、道徳の領域においてのみ有効であり、道徳だけがすべてを引き起こせる。意味は心の外側では何ら影響を与えず、そして何も引き起こさない」（p.59 脚注1）[11]。あるいはさらに続けて、「集団は道徳に支配される——もちろん私は道徳への反乱として示される否定的な意味を含める——そしてこれはフロイトが記した、個人の思考に対する敵意の雰囲気の一因となる」（p.64 脚注2）[12]。

この時点で計画全体がだめになっている、と考える人がいるかもしれません。つまり、正確さの可能性は、意味の無限の可能性という予想によって、そして患者のこころに起こっていることや、因果連鎖配列を欠き、美的直観だけに役立つ地と模様の問題であるこころの出来事に関して単なる見解しかもたないまでに成り下がった分析家によって破壊されてしまった、ということです。面接室での観察法とコミュニケーション法を描き出すために変形の理論を確立しようとする試みは、精神分析的対象の概念についての実験と同じく、実りのない結果となってしまっているようです。しかしビオンは、彼の素晴らしい方向転換のひとつを行なっているようで、現実検討の基盤としての「双眼視」という考えを取り戻し、それに新しい意味を与えています。以前の業績（『精神分析の要素』）で彼は現実検討を、ひとつかみの「共通感覚」への作動（つまり観察されそしてα-機能により取り組まれた、情動経験レベルでの感覚の相互関係）と、α-機能によってもたらされる「接触障壁」という「膜」が生み出す意識と無意識の弁別の結果だとしたところに、今や彼は、双眼視という考えに追加物の新しい意味を提案しています。おそらくそれは情動経験を、相互に関係しうる異なる観点（頂点）から変形（α-機能？）することによってもたらされます。これは、変形で成長し意味を増大しうる思考という容器の創作で作動しているL、H、Kというさまざまな情動組合のインパクトを詳細に理解する可能性を、そして、欲求不満への不耐性、現実への憎悪、連結することへの攻撃、寄生などに対抗するために「真実への愛」が作動することへの新たな意義を約束しているようです。しかしそれは彼のLとKの区分を、それらが実際には一つであると示唆しているというよりも、無意味にしているようです。キーツの意味では「美は真／真は美／それがすべて／汝らが知り／また知っておらねばならぬこと」[13]となります。「しかしこの問題は、グリッドがLやH結合を探究するために使われるべき道具としての適切性に関わっていると考えられもする。水平軸を考えると、Kにとって有効である項目を保持するのに支障はなく、L関係が論理的や現実的にも、K抜きには考えられないのは明らかである」(p.70)[14]。

つまり分析状況を記述する第二の実験は、第五章の終わりまでに破綻してしまったのですが、すでに新しい方向づけが獲得され、そして第三弾の攻撃に向けた新しい装備が手中にあるのです。

▼訳註

1——福本修／平井正三＝訳『精神分析の方法II』法政大学出版局 p.25

2——福本修＝訳『精神分析の方法I』法政大学出版局 p.92

3——『精神分析の方法II』p.35, 54

4——ギリシャ神話ゼウスの大腿から生まれたディオニュソスを引用し、ビオンをゼウスにそして変形の理論をディオニュソスに例えている。

5――『精神分析の方法Ⅱ』p.335 および「成長」の原註（p.50）
6――『精神分析の方法Ⅱ』p.51
7――『精神分析の方法Ⅱ』p.18
8――『精神分析の方法Ⅱ』p.44
9――『精神分析の方法Ⅱ』p.58
10――『精神分析の方法Ⅱ』p.60
11――『精神分析の方法Ⅱ』p.68 原註10／p.336
12――『精神分析の方法Ⅱ』p.73 原註17／p.336
13――キーツ「ギリシャの壷に寄す」より
14――『精神分析の方法Ⅱ』p.79

第10章

分析的真実と多角的頂点の作動

前章で示唆されていたことは、『変形』は、観察可能な「真実」を「成長」と意味の増大が可能な思考へと連続して変形することとして精神分析的観察方法を記述するのを目的とした、思考における一連の実験として読み取れるということであり、さらにこの一連の実験は特定の方法によって視覚化できるということでした。この方法は、操作のための任意の記号と規則を考案し、それによってどれほど前進できるのかを、新たな記号と規則が考案される必要が出てくる前に見極める数学者の方法に似ているように思われます。『精神分析の要素』におけるそのような実験の最初のものは、グリッドの「成長」軸からの三つのカテゴリーである感覚データ（A行）、神話（C行）、情念（G行、不思議なことに）から構成された精神分析的対象と呼ばれる記号を利用しました。（もしこころという宇宙を飛行するための、レオナルドの航空機モデルに戻るとすれば）それは決して離陸するようには思えませんでした。第二の実験（『変形』の第一章から第五章）は、変形と呼ばれる単純な航法計器を利用しましたが、それは真実への愛と、分析家のパーソナリティ全体に訓練と経験を加えた機能である美的感覚によって何とか生み出されました。いずれにせよ、面接室で起こっていることに関する分析家の「個人的見解」以上のものではないという結果に終わっていたことがすぐにわかりました。

そこで第三の実験は、もともと『経験から学ぶこと』において、α－要素の「膜」で成り立っている「接触障壁」を推敲することから記述され、意識と無意識の相互関係についての機能として概説された「双眼視」概念の改造に始まりました。そこで意識－無意識の「空の」区別に、(「視点」で暗示される視覚的基準への偏重を排除するために、今は「頂点」と呼ばれる) 観点を異なるものとして実体を与える仕方で改造されることになりました。第六章では新しい実験を導入しています。「真実への愛」(K－結合) を利用することを介して精神分析的コミュニケーションの問題を改造し、現前する対象と不在の対象という問題が前景化しています。真実への憎悪 (マイナスK結合) に肩入れする苦痛と緊張は思考の刺激であると同時に妨害となり、不在の対象についての問題を解決するための、本質的にひとつの技法であるとみなされます。ビオンは、数学者が点、線、円の関係をデカルト以前的、デカルト的、そして代数的手段で取り扱う方法と相似させて、たとえばこころが見る、嗅ぐ、聞くという異なる感覚頂点を利用するその方法を説明しています。さらに彼は、そのような数学的問題やその解明には心的現実があるという示唆に関心を示していますが、これはむしろ説明に混乱を増やすもので、ここに留まる必要はありません。

ビオンが採用する原型となる問題は乳房の消失であり、こころ (円) の内部であれ外部であれ、それが消失してしまった場で、かつてそれがあったところに一つの点だけを残しています。この問題を解決するための前提条件とは、すなわち不在の乳房、あるいは不在の－乳房 (点) の現前によって置き換えられてしまった場合を考えられるようになることは、この観察される現象は無意味である可能性があるという苦痛に耐えうる能力であると、彼は示唆しています。これは耐え難く感じられるかもしれません。というのも、あらゆる意味のコンテイナーとしての乳房は、無意味が可能性として認められると、それは破壊されてしまったと感じられるかもしれないからです。「あらゆる連接に意味を発見するためにまず要求されるのは、その現象には意味がないかもしれないということを認める能力に拠っている。そのため、現象には意味がないかもしれないのを認められないと、最初に現われそうな好奇心を抑え込んでしまう」(p.81)[1]。この原型が実体をもつ対象に対するものと同じように、時間の問題や空間の問題にも当てはめることができますし、したがって幻覚と同様に、誇大妄想や離人といった精神病理徴候にも適応されるでしょう。

複雑性、洗練化、抽象化のレベルを成長させることが可能な思考へと観察を変形させる手段という観点から、精神分析的な観察、思考、そしてコミュニケーションを記述し、そうすることで意味を付与することの第三の実験は、不在の対象の経験と、不在の対象が持続して存在するのを認めることに伴う苦痛への耐性に絞られてきました。これは現象が意味をもっていないかもしれないことを認めたうえで、その現象の意味に好奇心をもつ能力を条件としているのです。考える能力は「双眼視」を通した現実検討に拠っていて、そこでの二つの「見方（view）」とは、異なる領域、あるいは世界の異なる秩序化という意味での異なる頂点であり、言わば異なる感覚様式、あるいは異なる「立ち位置／ポジション」という意味です。これら他のポジションにはモデルや神話やメタファーが含まれるようですし、またそれには世界との関係における消化管や呼吸器モデルと同じように、感覚も含まれています。「感覚」と「システム」の頂点は、「ポジション」という頂点によって、クラインの用語法のように、おそらくは価値意識という意味において拡大もされるかもしれません。ビオンは「生殖系」の頂点についても語っていますが、これが『精神分析の要素』で使ったような「性の観点から」と同じかどうかを明確にはできていません。

多角的頂点というアイデアを考えてみますと、言語化は思考が夢と神話（C行）の領域を越えて「成長」し洗練化するのに不可欠であるとビオンが考えたままでいるのは奇妙なことです。まるで言語以外に表記システムはないとしかビオンは考えられないかのようです。おそらく彼は「言語」と「言葉」に非常に広い意味を充てています。しかし外的コミュニケーション（「公共化」）の問題が、内的コミュニケーションである思考と混同されはじめているのが強く示唆されそうです。これは、変形に「規則」が必要であるというビオンの論議に見られるものでしょう。おそらく芸術家の活動を、プラトンの洞窟の比喩やヴィトゲンシュタインの「として見ること」[2]という双方の概念と繋げる変形のモデルとして利用することに難点があるのであって、風で乱される水面に映る木々の像というモデルには本来備わっていない難点です。

内的世界の夢‐物語を構築するのに外的世界から形を借りている内的世界の現象として、ビオンが意味に没頭しているのは疑いようがないのですが、内的世界の具象性についてはさほど明確ではありません。「もし、ない‐もの（no-thing）があるならば、そのものは存在しているに違いない。例になぞらえると、もしファルスタッフがない‐ものであるならば、ファルスタッフも存在する。すなわち、現実には存在しないシェイクスピアの登場人物であるファルスタッフは、実際に存在した人物よりもずっと『リアリティ』を有していると言えるとするなら、それは実際のファルスタッフが存在するからである。つまり精神分析の下での不変物は、ものに対するない‐ものの比率である」（p.103）[3]。この操作的な言い回しは、「と言えるとするなら」のようであり、それは言語の限界という問題と、思考の限界のそれとを混同しているように思えます。道具としての精神分析概念という観点からしますと、これは心的現実に存在するものと、**について**考えられうるものとの問題を混同していて、つまり想像の対象を内的対象と混同しています。このことはビオンを意外な苦境に追い込んだようです。というのも彼はすでに、意味の問題は有限ではなく、無限の宇宙を扱うことであると述べ、すなわち数学が序数、虚数、マイナス2の平方根などで見事に例証しているように、**あらゆるもの**は思考可能であると明記していたからです。

つまり、この時点でビオンの第三の実験は崩れはじめていると示唆されるようです。なぜなら彼は不在の対象、あるいは不在のないｰものを、内的対象、あるいは内的であるないｰものと混同しているからです。これに呼応するように、彼の「実在することのない（non-existing）」対象に対する意味づけや、そのような対象と同一化した患者というパラドクスは、奇怪な対象という意味づけよりは意味を剥ぎ取って取り組まれています。このように、グリッドを通して思考の進化を探索するのでは、最初期の定式で粉々に断片化された対象の凝塊によって形成された奇怪な対象で表現された心的現実の具象性から彼をどんどんと遠ざけてしまう、その様子が見えはじめます。グリッドの下では、妄想体系の形成は「存在しない場所（nowhere）」であり「無時間」でありえますが、フロイトがシュレーバー症例で言っていたような「シュレーバーが棲みうる世界」ではありえないのです。「思考の領域は、ないｰもので占拠された空間として考えられるかもしれない。すなわち、ある特定のないｰもので占拠された空間は『椅子』や『猫』の言葉といった記号で記録される」（p.106）[4]。彼はこのような制限により自分自身にさらなる制限を課しています。つまり「[…]この文脈で思考によって私が意味するのは、対象の不在での問題を解決できるようにすることである」（p.107）[5]。これは類語反復です。彼は「たしかに対象が不在でなければ問題はない」と続けます。

しかしこの言明は次に、「この問題は、現実化とは前‐概念の単なる近似にすぎないという感覚と関連する［…］」と弁明されます。これは、人生における唯一の問題が不満足だけであるということを含意しています。しかし彼はすでに、発達が前進するには不安の最適水準が必要とされるというメラニー・クラインの見解に相当する、あまりに物わかりの良すぎる対象による発達上の問題を述べています。

「単に考えられないという理由から、論議を思いとどまらなければならないこと」を強硬に拒絶することで自らを袋小路に陥らせ、その結果「実在を必要とする実在が欠落しているという気づき、つまり意味を探究する思考」としてのβ‐要素に結びついた意識を主張することで、興味深いことにこころの領域に生物学的概念「向性（tropism）」を引き出します。これは結局のところ、彼がすでに定義上は観察できないと仮定していた前概念に似ています。これがビオンの最も手に負えないところで、彼自身の記録を読み取れないのに、それでもなお相互に対比するためにそれらを使うことができると主張しています（p.109）。[6] しかし彼は、自分が窮地に立っていると実感するときはいつも楽しんでいます。「私が思うに、論議は循環する。つまり私は円［循環］の直径の妥当性に信頼を置いている」（p.111）。[7] これは、論議の見せかけの起源が結論にいたる頃には見失われてしまうことを意味している以外の何ものでもありません。

（この問題がこれら三冊の本のさまざまな箇所で述べられている、さまざまな形式を挙げると）、マイナスK、グリッドにおける後退運動、α‐過程の機能が逆行することでβ‐要素へと回帰することといった意味の剥ぎ取り探究から最終的に明確に浮び上がるのは、頂点に基づく新しい定式であり、それが今や「ポジション」と呼ばれています。というのは、そのイメージが内と外を示す矢印のある円上の点として表現されているからです。脚注は、マイナスKの頂点、もしくはポジションというこの定式化は、妄想

－分裂ポジションというメラニー・クラインの概念に関して、「反転可能な展望という二つの見方」として存在することを認めています。この点は次に、閉所恐怖と広場恐怖への臨床的論及によって、いかに「素朴」で「直観的」な精神分析的定式が「洗練化」され、そして「厳密な幾何学的」定式と調和されうるのかを示すために説明されています。これは、異なる頂点からの双眼視の説明として、そしてまた、心理学的問題の定式が、美術やおそらく社会科学、歴史、哲学など、精神活動を扱う全領域に等しく十分に役立つ表記法を創るために進む必要があるとビオンが感じている方向性の例としても役立つよう意図しています。ビオンの意に反して何ら説得力はなく、ただ思考を刺激するのです。

それではこの中間部分である、精神分析の取り扱いや、したがって観察と思考の取り扱いを定式化する第三の実験は、どのような思考を引き起こしたのでしょうか？　ビオンは再び乳房を原型対象として使用しながら、しかし視野を広げて、時間と空間を対象として、存在と存在しないことを次元として、有意味と無意味を可能性として、点と線の幾何学を問いと解説の方法として、『経験から学ぶこと』と『精神分析の要素』における定式を背景に、こころにおける現前する対象の表象と不在の対象の表象との間の関係に基づいて、観察と思考を探究しました。この拡大された劇場で、真実への愛と（精神的苦痛の不耐性、羨望、破壊性と結びついている）真実への憎悪は、グリッドに準拠して成長と意味の付与について正反対の方向に作用するように表象されていました。その結果は、価値システムとしてのクライン派の理論であるポジションと、さらには心的空間の具象的概念に関する心的現実のコンセプトとも和解することになりました。しかしビオンは、円の内側と外側で表現されうる空間に合わせて、点と線で表現されうる、ない－ものである、不在の対象の存在という疑問点を巡って窮地に陥ってしまいました。彼の表象の幾何学システムは、思考の想像された対象と心的空間内に存在し排出されうる内的対象との間といったような、明白な区別をしようとはしていません。また、心的現実における対象や空間と、妄想体系という存在しない－場所（no-where）における存在しないものである非現実の対象（奇怪な対象）との間に適切な区別を設けようともしていません。彼はさらに、不在の対象の不在という性質をはぐらかさざるをえませんでした。

しかしこの実験は決して丸損ではありません。獲得した面では、頂点の概念はポジションという考えの柔軟性を広げたと自信をもって言えます。それは人がその瞬間に生きている「世界」という概念を発達させる新しい機会をもたらし、そしてスプリッティングの過程についての新しい見方を切り開きます。ビオンはこのセクションで、自己の異なる諸部分の性質を、心的傾向（メラニー・クライン）という観点からだけではなく、「世界」は「頂点」の対象である、各々が棲んでいるかもしれない異なる諸世界という観点からも、概念化する方法を私たちに与えました。ビオンは次元性についての体系的考察の基盤を築きました。そしてこの方向で具現化された『自閉症の探究』での業績は、そのひとつの成果とみなされうるものです。彼は正確かつ洗練された表記を夢みていたようですが、彼の実際の貢献はつねに反対方向へと向かうようで、実のところ、やむをえず夢のとりわけ視覚的かつ偽物語風で擬因果的な言語を足場にした、私たちの脆弱な表記法にとってさらに大きな問題を提起する新しい現象領域への扉を開けるというものです。しかし彼は、ここで因果律というドラゴンを殺し、そして意味を産出するための無限とも言える可能性をもって、こころという宇宙を開くことで私たちを援助しました。

▼訳註

1——福本修／平井正三＝訳『精神分析の方法II』p.91

2——ヴィトゲンシュタイン『哲学探求』における、見るという語の二つの適用例より。アスペクト体験——たとえば「ヤストローの図」で知られる一つのイラストを見つつ、ある時点ではそこにウサギを「見る」が、別の時点ではアヒルを「見る」という体験である。

3——『精神分析の方法II』p.114

4——『精神分析の方法II』p.118

5——『精神分析の方法II』p.119

6——『精神分析の方法II』p.122, 339

7——『精神分析の方法II』p.124

第11章

「なること（Becoming）」の抵抗としての「について学ぶこと（Learning About）」

先の二章で示唆されたことは、『変形』は『精神分析の要素』の終わりの部分から始まって『注意と解釈』へと続く思考の数学的様式の一連の実験であり、目的は、精神分析的方法で利用される観察や思考やコミュニケーションの方法を記述するための正確な言葉を発展させることでした。『経験から学ぶこと』に始まる、この苦しい仕事を刺激したものは、重篤な精神障害（特に統合失調症）における思考障害が果たす役割を理解するということであり、初期に基底的想定グループに特有なものとして記述された現象にも関連していました。『経験から学ぶこと』において、日常語が含む「既存の意味の半影部」を回避して、「空の」仮説的思考装置、すなわちα-機能を措定するための試みとして始まったことは、グリッドという思考の「要素」の「周期表」へと拡大しました。ビオンは、はじめてそこから「精神分析的対象」としての感覚データ、神話、情念の三部から構成される「分子」の記述を試みていました。

この最初の試みはどこにも行き着かなかったようで、そこで『変形』において新しい試みである「精神分析的ゲーム」という説明が、グリッドをアイデアの「成長」をたどるために使用して試みられていました。「変形の理論」の形を取った第二の試みも失敗しましたが、美的直観の中心的役割とその真実への愛との関係、意味ある会話という無限の宇宙を探索するために因果律という概念を根絶せしめたこと、最終的には分析家を単なる「プライベートな見解」を提供する立場へと卑しめることといった、いくつかの重大な認識を提出しました。しかし第三の試みは、多数の頂点という概念を築くために「双眼視」の拡大した考え方を活用し再び数学形式を使っていますが、実験的方法としてよりも類比的説明のためです。この問題を解釈しようとする試みは、LとKという内的世界と、HとマイナスKという妄想的世界との区別に失敗するという結果に終わったようですが、不在の対象に関する思考と感情について特別に論及することで、弁別的価値体系の基礎を確かに確立しています。

そのために、精神分析的観察、思考、コミュニケーションの厳密な表記を公式化する第四の試みは、KとマイナスKのどちらともつかない戦いを確かな基盤として始まります。すなわち、思考と感情に対する反-思考と反-感情という、天使の戦いなのです。[1] 最後の三つの章の解説は、次第に数学的でなくなり、最終的には「ドジソン流」[2]そのものであり、より神学的形式になっています。グリッド上での患者の言明に対する類比としての最初のものである皿の上のおはじき玉は、いわばグリッドの構造にある矛盾を再び提出します。マイナスKは二列で、あるいはグリッド上の後退する（反-成長）動きで、あるいは鏡像である反-グリッドで表わされるべきなのでしょうか？　ビオンは「幻覚症における変形」における彼の説明で妥協しているようです。「（v）変形は、硬直運動においてであれ、投影においてであれ、その媒体のひとつに幻覚症を有しているとみなさなければならない」(p.133)。[3]「牛乳配達人来たる」の素材についての見事な研究は、幻覚症は妄想形成の領域に属し、そしてその現象学は反-グリッドに含まれるとしたほうがよいと示唆しているようです。これはそのような過程をマイナスKの領域としてのグリッド上の後退した動きから弁別し、そして「K結合への忠誠心に横たわる前提は、分析者と被分析者のパーソナリティは、嘘、口実、言い逃れや幻覚といったパーソナリティの防護被膜の喪失を切り抜け生きながらえることができ、そしてさらにはその喪失によって強化されて豊かにさえなるかもしれない」（p.129）[4]ことを正当化するものでしょう。反-グリッドの提案は、「幻覚」をこのリストから取り除き、そして初期に（そして後に再び）「破局的変化」と呼ばれ、そしてすぐ「Oにおける変形」と呼ばれることになるものへ影響をもたらすでしょう。

『注意と解釈』で明らかになったいくつかの理由から、ビオンはプラトン的形式での「究極の現実」あるいは神性、あるいはカントの物自体に接触できると断言する神秘家のカテゴリーを確立したがっていたようです。この時点においてそれは適切ではないようで、とりわけこの究極の現実は、善と悪、Kとマイナス K、現実対妄想といった対立作業の外にあるのでむしろ議論の争点を混乱させるのです。これは成長の謎めいた過程の説明に神秘主義的な霧を立ちこませ、不必要なものに思われます。というのは『経験から学ぶこと』において、すでにビオンは学ぶ者を変化させる「経験から学ぶこと」と、学ぶ者の情報蓄積に単に追加するだけの「について学ぶこと」との間を充分に区別していました。誇大妄想の探究のために必要であり、そして分析家自身の真実への愛と誇大妄想を区別する分析家の能力に患者の誇大妄想が負荷をかける方法の探究のために必要であることが理解できます。しかし、幻覚症、誇大妄想、情緒表現での「誇張（hyperbole）」や「行為」と「行動化」との区別についての議論全体は、分析的現象としての抵抗の研究を損ねるものです。というのも、抵抗への動機を区別させていないからです。ビオンは最終的にはこの区別、すなわち精神的苦痛への抵抗と個人の性質に由来する抵抗を認めざるをえませんが、明確化する機会はすでに失われています。それにもかかわらず、第一〇章は、誇大妄想的で被害妄想的性格の問題と、その人物に対処する際の分析家の特異な困難さについての見事な解説です。「そのような患者がパーソナリティ障害を患っているという印象は、彼らの健康や活力は問題を引き起こすのと同じ特性に端を発しているという感覚に由来する。彼のパーソナリティの悪い諸部分の喪失は、彼の精神的健康すべてが属する部分の喪失と不可分であるという感覚が、患者の恐怖を激烈なものにしている」(p.144)[5]。

したがって第一一章と第一二章は、ビオンの最後の数学的定式化による戯れとして読めます。「一般的見解とは逆に、Kにおける変形は数学的定式化よりも宗教的定式化によってより適切に表現される」(p.156)[6]。ここから先は、彼自身の数学をひねりのあるユーモアで「ドジソン流」もしくは「不思議の国のアリス」のカテゴリーに任せてしまい、内的対象の理論を踏まえながら、彼の思考はより宗教的水準へと移行することになります。「現実とパーソナリティとの間の隔たりは、あるいは、私はそれをOの到達し難さと呼ぶのを好むのだが、抵抗という名の下で分析家が慣れ親しんでいる人生の一側面である。脅威が現実であると信じられていたことに触れてはじめて抵抗は顕在化する。偽りであると信じられているから、何の抵抗もないのである。対象の現実が切迫しているのが恐れられるため、抵抗が作動するのである」(p.147)[7]。このように精神分析過程に関する問い、とりわけ解釈によって果たされる部分への問いは、ビオンによって次のような定式へと還元されます。「精神分析的解釈は、現実の自己という現象を知ることから、現実の自己になることへの移行に影響を与えられるであろうか」(p.148)[8]。これは分裂排除された部分の統合という問題を、パーソナリティの成長という次元のひとつとして言明する彼の流儀です。それはまた、善と悪はパーソナリティの頂点に必要なカテゴリーであるのかどうかという問題、つまりスプリッティング－と－理想化がパーソナリティ発達における最初の動きであるというメラニー・クラインの直観によって示唆されていた問題にビオンを向かわせます。ビオンの言語では、そのような動きは前概念の現実化ではなく、前概念**としての**概念の使用（第二循環）に制定しているのでしょう。

　基本的にはビオンは、未知なものへの恐怖、不確かさへの不耐性、それに関連する無知を前にした無能、畏怖、依存、責任を頼みにしているようです。これら彼が見出すものは、真実の探究における不屈の精神に不利に働く究極要因です。彼が恒常的連接（constant conjunctions）[9]と、「空で形のない無限から勝ち取ること」の準備段階を、この「アリス的」世界でのＫあるいはマイナスＫにおける段階として「結びつける」ために数の使用を考えているのかは明確ではありませんが、宇宙を説明するための架空のシステムと数秘学との恒常的連接を思い起こさせます。明らかにビオンは、解釈の領域では量的言明の真価を認めていません。解釈というものの核心は次の表現に見出されるようです。「解釈は**現実について知ること**から**現実になること**への移行が促進されるようなものであるべきである。この移行は被分析者の言明が、循環論法が循環したままだが、適切な直径を有している解釈と適合しているかに拠っている」（p.153）[10]。このことは、前の章におけるいささかパック[11]のような頑迷さと思われたことへと私たちを引き戻し、今や完全に中心となっています。ビオンは何を意味しているのでしょう？　その後の言明は全くのナンセンスかあるいは神秘的に深遠です。前者として仮定しましょう。というのも、そうすることが状況の精査を可能にさせるのですから。ところが軌道や相補性という新しい専門用語の雲は会話を終わらせるだけです。ビオンは、循環論がそれ自身の締めくくり以外のどこかに達することができると臆面もなく言い張ろうとしていることや、この意図的に難解にしていることを私たちに見えないようにするために数秘学的花火を打ち上げる心積もりでいると仮定してみましょう。一体なぜビオンはそうするのでしょう？

ビオン流の論理に追随しますと、彼がマイナスK、第2列、β-スクリーンの創作などを説明しているのは、彼が苦境に陥っているのを彼自身と読者から隠すためであると言わざるをえません。彼は次に数学の天才であり神学の患者（あるいはケインズの[12]人物評価の言い方では「もうろくしている」）であるニュートンと同一化することを頼みにしていますが、頼りになりません。事実は、彼ニュートンが窮地にあり、そして窮地にあるフロイトと同じように窮地にあるビオンは、しばしば最も眩惑的に饒舌で衒学的であるようです。問題点はビオンが解釈の機能と、そして患者がそれを「受け入れること」についての疑問で、それはKのもとなのかマイナスKのもとなのか、KあるいはOにおいてなのかどうかに、ビオンが囚われていたことに集中しているようです。「いかなる解釈もKにおいて受け入れられるが、Oにおいては拒絶されるかもしれない。すなわちOにおける受け入れが意味するのは、これまで注意が向けられてきた患者自身の部分を『知る』ことを可能にさせる解釈を患者が受け入れることは、その人『である』、あるいはその人『になっている』ことを含むと感じられる」(p.164)[13]。ビオンの考えでは、狂気、殺人、誇大妄想などを含む場合には、払われるべき代価は法外なものとなるかもしれません。ここで再び素晴らしい臨床定式が例証のために持ち込まれますが、その症例はビオンが到達しようとしている一般的結論を立証するものとしては、あまりに特異的です。このように治療過程としての転移経験とは全く程遠いようで、彼は転移抵抗、洞察の発展、ワーキングスルーに関するフロイトの以前の定式に回帰したようです。その結果、分析家像を洗練と抽象化における極めて高水準の的確な判断のもとで瞬時に決断するために強力な知的装備を駆使する、とビオンは提示する傾向があります。無論そのような分析家像は、臨床に従事している分析家たちの凡庸さを前にすると滑稽であるということはビオンも充分承知です。「認識論的には、言明はどのような次元であれ、それにグリッドのカテゴリーが当てはめられるなら、進展したとみなしてもよいだろう。解釈できるには、言明はその第2列の次元が明白になるまで充分に進展しているとは言えない。第2列の次元が進展してはじめて、言明は解釈の準備が整うと言える。すなわち、解釈の素材として、その発達が成熟に至ったということである」（p.167）。[14] これは解釈する**タイミング**に関する多くの月並みな公式見解のように痛ましく聴こえますが、実際おそらくは、適切な解釈、たとえば転移に関するメタ心理学的な一言がなされるには、患者の素材にある防衛機能が認識される必要があるということしか言っていません。円循環論議についての全セクションや円にとっての適切な直径の必要性はドジソン流の悪ふざけであり、その背後には実に重大な観察と示唆があることを示しておくのは、理に適ったものと思われます。「分析家が解釈する際に、彼が予期する被分析者からの反応――に対する逆転移ではなく――抵抗を、彼自身にある抵抗だと気づくとき、条件（つまり解釈のための条件）がすべて揃う」（p.168）。[15] 換言しますと、口に出すのに勇気がいらないのなら、おそらく患者の素材についてあなたが考えていることは真実ではないということです。要求される勇気は、真実にある潜在的な爆発性に関連していて、たしかにビオンが繰り返し主張しているように、真実は精神の食物でしょうが、実際に分析家と患者に同じく、異なる人物になってしまうという破局的変化でその人物を脅かします。この主題は仮説的な「太陽は明日のぼるであろう」の例で見事に解説されていて、そこでは理想化の背後に横たわる敵意とパラノイアをさらけだす勇気が求められていることがわかります。

こうしてこの本は、詳細な定式化、精神分析的ゲーム、精神分析実践のための規則といった夢に、どこか悲しい別れの言葉を匂わせる、やや皮肉な記載で終わっています。「行為の基盤となるのにふさわしい類の感知から認識への移行は、変化の過程 T-α が数学的だがそうとは認識されない形式となってはじめて生じうる」(p.171)[16]。その狡猾さをはがしたとき、これが実際に意味すると思われるのは、もしあなたが思考するよりも行動したいのなら、思考の量的形式を使いなさい。しかしあなたがそれを行なっていることを自分にわからせてはなりません、ということです。精密さとの戯れのためにビオンが寄せ集めた思考や学識の質を軽視することはできませんが、『経験から学ぶこと』から『変形』へと通じる構造全体は、数学化のなかに垣間見られる、より正確に言うと独断的な記号や規則の意図的操作という花崗岩のなかに走る薄い鉱脈のような精神分析的方法に絶えず創造的に侵入しなければ、「もうろくしている」と無視されるかもしれません。人が天才の業績を見て取るこの三冊が、『注意と解釈』への序曲としてひとまとめにされ、足場が取り外されると、後には何が残っているのでしょうか？

『変形』の終わりで、精神分析という芸術と精神分析という科学が溶接され、心理学、社会学、歴史、哲学、神学、美術、人類学、古生物学といった人間精神を扱う他の分野ともはや分離できない土台に置かれたことが、説得力をもって示唆されたと言ってもよいのではないでしょうか。この土台は方法であり、そしてビオンはフロイトが「純金」であるがゆえに退けたことを、メラニー・クラインにはそうする素養がなかったことを成し遂げました。これらすべての本は、面接室での統合失調症、思考障害などの治療で遭遇した現象による臨床的刺激であるにもかかわらず、実際には精神分析的方法の精査なのです。詩人は必ず詩作について記し、画家は必ず描くことを探究していると言われてきています。ビオンは研究の対象という観点からではなく、むしろ分析家の経験という観点から、精神分析は**何をしている**のかを発見しようと、体系的に試みていると言えます。それゆえ彼は私たちに思い起こさせていますが、（彼が私たちに請け合っているのですが、精神分析協会の科学委員会が充分に関心をもっている）精神分析理論を進歩させているではなく、物自体としての精神分析に関する理論を展開しているのです。

そのような大雑把な声明を正当化するには、実際にこれまでの章で幾分はぎ取られてきたように、数学的な足場が取り除かれた際に実際に浮び上がる思考の構造を要約する試みが必要です。これは、『注意と解釈』における請負と達成の重要性を評価するための基線としても必要です。おそらく次のように言うのは妥当でしょう。

こころの領域は意味の無限な可能性の世界であり、その混沌から情動経験の知覚に作用する思考によって、まとまった内的世界が構築されなければなりません。母親のもの想う能力を原型にして神秘的につくられた装置は、考えることに使えるかもしれない思考をこれらの経験から引き出すために乳児期に発達します。しかし同時に、妄想や奇怪な対象を産み出すだけのために、そうでなければ排斥するためだけに使われる嘘を創造する競合する構造体が発達し、前者はこころが成長するために栄養を施し、後者はこころを毒します。精神分析はこれら二つの構造体の相互作用を、転移と逆転移という媒体を介して研究するための方法であり、主に思考の成長を産み出す連結を攻撃することを介して、真実を前にして伴う精神的苦痛を修正するか回避する方法を暴き出すことができます。異なる使用によって洗練性、複雑性、抽象の水準へと進むこの成長は、内的にであれ外的対象とであれ、混乱して**苦痛な**思考を、価値体系や頂点や世界観の転換という手段で修正できるコンテイナーを見つける操作に拠っています。これらの苦痛な思考は、愛と依存の対象の不在という意味に本質的には関わっています。というのも、それらの対象がなければ自己は絶望と言いようのない恐怖によって圧倒されるからです。しかし苦痛の回避と修正との区別という問題には、本質的には真実と嘘との区別、理解と誤解との間の区別である現実検討が必要です。これは、一つ以上の頂点に由来する理解を関連づけることや、その現実化が期待への近似度で評価される前概念として新しい思考を使うことによって、成し遂げられます。患者の助けとなって精神機能を改善させ、精神構造を成長させるには、分析家は自分の見解を述べることを控え、たいていは正確な知的評価よりも直観的美的判断に基づいています。でも、この知的評価は平静な回想のなかで補えるものです。

▼訳註

1――天使と堕天使との戦い。
2――ドジソンとはルイス・キャロルの本名。
3――福本修／平井正三＝訳『精神分析の方法Ⅱ』p.147
4――『精神分析の方法Ⅱ』p.143
5――『精神分析の方法Ⅱ』p.159
6――『精神分析の方法Ⅱ』p.173
7――『精神分析の方法Ⅱ』p.162
8――『精神分析の方法Ⅱ』p.163
9――『精神分析の方法Ⅰ』『精神分析の方法Ⅱ』では「一定の連接」と訳されているが、ヒュームから借りているため、邦訳として一般に使われている「恒常的連接」と訳した。
10――『精神分析の方法Ⅱ』p.169
11――イギリスの妖精・精霊。
12――J・M・ケインズ［熊谷尚夫／大野忠男＝訳］（1959）『人物評伝』岩波書店
13――『精神分析の方法Ⅱ』p.182
14――『精神分析の方法Ⅱ』p.186
15――『精神分析の方法Ⅱ』p.187
16――『精神分析の方法Ⅱ』p.190

第12章 記憶と欲望の束縛

ビオンが読者に課した途方もない要求にすでに「動じなくなった」人にしか、『注意と解釈』に取り組むことはおそらくできないでしょう。というのも、「できるだけこの本を単純にしたのだが、実践している精神分析家にしかこの本は理解できない」と期待するのみならず、また読者はこれまでの本をただ読んでしまっているだけでなく、グリッドや他の疑似数学的な道具立てに精通してしまっていることも期待して、彼はこの本で思い通りに振る舞っているからです。タイトルにある二つの用語のひとつが、本文にはまるで見当たらない本なのです。それでも**注意**は、この業績の根底に横たわるテーマです。

この本がビオンの精神分析的実践理論を提示する最も構造化された試みを表わしてさえいれば、見知らぬ世界への旅人たちにとってのちょっとしたガイドブックのように読まれやすそうです。旅人たちが実際に到達し経験しはじめ、記述された対象に遭遇するまでは、全く意味がありません。ビオンの読者になろうとする精神分析家は、ビオンの叙述する世界に入らないままで、長年にわたり分析を実践していたのでしょう。ビオンはそう望んでいます。これは単にその精神分析家が統合失調症を治療したことがないかもしれないということではなく、いわば彼の「頂点」が全く異なってしまっているからです。精神分析家は、医学モデルがこの方法に適用するにはあまりに粗雑であることを認識しており、その結果「患者」というよりも「被分析者」と呼ぶのを好んでいるほどに、充分に洗練されているかもしれません。言語哲学と精神の哲学を読み込むうちに、コミュニケーションのための言語使用には大きな問題が内在しているのに気づいているのかもしれません。個人分析は彼の高慢な鼻をへし折ってしまい、自分自身や他者を観察し理解する自分の能力に自信がもてない状態になっているのかもしれません。精神分析の文献研究は、その分野における理論的定式化が混乱し不適切であると彼に警告しているのかもしれません。歴史の研究は、精神分析の歴史的出自が一九世紀の科学よりも哲学や神学にあったという理解や疑念を彼に抱かせたかもしれません。しかしこのどれかが、彼の知的安全保障体系に対してビオンの本が突きつける大規模な攻撃に備えさせるということはありそうもありません。

　初期の業績での打撃は、この分野への言語や記号やシンボルといった大規模な装備の導入によって、知的劣等感に打ちのめされるという形で主に現われました。明らかに精神分析家の知的家屋はせいぜい良くても小枝で建てられていて、そして狼ビオンは戸口にいました。しかし実際には全く問題はなかったようでした。つまりα-過程[1]は傷つけたりせず、グリッドは全く無害であるとわかり、コンテイナーとコンテインドはありふれているとさえ言えるように思われました。それでも人は他人の小枝のような概念についてやかましく言うちょっとした狼性を感じはじめました。そんなことで自分の慢心が痛い目にあっても、憤りに耐えて屈せずにいられたならば、結果は極めて心地よいものでした。いや、テレビを観る代わりに夜にグリッドで精神分析的ゲームに没頭することもなく、自分の患者の素材についての理解と解釈にも際立った変化はなかったかもしれません。違っているという内なる感覚は、感情や行動の観察から立証されませんでしたが、選択肢がないのも知っていました。つまり彼を支持しているというビオン流か、彼に反対しているというマイナスビオン流のどちらかでした。彼の思考を侮ってはいけなかったのです。

しかし『変形』の終わりのほうで、数学的なものから宗教的なものへと頂点や言い回しが移行しはじめました。『注意と解釈』においては、新しくより困難な要求が読者に課せられています。読者に求められているのは、宗教と神秘主義の束縛から人のこころを解放するための二世紀、いや五世紀にわたる成果を捨て去ることです。ルネッサンス、宗教改革、理性の時代、科学的方法の勝利――これらすべてを放棄するよう求められています。入念に訓練された記憶力、悩める同胞を助けたいというキリスト教よりはましな欲望、理解のために統制された能力――これらすべては感覚（sensuous）の領域にとっては束縛なのです。私たちは幻覚を決して楽しむことはできないでしょうし、したがって私たちがわずかばかりの感覚世界にしがみついているなら、幻覚における変形を楽しんでいる患者を理解することはないでしょう。私たち自身を人為的に盲目にすることで、暗黒の光線で光明を貫き[2]、そしてない‐もの（no-thing）の非‐現実的世界（un-real world）を見え‐なく（un-see）できるのです。

循環一で意味されていることは、あざけりという手段による、ビオンの私たちへの要求に対する抵抗の例証。循環二は、ボクサーのように体をしならせてパンチの威力を吸収する、ゴムのような弾力的技法と言えます。「しかしビオンは実際には、フロイトが言ったことと何ら異なることは言ってはいないのです。私がいつも行なっていることと異なっていることは、何も含まれていません。私はもはや、決して記録は取りません。というのは、患者の素材についての私の無意識の想起と順序づけは、私の意識的努力よりも遥かに深遠だからです。私は遥か昔に私の患者を治そうという欲望を捨てました。というのも、精神分析的方法は患者の防衛を再組織化し、そして患者の現実へのしがみつきを強化するだけであることがはっきりわかったからです。同じように修正感情体験はこの方法の本質であり、フロイトが考えていたように、分析家の知的理解よりも、分析家のパーソナリティの実体に拠っています。ビオンがそうであるように、私は時折眠りに落ち、そして幾分苦痛な感覚で覚醒することに気がついているのですが、患者の無意識と深く接触していることに起因しているのです。最終的な報いは、精神分析的方法と分析家の真実と良さへの患者自身の誠実な信念を発展できる患者はうまくいくのですが、それができないものは離れていきます。そのため、私は基本的にはウィルフレッドに賛同しますが、彼の書き方は少し退屈です」。

循環三、科学的権威者層の異端者ハンター――「科学的厳密さや言語的正確さを装い、世紀の大半にわたって献身的に作業してきた人々によって築き上げられた理論や技法の体系を、明らかにビオンは解体しようとしています。私が深く共感しているビオンの初期の業績では、訓練生が重い精神障害の患者に惹起された逆転移によって行動へと押し流されないよう強化できる教えやすい規律として、思考の数学的様式とパーソナリティの精神分析的理論との間に和解を樹立しようと取りかかっていました。もし彼が上手くやったのなら、これは非常に有用である可能性がありました。というのも訓練分析は、私たちの生え抜きの分析家候補生にカウチでの経験に遜色ないものを与えてはいないことがよく認識されていたからです。このもう一方では、次第に私たちの面接室においては、精神分析がもたらした性道徳の自由化によって、この方法が目論んでいた治療対象である神経症の優勢な割合がかなり減少し、ボーダーライン患者で溢れているのも認識されていました。初期の業績で，「無限」，マイスター・エックハルト,(3)「宗教的頂点」について言及しているのを見て憂慮していたのですが，今や彼は完全に混乱の理想化に身を委ねているようです。何しろ彼は，もう年老いていますし，そしていわゆる小説『未来の回想』は，キルケゴール信奉者という意味ではなく，全く馬鹿げていて狂人のうわ言に似ているからです」。

私たち自身にあるこれら三つの部分，あざけり屋，ゴム男，そして未来の協会会長を脇に置くことで，私たちはビオンが意図することと，たとえ頂点と道具立てが随分と変わったとしても，それが初期の業績の放棄ではなく，どのような成長であるかを理解してみることに取りかかれるのです。私たちに要求されているものは一体何なのでしょうか？　いくつかおさらいしてみましょう。フロイトによるある精神的変調の形成過程における無意識の役割の発見は，精神の局所論的モデルをつくりだしました。そのモデルでは，快感原則の支配の下にある幻覚的願望充足という原始の夢様世界は次第に睡眠と無意識へと追放され，一方で意識は現実の世界に捕えられ黙従させられました。過ぎ去った乳幼児期の外傷的で同化しない経験は，夢生活と症状形成に圧力をかけつづけます。これは一九二〇年代に心の構造モデルへと変形され，そこで現実のインパクトのもとでエスから進化した自我は，不安を信号として使うことを習得し，エスの要求，現実のインパクト，親的権威の内在化である超‐自我の三人の主人に奉公しています。エスにおける相反する生と死の本能が作動して葛藤は増大します。このモデルはメラニー・クラインによって変更され，空想の地理学を含み，そこでは自己は内的と外的の二つの世界に住み，取り入れと投影の過程を通して自己はそれらの世界と絶え間ない意味の交流を行い，良い経験と抑うつ的方向づけという働きによって，スプリッティングと迫害に特徴づけられるより早期状態から，次第に自己とその対象それぞれが統合されます。

初期であれ後期であれ、フロイトのこころのモデルでは、精神分析的方法は本質的には再構成法で、それによって早期の経験が理解され、症状や性格の歪みが放棄されるように痛みは受け入れられ「ワークスルー」されます。メラニー・クラインのモデルでは、精神分析は本質的に転移を呼び起こすことにかかっている方法です。そこでは、分析家の解釈に含まれる洞察によってスプリッティングと迫害の状態から、統合と抑うつ的方向づけの状態へと内的対象との乳幼児期的関係はワークスルーされます。これら双方のモデルにおいて重要な道具は転移の観察であり、フロイトのモデルでは抵抗であり、クラインのモデルでは心的現実です。双方において逆転移は重大な妨げであり、制約でした。双方のモデルにおいて情緒的関係と、精神的苦痛が注目点でした。

ビオンはこころの拡張したモデルと、そして分析方法の拡張したモデルを構成してきました。フロイトのモデルでは、成長は当然であると考えられていました。メラニー・クラインのモデルでは、達成ではないにしろ、成長のための相対的配置は当然と考えられていました。ビオンのモデルでは、成長はその可能性と形式が一連の生得的前概念だけを基にして決定されますが、概念体系が世界を経験するためのコンセプトと演繹システムへと次第に組織化されるために、現実化として仕えるために、充分に適した情動経験を必要とするのです。こうして、迫害的価値と抑うつ的価値（Ps⇕D）間の往復運動の影響されるコンテイナーとコンテインドの作動によって、これらの夢思考は真実への愛と美的直観に支配されて複雑性、洗練度、抽象性において成長し、科学的演繹体系となれるのです。この科学的演繹体系の神話的な夢思考版は、メラニー・クラインの心的現実の具象性という概念によって表現されています。

この精神の拡大モデルから生じる精神分析的方法の拡大モデルは、『精神分析の要素』と『変形』を通したこのモデルの推敲と並行して調べられたのですが、ほとんど実りのないものでした。もっとも、その信頼性を維持するために必要とされていた足場を取り除けば話は別なのですが。この足場である疑似数学的な論理と言語は今や脱ぎ捨てられ、最初に調べられるのは、被分析者と分析家の双方の成長に調和し、できればさらにそれを促すとみなせるように手順で機能できる、分析家の面接室における精神状態という必要要件です。この状態は記憶、欲望、理解することを控えることにあると言われています。ビオンは彼が意味することを説明するのに非常に苦心しており、新しい記号Ｆを導入するのはそのためなのですが、それは曖昧と混乱といった性質を募らせ、結果としてむしろ失望を引き起こすものです。読者はある一点においてはきっと同感します。「Ｋを抑制することや、Ｋにおける変形をＯにおける変形に従属させることでＦを訓練による統制の下に増大させることは、ゆえにＦが確立されるまでは自我へのただならぬ攻撃として感じられる」(p.48)[4]。なぜ「Ｆ」なのでしょうか？　それはＦ列「コンセプト」なのでしょうか？　彼はそれを「要素」と呼んでいます。一方でＦは、「自身を人為的に盲目にすること」について述べているフロイトが、ルー・サロメ宛への手紙で表わした態度を示しているように思えます。あるいはＦはコウルリッジの詩にある「恐ろしい悪鬼（Frightful Fiend）」[5]なのでしょうか？　あるいはＦは「信の行為（Act of Faith）」[6]にあるようなものなのでしょうか？　『信の行為』（Ｆ）は記憶と欲望の訓練され統制された否認に拠っている。記憶力が悪いだけでは不充分である。つまり通常言われている忘却は想起と同じく有害である。記憶と欲望に耽るのを制止する必要がある」[7]（p.41）。

　おそらく最も有用な理解は、Ｆを信、悪鬼、フロイトの盲目にすること、これらすべての合成物として捉えることであり、Ｆ列（コンセプト）を、心的現実の全くの感覚の無い世界を探査するための道具として務められるキーツ流の負の能力の状態、暗黒の光線を生み出しうる頂点として捉えることです。これはウェルギリウスに追随するダンテです[8]。これは偉業であり、オルフェウスとロトの妻[9]が成し遂げられなかったことです。ですが、どこが「自由に漂う注意」と違っているのでしょうか？　あるいはそれは、漠然としているが大切にもちつづけるこころの状態のより詳細な記述、もしくはそれを達成するための処方箋にすぎないのでしょうか？　ビオンの信という着想は、好奇心の基盤が無意味さの可能性を認める能力にあるとの着想と、どのように調和するのでしょうか？

自由に漂う注意という着想は、水に自由に漂うというモデルをもとに素朴に達成されると考えられる単純なもののように見えますし、人体の浮力へ信の行為は要求されず、それが一瞬現実化することが要求されるだけです。子どもはパパから離れ、あるいはアームリング浮き輪なしで泳いでみることへの信の行為を実行することを要求されるかもしれませんが、それはパパの好意を得ているという経験が基盤にあります。ビオンの信－の－行為は、鮫が群がる海域に自由に漂うことにもっと合致しているものでしょう。そこには、誰にも自分に後ろから迫ってくる悪鬼がいて、幻覚症、誇大妄想、妄想、破局不安が迫っているのを想定しています。薬物、孤立、集団の圧力、熱狂等の衝撃から判断すると、これを信ずるに充分な理由があるように思えます。疑問が生じずにいられないのは、おおよそ民主的な国に住み、良き伴侶に恵まれ、銀行には貯えがあり、癌だという証拠もなく、そして何年にもわたって患者は料金を払い定期的に通ってきているのに、自分自身の面接室での馴染みのある居心地の良さのもとでそんなことがありうるのかということです。おそらく答えは、ビオンが主張する鍛錬された規律を実践することでこの状態を達成するのは不可能だということです。というのは、意志の行動ではこれらの機能を「一時中止」はできないからです。しかし精神分析実践を経験するうちに時に生じる何か、あるいは生じうる何かかもしれません。信－の－行為は行為ではなく、人が精神分析家へと徐々に変形することであり、この用語を精神分析が存在する、つまりそれは物自体であると信じている誰かを意味しているとすれば、という条件つきですが。いずれにしてもビオンは、この信念は自分自身のこころのなかの悪鬼の現実化に左右されること、幻覚、誇大妄想、妄想が存在していて、そして何らかの手段によってぎりぎりのところでただ食い止められているだけだということを示唆しているようです。メラニー・クラインならば、良い対象の領域に住むことで、それらは食い止められると言うでしょう。オーウェルならば、同じか逆にビッグ・ブラザー[10]の領域に住んでいなければならないと言うでしょう。この本の証拠が示唆しているのは、ビオンにとって彼の海域に群がっている鮫は、自己防衛できない彼が医療過誤で非難されているのを審問している弁護士と裁判官なのです。というのも、彼は自分の患者の名前を忘れてしまい、患者が結婚しているかどうかさえ知らず、面接室ではさまざまな機会に眠りに落ちているのを否定できないからです。全くカフカ風の世界です！

そこで、ビオンの勧めることが実践している精神分析家にいつかは実際に生じるかもしれないと私たちが認めるとして、いかにしてそれを分析家の劣化と区別すべきなのでしょうか？「（記憶と欲望を一時停止した状態がもつ、ひどく退行した患者のそれにあたる）外観には本当の危機がある。すなわちこれが、分析が少なくとも妄想－分裂ポジションと抑うつポジションを十二分に認識するまでに成し遂げられた精神分析家だけに、ここに概述された手順が提唱される理由である」（p.47 脚注）[11]。しかし彼は「自分のなかに恐ろしい悪鬼を垣間見てしまったほど、彼が深く十二分」であることを、たしかに意味していたに違いありません。これは少なくとも、彼の最たる破局不安は死ではなく狂気に、自分のなかの鮫によって狂気へと呑み込まれることに関連しているという気づきに至っていることを意味しているのでしょう。

ビオンはそのような大望に、それが彼の規律ある訓練によって、あるいは精神分析を実践している人の進化によって達成されることになるにしろ、どのような弁明を与えることができるのでしょうか？　精神病の研究的関心に関連してそれは必要なのでしょうか、あるいは単に望ましいものなのでしょうか？　ビオンにはいくつかの答えがあります。「正確な臨床観察を可能にできる思考様式を開発することに私は関心がある。というのも、もしそれが達成されたならば、そこには適切な理論が進展する希望が必ずあるからである」(p.44)。[12] 換言しますと、いかなる正確な臨床観察も、記憶と欲望が作動することによって損なわれます。第二に、彼は転移が円滑に進展するには、分析家にこの状態が要請されると信じているようです。すなわち「もし分析家が慎重に記憶と欲望を取り除かなければ、患者はこれを『感じ』て、そして『欲望』という用語で表象される状態である分析家のこころの状態に、患者は捕えられて封じ込まれたという『感じ』に支配される」(p.42)。[13] 第三に、彼は転移における羨望の問題は、分析家が記憶と欲望を働かせることによってひどく悪化させられると信じています。「精神分析の方法が、現実原則に一致して、知識の蓄積（所有欲）にあると偏狭に考えられ、そして（成長は認識されないか、あるいはそれが認識されたとしても達成不能で個人の支配力を越えているという理由から）成熟と成長の過程から切り離されているのならば、それは羨望を引き起こす強い刺激となる」(p.48)。[14] そして最後に、そのような記憶と欲望を当てにすることは、患者の抵抗を迎え入れることです。すなわち「精神分析家がある危機を予期した際に、もし彼には不安の充分な理由がある、あるいはあると考えているなら、彼は安全への欲望を充たすために記憶や理解することに訴えがちであり［…］これは精神病患者に察知され、患者は抵抗には訴えずに分析家のなかに抵抗を増殖させる要素を惹起させうることに頼る。換言すると、（とりわけ分析の結果が上手くいくようにという）分析家の欲望、記憶、理解することを刺激することに頼り、それによって分析家のこころの状態が、そうでなければ彼が目撃者となりうる経験に開かれていないようにしようとする」（p.51）。[15]

記憶と欲望を分析家が控えることについてのビオンの見解に対する批判から離れる前に、私たちはこの概念の基盤にある弱点に気づかなければなりません。というのは、それらがこの本の後半でいくらかは扱われるからです。まず第一に、ビオンは心的現実と妄想や幻覚の非現実的世界とを未だに区別していません。第二に、なぜ成長がそれほどに恐れられるのかを説明する試みはまるで説得力がなく、耐え難い不安を駆り立てるのは、成長ではなく退行と狂気でありうると憶測させるものです。彼の説得力を欠く試みはこうです。「あらゆる憎まれうるもののなかで、成長と成熟は最も頻繁に恐れられ忌み嫌われる。この成熟過程への敵意は、成熟には快感原則の従属が必然的に伴っているように見えるときに、最も顕著となる［…］快感原則から現実原則への変化は、快感に対する苦痛の割合の制御を断念することを意味する」（p.53）。[16] 発達の促進力としての真実への愛の位置と調和するために、この成長への嫌悪に耐えるより強力な概念を持ち込む必要が彼にはあります。しかしこの時点ではこれらの論拠の薄弱さは、記憶と欲望を控えることとビオンのこころのモデルとの間の全体的調和を損ねてはいません。本質的な特徴は、彼が情動経験を強調していることであり、そして情動経験の性質に関する真実の発見がいかにこころの成長にとっての栄養であるのかということです。情動経験の豊かな「感知」を妨げるものはすべて、考えることに適した夢思考を産出するα－機能の能力を弱体化します。注意を向け、切望し、興味をもち、こだわり、しがみつき、繰り返し戻る――過去と未来にこころを向けるさまざまな様式すべてが、その瞬間の経験の強烈さと感知を損ないます。これは**必須条件**であるため、抵抗が変化する局面でもあり、人生や分析においてその局面に攻撃を向けるのです。その瞬間への注意はその観察に必要不可欠であり、そしてビオンにとって観察の豊かさが思考の豊かさに制限を加えます。ですから彼が数に不信感を抱いているのは、彼が思考の数学的様式を重んじていることへ真っ向から反対していることなのです。

▼訳註

1——T－αのことを指す。

2——「私はかつて私の分析セッションの後で、ビオンは珍しいことに書棚へと向かい、独語版のフロイトとルー・アンドレーアス・サロメとの往復書簡集を取り出し、ある箇所を私のために翻訳してくれた。私はすぐにメモを取った。『分析を行なう際には、暗闇の光線を注がなければならない、そうすることでそれまで照明のまぶしさでぼやけていた何かが、時間のなかで一層きらめくのです』。この言明はビオンの後の考えを貫くアリアドネの糸であろうし、今では有名な分析家への訓戒である、分析を行うにあたっての「記憶と欲望を捨てよ」を意味していて、そうすることで自分自身の無意識の創造的な反応に信頼を置けるのだと認識するに至ったのでした」（J. Grotstein（2007）*A Beam of Intense Darkness.* Karnac Books）

3——マイスター・エックハルト／中世ドイツのスコラ学者にして思弁的神秘主義の代表。「神の根底における神の子の誕生」はエックハルトの教説の中核を形成する。

4——福本修／平井正三＝訳『精神分析の方法II』p.243

5——コウルリッジ「老水夫の歌」第七部

6——ビオンは〝faith〟をルリア派／カトリック教カバラから借りているが、解釈の決定的瞬間に使うために考案された。科学的手続きには奇妙であるが、宗教的意味と区別されなければならず、単に近似値を表現する試みである。ユダヤ教において〝faith〟は宗教的概念ではなく、キリスト教やイスラム教と比較すると、信仰そのものよりも知識や真の予言や実践に重きが置かれている。ユダヤ教での〝Emunah〟は〝faith〟と訳され、神への信である。そこで〝faith〟に「信」という訳語を当てることにした。

7——『精神分析の方法Ⅱ』p.236

8——『神曲』は地獄篇、煉獄篇、天国篇からなり、ひとりの男（ダンテ）がこれらの場所を旅していく物語である。そこは死者の国であり、死者の魂がすむ場所である。ダンテには二人の案内役がつく。地獄と煉獄の案内役はウェルギソウスであり、天国の案内役はベアトリーチェである。

9——ともに「見るな」のタブーを破り偉業を成し遂げられなかった。

10——オーウェルの作品『1984年』の作中に出てくる架空の人物。全体主義国家オセアニアに君臨する独裁者。

11——『精神分析の方法Ⅱ』p.242, 341

12——『精神分析の方法Ⅱ』p.239

13——『精神分析の方法Ⅱ』p.237

14——『精神分析の方法Ⅱ』p.243

15——『精神分析の方法Ⅱ』p.246

16——『精神分析の方法Ⅱ』p.248

第13章 精神分析的カップルと集団

ビオンが個人の集団に対する関係の検討に着手して、ようやく『注意と解釈』における彼の見解が完成したとたしかに宣告できます。精神分析の特別な問題に関して、いや、おそらくは人間関係一般に関して、彼が意味するのは、集団機能や集団心性への個人の関わりと、個人**としての**個人相互間への個人の関係を並置することです。『集団での経験』における業績へと迂回して戻ることで、ビオンのライフワークの内的一貫性が発展的に厳密化し複雑化しているのを再度示せるのですが、さまざまな主要な業績において説明の道具立てが変遷しているために、表面上はその事実が正しく伝えられていません。本書では、言語は宗教的語彙へ変化していて、言語的道具立てが宗教的頂点には不可欠な装備であることは明らかです。『精神分析の要素』と『変形』では、表現の数学的様式は本質的というよりは類推的なものであると主張され、ビオンはこれを擁護する傾向があります。しかし振り返ってみますと、ビオンは本質的には内的に調和しているという正確で量化可能な世界という数学的夢に恋をしていた時期があり、その夢は主にα－機能、コンテインするためのコンテイナー、Ps⇕Dを実行するために発見されるべき選択された事実が失敗に終わったことで脅威にさらされたのは明らかです。彼が死の本能、羨望の役割、生得的破壊性などを思考から捨て去ってしまったというのは事実ではありませんが、数学的夢ばかりでなく成長の敵である混乱も、ともかくそこに入る余地がなかったのは事実です。その結果、こころの反‐成長要素が二列のみの「使用」に追いやられたのかもしれません。

精神生活における情動性の猛威を数学的頂点でコンテインすることの失敗や、定式化というそのコンテイナーが、この湧きかえるもので膨れあがり、爆発が差し迫っているため、宗教的頂点を支持して数学的頂点を捨てるに至りました。このように、究極的現実はもはや「O」ではなく「神」であり、そして「Oになる」との奮闘は今や神との直接に接触し融合しようとする奮闘であり、これを達成すると主張する人物は「神秘家」と呼ばれることになります。建設的意味にしろ破壊的意味にしても、神秘家と神秘家が属する集団との間に存在する相互の必要性は、精神分析という作業を「救世主的アイデア」として理解するためのモデルと捉えることであり、おそらくはこの世界にあまたあるなかで、しかし史上空前の成功をおさめた救世主的アイデア、つまりキリスト教のそれのモデルにのっとって究明されるべきです。一方で、これは精神分析を大掛かりなものにし、ビオンを新しい救世主メシアとして自らを美化するように思われますが、これは彼の説明方法の全くの誤解でしょう。彼は、考案した道具、グリッド、コンテイナー‐コンテインド、Ps⇕D、頂点を使って精神分析的方法の作業を調べようとしています。「救世主」「神」「権力機構」「爆発」などのような言葉は、偉大性、重要性の陰影と彼が呼ぶであろうものを含みます。彼を理解するためにはこれを脇に置き、そして小さな救世主、小さな神、同じく小さな爆発を考えなければなりません。宇宙的用語での大きさの問題は関係ありません。量は彼の研究からは実際にいつの間にかなくなってしまっています。今やすべては質であり，したがって私たちが扱っていると思っていることが，精神分析的微生物学であろうと精神分析的天文学であろうと問題ではありません。質は同じです。宗教的頂点の言語というのは探査道具であり，それは新しいモデルであって予言者の吹聴ではありません。この問題はある意味で，航空機や潜水艦についてよく話されていたのと同じで，それらは愚者でも操縦できるように天才によって発明される必要があったということです。

ビオンは宗教的頂点を取りながら，この類の精神分析の見解，つまり偉大なアイデアがこの世界には存在すること，そのアイデアは考える人により発見され，考えない人が使えるように伝達されると，そのためには，必ずしも発語である必要のない「言語（language）」を見つけなければならないこと，その言語は，そのアイデアを意味の圧力によって爆発することもなく，またそのアイデアを圧縮するほどに頑なでなくコンテインでき，そうしてその有意味性を減弱させることもできることを私たちに示しています。精神分析に著作で形式を与え，実践し教授したフロイトという（偉大であるか凡庸であるかはともかく）神秘家的天才によって発見される前からこの世界に存在していた物自体としての「精神-分析」をビオンは扱いたいと望んでいるのです。精神分析が生まれて以来，この新種は医学的体制にはコンテイン不可能なおかげで，新しい救世主的体制，最終的には，機能が福音的で保守的な国際精神分析学会となりました。精神-分析史のこのモデルにならうと，個々の精神分析実践家は天才によって考案された装置を利用している愚者となりますが，しかし愚者の確立した協会に属さなければならず，その協会がフロイトやクライン，ビオンという天才にあずかる資格を与えてくれるため，彼ら愚者は自分を天才と考えています。このような参与形式なしでは、彼らは自分の面接室でその作業に不可欠な救世主的 - 天才の重要な趣旨を、彼らの患者のために伝達するように機能できないでしょう。無論、これは患者たちを自分自身が天才もしくは救世主と考える危険に追い込みますが、これはこの仕事の労働災害です（宗教的頂点から述べているのであって、探索と記述のためであるのを忘れないでください）。しかしながら、精神分析的聖餐（宗教的頂点であり、文字通りに受け取ってはなりません）を授ける精神分析的司祭としての誠実さと確信をもって機能できるようにメンバーに参加意識を与えているこの体制は、彼らに集団の保守性、古くなった新しいアイデアへの忠誠、新たな新しいアイデアへの抵抗を課します。ただし、新しいアイデアというのは、古くなった新しいアイデアが包含されている福音書に暗に含まれていますが、これまで気づかれなかったと証明できれば話は別です。これらの考えは、その源がビオンの初期の集団における業績にあり、そこでは三つの基底的想定グループには次のような進展順序や循環運動を取る傾向が暗に含意されていたようです。すなわち、つがい集団は結局のところ救世主的リーダーを産み出し、依存集団となります。その集団は指導者が死ぬと、闘争 - 逃避集団として戦闘隊形を取り、集団の希望を束ねるための新しいつがいを探し求めなければなりません。

そうなるとこれは、宗教的頂点から眺めてみた実践している精神分析家の社会 - 心理的設定のことであり、ビオンはその設定での分析家 - 被分析者というカップルよりは、個人の働きを調べたいと願っていることになります。彼の主眼は、観察するための必要条件にあります。というのは、「情動経験の」この観察の正確さや詳細に、それに続くすべての精神過程や、したがって成長の豊かさがかかっているからです。彼はこの本の最初の三分の一を、彼の言明の記述と限界設定に費やしました。それは宗教的頂点にふさわしく表明されました。「汝記憶するなかれ、汝欲望するなかれ、汝理解するなかれ」というより、「あなたの記憶と欲望と理解することを捨て、私についてきてください」と読めるでしょう。つまり、旧約聖書ではなく新約聖書であり、禁止ではなく勧告であり、「私の味方でない人たちは私に反対している」と「私に反対していない人たちは私の味方である」とが違うように異なっているのです。ビオンは後者を引用しています。異端審問官ならば、前者を引用しているはずです。ビオンは精神分析集団のミニ－神秘家として姿を現わし、フロイトとメラニー・クラインという先の救世主の福音を「破壊するためにではなく、満たすために到来している」と主張しています。彼は「変容惹起性解釈」の新しい予言者です。このように考えて、精神分析についての「プロセス」という観点から見ますと、彼らの解釈が正確か、あるいはそうではなくとも、詳細であろうと曖昧であろうと、精神の成長に必要な「破局的変化」を引き起こすかもしれないと患者に危惧されるに足るほど天才である必要は実際にはないと、患者への慰めとして働いていることがわかります。宗教的頂点からしますと、私たち実践している愚者は、メラニー・クラインの韻文に存在する良い内的対象、すなわち心的現実の承認である「我らが主ととわに生きたもう」[1]という信（Faith）の出現を患者に引き起こすために、道理をわきまえながら喜んで儀式を執り行い、そして宗教の聖杯を売ってもよいのかもしれません。

しかし無論のこと、精神分析の愚かな実践家に甘んじるように、ビオンは彼自身喜んで、もしくは進んで人々を促してはいません。彼は創造的な作業への道を発見していましたし、人々に同じことをするよう促しているのであって、心的現実という非－感覚世界を照らし出すことができる「暗黒の光線」を達成するために彼が実践してきたと考えていることを、人々が実践するためなのです。それを達成するために必要な不安耐性を表現するための定式を彼は見出しましたし、キーツが弟たち（ジョージ、トーマス）へ宛てた手紙に発見したのです。キーツはそこで不確かさに耐える能力、「負の能力」を書いているのですが、他の誰をもさしおいて彼が畏敬していたシェイクスピアの作品に基礎として存在すると理解していました。

しかしこれら鍛錬のための勧めは、ビオンが記述していることの真髄を実際には捉えていません。というのも彼がすでに明確にしていたように、これらの目標に到達するには、自己自身にある「恐ろしい悪鬼」にもちこたえる必要があるからです。この悪鬼について彼は今や、ベータ要素や第２列が示唆できたよりも、マイナスＬやマイナスＫが記述できるよりも、もっと豊かに探査できています。そして彼は自己自身のなかの虚言者の機能を、充分に神秘的な豊かさで記述することができています。一〇〇ページにある輝かしい寓話は、政治的嘘の社会的文脈を捉えており、そしてＦ、Ｇもしくは H 行で示される彼自身の理論と、Ｃ行、神話もしくは夢‐思考で示されるメラニー・クラインの理論との間に必要な和解を設けています。「対照的に、科学者が幾度も自分の仮説を支持しようと試みた脆弱な一連の作業は、この成り上がり者（科学者）の自負が空疎であると虚言者に容易に示させ、したがって虚言者や虚言者の恩恵を受ける者にも無力とか取るに足らないという感じを引き起こしただけであった学説が浸透するのを妨げはしなかったものの、これを遅らせた」[2]。メラニー・クラインの内的世界像をこのように呈示しますと、心的現実の具象性は政治の具象性と同じ構造をもち、そしてこころの生と死は文化の生と死、そしてもう一方で「恩恵を受ける者の」生と死と同じように、不安定な状態にあることが明確になります。このように「価値」は、ビオンの業績において結局は焦点づけられて突出したものですが、このような告白を伴っています。「もし価値が、（決断に準拠しているので行為にとっての）規準となるべきならば」「困難が生じる。というのも、絶対的な価値は存在しないからである。すなわち、破壊よりも創造がより良いとは個人は必ずしも信じてはいないからであり、自殺願望の患者は反対の見解を抱いているのかもしれない」(p.101)[3]。それに、倒錯者、サイコパス、統合失調症者を加えられるかもしれません。彼らは皆、あたかも創造よりも破壊のほうが良いと信じているように行動します。これこそが恐ろしい悪鬼、虚言者、HとマイナスKの使い手です。

宗教的頂点とC行（クライン派の定式化）からもう少し話してみますと、発達への苦闘には、滋養となる真実を摂取することと毒する嘘を避けることが含まれています。すなわち、これら滋養となる真実は良い内的神-様の対象から産出され、一方で毒する嘘は自己にある忌まわしい-悪鬼的悪魔から排出されます。あるいはこの二つは融合（fused）したり混同（con-fused）されたりして「超」-自我を形成するかもしれません。いつ何時でも選択が頼りとする決断は、救世主的アイデアにより惹起される破局的変化の危険性と、それに対する嘘による力と重要性の感覚の保持の間の選択に集約されます。思考過程を表にしたグリッド方式の観点からしますと、この定式化には単に二列だけではなく、負のグリッドが必要とされるでしょう。思考の「要素」のすべてのカテゴリーは、「考える人」によって嘘へと変えることができます。ビオンは嘘の生産を積極的な才覚の利用とみなし、一方で真実の達成はより受動的であり、コンテイナーとコンテインドの作動、価値が破壊することよりも創造することに置かれるL、K、もし可能であればFの頂点の下でのPs⇔Dの機制に従う必要があります。

このようにして（ミルトンにならって）楽園と地獄を宗教的頂点から区別することで、ビオンはついに心的現実と妄想システムや嘘の世界を区別する不可欠な段階へと踏み出しました。役立たずの警句によってただほのめかされ無傷のままにされて、未だ達成されなかったことは、「恐ろしい悪鬼」というマイナスKや、苦痛と欲求不満への不耐性に顕われるマイナスLよりも、成長への嫌悪の源泉となります。これはビオンが「破局的変化」と呼ぶものと関連していて、やがて解明するであろうことをしきりにほのめかしてきました。索引でそれに言及して、「第一〇章参照」と示していますが、そこには実際は何もそれについて述べていないのを知ると、腹立たしさを感じます。『変形』において破局状態の前と後について短く述べていますが、ほとんど役に立ちません。一九六六年に英国精神分析協会で発表され、その紀要に掲載された論文は、第一二章と全く変わりません。それは情動と精神的苦痛に関する疑問全体の中核であり、したがってビオンの精神についての精密なモデルの主要動機であるため、最終章での要約の土台として使われることになるでしょう。この章で引き続き論義されねばならないのはひとつの疑問です。すなわち、コンテイナーとコンテインドとの関係において寄生的、共生的、共存的様式の区別を導入することで、そのモデルに付け足せたのか、あるいは少なくとも内容を豊かにしたのでしょうか？　そして分析家の経験に関する次元としての「忍耐」と「安全」という最終的定式は、精神分析的方法の探究に何かを付け足したのでしょうか？

第一二章でのコンテイナーとコンテインドのモデルを政治や分析状況やパーソナリティ構造を描写するのに役立つほどに柔軟性あるものへと変形させる試みは、実践にあたっての思考と行為の区別にかかっています。行為はコンテイナーの母体を形成する、安定した習慣的行為でありえます。いわば、政治における体制派の行為や、分析における患者や分析家の常習的で安定した行為に認められます。この行為のコンテイナーは、新しいアイデアや救世主的アイデアに押しつぶされないほど充分に柔軟でなければならず、しかも破壊されない程に強くなければなりません。教条主義には救世主義的なものが含まれているに違いありません。すなわち、その方法は、被分析者と分析家の双方に、思考を可能にさせなければなりません。しかし彼が指摘しているのは、コミュニケーションにおいてでさえ不可避な行為は、無力さや負の能力という必須な経験に対抗して、力の感覚を保持するほうをつねに選ぶのです。有意味性を欠いた生物学的モデルを基盤にしているため、寄生的、共生的、共存的の使用は、コンテイナーと救世主的アイデアの間にある緊張と葛藤の状態を探査するビオンの能力に何も付け足していないようです。彼は、クラインの妄想－分裂ポジションと抑うつポジションの記述へ追い立てられて戻り、それらに「忍耐」と「安全」の呼称で新しい操作的観点を与えています。しかし彼は「苛立たずに事実と理由を得ようと努力する」不確かさのなかにいるべきであるという「忍耐」のためのキーツの負の規準を超えられず、一方で「安全」とは、ひとたび「進展して」しまった新しいパターンを享受した状態で、「私は『忍耐』と『安全』の間を揺れ動く経験を、価値ある作業が達成されている指標であると考える」(p.124)[4]。含みのある言葉は、ラスキンの[5]「生命をもたらす」の意味での「価値ある」と、そしてキーツの「偉業を遂げる人」の意味での「達成した」です。最後には彼は、恐ろしい悪鬼、羨望に頼ります、「もし羨望が全体対象の一側面を装っていると仮定すると、成熟可能なパーソナリティと成熟刺激的対象への羨望であるとみなせるだろう」(p.128)[6]。これは、攻撃は本質的には連結への攻撃であるという彼の見解と一致するものであり、クラインによる羨望の定式を進めた見解です。ビオンの見解では、そしてビオンの用語では、羨望はコンテイナーでもコンテインドでも喚起されず、ただそれらの（共生的）連接の達成によってのみ引き起こされます。

▼訳註

1——「ヨブ記」19.25-26

2——福本修／平井正三＝訳『精神分析の方法II』p.299

3——『精神分析の方法II』p.300

4——『精神分析の方法II』p.324

5——ジョン・ラスキン／一九世紀イギリス・ヴィクトリア時代を代表する評論家・美術評論家。

6——『精神分析の方法II』p.328

第14章

再検討

破局的変化と防衛機制

ビオンのこころのモデルの発展に関する検討を終えるために、おそらく最も中核的だが全アイデアのなかで最も取り上げられていない概念を明確にする試みが必要です。ちなみに一九六六年に英国精神分析協会で発表した「破局的変化」と題した論文を除いて、本文では表題の概念について全く述べられていないのですが、この語句はどの著作にも出現していません。それにもかかわらず、すべての著作はそれに関連していています。ちょうど『注意と解釈』はたしかに注意についての著作なのですが、その本文では決して述べられていません。論文「破局的変化」は『注意と解釈』への序曲であり、実際に第一二章とほぼ同じと言ってもいいほどです。個人における、そして個人の集団との関係におけるコンテイナーとコンテインドの関係に焦点を当てていることからすれば、変化への畏怖や変化に対して破局として現われる傾向は、「変形されたコンテイナーとコンテインド」と題された後の章に比べて、より明らかにされています。ビオンのコンテイナーとコンテインドというモデルは、真実は考える人の存在を求めることはなく、むしろ考える人がこころのなかで成長させられる考えとして真実を見出す必要があるという彼の着想と並列されねばなりません。考える人を待望しながらこの世界に存在するさまざまなアイデアのなかから、宗教‐歴史的頂点から確実なものを、彼は「救世主的」アイデアと呼ぶのを好んでいます。個人におけるコンテイナーのコンテインドとの関係は、アイデアが思考と行為への衝動との葛藤を起こす限りは、事象の通常の経過ではそう観察できるものではありませんが、救世主的意義というアイデアが加わると劇的に顕わになります。救世主的アイデアによって引き起こされるこれら破局的変化の過程を記述するために、ビオンは一人の神秘家とその集団との調和した関係を用いています。集団はコンテイナーとして、この新しい現象を保持するために何らかの拡張する措置を見つけなければなりません。それはひとつには、救世主的アイデアを粉砕したり、押しつぶしたり、剥ぎ取ったりしないためであり、また同様に神秘家を破壊したり、「名誉の重みで跡形もなく沈め」てしまうためです。しかし集団はまた、神秘家や救世主的アイデアによって、断片化されたり爆発されたりするのを回避しなければなりません。コンテイナーとコンテインドのこのような関係は、個人、集団のなかの個人、言葉の意味、象徴の意義、関係での情念など、コンテイナーとコンテインドのどのような次元における経験であろうとも、その関係性は寄生的、共生的、そして共存的と類別されます。これら生物学的アイデアの精神領域への応用は以下の通りです（*Scientific Bulletin of the Brit. Psa. Soc.*, No.5, 1966, p.21）。

共存的――思考Oと考える人は互いに全く独立して存在する。反応は全くないか、あるいはおそらく一般に私たちは考える人と同一化すると思われるため、真実が「存在」しても発見されることはない。

共生的――思考と考える人は調和し、調和し合うことで互いに修正する。思考は増殖し、考える人は発達する。

寄生的――思考と考える人は調和するが、調和はカテゴリー（すなわち列）2であり、定式は嘘として知られているが、コンテイナーを破滅させ、もしくはその逆であると恐れられている真実への障壁として留め置かれる。

「危機的状況」は、共存的なものが寄生的なものへと近づくとき、「発見」が迫ってくるために強くなると言われています。「危機的状況」は原子炉のイメージを想起させます。

次いでこれは、精神のビオン流モデルにおける不安の原型であり、そしてこの破局的不安はより軽い不安すべての背後に潜んでいると見ることができます。それは、フロイトが最後に概念化した「信号で合図する」こと、「信号不安（signal anxiety）」です。それは、メラニー・クラインのモデルにおける妄想－分裂ポジションと抑うつポジションの精神的苦痛の根底にあります。ビックの「袋小路（dead end）」[1]、「底なしに落ちること（endless falling）」、そして「液状化（liquefaction）」に相当し、ビオン自身の『経験から学ぶこと』における「言いようのない恐怖」という定式に相当し、あるいは私自身の死んだ対象の「戦慄の恐怖（terror）」[2]という記述に相当します。それらはおそらく、善と悪、男性と女性、生と死、キリスト教徒と異教徒、人間と動物など、象徴的に言及されたさまざまなレベルでのマタドールがとどめを刺すために立ち向かう瞬間（moment of truth）です。ビオンが[3]「絶対的真実、O」をコンテインできるものではなく、個人の精神内に保持されるにはある程度の虚偽化が必要であると見ているのは明らかです。神秘家だけがそれを保持する、もしくは見るとビオンは主張しますが、それでもある程度の虚偽化なしには、彼でもそれを伝える（公表する）ことはできません。虚偽化の程度とその動機こそが、こころにコンテインされ成長を許される真実と、真実を破壊し「道徳」で置き換えてしまう嘘との違いをもたらします。

ここまで精神分析室で利用できるように、ビオンのアイデアの決定的に重大な側面について記述してきました。また、私たちの実践の根底にあるこころのモデルの進展の歴史を、フロイトからクラインを通じてビオンへと至る『クライン派の発展』として展開してきており、再検討することができるはずです。無論この文脈での任務はあまりに大きすぎますが、アプローチの方法と全体図式の概要は示せるはずです。そこで三冊すべてに、とりわけ臨床的なものに陰に陽に認められるこころのモデルの顕著な特徴を再検討することを、またこれらの異なるモデルがその概念――分析での転移を介して顕らかになる精神病理のすべての領域は不安に対抗する防衛に拠っていると仮定したときの防衛機制――に関して含意するものを見ることを提案します。そうではないかもしれませんが、おそらくビオンの業績に含蓄されている進歩のひとつは、病理学の他領域へのアプローチにありますが、精神分析家は皆一致して、フロイトの最初期の用語を使用するなら、「防衛神経‐精神病」を研究していると思い込んでいると確信をもって言えます。

フロイトの最終的な精神モデルは「自我とエス」、「快感原則の彼岸」、『不安の問題』(4)、そして「防衛のための自我の分裂」(5)のような論文で明示されているように、次のようになります。未分化な心的エネルギーの塊は、創造的でも破壊的でもありますが、エスの心的表象に顕現化します。それは自我であり、エスから進化してこころの性質を知覚するための能力である意識を発展させ、緊張を最小限に減衰させるためにこの世界で行動に移そうとするのです。しかしながら生と死の本能の葛藤に内在する複雑さに、現実世界や内的機関——早期の両親との関係に由来して、依存、権威、賞賛のもととなる人物との後の経験によってさまざまに修飾されている超自我——の要求に仕えるか逃れるかという任務が加えられます。「三人の主人たちに奉える」というこの苦境のなか、自我はさまざまな装置に訴えます。すなわち、衝動と行為の間に思考を介在させること、外的現実を修正するための行動、そして幻覚的願望充足と防衛機制です。これら後者は、さまざまな「主人たち」の両立しない要求により惹起された自我の葛藤が引き起こした信号不安を修正するために仕えるのです。自我の発達、その精神‐性愛的発達は一連の段階から成り立っていて、一部は肉体の成熟、一部は環境の増大し多様化する要求によって決定されます。それによって主要な接触する性感帯、対象の性質、そして関係の標的が、一次的ナルシシズムから性器愛へと進展します。

このモデルの下では、精神分析の実践はナルシシズム段階以降の障害領域に限定されがちで、そこでは外的世界における部分対象や全体対象へのアンビヴァレンスが、超自我から生ずる要求と脅威の過酷さにより深刻化しています。その方法は自由連想を観察し、転移を探究して抵抗を取り除き、そして障害の発達が再構成され患者とワークスルーされるように夢を解釈することです。このようにして抑圧を取り除き、倒錯性を減じ、精神‐性愛的発達の進行を可能にするのです。受け入れ難い潜在内容を、夢検閲(超‐自我)が受け入れ可能な顕在内容へと変形させる「夢作業」に、防衛機制は多くの点で合致していますが、一端防衛機制が意識化されると患者によってそれは放棄されます。もしそうされるならば、快感原則と現実原則との間の経済的相互作用は、悪化するよりは促進されるのです。防衛機制のリストは抑圧を筆頭にして投影、取り入れ、否認、否定、情動の分離、そして自我のスプリッティングですが、記述されているように新参者も受け入れています。機制はそれらの顕現によって名づけられ、おそらくは化学的や神経生理学的機制ですが、観察できず不確かなままに推論されるだけです。

フロイトのこころのモデルは正常な発達からの偏倚を説明し、そして治療の基盤として働くことを目標にした機械論的因果体系のモデルです。それは、現象の観察に基づいており、決して神経生理学的事実や神経解剖学的事実に基づいていないのにもかかわらず、こころの生活の記述のための心理学的体系ではないのです。

メラニー・クラインが明確に表わしたこころのモデルは、完全にフロイト派のものですが、彼女の臨床記述に暗に含まれているモデルは全く違っています。それは因果体系の説明モデルではなく、空想生活の地理学の記述であり、その地理学においては意味を生成するための劇場はこころの「内側」にあり、それによって外界の形態に意味と情動的意義が吹き込まれるのです。発達を強調するモデルであり、出生後すぐに赤ん坊の母親との、或いは先ずは母親の乳房との経験を通じて始まると見なされます。自己と対象は良いと悪いにスプリッティングされ、取り入れと投影同一化の空想によって万能感で満たされて、赤ん坊は満足を与えられたり失望させられる経験から、諸対象と自己の諸部分からなる内的世界を構築し、内的世界での赤ん坊の無意識の空想や夢が、その経験の意味と情動的意義を操作します。次にこれらは、赤ん坊の経験を解釈するための、そしてその結果、赤ん坊が外界の対象との行動を統制するためのモデルとして働きます。外的対象も、赤ん坊自身の経験と同じ具象的な内的世界をもっていると仮定されるため、その「世界」とは最初は母親の身体であり、それは外部と内部の双方の性質についての赤ん坊の知的本能の対象です。エスの生と死の本能は、満足や欲求不満を感じる出来事が生起させる情動的衝動に現われます。つまり愛と憎しみであり、二者関係においては羨望により複雑化し、そして後の三者関係やエディプス状況では嫉妬により増大します。内的世界と外的世界において、赤ん坊の万能的攻撃によって損なわれた自己と諸対象の悪い部分である悪い諸対象は、迫害不安を引き起こし、それを赤ん坊はスプリッティング過程、投影同一化、心的現実の否認、良い対象や理想化された対象への依存の否認によってさまざまに防衛しますが、これらすべては程度の差こそあれ万能感を伴って無意識の空想や行動において実行されます。愛と良い対象への依存がある段階まで成長すると、赤ん坊自身の安全と安心への気遣いは、その最愛の対象の安寧と、価値や経済原理の新しい体系への関心に取って代わられます。つまり抑うつポジションの到来が告げられます。赤ん坊が抑うつ的方向性を維持できる限り、内的対象やこれら内的対象からの転移を帯びている外界の人物への信頼と依存を大切にするため、自己と対象のスプリッティングの再統合を通して成長が生じ、万能感は次第に断念され、分裂機制は放棄されます。部分対象関係から全体対象関係への前進は、内的状況と内的対象との同一化を強固にし、自我の力を強めます。その一方でスプリッティングの再統合は、赤ん坊が扱える精神機能の複雑性を豊かにします。赤ん坊の取り入れ同一化を介して発達したパーソナリティの大人の部分は、外界との関係を制御する力を身に付け、一方で赤ん坊の乳幼児的関係は内的対象とにさらに限定されてゆき、転移しやすい傾向は減じてゆきます。

このモデルでは、精神分析的治療は主に発達過程の本質を転移を通じて再‐経験できるようにすることが目標であり、転移の進展は解釈により促進されるのです。それは本質的には修正的な発達経験であり、自己と対象の分裂排除された部分の再‐取り入れは、抑うつポジションの達成により促進されます。しかしながらこの経験の良さは、羨望という態度やそれが感謝や愛の発達を妨害することに表われている死の本能の毒性をさらに修正するかもしれません。科学的探査に使用するひとつのモデルとして、対象関係と自己愛構造体の探査に極めて有効です。これらの防衛機制は、完全に機械論的性質や神経生理学的基盤を失い、千差万別なものとなっています。というのも、それらは万能感に満ちた無意識の空想だからです。記述してみるなら、それらは分裂機制（スプリッティングと投影同一化）、躁的機制（心的現実の否認）、そして強迫機制（万能的支配と対象の分離）という項目にまとめられます。

メラニー・クラインのこころのモデルによって記述された世界は情動関係の世界であり、経験のカテゴリーとしての意味、価値、意義で満たされていますが、他の個々が考える生き物達の世界にいる考える生き物として人間を記述する直接の手段をもっていません。親密な関係性を記述できても、日常的で契約的な関係性の世界は記述できません。

もしフロイトの世界が、内外から絶え間なく入ってくる刺激の絶えない爆撃を中断させようとする生き物の世界であるなら、それは高等動物の世界です。そしてメラニー・クラインの世界は、分裂排除された死の本能という悪魔に苦しめられる聖家族の赤ん坊たちの世界であり、ビオンの世界は不適切な装備で絶対的真実を探し求める、探究するこころの世界です。フロイトのようにビオンはこころを分離させて考えますが、基底的想定集団－生活の原精神（protomental）レベルからの解放に苦闘し、しかも真実の発見を存続させ恒久化させるための集団を必要としています。メラニー・クラインのように、彼はこころを乳児－母親関係の文脈で発達すると考えていますが、彼にとってその関係性は、その本質が充足よりも理解することであり、欲求不満よりもそのような理解をすることの失敗です。こころの成長は、フロイトのようにすべてが上手くいく生得的過程の自然な現実化ではなく、またメラニー・クラインのそれのような、充分な養育と保護を与えられて複雑に展開する過程でもありません。むしろビオンは、情動経験を考える能力の成長と見ていて、個人が過去の自分と異なった能力をもった異なった人物になることにより、学べることを可能にするのです。経験してその経験について考えている彼自身であるその瞬間に、その人の人生はあるのです。過去と未来は、彼が現在よりもそこに住んでいる限り妨害物です。フロイトやメラニー・クラインにより何ら記述されなかったものが、このようにビオンのモデルに取って代わられますが、F行（知的動物としての人間に関する科学的演繹体系）、そしてC行（精神自体とその起源に関する神話）それぞれに分類されるでしょう。どちらも不正確でも的外れのようにも思われないでしょうが、ある臨床的（そして哲学的）任務には、多くの点で不正確で不適切です。

考えることと学ぶことの装置としてのビオンのこころのモデルは、こころに侵入してくる情動経験に関わっているのですが、ちょうどプラトンの洞窟の住人のように、心的性質を感知するために意識という器官を介して選択的注意を向ける能力を使って、こころはそれらの経験を頭のなかで注視するのです。こころはこれらの情動経験を考えることに使える思考へと転換する装置をもっていて、つまり思考の抽象性と洗練性のレベルを上げるという目的をもって操作するための装置なのです。その装置（α－機能）――乳幼児期に乳房として取り入れられていて、その乳房は、情動経験による爆撃という混沌の苦悩にある赤ん坊が、死にかかっているという恐怖を抱きつつ投影同一化した自己部分を受け入れることができ、さらには自己部分からその苦悩を取り除くことができ、混沌に秩序をもたらし、空想か夢を見ているのに等しい状態にある赤ん坊へとその部分を戻すことができるのでした。投影同一化によるこのコミュニケーション形式は、その後の関係性においても利用されつづけますが、こころの状態以外のことを伝達するためにより抽象的手段として、記号と象徴を利用することが求められ、そしてC行要素（無意識の空想）からそれらの記号や象徴を構成するために、コンテインメントとコンテイナーとその内容である思考との相互作用に類似した体系が、この取り入れられた乳房との同一化を介して進展されます。もしこのコンテインメントが可能であるならば、つまりもし新しいアイデアをその意味を圧縮することなく、そしてそれによって断裂されることなくこころが保持できるならば、つまりこころが差し迫る破局不安の撹乱に耐え忍ぶことができたならば、新しいアイデアを古いものと編成するための選択された事実の助けを借りて、妄想－分裂的価値のセットから、アイデアの成長が生じうる新しいアイデアへの抑うつ的方向づけへと向かう運動を産み出せるのです。この方法によってもし真実が愛されるならば、経験から学ぶことで真実は成長し消化され、そして精神に滋養を与えることができます。しかし真実が嫌悪されたり、不安が回避されたり装置に欠陥があるならば、その代わりにこころの毒である嘘が生じます。これらの嘘にはおそらく三種類があります。すなわち、思考へと変化しない情動経験（β－要素）、思考の成長のための装置（α－機能）が反転して働くことによる劣化した思考、あるいはおそらくはパーソナリティの「恐ろしい悪鬼」により作動される同じ負の装置による劣化した思考です。この最後の手段によって経験は嘘となり、非現実の世界や妄想体系や幻覚症を構築するために使われるのです。

このこころのモデルを携えて仕事をするとき、精神分析家は自分の任務を母親が赤ん坊にするように、投影同一化などをもの想いのなかに受け入れようと、その瞬間の情動経験を患者と分かち合うために捧げられるものと考えるでしょう。しかし分析家は、神話や夢思考レベルを越えた上に抽象化や洗練化のレベルでの見解を提示し、新しいアイデアの成長を促進させようと目指すでしょう。このような方法で機能する彼の能力は、その関係の過去と未来への関心から自身を解放する能力、そして患者と分かち合わねばならないであろう破局的不安への彼の耐性によって制限されることになります。

ビオンのモデルでは、防衛機制とは嘘のさまざまな形態であり、メラニー・クラインにより記述されたものを含んでいますが、より洗練され抽象的レベルにある嘘も含まれています。さらに装置のさまざまな形式の不備が研究され、不安に対する単なる防衛機制のみならず、思考能力の障害、思考のための能力への攻撃による障害、そして反 - 思考の世界に棲む企てという障害です。情動経験と身体経験と出来事が区別不能なレベルの原始心的現象にそのルーツがある集団生活が個人の経験から学ぶ能力と対立している限りにおいて、ビオンの精神モデルは、これまで気づかれず、あるいは注目されずに行動化のカテゴリーへと追いやられていた葛藤領域への観察と研究の道を拓いています。フロイトのモデルやメラニー・クラインのモデルを補充したものと見ると、ビオンのモデルは精神分析家に、これまで観察や考察のための概念ツールをもってなかった広大な領域を拓いたようです。この広大な領域は、精神生活のマインドレスの領域と呼んでよいでしょう。そのひとつには自閉症があり、私の同僚と私が探索しはじめたところです。ビオンの概念は強迫現象、フェティシズム、対象関係の二次元領域におけるマインドレスの理解を深めるものであることが証明されました。ビックはビオンと並んで、一次コンテインメントの失敗という現象、そして欠陥あるコンテインメントを補強するために「第二の皮膚」という策略が利用される際に、それがパーソナリティに与える影響を研究してきたと見られるでしょう。

おそらくビオンの業績は、回顧したときにメラニー・クラインの業績が成し遂げたと見られるのと同様の幾何級数的割合で、精神分析の活動域を拡大したと言っても過言ではないでしょう。フロイトの業績をいわば三乗までに持ち上げたことで、何もかも説明しようとする傲慢な野望で損なわれてしまった精神分析を、神経症や倒錯という限られた治療から、すべてを探索し記述し、かつ何も説明しないのに適していると証明されそうな科学的方法へと成長させることができたのでした。

▼訳註

1——Ester Bick（1986）Further consideration on the function of the skin in early object relations. *British Journal of Psychotherapy* 2-4.

2——D. Meltzer（1968）Terror, persecution, dread : A dissection of paranoid anxieties. *I.J.P.*（松木邦裕＝監訳（1993）「恐怖・迫害・恐れ——妄想性不安の解析」『メラニー・クライン トゥデイ②』岩崎学術出版社）

3——*Learning from Experience*（要約第一六章）

4——「制止、症状、不安」の米国翻訳本。

5——〝Splitting of the ego in the process of defense〟の間違いと思われる。

•付録

ビオンの概念「アルファ機能の反転」に関する覚書[1]

精神分析において新しい理論が提出される際には、二つの機能を負っていると言えるでしょう。一つは、すでに観察されていた臨床現象をより美的に（美しく？）構成することです。もう一つは、面接室のこれまで見えていない現象を見えるようにする観察の道具を提供することです。ウィルフレッド・ビオンは統合失調症の論文を皮切りに、考えることの過程とこの能力の障害を探索できるように、私たちが精神分析で利用するこころのモデルを拡充しようと努めました。この成果を最初に体系的に発表したのが『経験から学ぶこと』(Heinemann, London, 1962) であり、「情動経験の感覚印象」をさまざまに使用される要素へと転換するためのα－機能という「空」概念を定式化しました。つまり夢思考のための構成単位として、それが次には考えることのために使用でき、記憶として貯蔵することに利用できる、そしてそれらが連なって、無意識の精神過程から意識的なものを区別できるかもしれない「接触障壁」を形成します。

このモデルが「空であること」をビオンは繰り返し強調しましたが、それを臨床的意味で満たそうとする、あまりに性急な試みに対する警告も一緒にしました。彼自身はほぼ独力でそのいくつかの可能性のある意味を、その後の一連の著書『精神分析の要素』[2]、『変形』[3]、『注意と解釈』[4]で探索してきました。α‐機能はおそらく反転して作動しうるもので、β‐スクリーンやおそらくは奇怪な対象を産出するためにすでに形成されたα‐要素を共食いするという、彼の優れたアイデアの試験的探索としてこの論文を呈示するのには、若干不安があります。おそらく言い換えるよりは、引用するのが最良です。彼は（『経験から学ぶこと』[1] p.25）β‐スクリーンが形成される状況への分析家と患者それぞれの寄与を評価するなかで――

　彼分析者は、機能の方向性の反転として記述できるかもしれないことによる、α‐機能の代替が関連する変化に寄与する。

そしてそこに彼は注釈を加えています。

　方向の反転は、排出による思考の取り扱いと両立できる。言い換えると、もしそのパーソナリティが思考を「考える」のをパーソナリティに可能にさせる装置を欠いてはいるものの、パーソナリティから刺激の蓄積を取り除くのと全く同じ仕方で、精神から思考を取り除く企てができるなら、α‐機能の反転は利用可能な方法だろう。

彼は続けて――

夢思考と無意識の覚醒時思考に使用されるために、感覚印象がα-要素へ変化される代わりに、接触障壁の破壊がその発達に取って代わる。これはα-機能の反転によってもたらされた結果であり、接触障壁と接触障壁の構造である夢思考と無意識の覚醒時思考が、β-要素から隔てるあらゆる特質を奪われたα-要素へと変化し、そして投影され、このようにしてβ-スクリーンを形成する。

さらに——

α-機能の反転が意味するのは接触障壁の消散であり、私がかつて奇怪な対象に帰した特徴のある対象群が形成されるのと全く一致している。

彼はさらにβ-要素と奇怪な対象の概念の重要な違いを指摘していますが、後者は「β-要素＋自我と超自我痕跡」です。

思考という「空《から》の」器に意味を注ぎ込められるかもしれない臨床素材に着手する前に、過去に使われた項目を読者に思い出していただかなければなりません。内的対象と自己という構造へのサディスティックで万能的な攻撃というクラインの概念をビオンは拡大させ、自我の個々の機能や、乳幼児と乳房の結合を原型とする思考における基本的働きとしての「連結すること」全般への攻撃も含めました。ビオンの定式の有用性を調べるには、これまでの定式化ではできなかった観察の統合を可能にしている例を示す必要があります。これから示す素材に関連して生じてくる特別な疑問は、次のようなものです。つまり、α-機能と起こりうるその反転という定式化は、サディスティックな攻撃、スプリッティング過程、内的対象との投影同一化に関するクラインの定式が可能にしたものを越えて、精神分析的観察と思考を拡大しているのでしょうか？

●臨床素材――三五歳の男性

そのセッションは、おそらく二分遅れて開始されています。それには触れずにおきます。彼はぞっとする酷い夢を見ました。「話して何になるのですか」といった態度で、強い抵抗にさからって話すにはかなりの時間がかかっています。この夢が実際に提出される前にこの夢の背景は集積されていて、そこにはこの夏にドイツを訪れていた母親の友達のうち二人に、彼が感謝の気持ちを感じていないということを扱った以前のセッションからの素材も含まれています。彼はこれまで礼状を送ったことがなかったのですが、クリスマスの招待状を昨日受け取ったのです。彼は自身や他人にも感謝の気持ちがないのを嫌悪していて、そして昨日の素材は患者が家具を移動するのを手伝った大学の同僚（彼のイニシャルはD.M.）に集中していました。D.M.はこの患者に礼も言わず夕食にも招待しませんでした。そこで本日の素材は、境遇への彼の敏感さや、彼が翌年大学での職を失うことになり、そして彼が嫌っている別のところで職を得なければならないことの描写へと方向が変わります。そこは彼が悲惨な二年間を過ごしたアメリカ合衆国の研究所と関連していました。そして彼はＸと対立していると感じているのですが、それはＸの大学の研究員となる「栄誉」を彼を脅して受け入れさせようとしたからです。

夢では、米国の研究所にあったものと同じような巨大なＬ字型の部屋がありますが、それは、灰色のリノリウムなので彼の現在の部屋のようでもあります。実のところ、彼は以前に当局を脅したりすかしたりして、部屋に絨毯を敷かせ内装を施させていました。彼はまた、家具すべてをとても快適な長椅子と椅子に取り替えていました。しかも彼は、外的な快適さへのこの過剰な依存は、安心感の内的感覚に欠陥があるのを示唆していると認識しています。夢のなかで誰かが、事故で凄く不格好に歪んでしまった老女について話していました。すると彼女がそこの床にいるようで、生きてはいるが人間とはわからないほど不格好に思えました。異常なほど、そして何とも特に身の毛もよだつ容姿は、まず第一に極端に長い爪であり、外に向かって伸びているだけではなく指をよじ登ってもいて、腕の皮膚下に広がっているのです。爪は突き当たって腕を押し上げていて、爪の先端が肘の近くから突き出しているようでした。問題は、彼女は賠償を求めて訴えているのですが、彼女の罪悪感の状態がどうであったのか全くわからないほどに、完膚なきまで不恰好に歪んでしまっているという理由で、それが拒否されていたのでした。これは特に指の爪に言えることでした。というのも、爪は彼女の指から突出していなく、肘からだけ突出したにもかかわらず、間にある爪は皮膚を通しては見えなかったからです。身の毛もよだつという印象には、嫌悪以外の感情はないようでした。

私が彼に示唆したのは、夢の背景が示しているのは問題が罪悪感と修復のそれであり、損傷をこうむった対象が確認でき、そしてそれを以前の無傷でおそらく若くて美しい状態と関連づけられなければ罪悪感も修復も作動できないこと、すなわち彼の子ども時代の若い女性としての彼の母親をその老婦人と照らし合わせてみると、彼に感謝の気持ちがないにもかかわらず寛容でありつづけるドイツにいる母親の友人たちと結びつけられ、このようにして年老いて空っぽになっていたことでした。この苦しい罪悪感を取り除くためには、醜さがもともとの対象との関連を許さないほどに年老いた母親を攻撃することが必要です。このようにして「ママ」ではなく、「ある老女」となります。しかし、準拠となるグリッドが歪んでいることを証明でき、著しく異なって見える二つの対象は、一枚のゴム上の絵が歪むように、ただ異なるグリッド体系に投影されているだけで、基本的には同じであると証明できるならば、分析的地理学と関連した前日に彼が述べた「変換方程式」と呼ばれる数学の技法ではないのでしょうか？　彼は同意します。すなわち、彼の研究はそのような粗雑な類比を必要としない数学を扱っています（私はダーシー・トムソン[2]の『成長と形態について（*On Growth and Form*）』の魚と頭蓋骨の図を考えていて、彼はこの照合を確証します）。そこで長い指の爪は、グリッドの線を表象しており、その爪を可視化でき、グリッドの基本軸を矯正できるのならば、人間性を奪われた老女に美しく若い母親のイメージを再発見できます。防衛の標語は、「もしあなたがママを傷つけて、その異様さがあなたに罪悪感と後悔を生じさせるなら、恐怖と嫌悪しか感じないまで、原形をとどめないほどに彼女を叩き潰せ」ということになるでしょう。

● 論考

この男性の分析で私たちは、はじめての休暇を迎えつつありましたが、それは、前の夏休みを直前にした面接ですでに予定されていました。そのときには、母親がはるばるオーストラリアから彼のもとを訪れ、彼をドイツにいる彼女の上流階級の友人たちに会わせに連れていくことになっていました。この患者は母親にこの数年間会っていなかったので、彼が思い描いていたイメージよりももっと老けて見えるばかりではなく、自分のこれまでの深い愛情がすっかり冷めてしまっていると感じて不安でした。彼は彼女の長子であり、ただ一人「成功した」人物で、幼少時よりひどく横柄なくらいに独立心が強かったのでした。

クライン派の観点からしますと、それはごく普通の夢であり、傷ついた内的対象に起因する抑うつ不安からの退避は、抑うつ的な痛みが迫害的抑うつとして感じられ、そして傷ついた対象を迫害者としてさらに攻撃するための突破口を作るという道筋に従う、という主張を例証しています。彼の連想にある並行する素材が示唆しているのは、彼が当局を「脅したりすかしたり」して、合衆国での「悲惨な二年間」を彼に思い出させる古いリノリウムを隠す絨毯をひかせて居心地を良くした大学の部屋は、取り上げられることになっていました。つまり（Xの招待のように）彼が分析に受け入れられたことを「光栄」に感じていないことへの報復として、彼を悲惨な状態（分析家はアメリカ出身）へと引き戻すと分析が脅しているということです。同じイニシャル（D.M.）の同僚のように、分析家は、感謝の気持ちがないという分裂排除されている属性をコンテインしなければなりません。

しかしクライン派の定式では、伸びる代わりに老女の肘から突出するまでに逆方向へ突き抜けてしまった指の爪を、一体どう考えるのでしょうか？　その定式は、老女の以前の状態をどうしても考えられないほどに酷く不恰好に歪んでしまっているという理由による償いの拒絶をどう考えるのでしょうか？　おそらく私たちは、不恰好に歪んだ老女の計り難い性質は、彼女をまさにクラインにおける損傷をこうむった対象というよりは、ビオンの意味における奇怪な対象にしていると仮定できるのです。夢における法廷では、彼女が人間であったこと、事故に遭ったこと、彼女の指の爪が腕を突き抜けてしまっていたことを誰も疑っていないようでした。しかしどういうわけか、**思考の準拠となる枠組み**が破壊されてしまっていますが、枠組みはその患者の最も重要な職業的関心事と特別な関連があります。グリッドの歪めという「粗雑な類比」より遙かに正確な諸定式を介して分析的地理学の問題に関わる真実に達することに、彼の研究は関係していると言えるかもしれません。

ビオン以前のクライン派の定式化では、そのような問題を前進させられないばかりか、問題それ自体、つまり考えることへの攻撃を言明すらできませんでした。クライン派の定式は、感情への攻撃だけに接近できていますが、無論それに関してはかなり進んでいます。その一方でフロイト派の定式では、おそらく去勢不安に注意を向けるでしょうし、それはたしかにこの夢のひとつの要素です（女性の乳首、彼女のペニスの残存部は粉砕され、そして内側へ、次いで上方へと追いやられ、乳房から突出ているのでしょうか？）。

●ビオン流の要約

この患者は、はじめての分析の休暇を前にして、ほかの分析的子どもたちへの嫉妬が、内的な分析的母親の献身的愛情を弱め、それによって分離の苦痛を軽減するという見方で内的な分析的母親を攻撃するように彼を駆り立てるだろうと思っています。しかし分析に戻ることは、この攻撃に関して彼を悲惨というこころの状態にとどめおくことになり、感謝の気持ちがないと自分自身を嫌悪し、おそらくは威張り散らし、ママに改装を施してもう一度居心地良くさせるようにパパ‐当局を脅すよりも、むしろ許しを乞わなければならなくなります。それはこのような独立心の旺盛な赤ん坊には耐え難い屈辱でしょう。そうした状況での真実を正確に見るための思考様式を発達させるのに数年を費やしたにもかかわらず、彼は（ある種のα‐機能である）こころの能力を（準拠となるグリッドの線を外側に向かって伸ばして形成する代わりに指の爪は逆方向へ追いやられ、皮膚の下に消えてしまい、肘に至ってようやく出現する）逆方向に働かせることで破壊しようと思っています。その結末は、（母親の痕跡と変換方程式で考えるための廃棄された自我‐能力の痕跡しか持ち合わせていない、不格好に歪んだ老女である）β‐要素「＋自我と超自我の痕跡」です。彼女は今や奇怪な対象であり、思考にコンテインできず、排泄のためだけに適しています。

●関連事項

ゴム板表面の地理的グリッドという「粗雑な類比」を、精神装備の一部、α‐機能装置のある特定の部分のモデルとして取り上げてみましょう。その上に老女の絵を置き、それから美しい若い女性が現われるまで、そのゴム板をさまざまに引っぱってみます。これを「情動経験の感覚印象」に作用するα‐機能のモデルとして捉えます。そのような一部の装置が、オーストラリアからその患者を訪れる老女を、彼の取り澄ました助言に逆らって、さらに子どもをもうけると主張する若く美しい母に関連づけられるようにするイメージを創り出すのに不可欠なのかもしれません。

●後記

この分析は、次の学期中に首尾よく進行し、彼に続く同胞たちの誕生への破局的反応に関する記憶、自分の人生において父親を取るに足りない価値しかない立場へと次第に退け、そして母親の小さな夫や助言者としての自分の地位を固めた反応に関する記憶が次々と提出されました。二回目の休暇による中断が近づくにつれ、彼は落ち着かなくなり、（分析家と同じクリスチャンネームをもっていた）すぐ下の弟が彼の援助と助言を必要としているという理由で、早々にオーストラリアへと出発しました。彼はそこで集団療法の「経験」をしたのですが、その間は躁状態を呈し、自分を救世主と考えていました。そして分析を中断しようと遅れて戻ってきたのですが、分析は集団場面での全面的治癒の基礎を据えてくれたという「感謝」で一杯でした。けれども彼は、いかにしてこの変形がもたらされたのかを分析家が理解できるよう援助するために、分析家に週に一度会うつもりでいました。次の二カ月間、分析家の「愚かさ」にすっかり激怒し中断した後、次第に抑うつ状態に陥りました。そうこうするうちに、ようやく彼は分析に戻ってき、長い夏休みに向けて満足できるお膳立てをするのに間に合いました。最終日まで料金を持ってこられなかったのは興味深いことで、その時までの彼の四カ月間の作業は、彼が五日間の集団「療法」に支払った総額とほとんど同じになっていました。

私がこの論文を送った際に、ビオン博士は心優しく、そして短い興味深い手紙を私に書いてくださいました。

「美的（美しい）流儀」――これから私はひとつのモデルを使いたいと思います。ダイヤモンドに入射している光線がその明るさが増強されて**同じ経路を通って**反射されるように、ダイヤをカットするダイヤモンド研磨士の方法です――いつもの「自由連想」がいつもの経路で反射されるのですが、その「輝き」が増強されます。それにより患者は自分の「反射像」を見ることができるのです。それは、患者自身だけで（つまり分析家なしで）表出されたパーソナリティを見ることがより明確にできる、ということにすぎないのですが。

▼原註

1――J. Grotstein（Ed.）（1978）*Festschrift for W.R. Bion*. New York : J. Aronson として最初に出版された。

2――Heinemann, London, 1963

3――Heinemann, London, 1965

4――Heinemann, London, 1968

▼訳註

1――福本修＝訳『精神分析の方法Ｉ』p.37

2――ダーシー・トムソン／スコットランドの生物学者。生物の相対成長に関する概念をつくりだした。たとえば、まずゴム状のシートに等間隔の直交するx、y座標の編目を記したとする。そしてその上にムネエソを描き、シートをx座標方向にだけ延ばすと、ハリセンボンになる。またそのハリセンボンの垂直座標軸を同心円に、水平座標軸を双曲線に変形し、もとの輪郭を新しい編目に移すとマンボウになる。

グリッド図

	定義的仮説 Definitory Hypothesis 1	ψ psi 2	表記 Notation 3	注意 Attention 4	問い Inquiry 5	行為 Action 6	...n
A β - 要素 β-elements	A1	A2				A6	
B α - 要素 α-elements	B1	B2	B3	B4	B5	B6	...Bn
C 夢思考・夢・神話 Dream Thoughts, Dreams, Myths	C1	C2	C3	C4	C5	C6	...Cn
D 前概念 Pre-conception	D1	D2	D3	D4	D5	D6	...Dn
E 概念 Conception	E1	E2	E3	E4	E5	E6	...En
F コンセプト Concept	F1	F2	F3	F4	F5	F6	...Fn
G 科学的演繹体系 Scientific Deductive System		G2					
H 代数計算式 Algebraic Calculus							

▼グリッドの解説

グリッドの縦軸／垂直軸ＡＢＣ…行は、思考（thought）の生成、成熟過程に沿って並んでいる。それは原始的な具体思考から高度な抽象思考への進展であり、その途中に象徴が介入し記号化が可能になる。一方、横軸／水平軸に列記されているのは、縦軸に並べられた思考のコミュニケーションでの活用の方法であり用途である。

ここでは縦軸についてＡ（β‐要素）からＥ（概念）までを簡略に解説する。Ｆ（コンセプト）、Ｇ（科学的演繹体系）、Ｈ（代数計算式）は文字通りの抽象水準の思考であり、分析臨床にかかわるのは、主にＡからＥだからである。Ａ（β‐要素）とは知覚装置に感知されるが、考えられない記憶されないそのままの具体物である。Ｂ（α‐要素）は視覚、聴覚、触覚等で感知され、記憶され考えられる原初思考である。Ｃ（夢思考・夢・神話）水準の思考は、α‐要素が連結し、動画的視覚性と具体象徴、それらを収める物語り性によって成立している思考である。Ｄ（前概念）は、夢思考・夢・神話水準の思考が連結・凝縮して概念になる前の思考であり、Ｅ（概念）は抽象水準で象徴化された思考である。

横軸については最初の二つの使い方のみを解説する。１列「定義的仮説」とは、本来は仮説のはずのその思考が決定された定義として扱われる硬直した使い方がなされる場合を指す。２列（ψ（プサイ、プシー）」は、真実を隠す目的での使い方である。

訳者解題

本書はメルツァーによって一九七〇年代にタヴィストック・クリニックで行なわれた、フロイトからクラインそしてビオンへといたる系譜の系統講義の記録であり、フロイト、クライン、ビオンを論じた三部から構成されている。第1部「フロイトの臨床的発展」は一九七二年と一九七三年に講義され、第2部「クラインの症例リチャード再考」は講義された日時は不明であるが、一九六二年から一九六四年にかけてエスター・ビック、マーサ・ハリス、ドリーン・ウエッデルたちと共に行なわれた、メラニー・クラインの著作『児童分析の記録』の包括的な研究に基づいた講義であり、第3部「ビオン」は一九七六年から一九七七年、そして一九七七年から一九七八年にかけて講義された。講義に当たり聴講生には、講義が行なわれる前に与えられた課題である著作を読み、すっかり頭に入っている状態で、聴講に臨むことが義務づけられた。メルツァーは講義に当たり、あらためて準備することなく臨んだようであるが、ことビオンの講義に関しては別であり、講義用原稿が読み上げられ、その後に討論の時間が設けられたようである。メルツァーは読者に本書を便覧として使用してほしいと願っており、読者が一人でこれらの著作を習得していく困難を、特にビオンの集団での講義で強調している。フロイト、クライン、ビオンの著作を系統的に学びたいと願っている読者には、本書はひとつの導きの星となると思われる。私たちはフロイトによるフロイトの系統講義を、クラインによるフロイト、アブラハム、クラインの系統講義を、そしてビオンによるフロイト、クライン、ビオンの系統講義を聴く機会は与えられなかった。しかし、ここにメルツァーによるフロイト、クライン、ビオンの系統講義を聴く機会が与えられたのは、私たちにとってまたとない幸運である。

著者メルツァーは、決して文学的ではなかったという。しかし、芸術には関心が深く、美学哲学には豊富な知識があった。裕福な家庭に育ったメルツァーは、八歳のときに、両親に連れられてニューヨークの実家から芸術と文化の見聞のためにヨーロッパ各地を巡る旅に出ている。一六歳という思春期に姉の友人から精神分析を紹介され、彼にどれほどの衝撃を与えたのか想像にかたくない。イェール大学とアルバート・アインシュタイン大学での医学の研修中に、精神病的な幼児のパイオニア的作業が行なわれていたベルビュー病院のロレッタ・ベンダー棟を選択し、そこでメラニー・クラインのことを初めて耳にした。アメリカ空軍で軍職員家族の児童精神科医として二年間の職務を果たし、一九五四年にロンドン配属がかない、クラインからの分析と英国精神分析協会でのトレーニングが始まった。一九六〇年にクラインが亡くなったときに、メルツァーはまだクラインの分析を受けている途中であった。精神分析の先輩からは他の誰かから分析を受けるよう勧められたが、メルツァーはクラインこそが自らを自分自身を引き会わせてくれたと思っていたため、人は自分自身を治癒できないと言って分析を継続しなかった。そして英国精神分析協会の姿勢にしだいに疑問をもちはじめていたちょうどその折に、マーサ・ハリスからタヴィストック・クリニックでの学生向けの講義を依頼された。それが本書となって結実している。メルツァーの講義はスリリングであり、時には独断のようにも聴こえるかもしれない。しかし、独断と言うべきものもない無味乾燥な講義のどこに本質があると言えるのであろう。

本書においてメルツァーはフロイト、クライン、ビオンの体系を次のように概観している。フロイトは、その土台においては「科学的心理学草稿」から決して外れることをせず擬‐神経生理学的説明体系を構成した。クラインは、内的対象が神格の意義をもつ擬‐神学的体系を構成した。ビオンは、思考がプラトンの洞窟のなかで世界の本体を懸命になって察知しようとして驚愕している擬‐哲学的体系を構成した。そして、メルツァーはこの三人の天才に通底している美を私たちに伝えようとしているようである。この講義録では、後にメルツァーが発展させた彼の諸々の概念の萌芽や概念そのものが語られており、読者にそれを見つける喜びを与えてくれている。メルツァーは時に難解と言われるが、講義の途中にふと私たちを現前へと浮上させる言葉掛けには、難しい顔で理詰めにならず顔を上げてみてごらん、そこにはあれほど美しいものがあるよ、と言わんばかりである。美、態度、パッション、信、痛みなどは一聴すると哲学的な言葉であるが、私たちの日常生活でいざ本質を語ろうとするときは常用される言葉であり、それは専門的知識があろうとなかろうと万人に共有するものである。ただし、メルツァーが指摘しているように、こころが正常に発達するのを説明することは、病的な発達を説明するよりもはるかに困難であるという意味において、このような日常を構成する言葉の意味は遥かに難しいものなのかもしれない。たとえば、ある痛みは誰の痛みなのかというメルツァーの問いも、私たちはいかにして他者の痛みを理解できるのだろうかという問いを想起させる。ヴィトゲンシュタインは自分の痛みが他人に宿る可能性について次のように述べている。「……いま私がある痛みを感じ、その痛みだけにもとづいて、というのはたとえば眼を閉じたままで、それは私の左手先の痛みだと言うような痛みだったとする。誰かが私にその痛い場所を私の右手でさわってみよと言う。私はそうする、そして眼をあけて、見回すと、隣の人の手（隣の人の胴につながっている手の意味）に触っているのを認識する。……この痛みは、他人の身体のなかで感じられる痛みといえよう」と。ヴィトゲンシュタインは、痛みが共有されることは想像上ありうるが、経験されることはないということを、そして言語は痛みの世界に繋がれていないこと、言語が役に立たないという挫折感に立ち向かっていく必要があることを、言っているようである。近似値としての痛みを宿らされる私たちに必要なのは、メルツァーが言うには、自己ではなく統合された結合対象である。私たちはそっと眼を閉じて自己の統合された結合対象からのインスピレーションを待たなければならないのである。

本書を「美」をキーワードにして、少し解説したい。それは美的営みのひとつであろう。

第1部　フロイトの二つの側面

フロイトは一九二二年五月一四日付けのシュニッツラー宛の書簡で、精神分析の父である彼自身が苦労の末にようやく見つけたことを直感的にわかってしまう芸術家と自分自身が同一化していることに気づいていると言っている。自然科学者であり理論家のフロイトは忸怩たる思いであったろう。また、ビオンはフロイトの文学的表現に卓越した美的感覚を認めていた。メルツァーは本書において理論家フロイトと臨床家フロイトに分けて、フロイトを論じている。理論家フロイトは、精神分析をその時代の文化に留まらせて拘束し、野心的で支配的であったが、ただし同時に精神分析という方法を探索するうえで彼自身を律するものでもあった。自由連想も彼の強要する側面であった。医学界で名を残したいという願望が、この理論家フロイトを牽引し、そして彼の理論や発見のゆえでなく、フロイトを偉大な人へと変貌させたのであった。彼の夢理論は、夢は翻訳というサインである言語を介して解読されて再び組み立てられる必要があるジグソーパズルモデルであった。このようにフロイトは、精神分析を、転移における現在進行中の神経症を生き抜くことというよりも、過去から乳幼児神経症を再構築することとみなしていたために、内的世界を十分に概念化できなかった。このような口調で辛辣に理論家フロイトを批判しているのは、当時のメルツァーの英国精神分析界への姿勢がそうさせていたのであろう。

その一方で、科学とアートの二つの頂点をもち、神経生理学を詩に変え、作業する芸術家となった臨床家フロイトは、精神分析を発展させ概念的に前進させた。偉ぶらない芸術家的側面に由来するフロイトの人間性こそが、いわばキーツの負の能力であった。方法と患者に追随し、眼前の事象と混乱する情動のただなかに佇み、理解しないままで耐えるようにさせた。そして、精神分析的方法の進展は、どれもフロイトのこの側面に触れたときである。たとえばドラという小娘に笑われ、その屈辱に彼が耐えられたからこそ、技法が生まれ、転移と逆転移の発見へといたらしめ、精神分析が誕生した。フロイトの理論を追うよりも、むしろフロイトのケースとの関係を追うと、その姿が如実に現われるのである。

鼠男に転ずると、『「ねずみ男」精神分析の記録』において、全四七回のセッションにおける二七回目のセッションにおいて、「二九歳になって抱いた、なんとも見事な肛門幻想。それは、彼が［ある］少女（私の娘）の上に仰向けに横たわり、彼の肛門から垂れ下がった大便を用いて彼女と性交している」という鼠男の倒錯した幻想をフロイトは記している。フロイトは自分の娘へのこのような鼠男の幻想にひるむことなく、その見事さに聞きほれている。自宅からそう遠くないところに住んでいる鼠男に、時には自宅でニシンを振る舞ってさえいる。自分の娘に何をしでかすかわからない恐れのある男であると知りながらである。ここにフロイトの精神分析への信（faith）を見る思いがする。そして、彼は精神分析家へとしだいに変形していったのである。美と信は表裏一体をなしているようだ。さらにこの幻想から、おそらくメルツァーは肛門マスターベーションや閉所の概念を発見したのではなかろうか。侵入性同一化、水平や垂直のスプリッティング、地理的混乱なども容易に連想させるものである。そして乳幼児が対象をコントロールするために自分の尿や糞便を対象のなかへと投影するというクラインの仮説がここに見て取れる。クラインはこれを説明しないままであったが、メルツァーはこれを以下のように説明しているようでもある。赤ん坊は自分の糞便や尿を今まさに呑み込んだ母乳や乳房と同じとみなすのだが、授乳後の胃結腸反射がすぐに始まるのがその理由のひとつである。赤ん坊が直腸で糞便を絞り出して肛門マスターベーションをしているとき、赤ん坊は自分のなかにある対象をコントロールしているのである。この過程で自分の糞便や尿を外的対象へ外的対象の背部や肛門めがけて投影し、そして外的対象を内部からコントロールするために潜り込もうとする。投影同一化というこの空想された行動は、対象の肛門と赤ん坊の肛門が融合し、もしくは繋がり、相互に同一化されていることを前提としている。このように赤ん坊とその糞便は類感呪術によって内的乳房対象と同じとみなされ、対象の管制塔のなかに置かれ、対象を支配する、と。鼠男の幻想はこの文脈を容易に想像させるものである。

次にメルツァーは症例少年ハンスにおいて、ハンスが大きなテーマを提起しているのにもかかわらず、フロイトが些末なこととしか扱っていないのを指摘している。少年ハンスは妹ハンナが現実に生まれる以前からハンナは箱に入って一緒に旅行していたとの空想が執拗に語られるのである。「ハンナはこんな箱に入れられてグムデンについて行ったんだ。ぼくたち大きな箱を手に入れて、そのなかには子どもたちだけがいて……」「ハンナはうんこよりずっと小さかったの」「ぼくはもう卵を産んだことがあるんだ。そしたら鶏が飛び出したんだ。……そして卵から小さなハンスが出てきたの」「女の子がとつぜん卵を産んで、そうして、それからその卵からハンナが一人出てくるの。ハンナがもう一人ね。そのハンナからまたハンナがひとり出てくるの」といったものであった。メルツァーはこれをマトリョーシカ流と呼び、幼児には普遍的なこととして本書で二度取り上げている。そして幼児にとって、自分が存在する前から時間があったという、苦痛な認識を否認するための空想であるとしている。幼児は母親の内部にずっと存在していたはずなので、母親も母親自身の母親の内部に存在していなければならないと、過去と未来へ敷衍していくとメルツァーは言っている。そしてハンスは彼の内部に赤ん坊を内包し、その赤ん坊はさらに赤ん坊を内包しているというものであった。この大問題に別な視点を導入してみると、まず、性と世代と個の出現は、構造的に同時発生するはずであり、このひとつの要素でも欠けると理論的にはこの構造は成り立たないはずである。これを超克するには原核細胞のように性も世代も個もない生へと回帰し、生命としては永遠と生きながらえることになる。それはあるいは、現代のクローン技術と重なるものがある。不思議なことに世界の宗教の創始者の出自は、イエスは母マリアが処女懐胎し、釈迦は母マーヤの右脇から生まれたと言われており、まさにクローンのようでもある。また、最近では、子どもたちだけがいた箱でハンスが世話をしたという空想を、行動化してしまった事件もあった。ある男性が、おそらくは性的接触なしに多くの女性に自分の子どもを妊娠させ、引き取ったという事件である。また埴谷雄高は、『存在について』で、「そこに何かが存在することは、恐ろしいことに、もはや決定的に何かを存在させないことにほかならない」と、自分が生まれてこない可能性を含む、無数の可能性の抹殺について語っている。私たちは子どもの頃に、こういった不思議に駆られるものである。そして芥川龍之介の『河童』よろしく、現代の医療では出生前診断が行なわれ、生まれてこない存在について私たちに問うている。これも、ハンスの空想を普遍的なものとして検討していく価値のあるものであることを示唆していると考える。

第2部　クライン『児童分析の記録（Aesthetic Reciprocity）』

まず『児童分析の記録』について少し紹介しておきたい。一九五六年エリオット・ジャックの援助により、クラインは膨大な記録を整理しはじめた。これはこれまで記録された精神分析史上最長のケースヒストリーであった。ジャックによると、クラインと作業を始めたとき、草稿はほとんど決まっており、彼がしたことはクラインの後期理論の見解による脚注を仕上げることであった。彼らは一九五六年から一九五九年まで原稿作業をし、そしてクラインは一九六〇年の死の直前まで病院で校正しつづけた。クラインは一九四一年五月三〇日にウィニコット宛に書いた手紙のなかで、こう記している。「私は一〇カ月前から、傑出した少年の分析を始めました。そして私の解釈を含め詳細な記録をとっています。これら詳細な記録には日に一時間半から二時間を要し、重荷ですがそれに値するものです。これらの記録は、人々に、私たちが理解してほしいことがらの多くを指ししめすに違いありません。そしてまた、デプレッションの知識のおかげで技法が進歩していることも指ししめすに違いありません」と。この少年こそ、一〇歳のリチャードであった。彼は、戦況に関心があり、毎日三部の新聞に目を通し、ラジオ放送に聴き入った。数カ国の国歌を、それぞれ母国語で歌えるほど利発で早熟であったが、他の子どもたちを怖がり登校できないために、精神分析が開始された。第二次世界大戦下であり、英国はスコットランドのピットロッホリーで行なわれた。ロンドンでは空襲があり、精神分析界においても大論争が巻き起こり、暗雲が立ちこめていた。ユダヤ人であるクラインにとってはとても困難な時代であったと思われる。そのなかで分析が始まった。場所はガールスカウトのホールであり、クラインはすぐにリチャードと二人だけの言葉を見つけると、リチャードはクラインが提供した描画や玩具遊びで反応した。リチャードの家族や使用人やペット、ピットロッホリーで出会ったさまざまな人々、ガールスカウトのホールにあるさまざまな小道具、彼の描画、独製の小さな玩具の鮮やかさが、クラインとクラインの美しい髪、服、靴が面接室を彩った。時にリチャードは、ガールスカウトのホールから抜け出したが、クラインはそれを止めもせず後を追っていた。リチャードは遠くの丘陵や変わりゆく空を眺めやった。面接室は、当時の時代の雰囲気をはらみながら、ガールスカウトのホールのみならず、ピットロッホリーすべてへと拡大延長する一方で、リチャードの内的世界への探求は深まっていった。ストップモーションアニメーションのように面接は展開し、読者はしだいにそのアニメーションのなかに引き込まれ、内と外、近景と遠景は容易に入れ替わりながら、彼らの小宇宙へとワープし、読者の内的対象が闊歩し、さざめきはじめ、さまざまな情動が湧き上がってくる。リチャードはクラインに彼女の主要なテーマである、内的世界と外的世界、内的対象と外的対象、部分対象と全体対象、エディプス状況、結合対象の発見へと導く援助をしたようで、その道のりを、読者はこの精神分析史上最長の記録を介して辿ることができる。

『メラニー・クライン――彼女の世界と彼女の業績』の伝記作家グロスクロスは、全く偶然にリチャードと会っていた。リチャードは五〇代男性となっていた。驚くことに、充分に教育を受け、環境に恵まれているにもかかわらず、彼は自分が本の主題になっていることも、多くの学術論文や講演で議論されたことも知らなかった。全く単純なことだが、彼の人生は分析の世界とは全く無縁であった。彼は世界中を旅行していたが、たいていは年中雪で覆われ、その下には休火山のある辺鄙な土地であった。彼はそのときになっても児童分析の記録で重要な位置を占めた地図を所有していた。彼は、侵攻と撤退が繰り返されたために、ロシアの国境線をどのように消し去ったのかをグロスクロスに伝えた。今でも国際問題に深い関心があり、核ホロコーストの可能性をいたく憂慮していた。グロスクロスが次に彼に会ったときには、『児童分析の記録』を一冊持っていった。彼は本をそれまで見たことがなかった。彼は背表紙のメラニー・クラインの写真を見つめた。「親愛なるメラニーおばあちゃん」とつぶやき、突然写真を口唇にあて、優しく口づけた。かつてメラニー・クラインの分析を受けた少年は、「当時の私の感情を完璧に要約できるとすれば、マーラーの交響曲第五番のアダージョと言うほかはありません」と応えた。マーラーのこの曲はよく映画でも用いられるが、特にトーマス・マンの『ベニスに死す』の映画化で用いられたのはよく知られている。奇しくも『ベニスに死す』における少年と老人と性愛のテーマは、リチャードとクラインとの交流に相通じるものがある。実に美的なものであったと言える。同時にメルツァーの美的相互性がここに生まれている。私たちの臨床においても、思い出深く自分たちを刺激してやまないクライエントが必ずいるものである。

クラインは精神分析とは人生早期の取り入れと投影という過程で達成された具象的な内的世界を概念化することであるとした。幼児にとって世界とは母親の身体内部であり、その内部への興味の延長として象徴形成が推進される。子どもにとってプレイは言葉と同じように自己表現するものであり、転移のあちこちで発生し持続的に再生成され方向づけられる人間の心性を、子どもと一緒に観察しているのだと認識した。転移を生成すべく私的な語彙や私的なコミュニケーション・システムという不可欠な媒体を確立した。このタイプの私的言語は、芸術におけるあらゆる私的作業がそれ自体の象徴的表現を見いだす言語に相当しており、サインという語彙を超越している。クラインは解釈に当たって、もしその解釈が作動しなければ、それに固執することなく、何のためらいもなく変更している。淡々とした解釈は、いくら正しくとも、本人の耳に入らなければ活力が失われ、シンボリックなコミュニケーションであったはずのものが、単なるサインの利用になってしまう。メルツァーにとっては、このようにシンボルとは泡沫でつねに生成されては消えていくものである。そして解釈の実際の内容より、音楽である非言語的コミュニケーションが大事なのである。ビオンも『ブラジル講義』で精神分析への嗜癖は二次元的であると言っている。

次にリチャードの描画の様式の変化である。彼の描画は、まず子どもがよく描く海景と海面下の潜水艦やタコで始まり、次にすでに特異な表現様式となった帝国の描画、そして紐のような鉄道の描画、最終的にはさらに断片化していき、文字も一つの形象となって挿入されている。クラインはその変化について全く触れていない。メルツァーはある時点での描画の様式の変化に気づき、写実的な青の時代のピカソと抽象的なキュビズムのピカソとしてとらえているようである。たしかに、ヘンリー・ムーアの彫刻のように思える描画もある。しかし、そのような対比で説明できないほどにリチャードの描画の様式は劇的に変化している。これほどまでその様式を変えた画家はいないと思うほどである。クラインもメルツァーもそれぞれの精神分析理論に沿って描画を見ているようである。最初の戦艦や潜水艦の描画は言語による視覚的表現であるが、治療の深化と並行して、しだいに言語による視覚的表現様式が薄れ、より感覚優位な表現様式の描画へと変化しているととらえられる。ビオンやメルツァーによれば表現様式の変化は頂点の変化であり、不変物も異なり、伝えようとしているものも異なっている。その変化はプリミティヴアートにより近いものとなり、たとえばアボリジニーの有名な画家であるエミリー・カーメ・ウングワレーの絵画表現の変遷と不思議なほどに呼応している。彼女は絵筆を持ったことがなく、政府の教育プログラムを受け、七〇歳で絵画を始めた。絵の素養として、エミリーは故郷への敬意を表わすための儀式の際に砂の上や女性の体に模様を描いていて、これが影響していると言われている。一九七七年からろうけつ染めで作成しはじめ、八〇歳になる一九八八年頃からカンヴァスにアクリルカラーで描きはじめた。たとえばリチャードのイチゴの描画とウングワレーの一九八一年綿生地のろうけつ染め題名無し（ヤマイモ）、帝国の描画と色彩主義と称される一群の絵、線路の描画と一九九六年ボディラインやヤマイモと称される一連の絵画の類似性は驚くばかりである。何か基本的な絵画のグラマーでもあるのであろうか。手がかりは、エイドリアン・ストークスの言う、すべての芸術は身体の性質を有しているということにあるのかもしれない。なによりもリチャードとクラインというカップルが、エミリーが一五年以上かけて辿った変遷を、わずか三カ月ほどでこのような創造を成し遂げたのは驚嘆すべきことであった。

第3部　科学における美

ビオンは画力のたしかな日曜画家であった。彼の死後に出版された『記憶にとどめられた私の全ての罪——天才の向こう側』に、ビオンの風景画や娘に向けた描画が掲載されている。彼の油絵の具による風景画は印象派の様式で描かれていて、モネやゴッホを彷彿とさせる。子どもたちに宛てた手紙には文人画を思わせる軽妙洒脱な描画が添えてあり、特に小鳥の描画で自分の指紋を小鳥の体に見立てて変形していく様は、興味深いものである。どこかで言語というものによる表現に限界を感じつつ、視覚や触覚も含めて伝えたいという強い思いがうかがえる。ビオンは『変形』において、その冒頭をクロード・モネの「ヒナゲシの野原」で始めている。観察される現象はつねに不確かで変化している。そしてこころの領域を数学的に説明しようと、射影幾何学から不変物の概念を借り（変形、現実化、Oなど）、画家が目の前の風景を絵画の形へと変形しても何かは変わらず残っており、この不変物のおかげで画家の表現を理解できるとした。ビオンの不変物は基準点や表現スタイル、技法、観点となる慣習である。そこで印象派の絵画における不変物は写実派の絵画にある不変物ではないのと同じように、風景の絵画への変形と類比できる精神分析における解釈は、表現の美的実践であり、二つとして同じものはないことになる。さらにビオンは印象派の絵画からユークリッド幾何学へとモデルを展開し、そして湖面や精神病的危機に、原始的な機能における暴力の理論である破局理論を導入する。そのなかでビオンの境界精神病の男性に関する語り口そのものが、読者に破局的印象をもたらすことに成功している。このようにビオンの著作における言葉の使用が美的と言っていいのは、読書が読者に情動を喚起するからである。曖昧さと特有な表現の使用は、曖昧さは数学的形式化へと、そして特有の表現は詩的構文をつくりあげることになった。そして観察は観察する行為でゆがめられ、いかなる理論も全ての現実を記述できず、湖面の変化はL、H、Kの結合によって雰囲気の変化をもたらし、事物はそう見えているものではないというだけではなく見られることで変化するという現代物理学の観察からしだいに不変物を放棄し、乱流（turbulence）を導入することになる。ついに美的という言葉がビオンに現われたとき「彼の思考過程は極度に障害されており、彼の発話の多くは、長い分析の後でさえ理解不能だった。私が彼の意味を掴んだと考えたとき、それは科学的経験よりも美的経験のおかげであることがしばしばだった」と、bad job だとビオンは言わんばかりであった。ビオンはこの時点では、自身のこの変化に馴染めないでいた。おそらくこれは、彼自身の考えである思考の成長における夢-神話に固定される地点で生じるこころの痛みに相当する。メルツァーによると、この頃、彼は英国精神分析協会の会長であり、精神病の危機に瀕し、もっとも混乱していた時期であった。ビオンの初期の業績では、思考の起源は言語的思考であった。つまり、彼はシンボルという性質はむしろ論証的であることに対抗することを理解していないのである。メルツァーはまず、グリッドに美的のカテゴリーがないことを、次にビオンが真実という栄養をどのように持ち込んだのかを記した。メルツァーによると、クライン派の発展における科学的方法の進化とは美的過程であり、こころの方法やモデルをビオンの「プラトンの洞窟で驚愕して座している思考」に似た過程まで合致させていくことなのである。

後にメルツァーはビオンのグリッドを真の美の構造と考え、そして修正を加えた。まず神話形成（C行）を、明確なカテゴリーというよりも、アルファ機能（B行）の一部として考えた。ビオンはアルファ機能を観察不可能で、その存在は結果から推測されるだけと考えた。たとえば母親は赤ん坊との夢想を確立するために、物語や個人的神話を自分自身に語る必要があるものである。最後の二つのカテゴリーである科学的演繹体系と代数学的計算式は、メルツァーが不思議の国のアリス風の数学と呼んだビオンの数学へのロマンスが導入したものであり、科学的演繹体系は美的価値へと、そして代数学的計算式は霊的価値に置きかえられることとなった。そしてビオン自身が修正をほのめかしていた、グリッドの中央の嘘を明らかにするコラム2ψは、ネガティヴ・グリッドに道を譲ることになった。ビオンが嘘をつく才能、嘘をなじませる仕方に関心をもったのは、真実の誤った模倣をつくり出すには真実を知らなければならないと考えたからであり、念頭にナチスの運動や共産主義体制のある側面があった。もうひとつの修正は、行為（コラム6）である。ビオンはコラム6を再評価し、行為は思考や会話の妨害物であることを確信した。コミュニケーションから行為への変遷には、分析的共同作業を中断させる転移における行為、転移でのアクティングインが隠れている。思考がその極限に達したときの必然としての実験的行為は、コンピューターの世界に属する。この意味で、その思考は想像的であり、考えられるあらゆることは美しく詩的に明言できるという、初期のヴィトゲンシュタインの楽観主義が復活したのである。そして、メルツァーはダーシー・トムソンのデカルト座標をヒントに、二つのグリッド、L、H、KとマイナスL、H、Kのグリッドを作成してビオンのグリッドを修正した。L、H、Kグリッドでは科学的演繹体系と代数学的計算式をG美的とH霊的で置き換えている。コラム2を変形に改め、コラム5は行為から終わりのない会話に改めるように示している。ビオンのコラム2の拡大であるマイナスL、H、Kグリッドに、メルツァーはH霊的、G美的、Fコンセプト、E概念、D前‐概念、C夢思考、Bアルファ要素、神話、Aベータ要素を列挙している。そして、マイナス1内的現実の否認、マイナス2全知、マイナス3嘘と妄想、マイナス4言葉の誤用、マイナス5幻覚を列挙している。メルツァーは彼の美的という概念と、ビオンのアルファ機能の反転という概念を表わしているコラム2の陰画を盛り込んでいる（ケネス・サンダースによる付録図参照）。

メルツァーがビオンを美的と称する分析家の特性は、臨床家フロイトのものと通ずる。メルツァーはこう言っている。患者のこころの機能を改善し、そしてこころの構造に成長を促す援助をするには、直感的美的判断をもとにして自分自身の意見を控えるものである。意見を控えるといった謙虚さには美的次元が不可欠な属性であり、できうるなら信をともなってほしいものである、と。この理由は、嘘の生成は自己によって行なわれる能動的な過程であるが、真実の獲得はより受動的で信の行為を含むコンテイナーとコンテインドの作動に従うことが要求されるからである。そうでなければ、分析家が単なる観察者になりかねない経験にこころを開くことができない。メルツァーは信の行為を、おそらくビオンには縁がなかったと思われるキルケゴールを引用して例えている。キルケゴールの『おそれとおののき』において、アブラハムと息子イサクを離乳の神話の観点で考察している。一〇〇歳になってようやく神から授かったイサクを、ある日突然に神が生贄に捧げるようアブラハムに命じた。アブラハムはイサクを伴ってモリアの山へ行き、イサクをナイフで切り裂こうとした。その瞬間アブラハムの目の前に子羊が現われ、それをイサクの代わりに生贄に捧げるよう神から命じられた。キルケゴールはこのアブラハムの信仰（faith）を、人間の合理性を越えた不条理（absurd）な辻褄の合わない話（ravings）であるが、信仰とは、思惟の終わるところ、まさにそこから始まるものだからと考えた。メルツァーは、精神分析の方法を実践するという経験にこそ、この信の行為が求められると考えているようだ。

ところで、メルツァーは講義の最中に、彼の業績である『自閉症世界の探求』とビオンの業績を並び称し、自画自賛のようでうるさく聞こえることもある。フロイトが神経症的世界を普遍化し、クラインやビオンが精神病的世界を普遍化したならば、ビックやメルツァーやタスティンが発見した自閉的世界も普遍化されて当然であると考えるのは不思議ではない。精神分析的文脈から離れてしまうが、自閉症における自閉と総合失調症における自閉の異同が、精神医学からも現象学的に議論されており、かねてより自閉は、躁的自閉など統合失調症以外にも用いられてきた。また陽性症状、副次障害としての精神病的なものと、陰性症状や基本障害としての自閉は周知の通りである。ビオンは『再考』の「傲慢について」「連結への攻撃」を精神病との関連で記し、傲慢は投影できないからであるとも言っている。傲慢、連結への攻撃はまさに自閉的世界であり、ことほどさように自閉と精神病は分かちがたい。そして、ビオンもメルツァーも精神分析を信の行為として自閉的世界へ臨めと私たちを鼓舞している。ビオンとメルツァーを並べてみると、ビオンが不在の対象の現象学であれば、メルツァーは現前する美的対象との現象学と言える。そして、ビオンは『注意と解釈』のなかで「こころから不可分の憎悪を逃れては、どのような精神分析も正しく行なわれるとは思わない。避難場所は、無思考状態・性愛化・行動化そして昏迷状態といったなかに必ず求められる」と言っているが、それらの避難場所を現実化したのはメルツァーであった。

ビオンとメルツァーをある一人の画家を頼りに比較してみる。それはデューラーをして天才といわしめた、イタリア・ルネサンス期のジョヴァンニ・ベリーニである。彼の最高傑作のひとつ「神殿奉献」という絵を取り上げてみる。神殿奉献とは、モーセの律法に従って、幼子イエスは生誕後四〇日目に両親に連れられてエルサレムの宮殿に奉献されることであり、「ルカによる福音書」で記されている。神殿にはシメオンという名の老人がいたが、幼子が主のつかわす救世主であることを即座に理解し、イエスを腕に抱く。老女予言者アンナもまた近寄ってきて幼子をたたえる。ベリーニの絵では、手前には、スワドルでぐるぐる巻きにされた幼な子イエスを下手の聖母マリアが抱きかかえ、シメオンが上手からイエスの足を支えている。そして、その奥の下手には老女予言者アンナとマリアの母アンナが、上手には若い男性二人が描かれ、一人は聖母マリアの夫であるようだ。そして聖母マリアに抱きかかえられているイエスとシメオンの間から、絵の中央に位置して見る者の眼を射抜くように、鋭い眼差しを向ける一人の髭を蓄えた老人がいる。すべての登場人物は、聖母マリアと幼子イエスでさえ視線を交わさず、決して互いに眼差しを交差させることなく分散し、表情もなく虚ろである。見る者にとって彼らは一人として何を見ているのかわからない。彼らは見る者とも決して視線を交差させない。見る者が一人の人物に視線を向けると、他の人物はすべて視野から消えてしまう。ただ、見る者はつねに中央の老人の視線にさらされている。ビオンの観点からこの絵を見てみる。ビオンは視覚にこだわり、必然的に『変形』から幻覚へと関心がうつった。時系列では『変形』は『再考』よりも先であることを思い出してほしい。独特な詩的構文による経験の『再考』が、彼を象徴へと導いたのである。彼は分析家には幻覚症の状態になる能力が必要であると言っている。それがあることで分析家は、信の行為によって幻覚を解釈へと変形できる状態へ至り、患者あるいは分析者自身の幻覚に分析家は関与できる。幻覚領域ではこころの出来事は感覚印象へ変形され、それが逆転された感覚知覚が幻覚であり、意味は外部から内部へと移動し内部から外部へと排出される。受け入れ難い解釈は、言葉が聴覚的にとらえられ文字へと断片化されて眼から排泄されるが、断片化されているために視覚的イメージは、逆説的に不可視の幻視へと変形される。見る者が、見る物と入れ替わる。そういったものすべてを、雰囲気を、この絵が醸し出している。メルツァーの観点からすると、この絵が語るひとつの物語は、視線を合わせない聖母マリアと幼子イエスから始まる。幼子は母親の面にある感覚的美との美的葛藤という痛みからだけでなく、母親を攻撃する不快からも投影同一化の代わりに付着同一化によって、自身を放免し自閉症児の無思考状態へと至る。幼児はスワルドという第二の皮膚に包まれ、人々は生命を欠いた物のようであるという物語がこの絵から読み取れるのだが、重要なのは、見る者へと向けられた中央の老人の視線であり、幼子自身がこの視線を感じている。こうしてみるとビオンの精神病の観点とメルツァーの自閉症の観点の二重性がここに見て取れるのである。

視線の問題は臨床では避けられない、特に日本文化では視線恐怖についての多くの文献がある。自閉的世界と視線の関連に関するヒントがここにあると思われる。

なお、本書のビオンのパートは、「拡大されたメタ心理学の研究」よりもメルツァー版ビオンの色彩が強く、後者を先に読むべきとする助言もある。

私たちは、ビオンの言う、Oにおける変形という割に合わない仕事を記憶なく欲望なくやり抜こうとしているのか、メルツァーの言う、ヴィトゲンシュタインの言語ゲームにおいて裸の王様となろうとしているのか。そのどちらにしても、自分であることにかわりはない。

▼参考文献

ジークムント・フロイト［高橋義孝・野田 倬＝訳］（1969）「ある五歳男児の恐怖症分析」『フロイト著作集 5』人文書院

Pyllis Grosskurth（1995）Melanie Klein : Her World and Her Work. Hodder & Stoughton.

埴谷雄高（1999）「存在について」『埴谷雄高全集10巻』講談社

ゼーレン・キルケゴール［桝田啓三郎＝訳］（1961）『世界文学体系27 おそれとおののき』筑摩書房

北山 修＝編集・監訳（2006）『フロイト「ねずみ男」精神分析の記録』人文書院

モーリス・メルロ＝ポンティ［中島盛夫＝監訳］（2014）『見えるものと見えざるもの』法政大学出版局

Margo Neal（2008）Utopia : The Genius of Emily Kame Kngwarreye. National Museum of Australia Press.

岡崎乾二郎（2014）『ルネサンス――経験の条件』筑摩書房

ケネス・サンダース（2013）［中川慎一郎＝監訳］『ポスト・クライン派の精神分析――クライン、ビオン、メルツァーにおける真実と美の問題』みすず書房

Anchise Tempestini（1999）Giovanni Bellini. Abbeville Press Publishing.

Meg Harris Williams（1991）The aesthetic perspctive in the work of Donald Meltzer. Journal of Melanie Klein and Object Relations 16-2.

訳者後書

この大書を翻訳しようと思ったのは、一〇年以上も前に遡る。当時、クラインの『児童分析の記録』をなんとか読破したいと思ったからであった。精神分析の理論をテーマにした小片の臨床素材を掲載している論文ならば、慣れ親しんでいた。しかし、この精神分析史上最長の記録を一人で踏破できるのだろうかと戸惑っていた。誰か随伴者がいてくれないだろうかと願っていた。そういう折に、本書に出会ったのであった。メルツァーの講義が、リチャードを読破させてくれるとは思いもよらなかった。メルツァーの指示通りに、週ごとにリチャードを読み、そしてメルツァーの講義を読んだ。一回目の単独登頂を成し遂げたが、リチャードを十分に経験できるまでには至らなかった。そして数年して、少人数の勉強会で、『児童分析の記録』を抄読することになった。勉強会のすべてのメンバーは児童分析の記録をあらかじめ読んで頭に入っていることを前提にして、その週の発表者の一人は『児童分析の記録』について発表者の観点から見解を述べ、そしてもう一人の発表者がメルツァーのリチャードの要点をまとめて報告することにした。そこでの論議は、たとえば、クラインの次々と生み出される解釈の手がかりはどこにあるのか、リチャードの理解力はどこから来るのか、セッションの時間は足りなかったはずであった、クラインはリチャードを誘惑したのだろうか、リチャードが急に外へと走り出してクラインはどのように追いかけたのであろう……などであった。また、面接室の様子や玩具の動きをなるべく詳細に再現し、街並みも資料を用意してより具体的に思い浮かべるように心がけた。解釈とリチャードのそれへの反応を逐一対応して書き出したりしてみたりもした。私自身はと言うと、不謹慎であるが『児童分析の記録』のアニメーション化を想像しながら読み込んでいた。そして、描画と解釈の繋がりの妥当性、解釈から離れた描画そのものの印象を語り合った。たとえば潜水艦の潜望鏡は、傷つけているのではなく触れ合っているのではないか、海上、海面、海中、海底の区分に意味があるのか、帝国の絵において割り振りされた色彩の理由、そして引かれた地平線に同じく色彩が割り当てられていることなどであった。その後にメルツァーの講義である本書を読むことで、さらに私たちの議論は拡張されていった。時にメルツァーがクラインにとても寛容であるのに驚かされ、メルツァーのクライエントとの作業が偲ばれた。私たちが共有したのは、クラインとメルツァーの創造力とパッションであった。クラインは失敗も臆せず誠実に報告し、私たちをいつも鼓舞してくれた。そして、メルツァーは本書のなかで、特にビオンの『集団』を読む困難にふれている。本を読んで理解するためには、見ていることを見てはならず、こころの眼だけで見なければならず、それはビオンの不可視の映像に例えられる。精神分析を学ぼうと志してもさまざまな事情から、精神分析の研究会へ行かれずに、一人寄る辺なくページをめくる人も少なからずいると思う。そのような学徒にとって本書は導きの星となると思われる。また、学生の指導に当たっている方々にも、学生を指導するうえでの気概を、二次元的とならずつねにシンボリックであれと、指し示してくれると確信している。そこで、おのれの浅学非才を顧みずクラインだけではなく、フロイト、ビオンのパートも翻訳し出版しようと思い立ち、松木邦裕先生に相談させていただき、快諾いただいたしだいであった。

翻訳にあたり訳語の問題は避けられないが、特に本書のように、課題図書の引用が頻回となるものでは、課題図書そのものの訳語も見直す必要があった。このためまことに僭越ながら、『児童分析の記録』の山上千鶴子先生、『再考』の中川慎一郎先生、『精神分析の方法』の福本修先生と平井正三先生の翻訳に訂正を加えさせていただいた。この紙面を借りて、翻訳者の諸先生に、私の非礼をお詫び申し上げたい。特にビオンのパートでは未だに日本精神分析学会では用語の統一がなされていないために、松木先生に何度も検討していただいた。特にグリッドに関して、faith を信、pre-conception を前 - 概念、conception を概念、concept をコンセプトと翻訳した。

松木先生の謦咳にふれたのは、ロンドンであった。先生は北ロンドンのタヴィストックに留学され、私は南ロンドンのモーズレー病院で研修を受けていた。ある集まりがあり、それ以来、先生から薫陶を受け、今日に至っている。先生には、いつも鼓舞していただき勇気づけられ希望をいただいてきた。今回の翻訳では、お忙しいところ、長期間にわたって、詳細で丁寧なご指導をいただき、先生の温かい心にあらためて感謝申し上げたい。そして、フロイトのパートに関しては、ご多忙にもかかわらず黒河内美鈴先生から、こなれた翻訳で校正していただき、それを通して翻訳の仕方を教えていただきいたことに感謝申し上げたい。最後に金剛出版編集部の藤井氏には、何度も詳細な校正をいただき、出版することへの情熱を教えていただいたことに感謝申し上げる。

読者には、メルツァーの指示に従って課題図書を読んで、講義録である本書を聴くように読んでいただけたらと願うばかりである。

平成二五年九月吉日

世良　洋

索引

人名

た

は

ま

ら

著者略歴

Donald Meltzer

（ドナルド・メルツァー）

1922 〜 2004 年。精神分析家。イェール大学およびアルバート・アインシュタイン大学で教育を受け、セント・ルイスにて成人と児童の精神医学の訓練を受ける。英国精神分析協会で精神分析家資格の訓練を受け、メラニー・クラインに訓練分析を受ける。
主著—— *The Psycho-analylical Process*（1967）（『精神分析過程』金剛出版［2010］）、*Sexual State of Mind*（1973）（『こころの性愛状態』金剛出版［2012］）、*Explorations in Autism : A Psycho-Analytical Study*（1975）（『自閉症世界の探求——精神分析的研究より』金剛出版［2014］）、*The Apprehension of Beauty*（1988）（『精神分析と美』みすず書房［2010］）ほか。

監訳者略歴

松木邦裕

（まつき・くにひろ）

1950 年佐賀市に生まれる。1975 年熊本大学医学部卒業。精神分析オフィス開業後、京都大学大学院教育学研究科在籍、日本精神分析協会正会員・書記、元日本精神分析学会会長。
主著——『摂食障害の治療技法』（金剛出版［1997］）、『分析空間での出会い』（人文書院［1998］）、『精神分析体験：ビオンの宇宙』（岩崎学術出版社［2009］）、『精神分析臨床家の流儀』（金剛出版［2010］）、『不在論』（創元社［2011］）、『耳の傾け方——こころの臨床家を目指す人たちへ』（岩崎学術出版社［2015］）ほか多数。

訳者略歴

世良 洋

（せら・ひろし）

世良心療内科クリニック院長、日本精神分析学会認定精神療法医。1978 年 札幌医科大学卒業、1981 年 同助手、1985 〜 1987 年 ロンドン大学精神医学研究所、モーズレイ病院留学、1987 年 釧路赤十字病院精神科部長を経て現職。分担翻訳『メラニー・クライントゥディ①②③』（E・B・スピリウス＝編／松木邦裕＝監訳・岩崎学術出版社［1993-2000］、分担執筆『パーソナリティ障害の精神分析的アプローチ』（松木邦裕・福井 敏＝編・金剛出版［2009］）。

訳者略歴

黒河内美鈴

（くろこうち・みすず）

高松心理オフィス、臨床心理士、日本精神分析学会認定心理療法士。1996 年 ジョンズ・ホプキンス大学大学院教育学部カウンセリング学科修士課程修了。香川県精神保健福祉センターを経て、開業。訳書『解決のための面接技法』（共訳・金剛出版［1998］）、『分析家の前意識』（共訳・岩崎学術出版社［2008］）。［第 1 部共訳］

クライン派《は》の発展《はってん》

印　刷……2015年10月25日
発　行……2015年10月30日
著　者……ドナルド・メルツァー
監訳者……松木邦裕
訳　者……世良 洋・黒河内美鈴
発行者……立石正信
発行所……株式会社 金剛出版（〒112-0005 東京都文京区水道1-5-16）
電話03-3815-6661　振替00120-6-34848
装　幀……戸塚泰雄（nu）
組　版……志賀圭一
印刷・製本……音羽印刷
ISBN978-4-7724-1455-5　C3011